El PADRE en ESCENA

Una historia natural de **hombres y bebés**

SARAH BLAFFER HRDY

El PADRE en ESCENA

Una historia natural de **hombres y bebés**

SARAH BLAFFER HRDY

Traducción de

Patricia Teixidor

Capitán Swing

Título original:
Father Time: A Natural History of Men and Babies (2021)

Corrección ortotipográfica:
Rafael Díaz

ISBN: 978-84-129531-0-7
Depósito Legal: M-27408-2024
Código BIC: FV

Impreso en España / *Printed in Spain*
Artes Gráficas Cofás, Móstoles (Madrid)

Índice

El PADRE en ESCENA

Una historia natural de **hombres y bebés**

Para Dan, David, Nico
y futuras generaciones
de hombres comprometidos

El PADRE en ESCENA

Introducción

«Este niño tiene dos progenitores.
Por favor, alternen las llamadas. Le toca a su padre».

La jueza Ruth Bader Ginsburg al orientador escolar
de su hijo, hace más de medio siglo

Hoy en día resulta más plausible que antiguamente que un padre se sienta con ganas, autorizado, deseoso o, incluso, obligado a asumir nuevas funciones en el cuidado de bebés y niños muy pequeños, hasta el punto de que algunos llegan a convertirse en los cuidadores principales de los recién nacidos, sin que la madre tenga implicación alguna. Estos hombres tan protectores cuidan a los bebés con la misma sensibilidad con la que lo haría la madre más solícita, aunque den el biberón en lugar de leche materna. Teniendo en cuenta que las ciencias sociales han demostrado que en todas partes «la paternidad se define culturalmente»,[1] y dado el ritmo al que está cambiando la cultura, esto no debería sorprender a nadie.

Después de todo, la flexibilidad comportamental es una particularidad humana. ¿Por qué no habría de modificarse el comportamiento paterno al mismo tiempo que las nuevas circunstancias socioeconómicas y culturales, el trabajo de la mujer, la desaparición del patriarcado y los nuevos métodos de concebir o alimentar a los bebés? ¿No son estas transformaciones exactamente lo que cabría esperar?

Bueno, en realidad no, si pensamos que la cultura es la única responsable de ellas. Los nuevos y radiantes padres, profundamente implicados en el cuidado de sus hijos, no parecen estar haciendo

---

[1] Esta opinión ha aparecido en muchos lugares. La cita es de la página xi del prólogo de Tamis-LeMonda a un libro de ensayos sobre el cuidado paterno a través de las culturas (Roopnarine, 2015).

un esfuerzo «contra natura». De hecho, sus respuestas son profundamente biológicas y no se limitan a la cultura, como descubrieron los científicos cuando empezaron a examinar lo que ocurre en los cuerpos y cerebros de hombres íntimamente involucrados en el cuidado de bebés. Los endocrinólogos han documentado cambios en sus niveles hormonales parecidos a los de las madres, y cuando los neurocientíficos empezaron a escanear los cerebros de hombres que ejercían de cuidadores principales, descubrieron que *sus cerebros respondían igual que los de las madres*.

Al enterarse de esto, una madre que haya dado a luz en el siglo XX podría perfectamente haber lanzado un improperio y una frase exasperada del estilo «¿por qué no hemos sabido esto antes?». Como madre y abuela, además de como primatóloga y antropóloga evolutiva, mi sorpresa ha sido mayúscula. Me quedé perpleja. Por el amor de Darwin, ¿cómo es posible?

He escrito libros enteros sobre el cariño y la ambivalencia maternas, haciendo hincapié en el primero. Pocas personas son más conscientes que yo de que los humanos somos mamíferos cuyas hembras invierten mucho en sus crías, gestándolas, pariéndolas y amamantándolas después. Estos procesos predisponen a las madres a responder y preocuparse con fervor por las pequeñas criaturas que necesitan cuidados. Los cerebros maternos están programados para garantizar que así sea. Según el guion darwiniano estándar, mientras las hembras cuidaban a los bebés, los machos estaban ocupados en otras cosas, sobre todo compitiendo por el estatus y la pareja, a menudo de forma violenta o coercitiva. La principal prioridad de una madre probablemente sea el bienestar de sus hijos, mientras que la de un padre es engendrar cuantos más mejor. En consonancia con estas ideas preconcebidas darwinianas, en todas las culturas y a lo largo del tiempo existen pocos registros, si es que hay alguno, de hombres que dediquen su vida a los bebés como lo hacen las mujeres. En cambio, lo que encontramos es una expectativa casi universal de que el cuidado de los bebés es una tarea de féminas.

Tomo tras tomo, las crónicas de la evolución humana, de las conquistas y de la historia de la civilización presentan las hazañas de los hombres, normalmente hombres en oposición o en sintonía con otros hombres. Si emparejamos hombres con bebés, la búsqueda se queda en blanco. Sin embargo, ahora aparecen indicios de que esos mismos hombres que nunca gestaron, dieron a luz y mucho menos amamantaron —que durante la mayor parte de la evolución y la historia de la humanidad no se ocuparon de los niños pequeños— responden a los niños con la misma sensibilidad que las madres. Cuando se convierten en principales responsables del cuidado de un infante desde su nacimiento experimentan transformaciones endocrinológicas y neurológicas notablemente similares.

Las redes cerebrales localizadas en el córtex frontal, las áreas implicadas en la planificación consciente y la toma de decisiones, se activan cuando un hombre ayuda a una madre a cuidar de un bebé. Se trata de la misma región cerebral que se expandió de forma espectacular entre los simios bípedos en su camino hasta convertirse (hace trescientos mil años) en el *Homo sapiens* anatómicamente moderno. Pero en los hombres que, por la razón que sea, asumen la responsabilidad principal del cuidado de un bebé desde su nacimiento —y no se limitan a ayudar a la madre— ocurre algo más. Se activan de forma refleja zonas evolutivamente mucho más antiguas del cerebro de los vertebrados.

¿Cómo es posible? Tal y como Darwin supuso hace más de un siglo, y los genetistas han confirmado después, los humanos evolucionaron a partir de simios africanos parecidos a los chimpancés y gorilas actuales. Pero en ninguno de estos otros grandes simios son los machos los que se ocupan directamente de los retoños. De hecho, en lo que concierne a las crías, a menudo se comportan de forma terrible. Gracias a mis investigaciones he sabido que las tendencias infanticidas de los primates macho se remontan a los miembros más antiguos del orden *Primates*, hace decenas de millones de años. Estadísticamente hablando, los machos de los grandes simios son más una amenaza potencial para los recién nacidos que unos cuidadores fiables. ¿Cómo pudieron surgir respuestas biológicamente tan complejas *de la nada*, en un linaje de simios con tan poca historia previa de cuidados paternos?

Nadie lo sabe con certeza. De hecho, hasta hace poco, nadie siquiera se lo planteaba. Este libro narra mi búsqueda para saber cuándo y cómo surgieron las emociones protectoras en los machos, e identificar qué hace falta para que se manifiesten. Es una historia que abarca millones de años de evolución de vertebrados, mamíferos y, sobre todo, primates, seguida de miles de años de evolución e historia humanas, marcados por numerosos procesos sociales, transformaciones culturales e innovaciones. Mi hallazgo más inesperado es que dentro de cada hombre se esconden antiguas tendencias protectoras que lo hacen tan protector y cuidador como la madre más abnegada.

Se trata de un viaje que me ha obligado a replantearme antiguas suposiciones sobre la naturaleza innatamente egoísta, competitiva y violenta del hombre, lo que Darwin describió como su «natural y desafortunada herencia».[2] Tuve que ampliar mi comprensión de lo que realmente implica la «herencia del hombre». Me propuse reconstruir, en la medida de lo posible, lo que debió ocurrir durante los aproximadamente seis millones de años transcurridos desde que los humanos compartimos por última vez un antepasado común con otros grandes simios, parientes cercanos como los chimpancés y los bonobos. Tenía que prestar especial atención a lo que ocurrió en el Pleistoceno, cuando los humanos estaban desarrollando sus peculiares capacidades de preocuparse por lo que piensan los demás de ellos, incluido lo que piensan sobre sí mismos. Esto resultó ser importante para la aparición de esos grandes simios hipersociales que llegaron a ser los humanos, preocupados por coordinar su comportamiento y compartir con los demás. Tal interdependencia ayudó a preparar el terreno para que los hombres pasaran más tiempo cerca de los bebés.

Pero entender por qué estar cerca de un bebé afecta a los hombres de la forma en que lo hace y, en particular, por qué la proximidad íntima y prolongada con los pequeños a su cargo hace que se vuelvan tan cariñosos, me exigió viajar aún más atrás en el tiempo evolutivo, a *terra* aún menos *cognita* que los homininos del Pleistoceno, los primates primitivos del Eoceno o los primeros mamíferos de finales del Triásico. Necesité viajar mucho antes que a los mamíferos, hasta los primeros vertebrados de hace más de

[2] Darwin, 1981 (1871), parte 2, p. 326.

cuatrocientos millones de años; aprender sobre antiguas moléculas remanentes de cuando nuestros antepasados vertebrados nadaban en mundos acuosos, así como sobre los circuitos neuronales que han permanecido en el armario de la madre naturaleza,[3] no siempre utilizados, pero listos para ser activados y reutilizados si las circunstancias lo requieren. ¿Pero qué circunstancias? ¿Y qué concatenación de acontecimientos fortuitos, procesos evolutivos, transiciones históricas, movimientos sociales más recientes, transformaciones culturales e innovaciones tecnológicas prepararon el terreno para que esto fuera posible hoy? ¿Qué es lo que explica la convergencia sin precedentes de hombres y bebés que se está produciendo en núcleos humanos de todo el mundo y en mi propia familia en este momento?

Mi búsqueda me ha sacado de mi campo de especialización. He tenido que contentarme con los escasos registros existentes y ahondar en lugares desconocidos. Lo más difícil ha sido interpretar los nuevos descubrimientos, a menudo preliminares y rápidamente cambiantes del campo emergente de la neurociencia social. Mientras tanto, los tipos de contactos con las crías que los etnógrafos y los especialistas en comportamiento animal registraban e incluían en las publicaciones me obligaron a centrarme en situaciones en las que los machos protegían, acicalaban, se acurrucaban cerca de las crías, dormían con ellas o proporcionaban comida a bebés casi destetados. Las relaciones entre los machos y las crías mayores o adultas tendrán que esperar a un proyecto futuro. Cuando hable de bebés humanos, me referiré sobre todo a individuos inmaduros en sus primeros mil días de vida.

Por necesidad, el texto que sigue está frecuentemente salpicado de «posiblemente», «tal vez» y la sincera confesión de que «no lo sabemos». A lo largo de más de medio siglo dedicado a investigar las estrategias reproductivas de los primates, las relaciones entre los sexos y, sobre todo, entre las madres y los bebés, ningún tema me ha resultado más difícil de asimilar, «¿cómo puede ser esto así?». Me atormentaron las noches de insomnio y migrañas

[3] De ahora en adelante utilizaré «madre naturaleza» como mi metáfora personal para referirme a la selección darwiniana.

incapacitantes, pero al mismo tiempo ningún proyecto me ha dado más esperanzas sobre las posibilidades del ser humano.

Simone de Beauvoir no se anduvo con rodeos cuando en *El segundo sexo* opinó que «el problema de la mujer siempre ha sido un problema de hombres». Según ella la verdadera equidad de género solo sería posible cuando los padres asumieran la parte que les corresponde en el cuidado de los hijos. Por otra parte, si Virginia Woolf tenía razón sobre los méritos de contar con una mente «andrógina» capaz de las reflexiones «creativas, ardientes e íntegras» de un Shakespeare, como escribió en *Una habitación propia*, los hombres también tienen mucho que ganar. Y, por supuesto, la sociedad y el mundo.

Hay buenas razones para pensar que, por término medio, las mujeres tienden a ser más empáticas y respetuosas con los demás que los hombres. Al fin y al cabo, las madres mamíferas evolucionaron para cuidar, mantener a salvo y nutrir con sustanciosa leche a las pequeñas criaturas que daban a luz. El suyo es un legado milenario que impulsa a las madres a proceder con más cautela que los machos. Si son menos temerarias y dan prioridad a entornos más seguros es porque necesitan seguir vivas para cuidar de crías indefensas y muy dependientes. Esto ayuda a explicar por qué hoy en día las mujeres son más proclives que los hombres a votar a favor de programas sociales dirigidos al bienestar infantil y a tomar la iniciativa en la protección del medio ambiente. No es de extrañar que los comentaristas políticos estén convencidos de que a las naciones les va mejor con mujeres líderes cuando se requiere cautela, tacto o una mentalidad conciliadora. Ayuda a explicar por qué una vez que las mujeres obtienen el voto en un país democrático, es menos probable que ese país inicie una guerra.

Al mismo tiempo, las suposiciones de que los hombres han evolucionado para competir con otros por el estatus y la pareja ayudan a explicar por qué los hombres son más propensos a tomar riesgos, a menudo impulsados por un exceso de confianza alimentado por la testosterona. Esta tendencia a «engañarse a sí mismos» lleva con demasiada frecuencia a los corredores de bolsa a hacer operaciones impulsivas, o a los capitanes de equipos y líderes militares a imaginar que pueden ganar una competición o guerra cuyo resultado realmente no pueden prever. Todo esto es coherente con la evaluación original de Darwin sobre la competitividad masculina emparejada con las proclividades más suaves, prosociales y orientadas hacia los demás de las mujeres.

Pero si los hombres que cuidan niños experimentan las mismas transformaciones neurológicas, los mismos aumentos en los niveles de prolactina y el mismo placer sensual provocado por la oxitocina que las madres; si su testosterona desciende y se obsesionan con el bienestar infantil tanto como las madres; si sus cerebros experimentan cambios similares a los de ellas, ¿no deberían cambiar también sus preferencias psicológicas? ¿Podrían sus prioridades acercarse más a las que se supone que tienen las madres? ¿Serían también más propensos a optar por formas de proceder más seguras y sostenibles?

Los antropólogos saben desde hace mucho que las sociedades en las que los hombres pasan más tiempo en contacto con madres y niños son menos belicosas y presentan índices de violencia más bajos. Los psicólogos sociales nos dicen que los hombres expuestos a interacciones con bebés tienden a ser más considerados con los demás y más generosos. ¿Podrían también priorizar el bienestar de los niños —y del planeta— por encima de su propio estatus social o, en el caso de los políticos, de su elegibilidad? Dudo que incluso los comentaristas más visionarios sobre el «problema de los hombres» pudieran haber previsto las capacidades plenamente desarrolladas, impulsadas por hormonas y activadas a nivel cerebral que se están revelando hoy día —capacidades que permanecían latentes a la espera de una peculiar convergencia de circunstancias del siglo XXI para despertar—. Yo, desde luego, no lo había anticipado.

Nada de esto podría haber ocurrido sin una relajación previa de las camisas de fuerza de género, que han permitido a los hombres una mayor flexibilidad en lo que significa ser hombre, incluido lo que significa ser padre. En primer lugar, los hombres debían ser capaces de imaginarse a sí mismos como cuidadores, además de como protectores y proveedores. La expansión de las oportunidades educativas y económicas de las mujeres formó parte de la historia que contribuyó a las transformaciones de los paisajes de género occidentales, entre ellas la inclusión de más mujeres en la ciencia. Esto significó que una oleada de investigadoras interesadas en el cuidado parental, conscientes de lo que cuesta criar un bebé y de la ayuda que necesitan sus cuidadores principales, empezaran a estudiar lo que ocurre en los cuerpos y cerebros de los hombres que se implican en su cuidado. Sin estas y otras transformaciones culturales y económicas de las que hablo en este libro, es muy posible que hubiéramos seguido pasando por alto facetas inesperadas de la naturaleza masculina que por fin están saliendo a la luz.

Dada la tendencia tan humana de nuestra especie a ver solo lo que esperamos ver, merece la pena reflexionar sobre de dónde proceden los prejuicios que nos han cegado durante tanto tiempo. Mi propio origen, unos estudios privilegiados en Harvard y una educación de clase media alta, no solo influyó en mis expectativas, sino también en la información con la que estaba más familiarizada. A pesar de mis esfuerzos, probablemente siga siendo así en muchas de las áreas tratadas en este libro, por lo que creo que debo empezar hablando de mis propios prejuicios.

01

Padres de entonces y padres de ahora

«El cuidado de niños muy pequeños por parte del padre es algo que ninguna civilización anterior ha fomentado entre sus hombres cultos y responsables».

MARGARET MEAD, *Masculino y femenino*, 1962

Crecer en la «edad de oro»

Nací en 1946, justo antes del *baby boom* de posguerra, y crecí en un enclave adinerado de Houston, Texas, llamado River Oaks, en una época conocida como la «edad de oro del matrimonio». El modelo ideal era una familia nuclear en la que el hombre iba a la oficina a trabajar para mantener a su mujer, que se dedicaba al hogar y al cuidado de los vástagos de ambos. En ningún otro sitio se ensalzaba tanto este ideal como en este rincón del mundo tan sumamente conservador. Por extraño que pueda parecer hoy, no recuerdo haber visto nunca a un hombre cambiar un pañal.

Con dos hermanas mayores, una menor y un hermano tardío, todos estábamos —junto a los demás niños que conocía— al cuidado exclusivo de mujeres, solo mujeres. Esa era la norma establecida, «como se hacían las cosas», como se suponía que se había hecho siempre. Ni siquiera puedo atribuir esta división sexista del cuidado infantil al hecho de que fuesen las mujeres las que tenían glándulas mamarias, porque las de mi clan evitaban la lactancia por considerar que no estaba a la moda.

Recuerdo vagamente a una niñera alemana llamada Nana; más tarde, algo más claramente, a una institutriz francesa llamada *mademoiselle* Drahier; después, con más nitidez, a la tímida y cariñosa Lupe Sepúlveda, cuya principal responsabilidad era mi hermana pequeña, hasta el punto de que esta habló español con acento mexicano antes que inglés. Cuando nació mi hermano mi padre estaba encantado con la llegada del varón tan deseado después de cuatro hijas, aunque no parecía encontrar una razón lo suficientemente importante como para quedarse mucho tiempo con este preciado hijo en la misma habitación, y mucho menos para abrazarlo.

La relación de mi padre con los bebés se limitaba a sentir orgullo a su llegada, aunque fuese un orgullo teñido de decepción al ver que seguía engendrando féminas. Así pues, se mostró eufórico ante la aparición de un hijo y heredero, aunque fuera un bebé que rápidamente pasó a las manos de una serie de viudas curtidas en pequeños pueblos de Texas que vestían uniformes blancos almidonados y fruncían el ceño. No eran solo los bebés, sino también los niños en general los que estaban lejos de sus prioridades. Aparte de su calidez, virilidad y generosidad en el apoyo económico, lo que más recuerdo de mi dominante padre son los repentinos y aterradores estallidos de cólera cuando alguien le molestaba. Más tarde, cuando me enamoré y me fugué de casa a los veintiséis años, recuerdo haber valorado muy conscientemente el carácter ecuánime de mi marido, su integridad, fiabilidad e iniciativa. No se me ocurrió pensar en cuánto cuidado dedicaría a nuestros hijos.

A los treinta y un años, cuando nació la primera de nuestros tres hijos, yo estaba lejos de Texas, era investigadora posdoctoral en Harvard. Mi marido, Dan, asistió obedientemente a las clases del método Lamaze para ayudarme a prepararme para el parto natural y estuvo presente en la sala de partos cuando, poco antes de medianoche, asomó Katrinka. La obstetra se la entregó y él, antes de devolvérmela, dijo: «Es el momento más feliz de mi vida». Al igual que en el 27 por ciento de las 186 sociedades incluidas en la muestra estándar transcultural utilizada por los antropólogos, Dan estuvo presente en el parto, pero no participó directamente.[1] Cuando se fue a casa, Katrinka y yo nos quedamos dormidas en una estrecha cama de hospital, aprovechando una opción recientemente introducida para que los bebés recién nacidos «durmieran

[1] Gray y Anderson, 2010, p. 35.

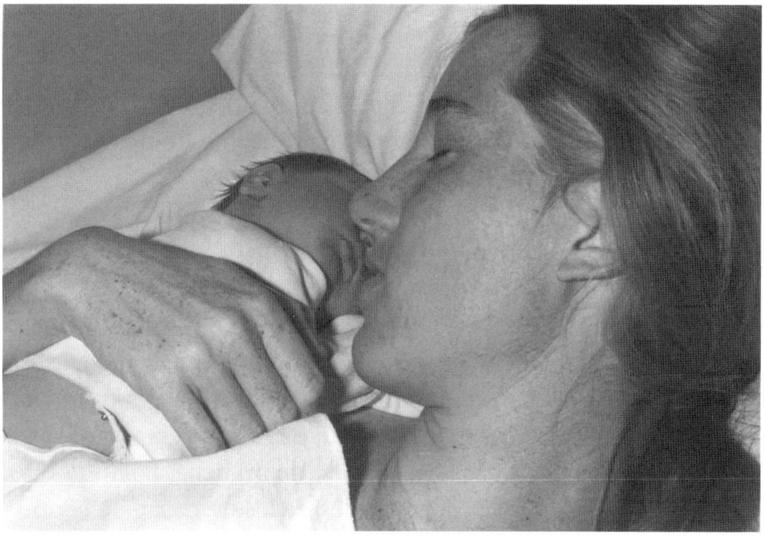

Figura 1.1. Cuando nació mi primer bebé, los hospitales empezaban a permitir «pasar la noche en la misma habitación que el bebé», por lo que pude quedarme dormida con mi recién nacida en brazos. Al cabo de unas décadas, el hecho de «pasar la noche en la misma habitación» no solo se convirtió en rutinario, sino que se fomentaba activamente para fortalecer el «vínculo madre-hijo». (Daniel B. Hrdy).

en la misma habitación que la madre», en lugar de ser llevados a una guardería comunitaria acristalada (figura 1.1).

En diciembre de 1977, una brillante mañana posterior a una tormenta de nieve en Boston, Dan sujetó a Katrinka a nuestra nueva silla de coche para llevarla a casa desde el Hospital de Mujeres de Boston. En aquella época no había permiso de paternidad, así que al día siguiente Dan volvió al trabajo y yo me quedé en casa, abrazando a Katrinka con satisfacción, mirando soñadoramente los grandes montones de nieve que casi ocultaban la luz del día que entraba por la ventana de la cocina, cantando canciones de bienvenida a nuestro bebé: «Katrinka, Katrinka, pequeña Katrinka. De piel aterciopelada y pelo sedoso, todo el mundo se alegra de que estés aquí». Pero no había nadie, solo nosotras dos, una recién nacida y su madre.

Cuando nació Katrinka ya me había doctorado en Antropología Biológica, uniéndome a las filas de científicos que estudian el comportamiento de los primates, incluidos los humanos, desde una perspectiva evolutiva y comparativa, una sociobióloga de pura cepa. Nada en mi formación científica, ni en mi educación, me hizo cuestionar la naturalidad de la madre como figura central en la crianza de los hijos.

Una división natural del trabajo

Así que allí estaba yo, una madre, una mamífera, nacida del sexo que Linneo eligió para personificar a toda la clase *Mammalia*, porque poseía glándulas mamarias que se estremecían y goteaban leche en respuesta al más leve gemido de mi bebé. Por supuesto, nací para responder a las necesidades de los demás, para ser una cuidadora empática que todo lo da. Era mi bajo umbral de respuesta lo que me enviaba como un rayo a recoger a la pequeña Katrinka cada vez que se revolvía en la cuna y empezaba a llorar. Daba por sentado que era mi sexo el que había evolucionado para criar a estos mamíferos humanos, extraordinariamente vulnerables, indefensos e inusualmente lentos en crecer.

A menudo, Katrinka y yo nos dormíamos en la misma cama. Pero incluso cuando la dejaba en su propia cuna, era yo quien se despertaba sobresaltada, corriendo hacia ella al primer ruido, mientras su padre seguía durmiendo. Era yo quien la controlaba de modo irracional una y otra vez, incluso cuando estaba profundamente dormida, solo para asegurarme de que seguía respirando. En este sentido, Dan y yo vivíamos en esferas sensoriales distintas, sintonizados con estímulos diferentes. En aquel momento, todo esto me parecía absolutamente (incluso «mamíferamente») natural.

Como en todos los monos y simios del Viejo Mundo, entre los langures que yo había estudiado en la India y sobre los que acababa de publicar un libro, el cuidado de las crías es un asunto femenino. Las hembras de langur común permanecen durante toda su vida en los mismos grupos en los que nacieron, heredando las zonas de residencia de sus madres y abuelas. Como consecuencia, todas las hembras del grupo están tan emparentadas entre sí como si se tratara de primas hermanas o segundas. Unas jerarquías de dominancia inusualmente relajadas conllevan que las madres permitan sin ningún problema que otras hembras transporten a sus crías, confiando en que se las devolverán ilesas. En el 99 por ciento de los intentos de coger y llevar bebés participan hembras, sobre todo hembras jóvenes e inexpertas deseosas de practicar la maternidad, como si fueran niñas pequeñas jugando con muñecas. Todo este cuidado de bebés es una bendición para las madres langur, pues les permite salir «a trabajar» (es decir, a buscar comida) sin problemas, como una madre trabajadora que disfruta del lujo de una guardería cercana, segura y fiable. ¡El paraíso!

Entre nuestros parientes grandes simios más cercanos —chimpancés, gorilas, orangutanes y bonobos—, el cuidado de los bebés también es exclusivamente femenino, pero las madres no tienen el lujo de contar con niñeras como las monas langur. Esto se debe a que las hembras de chimpancé suelen emigrar a otro grupo antes de reproducirse y no pueden contar con la ayuda de parientes cercanos. Al carecer de custodios dignos de confianza, las chimpancés (con las que compartimos alrededor del 98 por ciento de nuestro ADN) son ferozmente protectoras y posesivas con los nuevos bebés, manteniéndolos en contacto piel con piel hasta seis meses después del nacimiento, y permitiendo solo ocasionalmente que otros los cojan o los sostengan. Como primatóloga, no tenía motivos para cuestionar la naturalidad del sistema con el que había crecido. Los cuidados cotidianos, las interminables tomas y los baños eran trabajo de mujeres.

Teoría del apego centrada en la madre

Cuando nació mi primera hija me dedicaba a investigar las estrategias reproductivas femeninas. Por entonces estaba bajo la influencia de Darwin y la teoría sociobiológica de mentores de Harvard, como Edward O. Wilson y Robert Trivers, y me sirvió de inspiración el psiquiatra John Bowlby y sus ideas sobre el poderoso impulso del bebé primate de vincularse a una figura de apego primaria. Siguiendo el escenario planteado en el clásico de Bowlby *El apego*, me veía a mí misma como la descendiente poseedora de glándulas mamarias de un largo linaje de simios africanos cuyas crías necesitaban estar constantemente en brazos de su madre para estar a salvo de los depredadores que merodeaban cerca. En mi esfuerzo por estar a la altura de los ideales bowlbianos mantuve a Katrinka en contacto casi constante, tal y como lo haría una madre chimpancé, el modelo de Bowlby. Así podría ayudarla a crecer «con un vínculo emocional firme».

Mi promesa personal de estar siempre ahí para responder a cualquier necesidad de mi hija contrastaba con la filosofía de mi propia madre. Para empezar, desaprobaba la lactancia materna por considerarla de algún modo «animal», una opinión muy extendida en el sur segregado y jerárquico de entonces, y que todavía se promueve en círculos franceses selectos.[2] (En Francia, a diferencia de Suecia y otros países nórdicos, se sigue desaconsejando la lactancia materna, y los beneficios para la salud son minimizados por anti-«naturalistas», como la filósofa feminista Élisabeth Badinter). Mi madre había estudiado suficiente psicología en el Wellesley College para asimilar los desatinados consejos del predecesor de Bowlby, el conductista John Watson, que advertía a las madres que no mimaran ni consintieran a sus bebés. Al coger a un bebé cuando lloraba, amonestaba Watson, la madre lo mimaba, condicionándole para que llorara más y se volviera más dependiente. Afortunadamente, mi ajado libro en rústica de Penguin sobre el apego me había convencido de lo contrario.

Como todos los pequeños primates, los bebés nacidos en la línea de grandes simios que evolucionaría hasta el *Homo sapiens* buscaban la seguridad a través del contacto constante. Mi pequeña humana estaba en su derecho de hacer lo mismo. En las sabanas del África del Plio-Pleistoceno, en el «entorno de adaptación evolutiva» de la humanidad (la frase de Bowlby, ahora ampliamente adoptada), estar fuera de contacto con otros congéneres equivalía a la muerte. ¡Por supuesto que los bebés buscan desesperadamente el contacto con su madre! Cuanto más segura se sintiera mi hija de mi dedicación, más segura de sí misma, confiada e independiente crecería.

---

[2] Badinter, 2010.

En combinación con mi trayectoria, este adoctrinamiento evolucionista significaba que podía dar gracias de que mi marido, especialista en enfermedades infecciosas con un horario muy exigente, me ayudara tanto. Aunque Dan no se ocupaba mucho de nuestro bebé, ayudaba más que la mayoría de los hombres de nuestra generación. A pesar de que ya no hubiera hombres prehistóricos que salieran a cazar y cargaran con un antílope en los hombros de vuelta al campamento para alimentar a las mujeres y los niños (el relato habitual de la época),[3] sus descendientes humanos del siglo XX se dedicaban a ocupaciones remuneradas, dejando a las mujeres en casa para cuidar de los bebés. Yo, sin embargo, ambiciosa por naturaleza, cada vez me sentía más reacia a estar de guardia veinticuatro horas al día, siete días a la semana. Así que, para poder disponer de más tiempo para escribir, acabé contratando a una serie de *au pairs* que vivieran con nosotros (siempre mujeres). Ni Dan ni yo cuestionamos nunca la naturalidad de esta división del trabajo. La nuestra era una convicción compartida tanto por sus colegas de medicina como por los míos de biología evolutiva. Independientemente de si habían oído o no hablar de Bowlby y su teoría del apego, esta división sexual del trabajo se daba por sentada, las mujeres cuidaban y los hombres competían por el estatus en el mundo en el que se ganaban la vida.

Fue por aquel entonces cuando mi tutor posdoctoral en Harvard, el audaz y brillante teórico de la evolución Robert Trivers, le hizo una confidencia a un periodista que escribía un artículo sobre mi investigación: «Mi opinión es que Sarah debería dedicar más tiempo, estudio y reflexión a criar una hija sana para que la infelicidad no siga transmitiéndose de generación en generación».[4] Huelga decir que las observaciones de mi profesor se publicaron en un lugar destacado de la revista dominical del *Boston Globe*, con una foto mía amamantando a Katrinka recién nacida en la portada.

Mi famoso y franco asesor había tenido la desgracia de decir en voz alta a un periodista lo que muchos, probablemente la mayoría, de los profesores universitarios de Harvard de entonces

---

[3] Wilson, 1975, capítulo 27; Lovejoy, 1981.

[4] Litwack, 1979.

(todos hombres, por supuesto) pensaban. Décadas más tarde, Trivers le diría a otro periodista lo mucho que lamentaba haber hecho ese comentario.[5] Pero he aquí la cuestión. Aunque yo era consciente de que mi tutor no estaba sacrificando sus ambiciones personales para cuidar de sus propios hijos, en lugar de sentirme indignada, me corroía la inseguridad. En el fondo temía que tuviera razón. Al fin y al cabo, en lo que se refería a los bebés por aquel entonces la palabra *progenitor* significaba principalmente «madre», con independencia de si los consejos sobre su crianza vinieran de Watson, Bowlby o Benjamin Spock. La bibliografía en campos como la psicología y la antropología evolutivas era bastante clara al respecto.[6]

Cuando nació nuestro tercer hijo, Niko (llamado así en honor a mi héroe, el etólogo premio Nobel Niko Tinbergen), vivíamos en California. En lugar de trabajar como voluntaria a tiempo parcial en la guardería Harvard Yard a la que asistían mis hijos en Cambridge, me acababan de nombrar profesora titular en la Universidad de California en Davis, contratada como parte de «un acuerdo especial» por una institución cuya facultad de medicina estaba ansiosa por reclutar a mi marido. Como Dan seguía trabajando muchas horas en el hospital y yo me despertaba por la noche para dar el pecho, decidimos que él pusiera una tienda de campaña en el patio trasero de nuestra casa de las afueras de Davis. De este modo, como dijo Dan, «¡al menos uno de los dos dormiría bien!». Nadie hablaba entonces de la baja por maternidad, y mucho menos de una baja por paternidad para Dan.

---

[5] Johnson, 2012, https://www.timeshighereducation.com/features/women-and-children-first/419301.article.

[6] Por ejemplo, en su influyente estudio transcultural, Raymond Hames señala que por todo el mundo las mujeres y las niñas son «mucho más propensas que los hombres a participar en el cuidado de los niños [...] mediante la asistencia directa, como cogerlos en brazos, alimentarlos, cuidarlos o, a nivel económico, produciendo alimentos» (Hames, 2015, p. 512).

Entra en escena el «nuevo» padre

Eso era antes. Es difícil explicar a mis hijas lo mucho que ha cambiado todo en las décadas transcurridas entre mi nacimiento, en 1946, y la redacción de este libro. Era 1964 cuando terminé el bachillerato y me matriculé en el Wellesley College, *alma mater* de mi abuela y mi madre. No me interesaban los bebés, pero si hubiera hojeado la primera edición del recién publicado superventas de Benjamin Spock *Tu hijo*, habría leído que «algunos padres han sido educados para pensar que el cuidado de bebés y niños es tarea exclusiva de la madre. Pero un padre puede ser a la vez un padre cariñoso y un hombre de verdad». El doctor Spock añadía: «Por supuesto, no quiero decir que el padre tenga que dar tantos biberones o cambiar tantos pañales como la madre, pero está bien que haga estas cosas de vez en cuando». Incluso «está bien que, si puede, vaya a la consulta del médico para las visitas periódicas del bebé».[7] Llevar al bebé al pediatra seguía siendo una tarea de la madre. Se suponía que los padres se ocupaban de cosas más importantes.[8]

Esta misma creencia entró en mi casa dos años más tarde cuando, con veinte años, me trasladé de Wellesley, una universidad de mujeres, a Radcliffe, entonces la parte femenina de Harvard. Allí me encontré con un mundo dominado por hombres en el que las mujeres seguían sin poder entrar en la biblioteca de la universidad. El año en que me licencié no había ni una sola mujer profesora en el Harvard College; el único «ejemplar» se había jubilado el año anterior. Cuando regresé a Harvard para hacer el doctorado, me convertí en la primera mujer estudiante de posgrado del profesor Irven DeVore. Incluso después de terminar mi licenciatura y haber publicado mi segundo libro, mi mentor no veía ninguna razón para que siguiera una carrera profesional. Cuando unos colegas de uno de los pocos departamentos de Antropología con ganas de contratar a alguien contaminado por la sociobiología (muy controvertida en aquella época) le preguntaron por mis aptitudes,

---

[7] Spock, 1964, pp. 17-18.

[8] Esta época está bien caracterizada en la obra de Michael Kimmel *Manhood in America* (2012).

respondió: «Oh, Sarah. Está casada con un médico», y pasó a recomendar a otro de sus doctores recientes, también casado pero varón.[9]

Hoy en día, con el movimiento feminista y el debilitamiento (ni mucho menos total) de la mentalidad patriarcal, las mujeres se pasean libremente entre los estantes de la Biblioteca Lamont. De hecho, más mujeres que hombres asisten a la universidad y la terminan. En 2018 había más mujeres con estudios universitarios que hombres en la población activa de Estados Unidos.[10] Sin embargo, ninguna transformación me ha cogido tan desprevenida, ni me ha asombrado tanto, como la aparición de esos monos desnudos bípedos que cuidan asidua y tiernamente de los bebés (algunos a tiempo completo).

Una cantidad de ternura inesperada

Fue en 2014, al nacer nuestro primer nieto, cuando me encontré observando por primera vez a un hombre totalmente inmerso por elección propia en la crianza de un bebé. Anatómicamente hablando, no estoy segura de lo que significa la expresión «sentir que se te expande el corazón», pero eso es lo que experimenté al ver a David, el marido de mi hija (nacida en 1978, a la cola de la generación X), de pie ante una palangana de plástico, con las mangas de la camisa arremangadas dejando al descubierto unos brazos peludos, mientras sus manos varoniles limpiaban suavemente con un paño enjabonado la piel delicada como un pétalo de rosa del cuerpecito de su hijo recién nacido (figura 1.2).

Al observarle, me quedé asombrada al ver al «hombre cazador» junto a una palangana para lavar bebés y me invadió una sensación

---

[9] Relatado por el profesor William Irons y repetido durante una conversación entre Irons y yo transcrita en Kuhle y Salmon, en prensa y publicada por Barry Kuhle en línea en: https://www.dropbox.com/s/h8ahsyq7qwln99f/Sarah%20Hrdy%20with%20Bill%20Irons.mp4?e=1&dl=0.

[10] En el curso académico 2020-2021 las mujeres representaban el 59,5 por ciento de las matrículas universitarias en Estados Unidos, los hombres el 40,5 por ciento (Belkin, 2021).

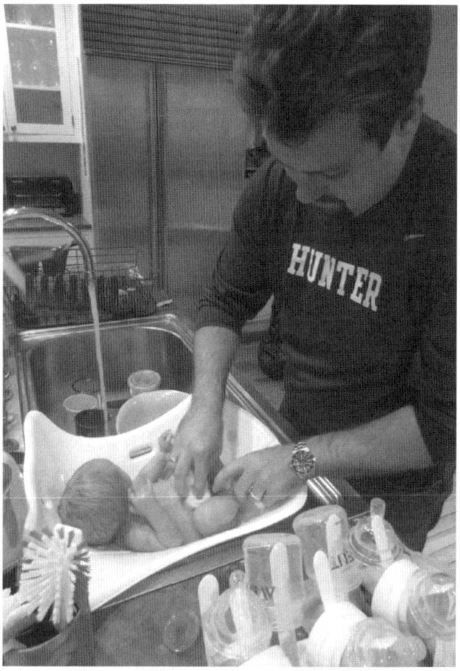

Figura 1.2. David, entonces subdirector del Hunter College High School de Nueva York, pudo tomarse unas largas vacaciones para cuidar de su nuevo bebé gracias a la baja por enfermedad que acumuló y a la política liberal de baja por paternidad del centro público, mientras que mi hija Katrinka —profesora de un centro privado que entonces tenía una política de baja por maternidad menos generosa— tuvo que seguir trabajando. (S. B. Hrdy).

de gratitud. Mientras mi mente repasaba los cuidados infantiles que había visto, me sorprendió la rareza de lo que acababa de presenciar. Era algo completamente nuevo para mí. «Maravilloso», musitó la madre y abuela que llevo dentro. Entonces intervino mi parte de antropóloga evolutiva. «¿Cómo era posible?», ¿era realmente el cuidado paterno de un recién nacido tan inusual como mi historia personal y mi formación académica me habían hecho suponer? Si no era así, ¿cómo podía ser que los simios macho tuvieran la capacidad de responder con tanta ternura a las necesidades de un bebé diminuto? ¿Cómo es posible que los hombres lleguen a estar tan completamente dedicados a cuidar? ¿De dónde proviene esta cantidad de ternura?

Cuando nació nuestro primer hijo, mi marido Dan estuvo presente en la sala de partos, el último lugar del mundo donde hubiera encontrado a mi propio padre y a sus coetáneos. Pero al volver a casa del hospital la responsabilidad principal del cuidado del bebé recayó en mí. Poco a poco, pude repartirla cada vez más con otras mujeres a las que contraté para ayudar, a medida que me daba cuenta de la cantidad de cuidados que necesita un recién nacido humano, veinticuatro horas al día, los siete días de la semana, durante mucho tiempo, puesto que los pequeños humanos maduran muy lentamente. Nadie puede, ni debería, hacer esto solo, por lo que elegí recurrir a otras mujeres para que me ayudaran, no a hombres. No se me habría ocurrido esperar que un hombre se hiciera cargo del cuidado de una criaturita tan vulnerable. Sin embargo, ahora, ante mis ojos, en la segunda década del siglo XXI, mi yerno secaba con delicadeza a su recién nacido con una toalla suave, lo colocaba sobre un cojín, le cambiaba el pañal y lo envolvía con pericia mientras el bebé le miraba, cómodo y seguro. No mucho después, cuando nació la hija de mi hijo Niko, vi como este seguía el ejemplo de su cuñado.

En el siglo XXI ya no es nada raro que los padres estadounidenses decidan estar presentes en la sala de partos, sostener a su bebé contra su pecho desnudo, piel con piel justo después del nacimiento, de noche o de día, y se muestren dispuestos a responder a las necesidades de los minúsculos recién nacidos. Observé con asombro cómo mi hijo y sus amigos varones se unían a esta cohorte de padres primerizos *totalmente nuevos*, inmersos en la crianza activa de los recién nacidos, algunos negociando incluso un permiso prolongado en el trabajo para poder hacerlo.

Aunque yo no había sido capaz de prever los cambios que se avecinaban, la siempre astuta etnógrafa Margaret Mead sí se dio cuenta. Quizá las primeras investigaciones de Mead en Nueva Guinea aguzaron su sensibilidad. En su clásico de 1935 *Sexo y temperamento en tres sociedades primitivas* Mead había comparado a los padres de los apacibles arapesh con los de los feroces y pendencieros cazadores de cabezas mundugumor. A diferencia de los hombres mundugumor, los padres arapesh eran dulces, receptivos y bastante «maternales», y a menudo ayudaban a cuidar a los bebés cuando la madre tenía que ocuparse del huerto o de otras tareas. Los hombres mundugumor, por el contrario, casi nunca ofrecían ayuda en el cuidado de los niños. Mead llegó a la conclusión de que las diferencias entre los hombres de estos grupos étnicamente similares se debían a causas culturales. Cuando se dio cuenta de que algunos hombres «responsables» de su propia comunidad posindustrial, más o menos posfeminista, también empezaban a ocuparse directamente del cuidado de los niños, atribuyó su inusual comportamiento a la cultura. En sus palabras, «la maternidad es una necesidad biológica, pero la paternidad es una invención social».

La afirmación de Mead perduraría durante años. Cuando el periodista económico Michael Lewis escribió sus efusivas memorias *Home Game: An Accidental Guide to Fatherhood*, se hizo eco del mantra de Mead: «Puede que el amor materno sea instintivo, pero el amor paterno es un comportamiento aprendido». Sin duda. Pero ¿podrían la cultura, los cambios en la economía doméstica y las expectativas sociales explicar por sí solos la profundidad de las emociones de mi yerno y esa tierna capacidad de respuesta a las dos de la madrugada?

Mientras buscaba en la literatura algo que me inspirara sobre lo que estaba pasando, me acordé de un viejo amigo experto en psicología del desarrollo, Michael Lamb. En los años ochenta Lamb había viajado a Suecia para estudiar cómo cuidaban los padres de sus hijos. Por entonces, los cambios en la dinámica familiar de los países nórdicos estaban muy avanzados, alentados por políticas gubernamentales que incluían generosos permisos de paternidad.[11] En el curso de su investigación Lamb se convenció de que, «con la excepción de la lactancia, no hay pruebas de que las mujeres estén biológicamente predispuestas a ser mejores progenitoras que los hombres. Las convenciones sociales, no los imperativos biológicos, subyacen a la división tradicional de las responsabilidades parentales».[12] Como para ilustrar su punto de vista (y también para apoyar a su mujer, que estaba estudiando Medicina), Michael practicó lo que predicaba y, cuando viajó a Davis para pronunciar una prestigiosa conferencia en mi universidad, llevó consigo a su hijo pequeño para que lo cuidaran junto a mis hijos en nuestra casa.

---

[11] Oláh *et al.*, 2018, p. 46.

[12] Lamb *et al.*,1982; cita de Lamb, 1984, p. 423. Lamb llegaría a escribir y publicar varios libros sobre el papel del padre en el desarrollo infantil en distintas culturas.

Lamb y otros seguirían recopilando informes sobre el cuidado paterno en diversos países, así como en distintas comunidades estadounidenses.[13] En todas las culturas apareció algún grado de cuidado paterno directo en el 40 por ciento de las sociedades estudiadas, pero las atenciones de los hombres rara vez llegaron a ser significativas.[14] En uno de los primeros estudios detallados sobre la infancia de los cazadores-recolectores, entre los !kung o, como se los conoce actualmente, los ju/'hoansi de la región del Kalahari en Botsuana,[15] el antropólogo Melvin Konner informó que los hombres pasaban mucho tiempo con los bebés, pero solo los sujetaban en brazos cuando eran muy pequeños durante aproximadamente un 3 por ciento de las horas de luz.[16]

Después, en 1992, Barry Hewlett publicó el libro *Intimate Fathers*, sobre el cuidado paterno entre los cazadores-recolectores centroafricanos akas, en los que los padres pasaban casi el 50 por ciento de cada periodo de veinticuatro horas a la distancia de un

---

[13] Lamb, 1987; Shwalb, Shwalb y Lamb, 2013. También hay una creciente literatura sobre temas como la implicación prenatal de los hombres en las comunidades hispanas (por ejemplo, Cabrera, Shannon, Mitchell y West, 2009) e informes de grupos de reflexión como la New America Foundation, sobre hombres negros comprometidos, destinados a corregir los estereotipos sobre la ausencia del padre en las familias negras (St. Julien, 2021). En el siglo XXI ha surgido una bibliografía dedicada a los hombres gais que fundan familias (por ejemplo, Gates, 2015; Golombok *et al.*, 2013; McConnachie *et al.*, 2020). Pero no he tenido mucha suerte a la hora de localizar información sobre subculturas con una larga tradición de hombres que cuiden de bebés. Aunque los trabajadores sociales y los investigadores de diversos campos prestan cada vez más atención al cuidado paterno, el tema sigue estando poco estudiado. Hace aproximadamente cuatro décadas un investigador que estudiaba la asistencia paterna durante el parto manifestó con franqueza que, debido a la falta de información, no se podían sacar conclusiones sobre los efectos del «contacto prolongado» en la implicación paterna posterior (Palkovitz, 1985). Hoy la situación no ha mejorado mucho.

[14] De los archivos de la Human Relations Area Files (HRAF), en un análisis de Barry y Paxson, 1971. Véase también las revisiones en Hames, 1988; Katz y Konner, 1981; Konner, 1972, 2010.

[15] Esta es la forma más común en la que aparece escrito el nombre de este grupo étnico, con el símbolo «!» representando un chasquido dental, que es un sonido característico en las lenguas khoisan. *Ju/'hoansi* es la forma más común y precisa, con la barra («/») representando un chasquido palatal en la lengua ju/'hoan.

[16] Véase Konner, 1972 para su estudio clásico inicial; Konner, 2016 para el porcentaje citado aquí de un análisis posterior.

brazo de sus hijos; abrazándolos, acariciándolos o besándolos alrededor del 9 por ciento; y cogiendo en brazos a bebés de uno a cuatro meses hasta un 22 por ciento, la tasa más alta de implicación paterna jamás registrada.[17] Lejos de las breves e intensas sesiones de juego que los padres occidentales consideran «tiempo de calidad», los padres akas pasaban horas descansando en el campamento en una proximidad relajada e íntima con los bebés y los niños mayores, simplemente «estando ahí».

Esto era muy distinto de lo que Hewlett había anticipado tras leer las obras de Sigmund Freud, o incluso del gran teórico del apego John Bowlby. Ambos habían supuesto que antes de la «etapa edípica», entre los tres y cinco años, los padres desempeñaban un escaso papel en el desarrollo del niño.[18] Sin embargo, Hewlett se dio cuenta de lo emocionalmente compenetrados que estaban los padres akas con sus hijos y viceversa después de tanto tiempo en íntima proximidad.[19] Aun así, entre estos parangones centroafricanos del cuidado paterno, las madres y otras mujeres eran las que proporcionaban la mayor parte del *cuidado directo* a los bebés durante los primeros seis meses más o menos, de acuerdo con lo que los antropólogos denominan «la hipótesis del cuidador principal».[20] Hasta el siglo XXI no encontré casos de hombres que asumieran ese papel.

Fue entonces cuando observé a hombres como mi yerno actuando como sujetos que se seleccionaron a sí mismos para participar en un experimento natural único y en curso. Desde la primera hora tras el nacimiento, David asumió una responsabilidad igual, a veces mayor que la madre, respecto a su hijo. Tampoco era una muestra de «*n* igual a 1». En todo el país, en las mismas salas de maternidad donde en los años cincuenta los recién nacidos eran llevados rápidamente a guarderías iluminadas con luces de neón, hoy se anima a padres y madres por igual a que empiecen a establecer vínculos afectivos desde el momento del nacimiento.

---

17 Hewlett, 1992, pp. 77 y 134, tabla 42.

18 Hewlett, 1991, p. 1.

19 Hewlett, 1991, 1992.

20 Babchuk *et al.*, 1985; Hames, 1988.

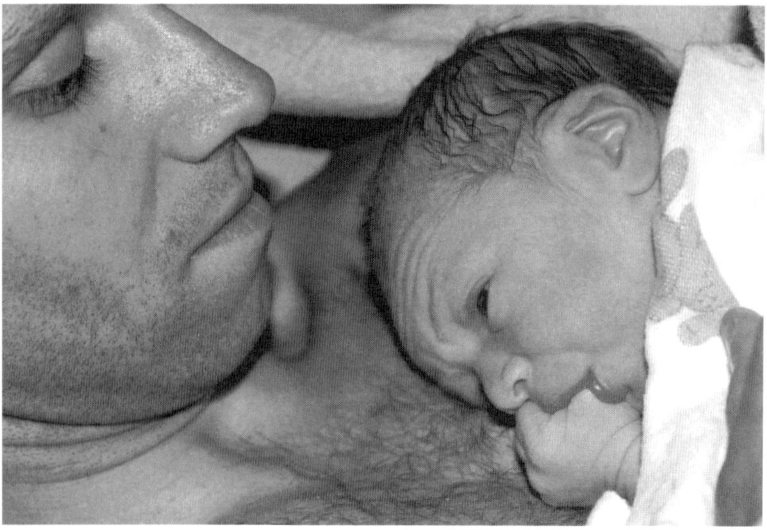

Figura 1.3. En el siglo XXI los nuevos papás, como el experto en paternidad Lee Gettler (véanse los capítulos 4 y 8), se esfuerzan por fomentar el vínculo piel con piel desde el nacimiento, y continúan el contacto estrecho mucho tiempo después. (Cortesía de Lee Gettler y familia).

En algunos hospitales hay carteles que instan a los hombres a abrazar a sus recién nacidos, a ser posible sin camiseta, para favorecer el contacto directo con la piel (figura 1.3).

En 2016, incluso la famosa y conservadora Academia Americana de Pediatría comenzó a tomar nota y publicó un informe detallado sobre la necesidad de que los médicos de familia facilitaran las visitas a los hombres que acudían con sus hijos a las revisiones[21] o que, como mi yerno, se encargaban de concertar la cita. Una vez en la consulta del médico, David elaboraba historiales detallados con una aplicación de su teléfono móvil, en los que anotaba cada toma (cuánto y cuándo), cada caca, las horas que dormía y los hitos en su desarrollo. De hecho, hoy en día, los padres que necesitan consejos sobre el cuidado de su recién nacido pueden entrar en sitios web como «La guía definitiva sobre recién nacidos para padres novatos», donde se promete enseñar a los padres a cambiar

[21] Yogman y Garfield, 2016.

los pañales de un recién nacido, una conducta que, cuando yo era pequeña, nunca había visto hacer a un hombre.[22]

¿Cómo explicar este nuevo fenómeno, especialmente en un país polarizado durante una era plagada de contradicciones? Después de todo, era la misma época en la que otro «hombre cazador» podía jactarse de que *nunca* cambió los pañales a su hijo, que él «proveería los fondos», pero su esposa «se ocuparía de los niños»,[23] porque supuestamente somos humanos y «el hombre es el más feroz de los animales», enfrascado en «una serie de batallas que terminan en victoria o derrota».[24] Así era el hombre que en 2016 sería elegido presidente de Estados Unidos, mientras que en el mismo país otros hombres con definiciones de masculinidad muy distintas respondían con sensibilidad a los bebés y daban prioridad a la crianza.

Nuevas definiciones de la masculinidad

Ya en las últimas décadas del siglo XIX aparecían indicios de que la definición de masculinidad podía estar suavizándose. Quizá fuera para compensar el hecho de estar tanto tiempo fuera de casa, o porque los hombres excesivamente preocupados por «ser el sostén de la familia» buscaran un sentido adicional a sus vidas. En cualquier caso, los padres empezaban a implicarse más en el desarrollo psicológico de sus hijos. A principios del siglo XX un número cada vez mayor de padres estadounidenses se convirtieron en guías cercanos de sus retoños, en amigos más que en jefes. Muchos asistían a reuniones de padres y profesores, leían columnas de consejos y pedían asesoramiento a los nuevos «expertos» en desarrollo infantil. Historiadores que investigaban sobre la familia estadounidense, como Robert Griswold, los etiquetaron como los «nuevos padres».[25]

---

[22] Hoffman, 2019. Aunque el autor fomenta una mayor implicación paterna, sigue considerando necesario señalar que las mujeres están «biológicamente programadas para ser madres mucho más que los hombres», y sospecho que el mensaje es que un buen padre debe trabajar junto a la madre, en lugar de sustituirla.

[23] Kaczynski y Apper, 2016.

[24] D'Antonio, 2019.

[25] Griswold, 1993, capítulo 5.

Equipados con biberones de tetina de goma y leche en polvo, tanto los hombres como las madres podían alimentar a sus pequeños bebés. Sin embargo, centrados como estaban en el desarrollo de la personalidad, estos nuevos padres seguían haciendo hincapié en los roles sexuales «correctos» (léase «binarios») tanto para ellos como para sus hijos, por lo que no llegaron a hacerse cargo del cuidado cotidiano de los críos.

Con el auge de los movimientos feministas y la disponibilidad transformadora de métodos anticonceptivos fiables, se fue produciendo una modificación de los roles de género que solo ganaría impulso a medida que los derechos legales para todos los géneros generasen nuevas oportunidades. En 1993 Ruth Bader Ginsburg, aprovechando esta corriente, fue nombrada jueza en la Corte Suprema de Estados Unidos. Años antes, durante una estancia en Suecia, había sido testigo de primera mano de lo que las políticas que fomentan la participación masculina en el cuidado infantil podían lograr. No veía ninguna razón por la que hombres como su marido no pudieran implicarse más en el cuidado de los niños. Una vez que ocupó su puesto en el tribunal, la «notoria R. B. G.» utilizó su posición para promover la igualdad de género y la continua expansión de las oportunidades educativas y laborales de las mujeres.

Nuevas oportunidades económicas y profesionales para las mujeres

En 1970 me convertí en la primera estudiante de posgrado del catedrático de Harvard con el que trabajaba. Cuatro décadas más tarde, en 2010, el 40 por ciento o más de los investigadores estadounidenses eran mujeres.[26] Diez años después, las mujeres obtuvieron algo más de la mitad de todos los doctorados concedidos en Estados Unidos. Hoy en día representan la mitad de los estudiantes que ingresan en las facultades de Medicina y Derecho.[27]

---

[26] Bernstein, 2017.

[27] Según datos del Consejo de Escuelas de Posgrado citados por un bloguero preocupado por que los hombres se convirtieran en «el segundo sexo de la enseñanza

Cuando yo nací, solo el 16 por ciento de las mujeres con hijos estaban empleadas fuera del hogar.[28] En 1977, cuando tuve mi primer hijo, esa proporción se había duplicado hasta el 35 por ciento, y volvió a duplicarse en el 2000, para luego estabilizarse.[29] Alrededor del 75 por ciento de las mujeres trabajaban fuera del hogar en 2019, cuando estalló la COVID-19. A medida que se ponía a las familias en cuarentena y se cerraban las alternativas para el cuidado infantil, 1,3 millones de madres abandonaron la población activa para cuidar de bebés y niños pequeños, reincorporándose solo cuatro años más tarde.[30] Incluso ante estos aumentos y descensos de la participación laboral de las mujeres, e incluso cuando se ralentizó el pronunciado ritmo de subida anterior de las oportunidades profesionales,[31] las expectativas sobre la cantidad de ayuda que los hombres prestaban en casa siguieron aumentando.

Entre el momento en que terminé el instituto (1964) y el nacimiento de mi primer nieto, el número medio de horas semanales que los hombres dedicaban al cuidado de los niños se duplicó con creces. Sin embargo, el punto de partida de este aumento masivo era de apenas dos horas y media a la semana, lo que probablemente *suena* más impresionante de lo que les pareció a las agobiadas madres que seguían ocupándose de la mayor parte del cuidado infantil. Aun así, se duplicó. Mientras tanto, de los 70 millones de padres estadounidenses que había en 2012, 189.000 eran padres solteros que cuidaban solos de sus hijos. De 352.000 parejas de hombres homosexuales, el 10 por ciento optaba por tener hijos.[32] Al principio de la pandemia, casi un cuarto de millón de niños

---

superior», las mujeres obtuvieron 34.761 de los 67.220 títulos de doctorado, con cifras más altas en las ciencias sociales y biológicas que en otros campos, como la ingeniería o las matemáticas (Perry, 2015). En su libro *Mujeres ante todo* el antropólogo y médico Melvin Konner examina las implicaciones positivas de una representación casi igualitaria de las mujeres en las facultades de Medicina y Derecho (Konner, 2015, pp. 234 y ss.).

[28] Coontz, 2005, p. 228.

[29] England *et al.*, 2020.

[30] El 9 de marzo de 2023 la portada del *Wall Street Journal* anunciaba: «Las mujeres se reincorporan al trabajo, aportando fuerza a la economía» (Cambon y Weber, 2023).

[31] Schmidt, 2020; Miller, 2021.

[32] Yogman y Garfield, 2016.

estaba al cuidado de padres a tiempo completo, y casi dos millones de preescolares a tiempo parcial.[33] Cualesquiera que sean las cifras exactas de hoy, os garantizo que no tienen precedentes.

Una situación inédita

A comienzos del siglo XXI los científicos sociales estaban registrando aumentos sustanciales del «tiempo de paternidad» entre los padres estadounidenses. Los padres se dedicaban de forma directa a sus hijos algo más de una hora entre semana, y quizá tres horas al día los fines de semana. Aunque los aumentos eran mayores para los padres con titulación universitaria,[34] en general ambos progenitores pasaban más tiempo con sus hijos que en décadas anteriores. Aunque las madres trabajen a tiempo completo los hombres siguen sin ocuparse de los niños tanto como ellas y, pese a eso, los padres de hoy en día son dos veces más propensos a decir que no disponen de tiempo *suficiente* con sus hijos.[35]

A medida que los padres estadounidenses se implicaban más en el cuidado de los hijos, algunos empresarios inteligentes tomaron buena nota. Antes de la pandemia se hablaba más del tiempo «flexible» y del permiso de paternidad, y se ofrecieron mejores condiciones cuando los empresarios se encontraron con el difícil mercado laboral posterior a la pandemia. Está claro que influyen la educación, la mayor participación de las mujeres en el mercado laboral y, con ella, las mayores expectativas sobre lo que deben hacer los padres varones, así como el mayor entusiasmo por la «igualdad de derechos» entre la generación X y los *millennials*. Sospecho que también tiene su peso la mayor influencia que tienen las mujeres al ser capaces de decidir cuándo se quedan embarazadas, o si quieren o no tener un hijo. Pero también los padres parecen disfrutar de un abanico de opciones nunca visto.

---

[33] *Ibid.*

[34] Yeung *et al.*, 2001.

[35] Un 46 por ciento frente a un 23 por ciento, según Parker y Wang, 2013.

Figura 1.4. Cuando Pete Buttigieg se convirtió en el primer secretario de gabinete de Estados Unidos que se tomaba dos meses de permiso de paternidad retribuido, publicó esta imagen en Twitter. (https://twitter.com/PeteButtigieg/status/1434167993769111552). Traducción del tuit: «Chasten y yo estamos infinitamente agradecidos por todos los buenos deseos recibidos desde que compartimos la noticia de que vamos a ser padres. Estamos encantados de dar la bienvenida a Penelope Rose y Joseph August Buttigieg a nuestra familia».

Entre las opciones de los hombres para tener un hijo está la de contratar un vientre de alquiler, utilizando su propio esperma o esperma donado. Los que lo hacen pueden convertirse en cuidadores principales desde el nacimiento. En mi tablón de anuncios tengo una fotografía del periodista estadounidense Anderson Cooper, un hombre gay que «nunca pensó que pudiera tener un hijo», acunando a su hijo recién nacido, tan «dulce, suave y sano», mientras anunciaba con orgullo, abiertamente y con alegría este nacimiento por gestación subrogada a una audiencia estadounidense mayoritariamente solidaria. El mismo año 2021 el secretario de Transporte de Estados Unidos, Pete Buttigieg, y su marido, Chasten, adoptaron gemelos recién nacidos, un niño y una niña, y publicaron alegremente un retrato de familia en Twitter (figura 1.4).

Unos nuevos «nuevos padres»

No a todo el mundo le gustó este cambio tan rápido. Cuando en 2018 la Asociación Americana de Psicología publicó nuevas directrices sobre la «masculinidad», se produjo un clamor de protestas. Según los críticos, las definiciones ampliadas «demonizaban la masculinidad» y feminizaban a los hombres. Algunos de los autores recibieron amenazas de muerte.[36] Un artículo de opinión del *Wall Street Journal* de ese año, escrito por la madre de tres hijos, preguntaba: «¿Por qué tenemos que fingir que los hombres y las mujeres son iguales o que la masculinidad es el problema?». La escritora, madre de familia, consideraba esencial dejar que los chicos sean chicos y crezcan como hombres, pues «el mundo necesita hombres fuertes. Sin ellos, ¿quién protegerá al "pueblo" de los enemigos?».[37] Conscientemente o no, esta madre se hacía eco del consenso de no pocos evolucionistas, una convicción de la que hablo más en el capítulo siguiente. Para ella, el papel de los hombres era servir como guerreros que defendían a su grupo contra otros grupos. La propia Margaret Mead había intuido un «peligro» diferente en caso de que los emprendedores hombres occidentales de su propia sociedad empezaran a «deleitarse con la paternidad» como lo hacían las madres. ¿Qué pasaría si la paternidad resultara tan «seductora para los hombres jóvenes» como para las madres y, por tanto, los hiciera menos creativos o innovadores?[38] Puede que fuera esta preocupación la que llevó a Mead a recordar a sus lectores que «el cuidado de niños muy pequeños por parte del padre es algo que ninguna civilización anterior ha fomentado entre sus hombres cultos y responsables».

Hoy en día, en todo el mundo, los hombres fuertes de derechas se aprovechan de esos temores. Reúnen apoyo populista pregonando su masculinidad. Algunos encabezan concentraciones de motociclistas, aparecen sin camiseta a caballo o alardean públicamente de sus niveles de testosterona o del tamaño de su pene. La declaración de Vladímir Putin de que «enseñar la fluidez de género» era «un crimen contra la humanidad» se hace eco de la

[36] Brainard, 2019.

[37] De Carlo, 2018.

[38] Mead, 1949, introducción a la edición Pelican; 1962, p. xviii. Véase también Mead, 1935. Dadas las opciones de que disponía, Mead tenía sus propias razones para considerar el «deleite en la maternidad» como una «barrera para la creatividad de las mujeres». Su prestigiosa carrera se basó en un extenso trabajo de campo en lugares remotos y en tener la libertad de viajar por todo el mundo dando conferencias y escribiendo superventas sobre todo ello. Lo consiguió gracias a que pudo delegar el cuidado de su única hija a otras mujeres.

preocupación de Mead sobre los esteroides, literalmente.[39] Pero mientras los tradicionalistas patriarcales celebran protestas enérgicas con sus militantes, otros difunden memes culturales diferentes, como el emoji de un hombre embarazado, que acaba de publicarse y circula por todas partes.

Como quedará claro en capítulos posteriores, las tensiones sobre los roles sexuales y las responsabilidades parentales se remontan muy atrás en el tiempo. Pero hoy en día se desarrollan en terrenos desconocidos, ya que cada vez más hombres no solo cuidan de bebés, sino que se deleitan en poder hacerlo. Para mí, sin embargo, lo que resulta aún más asombroso que los cambios sociales, legales y tecnológicos que permiten esta transformación son las nuevas evidencias de lo que ocurre en el *interior* de los hombres. No solo demuestran ser tan responsables como las madres, sino que algunos llegan a estar tan absortos emocionalmente por los bebés, tan poderosamente vinculados e incluso tan «obsesionados» por ellos como las madres.

Como científica, he pasado la mayor parte de mi vida adulta investigando las estrategias reproductivas de los seres humanos y otros primates, en particular cómo evolucionaron los machos y las hembras para engendrar descendencia, invertir en ella y criarla, y qué hace falta para que sobreviva en distintos entornos.[40] ¿Cómo es posible que yo (y tantos colegas) no me hubiese dado cuenta de que los hombres tenían capacidades de cuidado tan claramente fundamentadas en la biología? Antes de pasar a lo que los neurocientíficos y otros investigadores están descubriendo sobre lo que

---

[39] Cheng, 2021; véase también Rosenthal, 2016.

[40] En aquella época estaba profundamente influenciada por el teórico de la evolución Robert Trivers, y su definición de 1972 de la inversión parental como «cualquier inversión por parte de los progenitores en una cría individual que incremente la posibilidad de supervivencia de la cría (y, por tanto, el éxito reproductivo) a costa de la capacidad de los padres de invertir en otras crías» (p. 139). Aunque es muy útil para analizar el comportamiento parental de los animales, incluidos los humanos, un enfoque como este de suma cero resulta más difícil de aplicar a las sociedades prósperas actuales, en las que casi todas las crías sobreviven. De ahí que en este libro el término «cuidado parental» se utilice en un sentido más general, refiriéndose a los actos benefactores hacia un vástago, afecten o no a la eficacia biológica.

ocurre en los hombres cuando están profundamente involucrados en el cuidado de los bebés, merece la pena plantearse por qué los investigadores con mentalidad evolucionista como yo hemos tardado tanto en plantearnos siquiera que mereciera la pena investigar el tema.

02

Reconsiderar la «desafortunada herencia» del hombre

«El hombre es el rival de otros hombres; se deleita en la competencia y esto lo lleva a la ambición, que pasa demasiado fácilmente al egoísmo. Estas últimas cualidades parecen ser su herencia natural y desafortunada».

DARWIN, 1871[1]

Las hembras son las cuidadoras por excelencia en los mamíferos

¿Por qué tardaron tanto los científicos en reconocer el potencial de los hombres para proporcionar cuidados? La explicación más obvia es que rara vez mostraban conductas de crianza. Me viene a la memoria un colega cercano, experto en el cuidado parental entre los pueblos tribales de la Amazonia, que me preguntó en qué estaba trabajando y, al contestarle «en un libro sobre el potencial de crianza en los hombres», se quedó callado un momento y soltó una risita antes de decirme: «Vaya, Sarah, pues sí que va a ser un libro corto». Ni que le hubiera dicho que me iba a documentar sobre los hábitos alimenticios del Yeti, o de cualquier otra criatura de ficción.

El escepticismo de mi colaborador era comprensible. Al igual que yo, era un antropólogo evolucionista muy consciente de que los humanos pertenecen a la clase *Mammalia*, en la que solo en el 5 por ciento de las 5.400 especies que hay en el mundo se da el cuidado directo de las crías por parte de los machos.[2] Además,

---

[1] Darwin, 1981 (1871), parte 2, p. 326.

[2] Rogers y Bales, 2019 sitúa la estimación entre el 3 por ciento y el 5 por ciento. El estudio de Lukas y Clutton-Brock sobre 2.545 especies de mamíferos de las que

ninguno de nuestros parientes simios macho más cercanos cuida habitualmente de los recién nacidos, como tampoco lo hacen los hombres en ninguna de los cientos de sociedades humanas estudiadas.[3] Por otra parte, hasta hace poco, casi toda la investigación psicobiológica sobre el cuidado parental en los mamíferos se centraba en las madres. De hecho, los estudios más rigurosos desde el punto de vista científico se han realizado con animales de laboratorio, y la madre era el único sujeto de estudio, al margen de sus crías que estaban en la misma jaula.

Esta investigación psicobiológica demuestra cómo las hembras de los mamíferos están extraordinariamente bien adaptadas para cuidar de sus crías, y ¿por qué no iba a ser así? La madre es la que tiene asegurado estar allí, a mano, cuando los recién nacidos salen de su cuerpo al mundo. Es ella quien está equipada para mantener a los bebés hidratados, nutridos e inmunizados gracias a las secreciones especialmente adaptadas de sus glándulas mamarias. Con la aparición de los mamíferos hace 220 millones de años la presencia de la madre se convirtió en condición *sine qua non* para la supervivencia de los bebés. Para que la madre primeriza no responda a la repentina aparición de pequeños intrusos atacándolos, los cambios hormonales que se producen semanas o meses antes del nacimiento la preparan para tolerarlos, limpiarlos a lametazos e imprimirles su olor. Incluso puede facilitarles la tarea de llegar a sus glándulas mamarias y empezar a mamar.

---

disponemos de información acerca del cuidado parental la eleva ligeramente hasta el 5,3 por ciento. Su cifra incluye 135 especies cuyas madres son monógamas en su totalidad o en su mayor parte (las hembras «socialmente monógamas» están emparejadas, pero a veces también se reproducen con otros machos), y cuentan con la ayuda de machos que les ayudan a llevar o proporcionar alimento a las crías (Lukas y Clutton-Brock, 2013, p. 527).

[3] El antropólogo Barry Hewlett, uno de los pioneros en el estudio del cuidado paterno, resume así la situación: «No existe ninguna sociedad humana conocida en la que los machos se ocupen más del cuidado de los bebés que las hembras» (1992, p. 121). Su observación encuentra eco en el informe de 2002 de Wendy Wood y Alice Eagly, según el cual las madres son las cuidadoras principales en el 92 por ciento de las sociedades humanas, así como en clásicos de la antropología como *Evolution of Childhood* (2010), de Melvin Konner, y *Anthropology of Childhood* (2022), de David Lancy.

Durante la segunda mitad del siglo XX los psicobiólogos estudiaron los mecanismos hormonales de la gestación que garantizan que esto ocurra. En 1968 el psicólogo Jay Rosenblatt, a menudo conocido como «el padre de la maternidad», demostró que la transfusión de sangre de una rata recién parida a una hembra nulípara que nunca se había apareado provocaba que esta empezara espontáneamente a lamer y recolectar crías, situándose de forma protectora sobre ellas como si fuera a amamantarlas.[4] El estrógeno y otras hormonas recorren el torrente sanguíneo de la rata madre durante la gestación, activando cambios posteriores, como la liberación de oxitocina, que favorece la afiliación, y de una hormona multifunción llamada prolactina. Como su nombre indica, esta hormona favorece la lactancia y mucho más.[5] El aumento de los niveles de prolactina no solo estimula las glándulas mamarias y hace que las mamas se hinchen para amamantar a los bebés, sino que también modula las respuestas al estrés de la madre para que, en lugar de temer o atacar a los pequeños extraños que aparecen de repente en su nido, esté dispuesta a cuidarlos.

Tras el nacimiento, el neuropéptido oxitocina, que estimula las contracciones uterinas durante el parto, también ayuda a fomentar los impulsos afiliativos, de modo que las madres quieren tener a su bebé cerca. Un bebé que tira de los pezones de su madre estimula la liberación de más oxitocina y la bajada de la leche. A medida que la dulce leche con oxitocina llega a la boca del bebé, este ingiere su propia dosis calmante del péptido y devuelve el favor materno acurrucándose cómodamente y quedándose dormido. La neurobióloga Sue Carter, de la que sabremos más en el capítulo 6, no considera que la oxitocina *cause* tales vínculos, sino que compara sus efectos con «una metáfora fisiológica» de sentirse seguro, un elixir que inspira buenos recuerdos de estar cerca de otra persona, dejando a ambos miembros de la pareja madre-hijo con el deseo de volver a estar juntos, llevándolos con el tiempo a sentirse «apegados».[6] Algunos de los fundamentos neurofisiológicos de las

---

[4] Terkel y Rosenblatt, 1968.

[5] Fleming *et al.*, 2016.

[6] Carter, 2017a; véase también Carter, 1998.

emociones que llamamos «amor» se remontan a estos primeros atisbos de preocuparse por alguien más allá de uno mismo.[7]

Los descubrimientos del siglo XX sobre el vínculo afectivo entre madre e hijo no llegaron a *demostrar* que las mujeres fueran el único sexo capacitado para cuidar de los demás, pero encajaban tan bien con lo que la gente tenía asumido que hubo poco interés en cuestionar la sabiduría popular. Las mujeres eran vistas como las cuidadoras naturales y, por extensión, se asumía que eran innatamente más empáticas que los hombres. El propio Charles Darwin había sugerido que «la mujer parece diferir del hombre en sus disposiciones mentales, principalmente en su mayor ternura y menor egoísmo», concluyendo que «debido a sus instintos maternales la mujer muestra estas cualidades hacia los bebés en un grado notable; por lo tanto, es probable que a menudo las demuestre hacia sus semejantes».[8]

No había forma de saber con seguridad si las madres están innatamente más capacitadas para cuidar de los demás que los hombres, pero la presunción de Darwin tenía sentido, sobre todo en el caso de los mamíferos. Hasta hace poco, teníamos pocas razones para cuestionarla. Yo, desde luego, no las encontré. Incluso después de que fuera cada vez más evidente que las mismas redes y sustancias neuroendocrinológicas que fomentan los lazos entre madres e hijos sustentan el *bauplan*, el modelo para otros vínculos sociales, como los vínculos de pareja entre los sexos,[9] seguía sin explorarse la posibilidad de que los hombres pudieran ser por naturaleza tan sensibles a los bebés como las madres.

Más allá de los mamíferos

Mientras que la investigación psicobiológica sobre la crianza en los mamíferos se centraba en las madres, los zoólogos que estudiaban

---

[7] Carter, 1998.

[8] Darwin 1981 (1871), parte 2, p. 326.

[9] Allman, 2000; Chapman *et al.*, 2006; Christov-Moore *et al.*, 2014; De Waal, 2019, 2022; Carter y Perkeybile, 2018; Bales, 2021. En cuanto a los orígenes maternos de las emociones empáticas, véase especialmente la investigación pionera sobre el cerebro de Keverne *et al.*, 1997, resumida en Hrdy, 1999, pp. 141 y ss.

otros vertebrados eran conscientes de que en los animales que carecen de fecundación interna, gestación y lactancia, los machos muchas veces asumen algunos cuidados. Entre las aves que ponen huevos, por ejemplo, ambos sexos cuidan de las crías y de los polluelos, lo que es habitual en el 90 por ciento de las diez mil especies bien estudiadas. Además, en algunos antepasados de las aves parecidos a los dinosaurios *eran sobre todo los machos* los que incubaban huevos de gran tamaño puestos por las hembras, que no está claro si se quedaban o no a incubarlos.[10]

Este patrón ancestral aún se encuentra entre las aves del linaje de las rátidas. Entre los avestruces, por ejemplo, las madres y los padres se turnan para incubar los huevos y cuidar de los polluelos, mientras que entre los emúes, ñandúes y casuarios, los cuidados corren casi exclusivamente a cargo de los padres. Una vez que los polluelos salen del cascarón, es el padre quien se ocupa de ellos, puesto que la madre gallina poliándrica tiene mejores cosas que hacer y se marcha a buscar comida y acumular los recursos que necesita para producir huevos más grandes y depositarlos en nidos de otros machos. Una vez que los huevos eclosionan, el macho casuario cuida de los polluelos durante nueve meses, mientras deambulan por las selvas tropicales de Nueva Guinea y Australia, aprendiendo a abrirse camino en la vida.

En cambio, de las veintiocho mil especies de peces, solo alrededor del 25 por ciento exhiben cuidado parental, aunque son los machos los que suelen ocuparse de los pequeños, dejando a las madres libres para buscar comida, ganar peso y producir más huevos.[11] Los machos merodean cerca de los huevos, abanicando, aireando y protegiendo las puestas depositadas en su territorio, la mayoría de ellas con huevos fecundados por el ocupante. Cuando estos eclosionan, puede que el macho continúe protegiendo a los alevines durante un tiempo, o incluso, en algunas especies, proporcionándoles un moco nutritivo que segregan sus cuerpos escamosos.[12]

---

[10] Wesolowski, 2004.

[11] Gross y Sargent, 1985.

[12] Balshine y Sloman, 2011; Balshine, 2012.

La fecundación externa de los huevos puestos en su territorio proporciona a los peces macho una señal fiable para identificar los lotes que contienen crías en desarrollo probablemente suyas. Incluso si algún macho «furtivo» se cuela y fertiliza unos pocos, no importa. Proteger algunos adicionales mientras se vigila toda una puesta que contiene su progenie no requiere mucho esfuerzo extra, mientras que el coste de no proteger una puesta que contenga a los suyos sería enorme. Algunos machos llevan la protección un paso más allá, como en el caso de los cíclidos «incubadores bucales» del lago Tanganica. Los padres mejoran las probabilidades de supervivencia de las crías que probablemente sean suyas reteniendo los huevos en el interior de la boca o bolsa branquial, dejando de comer y prácticamente muriéndose de hambre durante días hasta que los alevines completamente desarrollados nadan fuera de su refugio.

Por desgracia, estos gineceos bucales no son del todo infalibles. Ocasionalmente, los huevos son fecundados por un macho «furtivo» que entra para fecundar unos cuantos antes de que el macho incubador pueda atraparlos a todos.[13] El parangón de la paternidad asegurada en el mundo natural son los caballitos de mar, las agujas y los dragones de mar, entre los que las hembras inyectan huevos en la bolsa de cría especialmente preparada del macho, para que sean fecundados e incubados *en su interior*. Podríamos llamar «embarazo» a lo que viene después. Los embriones en desarrollo reciben oxígeno de los capilares del tejido circundante del macho. A medida que avanza el embarazo, la composición química del líquido de la bolsa cambia forzosamente para parecerse más a la composición del agua salada del exterior, lo que reduce el choque que supone para las crías una vez nacidas. La prolactina, la misma hormona que promueve la lactancia en los mamíferos, fue incorporada para promover la descomposición enzimática del corion del huevo, produciendo un fluido «placentario» que nutre a los embriones en el interior del padre.[14] El parto es estimulado por la

---

13 Avise *et al.*, 2002; Balshine y Sloman, 2011.

14 Vincent, 1990, p. 39. Para más información, véase The Seahorse Trust, http://www.theseahorsetrust.org/seahorse-facts.aspx.

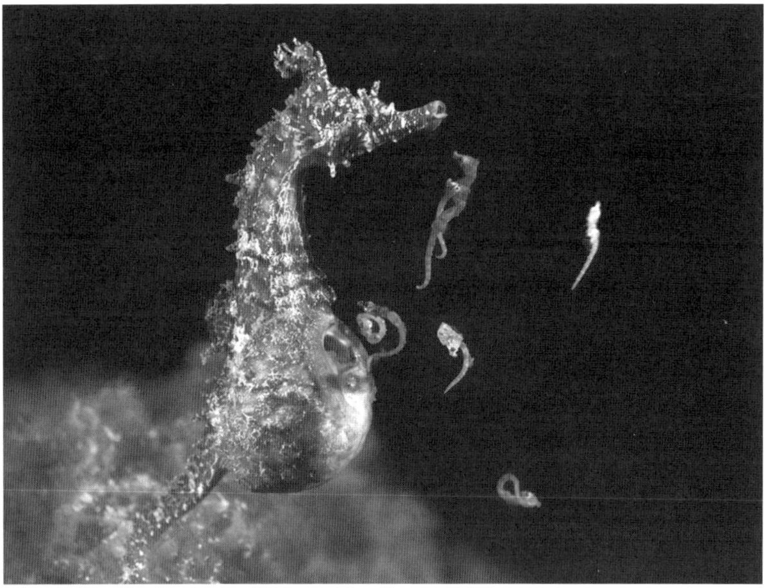

Figura 2.1. Tras semanas disfrutando de oxígeno, alojamiento y comida, secuestrados a salvo en el interior de su padre, el caballito de mar coreano (*Hippocampus haema*), docenas de diminutas crías salen a chorro por una hendidura de su abultado vientre. Las contracciones de parto que los expulsaron fueron estimuladas por la isotocina, el homólogo piscícola de la oxitocina de los mamíferos. Una vez a la deriva entre el plancton oceánico, solo sobrevivirá una ínfima parte. (© Tony Wu, https://www.tony-wu.com).

isotocina, el homólogo molecular del neuropéptido oxitocina de los mamíferos que desencadenó mis propias contracciones cuando di a luz, un tema al que volveré en el capítulo 12 (figura 2.1).

Por tanto, los peces, seguidos de los anfibios, fueron de los primeros vertebrados en mostrar cuidados parentales, siendo la mayoría de las veces un macho el cuidador principal. Sin embargo, en ninguno de los innumerables casos de padres peces, anfibios y aves que construyen nidos y cuidan huevos, alevines, renacuajos y polluelos se detectan emociones similares a las que los humanos asociamos con el «cuidado» de otro individuo. Lo más parecido al afecto en los peces que se me ocurre es la observación de una hembra de caballito de mar justo después de haber transferido sus huevos, permaneciendo cerca de su pareja, mirándole fijamente, con sus colas íntimamente entrelazadas.[15] Mi opinión es que lo que la mayoría de nosotros considera como emociones empáticas o afectuosas se limita a los mamíferos y se origina durante nuestra profunda historia de lactancia, en la que madres e hijos establecen fuertes vínculos entre sí.

Una minoría menos estudiada

Una vez que los mamíferos evolucionaron, el cuidado materno se convirtió en la modalidad por defecto. El cuidado paterno directo de los pequeños era la excepción, solo presente en una minoría de estas criaturas peludas de sangre caliente. Además, la mayoría de los roedores, carnívoros, prosimios y monos del Nuevo Mundo que exhiben cuidado paterno de sus crías viven en lugares apartados, en las copas de los árboles o bajo tierra. Pocos naturalistas han tenido la oportunidad de observar a machos cuidando crías. Lejos de la vista, lejos de la mente.

La primera descripción publicada de los cuidados paternos en un primate procede de unos pequeños tities sudamericanos que tenían como mascotas en un jardín londinense del siglo XVIII. Su dueña, a la que posteriormente la tradición primatológica bautizó como «la servicial señora Cannon», era la refinada comadrona de la familia real británica. Los pequeños tities esponjosos y escurridizos hacían furor en la sociedad europea de la época y se llevaban como accesorios de moda, posados en los hombros, entrando y saliendo tímidamente de las mangas abullonadas. Así fue como el naturalista y artista George Edwards fue invitado a observarlos y dibujarlos. En una ocasión vio cómo la madre tití cargaba con sus gemelos hasta que, para su asombro, «se cansaba de ellos» y empezaba a «restregarlos contra la pared». Era el padre quien recogía a los bebés desechados, quien «inmediatamente se hacía cargo de ellos y los dejaba colgar de su espalda durante un rato para aliviar a la hembra» (figura 2.2).

---

[15] Véase la leyenda junto a la fotografía del *Hippocampus haema* macho dando a luz en Wu, 2020, p. 4.

Figura 2.2. La primera descripción publicada sobre el cuidado paterno en primates acompañaba al grabado del tití común (*Callithrix jacchus*) coloreado a mano por George Edwards en su obra de varios volúmenes *Gleanings of Natural History*, publicada entre 1758 y 1764. Siglos después, los tities se están convirtiendo en un modelo para el estudio del cuidado paterno en los mamíferos.

Con la aparición de la primatología de campo en el siglo XX los padres resultaron ser igual de serviciales entre las parejas «monógamas» de tamarinos y tities[16] de América Central y del Sur —monógamas salvo que las familias en la naturaleza pueden tener más de un macho y la madre se aparea poliándricamente con varios de ellos—. Posteriormente, todos pueden ayudar a sacar adelante e incluso alimentar a su prole. Algo parecido ocurre en las manadas de perros de caza del Cabo, en los que varios machos pueden volver a la madriguera después de cazar y regurgitan la carne parcialmente digerida en la boca de los ansiosos cachorros que esperan.

En la segunda mitad del siglo XX los científicos empezaron a conocer más sobre la vida privada de mamíferos en los que los

[16] Los calitrícidos (*Callitrichidae*) son una familia de primates platirrinos que habitan en América Central y del Sur que incluye a cuarenta y dos especies llamadas comúnmente tities y tamarinos. Los calitrícidos incluyen los géneros *Callithrix*, *Cebuella*, *Mico*, *Saguinus*, *Leontopithecus* y *Callimico*. (*N. de la T.*).

machos se implicaban en el cuidado de las crías. Algunos incluso alcanzaron el estatus de celebridades, como los pequeños «perros» mapache japoneses. En todo Japón se erigen templos en honor de los perros mapache (pequeños cánidos más parecidos a los zorros que a los perros), en los que los padres ayudan habitualmente a sus parejas a alimentar a las crías. Pero el premio de popularidad probablemente se lo lleven los suricatos africanos, en los que los machos cooperan cuidando y alimentando a las crías, además de tutelar a los jóvenes mientras aprenden a cazar y matar presas por sí mismos. La vida familiar de los suricatos de cría cooperativa puede verse ahora en una serie propia llamada *El reino del suricato*, de gran éxito, que ya lleva varias temporadas.

Estaba claro que ya no era posible ignorar la existencia del cuidado paterno en los animales, pero todos estos mamíferos con cuidado paterno, incluidos los primates, tienen un parentesco muy lejano con los humanos. Lo más parecido a una excepción es una especie de «simio menor», los siamangs del género *Symphalangus*. Como todos los simios menores, los siamangs son en su mayoría monógamos, y unos doce meses después de que la hembra haya dado a luz, esta entrega a su cría casi destetada a su padre para que la lleve mientras ella se dedica a buscar comida.[17] Sin embargo, los antepasados de los siamangs se separaron de la línea que conduce a los grandes simios de la familia *Hominidae* (chimpancés, bonobos, gorilas, orangutanes y humanos) hace más de veintitrés millones de años.

Los principales exponentes del cuidado paterno en primates se encuentran entre nuestros parientes más lejanos, los monos de América Central y del Sur, como los tities de cría cooperativa, los tamarinos, los monos búho y los tities de apareamiento monógamo, así como entre algunos prosimios, parientes aún más lejanos. (Véase en la figura 2.3 una muestra de insectos, peces, anfibios, aves y mamíferos en la que los machos cuidan a las crías).

Dada la rareza de los cuidados paternos en los mamíferos y el hecho de que casi todas las pruebas hormonales y fisiológicas del comportamiento parental procedan de las madres, los biólogos se

[17] Lappan, 2009.

Figura 2.3. La colección imaginaria de la artista y naturalista Isabella Kirkland de especies en las que los machos cuidan de las crías está presidida por un casuario macho de casi dos metros de altura. Después de semanas cuidando de los enormes huevos azules puestos en su territorio por una hembra de paso, guiará a las crías hacia la independencia. Por encima de él hay una pareja de faisán australiano. Juntos, ambos progenitores excavan una fosa profunda y entierran los huevos fecundados, cubriéndolos con vegetación en descomposición. Después, durante nueve meses, el padre cuida él solo de la cámara de incubación, aireando los huevos cuando es necesario, hasta que los polluelos salen del cascarón, se abren paso por la tierra y se marchan. Esta atención paternal se remonta a los primeros vertebrados, nuestros antepasados acuáticos ya extintos, cuyos descendientes piscívoros siguen cuidando huevos y alevines en la actualidad. Mirad a los cíclidos del lago Tanganica, que se han hecho un hueco en la parte inferior del dibujo. Un macho de tití león dorado sudamericano está a punto de capturar uno y volver corriendo a las copas de los árboles para ofrecer su presa a los gemelos que lleva la hembra, o quizá otro macho. Al igual que los tamarinos y los tíes que se vislumbran entre las hojas, los machos de aves como el pūkeko neozelandés (abajo a la izquierda) comparten el cuidado de crías que probablemente sean suyas, aunque no se sabe con certeza. Todos son «criadores cooperativos», es decir, otros miembros del grupo que no son los padres ayudan también a cuidar de las crías. Lo mismo ocurre con los perros salvajes africanos justo arriba, los suricatos a su derecha y el pájaro carpintero de bellota de California que vuela desde el extremo derecho del dibujo; muy por debajo de él, un macho de acentor común picotea la cloaca de una posible pareja (¡para eliminar el esperma de sus rivales!). En cambio, el macho de mono nocturno (*Aotus*), arriba, es esa rareza, un mamífero verdaderamente monógamo en el que un macho puede estar prácticamente seguro de que la cría que lleva encima es suya. En otros capítulos hablaré de la flexibilidad con la que los machos de la rana venenosa de dardo, los topillos de las praderas y los hámsteres enanos cuidan de sus crías. Para consultar la lista de especies de este cuadro, visite https://www.citrona.com/father-time-book-sarah-blaffer-hrdy. (© Isabella Kirkland; foto de Ben Blackwell).

sorprendieron cuando en 1982 unos zoólogos británicos que estudiaban tities comunes (la misma especie que la «servicial señora Cannon» tenía en su jardín de Londres) informaron de que los niveles de prolactina se habían quintuplicado en los *padres* tití que ayudaban a llevar y cuidar a sus bebés.[18] Para entonces la prolactina ya se había estudiado a fondo, pero se conocía sobre todo por su papel en las funciones reproductivas maternas relacionadas con el embarazo y la lactancia. La sugerencia de que podría estar asociada con el comportamiento parental en los machos fue tan inesperada que algunos científicos incluso se preguntaron si no habría algún error en el artículo. Otros se cuestionaron si sus elevados niveles no serían más una respuesta de estrés experimentada por los machos tras ser capturados para tomarles muestras de sangre. Pero no. El hallazgo de los niveles más altos de prolactina en los machos que cuidan de bebés se repitió pronto entre otros machos en ese pequeño grupo del reino de los mamíferos con cuidado paterno, incluidos los ratones de California y los tities cabeza de algodón.[19]

No mucho después, dos científicos se sintieron tan intrigados por los resultados sobre los niveles más elevados de prolactina en machos que cuidaban de las crías que, de forma independiente, tomaron muestras de un puñado de varones *humanos* justo después de que hubieran tenido un bebé en brazos. Ambos confirmaron que tenían niveles elevados de prolactina, pero sus hallazgos (basados en muestras pequeñas) atrajeron poca atención y no se publicaron.[20] Con tan pocas observaciones de hombres cuidando

---

[18] Dixson y George, 1982 para *Callithrix jacchus*.

[19] Gubernick y Nelson, 1989, para *Peromyscus californicus*; Schradin y Anzenberger, 1999 y luego Schradin *et al.*, 2003, para *Callicebus cupreus*, *Callithrix jacchus* y *Callimico goeldi*; Ziegler *et al.*, 1996, para *Saguinus oedipus*. A estas alturas, está claro que la prolactina desempeña un papel en la preparación de la respuesta de los padres tití a los estímulos de las crías, preparando el escenario para la activación del comportamiento de cuidado, aunque es poco probable que por sí sola ocasione directamente el cuidado (Ziegler *et al.*, 2009; Saltzman y Ziegler, 2016).

[20] A finales de la década de 1980 el experto en comportamiento animal David Gubernick, pionero en el estudio del cuidado biparental en ratones de California, se asoció con Carol Worthman y J. F. Stallings para averiguar si el aumento de los niveles de prolactina que estaba observando en los machos de *Peromyscus* también

a bebés, estudiar lo que sucedía cuando lo hacían no parecía valer mucho la pena.

La rareza del cuidado paterno en los mamíferos no fue la única razón por la que el potencial de crianza de los hombres no atrajo demasiado interés científico. Igual de importante fue la tendencia humana a ver sobre todo *lo que esperamos* ver. Dadas las opiniones prevalecientes sobre «la naturaleza del hombre», tanto entre científicos como en el público en general, era difícil imaginar a los hombres como cuidadores.

Machos más perversos que paternales

La suerte estaba echada desde Darwin y los naturalistas se fijaban sobre todo en aquello que *esperaban* ver. Remontémonos a 1859, cuando Darwin, posiblemente el más grande de todos, publicó por fin *El origen de las especies*, donde expuso su teoría de la evolución por selección natural. La selección natural, como explicó, se refiere a la «lucha por la existencia», de modo que los organismos mejor adaptados a su entorno tienen más probabilidades de sobrevivir y transmitir los rasgos que han demostrado ser útiles (los genes aún no se habían descubierto). Al concluir *El origen*, Darwin insinuó sugestivamente que con su teoría «se esclarecía el origen del hombre y su historia». Pero, por lo demás, se guardó este peliagudo tema para más adelante.

El «más adelante» llegó en 1871 con *El origen del hombre y la selección en relación al sexo*, obra en la que compartió su sugerente teoría de que los humanos debieron evolucionar en África a partir de simios parecidos a los gorilas y chimpancés actuales. También

---

se producía en los hombres que cuidaban bebés. Así fue, aunque los resultados de su pequeño estudio nunca llegaron a publicarse (Gubernick *et al.*, s. f.). Gubernick abandonó el mundo académico para dedicarse a la fotografía de naturaleza al no conseguir la titularidad. No mucho después, el etnógrafo Barry Hewlett, otro pionero en este campo, y David Alster también detectaron aumentos de los niveles plasmáticos de prolactina basándose en una pequeña muestra que consiguieron pidiendo a cada padre primerizo que sostuviera a su bebé de tres meses contra su pecho durante quince minutos. Una vez más, los inesperados resultados no se publicaron (Hewlett y Alster, s. f.).

elaboró en más detalle sus ideas sobre un tipo muy especial de selección natural que llamó «selección sexual», la lucha no por la supervivencia, sino por el acceso a una pareja. La selección sexual se produce cuando un sexo, normalmente la hembra, invierte más en la descendencia que el otro, mientras este lo hace en la competencia por parejas.[21]

Para Darwin y las sucesivas generaciones de biólogos evolutivos la selección sexual era la clave para entender no solo las diferencias entre los sexos, sino también la naturaleza del hombre; al igual que los machos de muchas especies animales, los machos humanos eran seleccionados sexualmente para competir con otros machos rivales por el estatus y para ser elegidos por las hembras o tener acceso a ellas como pareja sexual. En el caso de la especie humana la selección sexual fue responsable no solo de los hombros anchos, las barbas y las voces de barítono, sino de la obsesión de los hombres por el estatus y sus impulsos competitivos y potencialmente violentos, que Darwin calificó como «la herencia natural y desafortunada» del hombre.

En comparación, el papel de la mujer parecía más pasivo, salvo que ocasionalmente podía ser lo suficientemente afortunada o autónoma como para poder «elegir» con qué macho se apareaba. En ese caso, presumiblemente elegiría al *mejor* macho disponible. Su elección parecía especialmente importante en los mamíferos, ya que el potencial reproductivo de las hembras estaba limitado por un suministro finito de óvulos que se deterioraban lentamente, y su fecundación iba seguida de la gestación y de una lactancia aún más costosa. En los primates tanto la gestación como la lactancia son especialmente largas.

Así pues, Darwin supuso que, tras dar a luz, una hembra humana probablemente priorizaría mantener con vida a la descendencia en la que ya había invertido tanto. Tales preferencias de cuidado conducirían a su «mayor ternura y menor egoísmo».[22] Para un

---

[21] Véase el ahora famoso ensayo de 1972 de Robert Trivers en el que explica la importancia de la inversión parental relativa para comprender la selección sexual darwiniana.

[22] Darwin, 1981 (1871), parte 2, p. 326.

macho humano, sin embargo, lo más relevante era su estatus en relación con otros hombres, estatus que podía afectar no solo a su acceso a las hembras fértiles, sino también a la probabilidad de ser elegido como pareja. Tal y como Darwin resumió, por eso el hombre se siente de forma natural «rival de otros hombres», un simio que «se deleita en la competencia», con impulsos internos que conducen «a una ambición que pasa demasiado fácilmente al egoísmo».[23]

No fue hasta mis estudios de posgrado cuando descubrí a Darwin, aunque, a decir verdad, al crecer en Texas no necesité estudiar *El origen del hombre y la selección en relación al sexo* para internalizar su mensaje sobre la naturaleza «desafortunada» del hombre. Las versiones de ese mensaje circulaban por todos sitios. Yo aún estaba en el instituto en 1961 cuando salió a la venta la primera obra de la colección *The Nature of Man*, de Robert Ardrey, *African Genesis: A Personal Investigation into the Animal Origins and Nature of Man*.[24] Le siguió, cinco años después, *The Territorial Imperative: A Personal Inquiry into the Animal Origins of Property and Nations*. Ambos fueron éxitos de ventas inmediatos, se tradujeron a muchos idiomas e inspiraron la taquillera película de 1968 de Stanley Kubrick *2001: Una odisea del espacio*.

Dudo que alguien que la haya visto pueda olvidar la escena inicial «El amanecer del hombre» (pero si te la perdiste, puedes ver el tráiler en YouTube). Muestra a un grupo de hombres simio parecidos a chimpancés que deambulan por el desierto. Uno de ellos coge un hueso grande, se yergue y se muestra exultante al descubrir su potencial como herramienta. Fue más o menos en la época en que las observaciones de Jane Goodall entre los chimpancés de la Reserva de Gombe Stream, en Tanzania, los elevaban a la misma categoría que el «hombre» en la fabricación de herramientas. Aunque las observaciones de Goodall se referían sobre todo a chimpancés hembra que modificaban ramitas para buscar insectos comestibles en los termiteros, los cineastas tenían otras

---

[23] *Ibid.*

[24] *Génesis en África: la evolución y el origen del hombre*, Barcelona: Editorial Hispano Europea, 1969. (*N. de la T.*).

ideas. Al acercarse un grupo rival de hombres mono, el macho que sostiene la herramienta se da cuenta rápidamente de que puede utilizarla para golpear a otros machos. Erguido, con el pelo erizado y vocalizando ruidosamente, golpea a un macho rival hasta matarlo mientras suena atronadora *Así habló Zaratustra*, de Richard Strauss.

Los simios más pequeños que se agazapaban en segundo plano podían identificarse fácilmente como hembras, ya que metieron crías vivas de chimpancé en la escena, que se aferraban a los actores disfrazados. En los pechos acolchados de las «hembras» había bolsas llenas de leche, aunque las pobres crías estaban demasiado aterrorizadas para utilizarlas. En un intento de aumentar aún más la verosimilitud Kubrick había hecho que su actor principal estudiara las imágenes de los chimpancés de Goodall para asegurarse de que el comportamiento agresivo de los machos era realista.[25] Para los espectadores que vieron esta inolvidable escena y, como yo, quedaron impresionados, el mensaje estaba claro, los machos que golpean violentamente a sus rivales nos remontan al principio mismo de la humanidad. Es para lo que los machos evolucionaron.

Para alguien con mi formación, que creció en una época y un lugar donde los roles binarios de género nos ataban como camisas de fuerza, la representación de Kubrick de las mujeres como cuidadoras y de los hombres como competidores propensos a la violencia era fácil de aceptar. Vergonzosamente ajena a la biología, no necesité una exposición formal a la teoría evolutiva para considerar que los hombres que cuidan bebés no solo eran algo poco común, sino también antinatural. Mi visión fundamentalista de las diferencias sexuales estaba prefabricada. Si un hombre que se comportara como el tití macho hubiera entrado en mi campo de visión, habría pensado que de algún modo le habían obligado a cuidar bebés o que había sido «reconducido socialmente» para comportarse de esa forma tan insólita.

De hecho, cuando estudiaba Antropología Cultural escribí un libro sobre la construcción social del género entre los mayas del

[25] Richter, 2008. Entrevista con el hombre simio, el mimo Dan Richter, https://www.vulture.com/2008/04/dan_richter_on_playing_the_ape.html.

sur de México. El protagonista de mi análisis era un defensor alado e hipermasculino de los roles sexuales correctos, basado en un antiguo demonio-murciélago maya conocido como Camazotz. En su encarnación del siglo XX se le conocía como *H'ikal* (literalmente, «el hombre negro» en la lengua tzotzil local). Este demonio alado se abalanzaba para castigar a las mujeres cuyo comportamiento no era lo bastante recatado, por ejemplo, las que salían solas por la noche. Una mujer considerada impúdica era capturada por el H'ikal, llevada a su cueva y violada con su pene mortífero de seis metros de largo. Después, su víctima daba a luz noche tras noche hasta que se hinchaba y moría. Ni que decir tiene que las mujeres tzotziles evitaban salir de noche sin compañía. Como antropóloga cultural que entendía la construcción social del género, no necesitaba la teoría evolutiva ni el determinismo genético para pensar que los hombres y las mujeres tenían papeles muy diferentes que desempeñar.

Llegar a ser primatóloga

Hacia 1969, el año en que me gradué en la universidad, tenía otras cosas en la cabeza. Con mi obra *The Black-Man of Zinacantan: A Central American Legend* en imprenta, pero sin ningún interés en una carrera académica, me deshice de mis libros de antropología y me fui a la Universidad de Stanford en California para aprender a hacer películas de divulgación. Estaba trabajando en un proyecto sobre la contaminación atmosférica cuando, por casualidad, asistí a una conferencia del ecologista Paul Ehrlich sobre la amenaza de la superpoblación para nuestro planeta. Aquella charla me recordó algo que tenía guardado en mi rincón de curiosidades, un dato al azar que escuché durante un curso sobre la conducta de los primates que tuve que cursar para cumplir uno más de esos irritantes requisitos científicos para graduarse.

Los estudios de campo de primates en sus hábitats naturales estaban empezando y uno de los pioneros era Irven DeVore, un profesor al que Harvard acababa de fichar. Como la primatología era aún demasiado joven para tener un libro de texto adecuado, nos dieron dos volúmenes de informes de campo no bien masticados, más adecuados para investigadores profesionales que para estudiantes universitarios. Pero algo en uno de esos informes se me quedó grabado. Procedía de un equipo de investigadores japoneses que habían visto a unos monos macho del sur de la India atacar y morder inesperadamente a unas crías hasta matarlas. Como los langures de ese lugar vivían en poblaciones con una densidad inusualmente alta, se asumió que ese extraño comportamiento debía representar una respuesta patológica al estrés provocado por el hacinamiento.

Nunca había visto un langur común, ni siquiera en un zoo, pero al pensar que estos elegantes monos de pelaje gris plateado podrían ser un caso ilustrativo de los efectos perjudiciales del hacinamiento, decidí viajar a la India. Mi intención inicial no era hacer un doctorado, solo averiguar por qué estos machos se comportaban de un modo tan atroz. De forma un tanto impetuosa, dejé todo manga por hombro y me dirigí a la ciudad de Cambridge, ya que Harvard era uno de los pocos lugares de Estados Unidos donde se estudiaba el comportamiento de los primates. Mi plan era absurdamente iluso, pero gracias a mi expediente universitario (me había graduado Phi Beta Kappa,[26] con *summa cum laude*), me aceptaron a mediados de año. Dos meses más tarde, en enero de 1970, volví a Harvard como estudiante de doctorado de primer semestre.

Al año siguiente, en cuanto llegaron las vacaciones de verano, me fui a la India con casi nada aparte de un par de botas de montaña L. L. Bean, una bolsa de viaje, los mismos prismáticos Leica 10 × 40 que sigo utilizando hoy y ochocientos dólares que me había dado mi madre, suficientes por aquel entonces para el billete de ida y vuelta de Pan American y tres meses de manutención. Elegí Mount Abu como lugar de estudio, una pintoresca localidad en la cima de las colinas Aravalli, que se elevan desde las áridas

[26] La sociedad honorífica Phi Beta Kappa fue fundada en Estados Unidos en 1776 para estudiantes universitarios con aptitudes académicas brillantes. Los miembros se eligen durante el tercer o cuarto año de sus estudios y el nombre proviene de las iniciales griegas que forman el lema de la asociación: *philosophia biou kubernetes* (la filosofía es la guía de la vida). (*N. de la T.*).

llanuras de Rajastán. Los langures se distribuían en diferentes zonas, viviendo en altas densidades cerca del pueblo, donde eran alimentados por los hindúes locales que los consideran sagrados, y más dispersos en territorios amplios de las laderas boscosas en las afueras. Pensé que era ideal para poner a prueba mi hipótesis sobre la alta densidad de población.

Una vez allí, no tardé en darme cuenta de que mi hipótesis inicial era errónea. Incluso en densidades elevadas en pleno centro de la ciudad los langures alternaban la búsqueda de hojas, frutos y lo que les daban los humanos con el acicalamiento armonioso, con los machos perezosamente tumbados mientras los jóvenes jugueteaban a su alrededor. La calma solo se rompía cuando los machos residentes percibían que se acercaba uno de los grupos nómadas formados exclusivamente por machos intrusos que recorrían las áreas de distribución de los grupos reproductores. Era entonces cuando el «líder» del grupo residente buscaba una posición elevada, levantaba la barbilla y emitía fuertes e inquietantes gritos de alarma conocidos como *whoops*. A veces enfatizaba su mensaje de «estoy aquí, sano y fuerte, no te metas conmigo» saltando con fuerza en las ramas de los árboles. «Típico de los machos», pensé.

En cuanto a los bebés, los machos residentes eran protectores, como cuando un extraño (como yo) se acercaba demasiado. Pero por lo demás los ignoraban, nunca los cogían en brazos ni los tocaban, lo que parecía dentro de lo normal. «Aquí no hay nada patológico», pensé. Básicamente, los langures macho se limitaban a hacer su vida. La tensión solo aparecía cuando estallaban disputas entre los grupos por el acceso a una higuera u otra preciada fuente de alimento. En retrospectiva, había pecado de ingenua al imaginar que podría ir a la India y estudiar un hecho tan poco común como el infanticidio entre monos en libertad.

Todo esto cambió cuando una de las bandas formadas por machos que recorrían las áreas de distribución de los grupos reproductores invadió su territorio y consiguió expulsar y reemplazar al macho residente. Fue entonces cuando presencié los ataques. Pero en lugar de una agresión caótica e irracional, los ataques del usurpador estaban tan bien orquestados como los de un tiburón. El nuevo macho atacaba específicamente a las madres que llevaban crías *aún no destetadas* cubiertas con el típico pelaje oscuro de los recién nacidos. Además, los ataques se limitaban a madres «desconocidas», hembras con las que el macho nunca se había apareado. Estaba segura de esto porque de vez en cuando una hembra secuestraba una nueva cría de otro grupo y, mientras fuese una hembra conocida la que llevara al bebé prestado, el macho residente nunca lo atacaba.[27] Más tarde, las pruebas de ADN recogidas por Carola Borries y su equipo, que estudiaban a los langures en Nepal, aportarían pruebas concluyentes de que los machos no mataban a las crías que habían engendrado.[28]

Si el primer ataque del usurpador no tenía éxito, el acecho se reanudaba a la mañana siguiente. Seguía cada movimiento de la madre con la mirada, se iba acercando cada vez más hasta lanzarse y, si entraba en contacto, le arrebataba a la cría de los brazos y le clavaba unos caninos como puñales en el cráneo o en la ingle. Días o semanas después de la desaparición de un bebé, las madres que ya no amamantaban volvían a ponerse en celo. Para mi asombro, las madres en duelo solicitaban sexo al mismo macho que acababa de matar a su bebé.

Lejos de parecer un animal estresado que arremete contra cualquier criatura vulnerable cercana, el comportamiento de los langures infanticidas era deliberado y organizado, si bien no exento de riesgo. Los invasores podían resultar heridos por el macho residente al que intentaban expulsar, o por madres desesperadas que intentaban defender a sus crías. Pero el acecho del usurpador a las madres portadoras de crías no destetadas proseguía hora tras hora, día tras día y, al final, solía tener éxito. Lejos de ser anormal, el comportamiento infanticida parecía muy orientado a objetivos concretos y, aun así, no le encontraba sentido. Necesitaba descubrir un marco explicativo diferente.

---

[27] Para simplificar las cosas, he resumido las observaciones realizadas a lo largo de varias temporadas de campo. Para una descripción más completa, véase Hrdy, 1977b.

[28] Borries *et al.*, 1999.

La sociobiología y la teoría de la selección sexual de Darwin al rescate

Afortunadamente, por aquel entonces en el Departamento de Biología de Harvard se estaban filtrando ideas que resultarían útiles en la antropología. Hizo su aparición el impetuoso y brillante Robert Trivers, todavía estudiante de posgrado y que trabajaba a tiempo parcial en Antropología, impartiendo el gran curso del profesor DeVore sobre la evolución de las diferencias sexuales. Al centrarse en la teoría de la selección sexual de Darwin, Trivers me proporcionó el marco lógico que necesitaba para encajar las piezas dispares de mi rompecabezas.

Recordemos que la selección sexual entra en juego cuando los miembros de un sexo (normalmente los machos) compiten entre sí por el acceso al otro (normalmente las hembras). No se trata de supervivencia, ya que el perdedor no muere necesariamente, solo tiene menos oportunidades de aparearse. Esto puede deberse a que haya perdido el control de las hembras, o a que le haya ido tan mal en la competición por ellas que acabe con menos probabilidades de ser «elegido» por una hembra fértil dispuesta a asegurarse de que el macho genéticamente «mejor» engendre su descendencia. En un mundo dirigido por la selección sexual los machos obtienen representación en los acervos genéticos de las generaciones futuras teniendo éxito en la competición con otros machos por el estatus y acceso a las hembras fértiles, normalmente tantas como pueda inseminar con éxito.

Así fue como la teoría de la selección sexual de Darwin dio sentido al comportamiento aparentemente inexplicable de los langures macho. Explicaba por qué, en lugar de proteger a los bebés, un macho recién llegado los mordía hasta matarlos. Presionado por la necesidad de reproducirse antes de ser expulsado por un rival, el recién llegado eliminaba a las crías aún lactantes, probablemente engendradas por su predecesor, resultado de la última elección de pareja que había hecho la hembra. Como la lactancia ya no suprimía la siguiente ovulación de la madre, esta reanudaba el ciclo y volvía a ser fértil antes que si hubiera seguido amamantando al bebé de otro macho. Al eliminar a esa cría, el macho infanticida mejora su probabilidad de engendrar descendencia, que podría crecer más allá de su «ventana de vulnerabilidad»[29] antes de que interviniera otro macho. Había un motivo para esta aparente locura.

Un comportamiento tan deliberadamente destructivo era reproductivamente ventajoso para el macho, aunque no para las madres ni, desde luego, para sus hijos. Tampoco era probable que el asesinato de las crías beneficiara a la especie. De hecho, en algunos casos, el egoísmo genético de los langures infanticidas estaba llevando a algunos grupos casi a la extinción, como ocurrió con una de las tropas más pequeñas y vulnerables de las afueras de la ciudad, sometida a constantes asaltos. Año tras año, se eliminaba una cohorte infantil tras otra. Durante los ocho años siguientes, a medida que mi investigación continuaba y se ampliaba para incluir otras especies, iría descubriendo que la crueldad de los machos de langur distaba mucho de ser un caso aislado.

En 1974, cuando propuse que la competencia entre machos por aparearse era la causa del infanticidio de los langures del monte Abu, empezaron a aparecer nuevos informes sobre infanticidios en otros animales. Tendían a ser parcos, a menudo anecdóticos, y mi argumento de que el infanticidio por parte de los machos evolucionó como estrategia reproductiva en los primates[30] se encontró con una feroz resistencia, que duró décadas de controversia.[31] Para muchos la idea de que pudiera ser adaptativo que los primates macho se comportaran de forma tan destructiva parecía imposible. Me tacharon de joven inexperta que inventaba un «mito sociobiológico».[32]

---

[29] La «ventana de vulnerabilidad» es el tiempo en que las crías son pequeñas, indefensas y dependientes de la madre, y durante el cual están en mayor riesgo de ser víctimas de infanticidio. Una vez que las crías crecen y pasan este periodo, son menos vulnerables y tienen una mayor probabilidad de sobrevivir, incluso si otro macho se convierte en el dominante. (*N. de la T.*).

[30] Hrdy, 1977a.

[31] Dolhinow, 1977; Vogel, 1979; Schubert, 1982; Sussman *et al.*, 1995; Sussman, 1996. La socióloga de la ciencia Amanda Rees describe esta historia en su obra de 2009, *The Infanticide Controversy*; mi propia perspectiva sobre la controversia se encuentra en Hrdy, 1999, pp. 293 y ss., 2010, pp. 353-357, y en Sridhar, 2018.

[32] Sobre el «mito sociobiológico», y también mi inexperiencia, véase Schubert, 1982; Sussman *et al.*, 1995 y especialmente Sussman, 1996, que, para mi desgracia,

Los machos «normales», dijo un destacado antropólogo, «no matan a las crías».[33]

Sin embargo, en la actualidad el infanticidio por selección sexual cometido por machos está bien documentado entre los primates, habiéndose reportado en más de cincuenta y cinco especies.[34] Ocurre en todas las ramas del orden *Primates*, incluyendo simios, monos del Nuevo y Viejo Mundo y prosimios. La propensión infanticida de los primates macho se remonta casi con toda seguridad a los primates nocturnos más primitivos, hace más de sesenta millones de años. Sin duda, factores como que en los primates las crías resulten tan costosas de sacar adelante al requerir largos periodos de gestación o lactancia, tienen mucho que ver. Sin embargo, la misma amenaza de que los machos mataran a las crías que no fueran suyas incentivaría posteriormente a los primates macho a permanecer cerca de las hembras después del apareamiento para proteger a las crías que posiblemente sí lo fueran. Con el tiempo, esto desencadenaría una serie de eventos que darían lugar a machos más tolerantes y, finalmente, incluso más cariñosos, en el camino hacia el género *Homo* (analizado en los capítulos 7 y 8). Pero nada de esto se me ocurrió en aquel momento y me estoy adelantando.

A medida que se acumulaban las pruebas que apoyaban mi hipótesis de que el infanticidio por parte de los machos era una

---

agruparon mis argumentos sobre el infanticidio como estrategia reproductiva masculina junto al infame fraude antropológico del hombre de Piltdown.

33 Dolhinow, 1977, p. 266.

34 Para una revisión general del infanticidio por parte de los machos en los primates, véanse Van Schaik y Janson (eds.), 2000 y Palombit, 2012. Desde entonces, también se ha descrito el infanticidio por parte de un macho y posiblemente seleccionado sexualmente, en prosimios nocturnos y casi solitarios, como los tarseros y los ayeayes, cuyo modo de vida se asemeja al de los primates más primitivos (Gursky-Doyen, 2011; Rakotondrazandry *et al.*, 2021), así como en orangutanes (Knott *et al.*, 2019); sifakas de Coquerel (Ramsay *et al.*, 2020); varias especies de gibones y en siamangs (Morino y Borries, 2016; Ma *et al.*, 2019). Sobre el infanticidio en animales en general, véanse Hrdy, 1979; Hausfater y Hrdy (eds.), 1984; Parmigiani y Vom Saal (eds.), 1994; Lukas y Huchard, 2014. Algunos de los trabajos experimentales más detallados se refieren a ratones (por ejemplo, véanse Perrigo y Vom Saal, 1994; Parmigiani *et al.*, 1994). Para observaciones de campo detalladas en leones africanos, véase Packer y Pusey, 2008. Para los leones asiáticos, Chakrabarti y Jhala, 2019.

estrategia reproductiva específica que había sido seleccionada, no solo en los primates sino en muchos animales, incluidos lo que pronto serían casos bien documentados en leones y otros carnívoros, la controversia en torno a mi propuesta fue disolviéndose. Solo quedaban algunos focos de escepticismo cuando en 1990 fui elegida miembro de la Academia Nacional de Ciencias. En aquella ocasión la mención del secretario de la Academia decía: «Hrdy es una pionera y principal autoridad en el estudio del infanticidio en animales. Ha demostrado que el infanticidio en los langures es el resultado de la selección sexual a nivel individual que va en contra del bienestar del grupo». Al leer esta cita, me acordé de algo que el gran naturalista Edward O. Wilson había dicho años antes; se había referido a la selección sexual como «la fuerza más antisocial de la evolución». Era el agente selectivo que el propio Darwin había considerado como más relevante para comprender el origen del hombre, el que moldeó la «desafortunada herencia» del hombre. Los machos cuidadosos estaban muy lejos de mis pensamientos.

Dos especies diferentes

Dada mi educación, no hizo falta mucho para convencerme de que los hombres pretendían controlar a las mujeres y estaban predispuestos a comportarse violentamente para conseguirlo. Ahora mis propias investigaciones estaban contribuyendo a la comprensión de que, si se descarta el hecho de matar presas para alimentarse, los impulsos masculinos sexualmente seleccionados eran responsables de casi todos los comportamientos destructivos de los hombres y otros animales. Con la publicación en 1975 de *Sociobiología. La nueva síntesis*, el proyecto de Edward O. Wilson para una nueva ciencia de las bases biológicas del comportamiento, seguido al año siguiente por *El gen egoísta*, de Richard Dawkins, la teoría de la selección sexual de Darwin se convirtió en la pieza clave para comprender el comportamiento masculino en una amplia gama de animales, incluidos los humanos. En 1979 otra obra con una fuerte influencia de la teoría de la selección sexual de Darwin, *The Evolution of Human Sexuality*, de Donald Symons, proporcionaría el documento fundacional del campo derivado de la sociobiología conocido como psicología evolucionista.

La sociobiología trajo consigo un aumento del interés por el comportamiento de los primates. Por aquel entonces las observaciones de chimpancés en varios lugares de África estaban transformando al chimpancé común (*Pan troglodytes*) en el modelo mismo de macho darwiniano sexualmente seleccionado. En todos los lugares los machos de chimpancé competían con otros por el dominio y el acceso sexual a las hembras fértiles. Bandas de machos de la misma comunidad patrullaban sus límites territoriales con comunidades vecinas y, al verse numéricamente superiores a las que encontraban, las atacaban con intención genocida, aumentando así su propio acceso a los recursos y a las parejas.[35] En 2002 se observó a un chimpancé macho del Parque Nacional de Kibale, en Uganda, blandiendo salvajemente un palo para golpear a otro chimpancé, tal y como Stanley Kubrick imaginó que hacían los hombres simio ancestrales, con la diferencia de que su víctima era una hembra, intimidada por un castigador al estilo maya de las mujeres que no eran lo suficientemente recatadas o sumisas. Para que nadie pase por alto la conexión con la propia ascendencia del hombre, el artículo de la revista *Time* sobre el incidente se titulaba «maltratadores de esposas en Kibale».[36] De este modo, algunos de nuestros parientes simios más cercanos se han ganado su reputación de «machos demoníacos», no solo cinematográfica, sino también científicamente.[37]

Competencia despiadada, egoísmo, búsqueda de estatus y, con demasiada frecuencia, violencia directa; he aquí la letanía de rasgos seleccionados sexualmente que componen la «desafortunada herencia del hombre».[38] No importa que Darwin tuviera mucho que decir sobre el potencial masculino (temas a los que volveré en los capítulos 6 y 9). En lo que respecta a las diferencias sexuales había una notable convergencia entre la tribu patriarcal en la que

---

[35] Wrangham y Peterson, 1996; Wilson y Wrangham, 2003.

[36] Linden, 2002; Hooven, 2021, p. 5.

[37] Wrangham y Peterson, 1996.

[38] Darwin, 1981 (1871), parte 2, p. 326.

me crie en Texas, mis propios estudios sobre los roles de género construidos socialmente en las sociedades tradicionales, las visiones al estilo de Ardrey sobre «la naturaleza del hombre», las perspectivas sociobiológicas de las que me impregné en Harvard y el hecho ineludible de que en todo el mundo la mayor parte de la violencia, y prácticamente toda la violencia organizada, involucra a hombres.[39] Este último punto coincidía con mis propias observaciones de que los langures macho se comportaban de forma muy «perversa» y, según todos los indicios, los machos de nuestros parientes grandes simios más cercanos también eran potencialmente peligrosos y coercitivos, *todo menos cuidadores.*

No pasó mucho tiempo antes de que el sucesor del catedrático DeVore en Harvard, el primatólogo Richard Wrangham, destacara que «solo dos especies animales», los humanos y los chimpancés, vivían en grupos patrilineales formados por machos que practicaban «una intensa agresión territorial que incluía incursiones letales en comunidades vecinas en busca de enemigos vulnerables a los que atacar y matar».[40] Para él, nuestra estrecha relación genética con estos simios «sugiere que la violencia de los chimpancés precedió y allanó el camino para la guerra humana, convirtiendo a los humanos modernos en los desconcertados supervivientes de un hábito continuo de agresión letal de cinco millones de años».[41] Concluyó que «el demonismo masculino que vemos en los humanos es algo que hemos compartido con los chimpancés desde que tuvimos un antepasado común hace cinco o seis millones de años».[42]

Wrangham revisaría más tarde su afirmación, decidiendo que el punto de partida apropiado para explicar el comportamiento de los hombres podría no ser *Pan troglodytes* después de todo,

---

[39] Buss, 2021; Bribiescas, 2021; De Waal, 2022; o echa un vistazo a la serie documental de PBS NOVA de 2019 *The Violence Paradox*, https://www.pbslearningmedia.org/collection/nova-the-violence-paradox/.

[40] Wrangham y Peterson, 1996, p. 24.

[41] *Ibid.*, p. 63.

[42] Wrangham en una entrevista de 1996 con Lee Siegel describe a los humanos como «los aturdidos supervivientes de un hábito continuado de agresiones letales que dura ya cinco millones de años»; véase también Wrangham y Peterson, 1996, p. 63.

puesto que «han pasado demasiadas cosas en los más de dos millones de años transcurridos desde que nuestros antepasados parecidos a los chimpancés habitaran las selvas».[43] (Estoy de acuerdo con él en esto). Pero para entonces, las «raíces evolutivas más profundas»[44] del «demoníaco» legado del hombre ya habían capturado la imaginación del público y se consideraban indiscutibles en muchos sectores, especialmente cuando los científicos sociales intentaban explicar el predominio de los hombres en todo tipo de violencia, desde peleas de bar y maltrato doméstico, hasta tiroteos masivos y guerras.

No es de extrañar que a mí y a otros darwinianos nos resultara tan fácil visualizar a hombres y mujeres en términos strindbergianos, remontándonos a la dicotomía establecida por August Strindberg, el brillante aunque decididamente misógino dramaturgo sueco del siglo XIX. En su obra *El padre*, el protagonista epónimo de Strindberg es objeto de burlas por parte de su mujer, que le dice que su hijo podría no ser suyo. Enfurecido, «el padre» replica que «si es cierto que descendemos del mono, debe de haber sido de dos especies diferentes», machos y hembras, por supuesto.[45] Esta era la analogía de Strindberg que yo misma solía citar cuando describía los intereses contrapuestos de los langures macho y hembra en los años setenta y ochenta. Era como si las naturalezas masculina y femenina estuvieran grabadas a fuego.

Nuestro «sesgo troglodita»

Para entonces era evidente para cualquiera que prestara atención que, estadísticamente hablando, era más probable que un macho de nuestros parientes simios más cercanos matara a mordiscos a un recién nacido a que lo cogiera en brazos y lo acunara. Ningún gran simio ha adquirido peor reputación a este respecto que nuestros

---

43 Wrangham, 2019, p. 195.

44 Bribiescas, 2021, p. S23.

45 Citado en la traducción de Elizabeth Sprigge de *The Father*, de August Strindberg (1887).

parientes genéticamente más cercanos, los chimpancés comunes (*Pan troglodytes*). No importa que, como ha señalado el investigador Frans de Waal, los hombres tengan otro «pariente vivo más cercano» mucho menos agresivo, el *Pan paniscus*.[46]

Entre los bonobos, especie emparentada con los chimpancés que, como ellos también comparten un 98 por ciento de sus genes codificadores de proteínas con los humanos, no se conoce ningún caso de un macho que haya cometido ataques genocidas contra sus vecinos o que haya matado a alguna cría. Sin embargo, son las tendencias violentas del chimpancé común las que siguen ocupando un lugar preponderante en la imaginación popular y en la de bastantes científicos. Es el *Pan troglodytes* el que proporciona el patrón que seguir en lo que respecta a los antepasados del hombre.

Por si alguien necesitara que se lo recordasen, cuántas veces hemos visto camisetas o viñetas en el *New Yorker* que mostraban a un macho parecido a un chimpancé común metamorfoseándose de un simio que camina tembloroso sobre los nudillos a un humano totalmente erguido y seguro de sí mismo, el hombre cazador, el hombre guerrero y defensor (figura 2.4). En caso de representar a las hembras, como en las ilustraciones de libros de texto o dioramas en los museos, eran siempre las que sostenían a un bebé. Imaginar simios macho dotados de circuitos neuroendocrinos que les motivaran a cuidar bebés habría sido contrario tanto al sentido común, como a las ideas preconcebidas sobre los orígenes trogloditas de la humanidad, tan profundamente arraigadas.

Sin duda, el hecho de que hayamos estudiado a los chimpancés comunes desde hace más tiempo que a los bonobos, y que sepamos más sobre su comportamiento, ha contribuido a este sesgo. Pero sospecho que la razón principal es que los chimpancés comunes, muy agresivos y en lucha permanente por su estatus, «encajaban» mejor, parecían un punto de partida más plausible para «la desafortunada herencia del hombre». En palabras del psicólogo de Harvard del siglo XIX William James: «El hombre es antes

---

[46] De Waal y Lanting, 1997; la cita procede de un ensayo sobre cómo estos «otros parientes más cercanos» desafían las suposiciones respetadas desde hace tanto tiempo sobre la dominación masculina (Parish y De Waal, 2000).

Figura 2.4. Un desfile familiar de antropoides comienza con un ancestro común, parecido a un chimpancé que camina sobre los nudillos y se transforma en un simio bípedo en su camino hacia la posición totalmente erguida, antes de evolucionar hacia el *Homo sapiens*, confiado y con paso firme. Se ha convertido en una secuencia icónica que reafirma suposiciones ampliamente sostenidas sobre los orígenes trogloditas de la humanidad. (David Gifford; Science Photo Library).

que nada un animal luchador; siglos de historia pacífica no han podido extirparnos el instinto de lucha».[47] A medida que la nueva disciplina de la primatología aportaba más y más pruebas, ¿qué mejor especie que el *Pan troglodytes* para demostrarlo y, de paso, confirmar nuestros prejuicios?

Profundizar en nuestra comprensión de la perspectiva evolucionista y en la mía propia

Fue la teoría de la selección sexual de Darwin la que me ayudó a comprender el enigma de por qué los machos de los primates no

[47] Del discurso de William James en honor del héroe de la Guerra Civil, el coronel Shaw, pronunciado en la Escuela Superior de Guerra de Boston en 1897; citado en el maravilloso libro de Evan Thomas que relata las vidas de una destacada lista de «amantes de la guerra» educados en Harvard, como Teddy Roosevelt, Henry Cabot Lodge y William Hearst (Thomas, 2011, p. 167). En comparación, James destacaba entre ellos como el pacifista.

humanos mataban bebés. Impresionada, me propuse aprender más sobre las explicaciones evolucionistas del comportamiento social que se ofrecían en Harvard en aquella época, descritas por Wilson en su libro *Sociobiología*, de 1975. Me atrajo especialmente el énfasis que ponía la sociobiología en el método comparativo. Me parecía maravilloso que se pudiera comprender el comportamiento social y las emociones identificando patrones en la forma en que los distintos animales resuelven los retos mientras se esfuerzan por transmitir sus genes a la siguiente generación. Casi todos los animales lo hacen obteniendo acceso a recursos o a parejas, y en algunas especies, por supuesto, también cuidando de sus descendientes o ayudando a sus parientes a criar a los suyos.

Para alguien versado en el análisis estructural de los mitos, descomponer las narraciones complejas en sus distintos elementos, y luego buscar patrones con poder explicativo, era un terreno familiar que disfrutaba. Pero con el tiempo, a medida que las ideas feministas se iban filtrando en mi conciencia, me empezaban a fastidiar los prejuicios androcéntricos que se estaban introduciendo en la forma de aplicar las teorías darwinistas, sobre todo en lo relativo a la selección sexual. La atención solía centrarse en los machos que competían con otros machos para aparearse. Apenas se ponía interés en lo que hacían los animales para mejorar las probabilidades de que un mínimo de descendientes sobreviviese. No es que dudara de la realidad del comportamiento competitivo y a menudo violento de los machos, sino que cada vez era más consciente de lo mucho que se omitía, especialmente en los relatos sobre los humanos y sus orígenes evolutivos.

Las semillas de mi malestar se remontaban a mis primeros años observando langures. Como mujer, me resultaba imposible no identificarme con la difícil situación de las madres que, cada veintisiete meses aproximadamente, se enfrentaban a un macho intruso que pretendía matar a sus crías. Me parecía extraño que, una vez que lo conseguía, esa misma madre poco después buscara aparearse con el mismo individuo que acababa de eliminar a su cría. Era difícil identificarse con esto o explicarlo.

Con el tiempo me di cuenta de que el macho asesino, al eliminar el fruto del último macho con el que la hembra se había apareado, limitaba las opciones de la madre. Había hecho a la desconsolada madre una oferta que apenas podía rechazar. Podía aparearse con el nuevo macho que ahora tenía el control, o arriesgarse a no hacerlo y salir perdiendo en la competencia con otras hembras que sí lo iban a hacer y transmitirían sus genes a la siguiente generación en esa estación. Ella no era consciente de todo esto, por supuesto, pero la madre naturaleza se habría asegurado de que reanudara su ciclo y pronto entrara en celo. Así que, ante un comportamiento masculino tan despiadadamente destructivo, ¿no había nada que las madres pudieran hacer para mejorar su situación? Con estas preguntas en mente, empecé a prestar atención a las estrategias reproductivas tanto femeninas como masculinas (más sobre esto en el capítulo 7).

Si las primeras investigaciones psicobiológicas sobre la crianza en animales de laboratorio eran matricéntricas, las primeras observaciones de los primatólogos de campo habían sido abrumadoramente androcéntricas, y la atención se había dirigido a los machos que luchaban por la dominancia y competían con otros por conseguir pareja. Se prestaba menos atención a lo que hacían las hembras en respuesta a la intimidación y coacción de los machos, por no mencionar cómo soportaban la carga de criar una descendencia que en la línea de los homininos era cada vez más costosa y de maduración más lenta. En libros como *The Woman That Never Evolved* (1981) y *Mother Nature: A History of Mothers, Infants, and Natural Selection* (1999), intenté ampliar las perspectivas evolucionistas para incluir una gama más amplia de presiones selectivas que operan sobre las madres para mantener vivos al menos a algunos bebés, y sobre estos para asegurarse de que se encuentran entre los afortunados. Lejos de ser pasivas, en las esferas que más les importan (las madres compiten por los recursos o la ayuda necesarios para criar a sus hijos) son tan competitivas y estratégicas como los machos. Este fue el proyecto al que me referí en el subtítulo de este apartado, «profundizar en nuestra comprensión de la perspectiva evolucionista».

Pero las madres no son las únicas para las que mantener viva a la prole es importante. Incluso para los machos, copular con tantas hembras como sea posible y «esparcir su semilla» no es el único objetivo, sobre todo en los humanos.[48] En el Pleistoceno, cuando los simios en vías de convertirse en el género *Homo* estaban evolucionando, cuidar y alimentar a la descendencia era un reto de enormes proporciones. Desde Darwin en adelante los antropólogos solían dar por sentado que fue entonces cuando debió de ponerse en marcha el cuidado paterno entre los grandes simios, con los machos que cazaban para alimentar a los jóvenes a cambio de poder copular con una pareja fiel (es decir, monándrica) que les ofrecía la certeza de la paternidad. Pero, como veremos en los capítulos 8 y 9, la historia resultó ser más complicada.

Mientras tanto, iba aprendiendo más sobre el desarrollo infantil, incluido el desarrollo de los bebés de mi entorno. No pude evitar darme cuenta de lo deseosos que se muestran los pequeños seres humanos en ayudar y complacer a los demás, a menudo más incluso que de pelearse con ellos. Como están documentando los psicólogos evolutivos, en los primeros años de vida surgen en ambos sexos inclinaciones distintivamente humanas de observar y aprender las preferencias psicológicas de los demás, junto con deseos de congraciarse con ellos. Tales disposiciones me parecían más una especie de «bondad original» que esos bebés descritos por el psicólogo de mediados del siglo XX John Watson como pequeños salvajes egoístas a los que había que civilizar, trogloditas a los que había que domesticar. No solo tenía que profundizar en nuestra comprensión de la perspectiva evolucionista, sino en la mía propia.

Observaciones como estas me atrajeron hacia las ideas de una colega darwinista, la teórica de la evolución Mary Jane West-Eberhard. Sus propuestas sobre un tipo de selección natural darwiniana conocido como selección social me parecieron especialmente relevantes.[49] En su opinión, la selección sexual «se refiere al tipo de competencia social en la que el recurso en juego son las parejas», pero «la selección social es el éxito reproductivo diferencial derivado

[48] En los primates no humanos existen asociaciones entre el estatus masculino y el éxito reproductivo, pero por diversas razones esos efectos se atenúan en las sociedades humanas (ver, por ejemplo, Von Rueden y Jaeggi, 2016, fig. 2).

[49] West-Eberhard, 1979, 1983, 2003.

del éxito en la competencia social, independientemente del recurso que esté en juego».[50] En algunos casos, lo que está en juego puede ser el hecho de que los individuos se esfuercen por atraer la atención o la admiración de otros, que sean elegidos por ellos como pareja social o receptores de cuidados, o tal vez aceptados por ellos como miembros del grupo o en algún círculo selecto con beneficios a largo plazo.

Las ideas de West-Eberhard sobre la selección social también llamaron la atención de un psiquiatra de orientación evolucionista llamado Randolph Nesse, acostumbrado a tratar las preocupaciones más íntimas de sus pacientes. A menudo se trataba de adultos que se sentían solos o inadaptados, que anhelaban sentirse dignos de aceptación. A su manera estas personas competían a menudo por un estatus, pero no necesariamente por un estatus relacionado con el aumento de parejas. Buscaban aceptación y un sentimiento de pertenencia.

Para Nesse la selección social (*sensu* West-Eberhard)[51] es el subtipo de selección natural influida por el comportamiento de otros individuos, ya sean machos o hembras, adultos o inmaduros. Opera sobre quienes se esfuerzan por ser preferidos por los demás como miembros de un grupo, socios comerciales o receptores de confianza de algún servicio. La selección social es responsable de situaciones tan aparentemente paradójicas como que los hombres compitan con otros por ser los más bondadosos o generosos. En algunas circunstancias el mismo hombre que (como dijo Darwin) «se deleita en la competición» que le arrastra a una «ambición que se transforma con facilidad en egoísmo», puede rivalizar para dar lo máximo, para que los demás le consideren el *más generoso*.

Llegado el Pleistoceno, cuando la selección social empezó a desempeñar un enorme papel en los asuntos humanos, fue importante para comprender pautas de comportamiento tan poco simiescas como compartir habitualmente la comida con los demás y, a finales

---

[50] West-Eberhard, 1979, p. 158, basándose en Darwin, John Crook y otros; comentado en Nesse, 2007, pp. 144 y ss.

[51] El término «selección social» se utiliza para referirse a cosas diferentes. En este libro seguiré la definición de West-Eberhard, 1979 y Nesse, 2007.

del Pleistoceno, reunirse para comer con los hombres en una proximidad íntima, tolerante y a menudo placentera con las madres y sus bebés. Pero incluso esto estaba muy lejos de que los hombres dedicaran parte de su vida al cuidado directo de los bebés.

Aún tenía que aprender más sobre las transiciones sociales y culturales que prepararon el terreno a lo largo de los siglos transcurridos desde el Pleistoceno. Al mismo tiempo, también debía tener presente lo que los neurocientíficos están empezando a aprender sobre lo que les pasa a los hombres cuando se encuentran en íntima proximidad con los bebés. Afortunadamente, no era la única mujer con mentalidad evolucionista que se planteaba estas cuestiones.

Casi por accidente, dos especialistas en comportamiento animal de Canadá, ambas madres interesadas en el cuidado masculino, empezaron a estudiar lo que ocurre cuando los varones de nuestra propia especie están en contacto con bebés. A medida que se difundieron sus hallazgos, los fundamentos neuroendocrinológicos de las respuestas de cuidado en los hombres se convirtieron en un tema digno de financiamiento, publicación e incluso en una vía para impulsar carreras de investigación. Por fin se pondría en marcha una exploración seria de un legado del hombre hasta entonces inexplorado y durante mucho tiempo olvidado.

03

Abrid las compuertas

«[...] hace casi dos décadas.
Nos reímos y dijimos "¡hagámoslo!"».

KATHERINE WYNNE-EDWARDS en 2017, al recordar una conversación con su colega Anne Storey

Madres curiosas en Terranova

El estudio sobre el potencial de prestar cuidados en los hombres tardó mucho más de lo debido en ponerse en marcha, pero una vez que lo hizo no fue casualidad que coincidiera con cambios socioeconómicos y culturales en la sociedad, y con las nuevas oportunidades para las mujeres científicas. Esta es la historia de dos de esas mujeres, Katherine Wynne-Edwards y Anne Storey. Ninguna de las dos recuerda cómo empezó, ni siquiera cuándo se conocieron exactamente. Debió ser en una u otra conferencia a principios de la década de 1990. Cuando coincidí con ellas en un congreso sobre la crianza y el cerebro celebrado en Boston en 2007, me di cuenta de que tenían personalidades totalmente distintas, pero comprendí enseguida de dónde venían su afinidad mutua y su decisión de trabajar juntas. Ambas deseaban averiguar *por qué* algunos hombres ayudan a criar a los hijos, mientras que otros no lo hacen. Más concretamente, querían saber cómo una madre puede distinguir cuáles son los hombres que es probable que ayuden y cuáles no lo harán, algo a lo que probablemente todas las mujeres deberían prestar más atención.

Vivaz, extrovertida, tremendamente imaginativa, Katherine Wynne-Edwards parecía una inconformista nata, con un apellido heredado de su famoso abuelo, V. C. Wynne-Edwards, una figura destacada de la biología evolutiva, aunque controvertida por sus propuestas sobre la «selección de grupo», que defiende que la selección darwiniana opera sobre las poblaciones y no a nivel individual. Katherine también se convirtió en evolucionista y estudiaba pequeños roedores conocidos como hámsteres enanos de Campbell o hámsteres de Djungarian, en los que ambos sexos cuidan de las crías.

Al observar a estos hámsteres emparejados en un laboratorio de la Universidad de Princeton, Katherine quedó fascinada por cómo la ayuda del padre permitía a su compañera reproducirse más rápido. Quería concentrarse en el estudio de estos roedores para su doctorado. Sin embargo, uno de sus directores de tesis le recomendó que trabajara con perritos de las praderas, pues ya se habían estudiado sobre el terreno, se sabía que se reproducían con rapidez y eran mucho más accesibles. «Pero mis hámsteres se reproducen aún más deprisa», le dijo Katherine, a lo que su tutor le contestó que no podía saberlo, pues solo los había estudiado en el laboratorio y no había visto lo que hacían en la naturaleza. Ante tal desafío, Katherine viajó a Rusia para confirmar sus sospechas, recorrió las frías y áridas estepas de Siberia, donde descubrió que los hámsteres enanos que dependen del cuidado biparental son los que tienen uno de los ciclos reproductivos más rápidos de todos los mamíferos.

Cuando conoció a Katherine, Anne Storey ya estaba bien asentada y era conocida por sus investigaciones sobre las pardelas y otras aves marinas, que forjan vínculos de pareja duraderos y comparten el cuidado de sus crías. Sin embargo, cuando se convirtió en madre y tuvo que cuidar de sus propios «polluelos», pasó de las aves marinas, que solo se posan en farallones oceánicos de difícil acceso el tiempo suficiente para reproducirse, a sujetos cuyo comportamiento parental podía observar más cerca de casa, pudiendo así volver a tiempo para la cena. Eligió al *Microtus pennsylvanicus*, el topillo de los prados,[1] un pequeño roedor que se encuentra en las praderas de Norteamérica y es fácil de mantener en el laboratorio.

[1] El término inglés *prairie vole* equivale al topillo de la pradera, del centro de Estados Unidos, y *meadow vole* es el topillo de los prados. Para obtener más información sobre la diferencia entre estos dos tipos de topillos, véase este artículo de Juan Ignacio Pérez: http://zoologik.naukas.com/2015/08/04/topillos-fieles-y-topillos-promiscuos/. (*N. de la T.*).

Todo lo que Katherine tenía de audaz, Anne lo tenía de autosuficiente y práctica, y estaba igual de intrigada por los fundamentos biológicos del cuidado parental.

Uno de los temas centrales de la investigación de Anne era un curioso fenómeno conocido como «efecto Bruce», en honor a la bióloga Hilda Bruce, que en 1959 descubrió que el mero olor de un macho extraño en las proximidades de una ratona preñada podía hacerla abortar espontáneamente. Al principio, los sociobiólogos supusieron que el nuevo macho *provocaba* de algún modo la interrupción del embarazo.[2] Pero a medida que iban llegando más y más casos de infanticidios por parte de machos en el mundo natural, y nos dimos cuenta de lo peligrosos que pueden ser para los bebés los machos desconocidos, la atención se desvió a las propias hembras preñadas. En lugar de malgastar más recursos fisiológicos en crías con pocas probabilidades de supervivencia, la selección natural había favorecido a las hembras capaces de abortar o, como se ha visto en algunos roedores, de reabsorber fetos que casi con toda certeza están condenados al fracaso. Esto permitía a las madres redirigir los recursos físicos hacia perspectivas más prometedoras, concebir de nuevo, y tal vez dar a luz cuando un macho tolerante, en lugar de uno potencialmente infanticida, estuviera presente.[3]

Anne se había dado cuenta de esto. Sospechaba que entre los topillos de los prados que albergaba en su laboratorio, al igual que entre algunas otras especies en las que se da el infanticidio, el mero olor de la feromona de un macho extraño podía llevar a una hembra preñada a interrumpir su embarazo. Cuando las dos investigadoras se conocieron, Anne estaba estudiando las señales de comportamiento que podrían ayudar a una topillo preñada a predecir la agresividad o amabilidad con que un macho determinado reaccionaría ante sus crías. En función de esas señales, una hembra (o, más exactamente, su fisiología) podría «decidir» si lo mejor era continuar con un embarazo que probablemente no conduciría a la supervivencia de las crías, o abortar para ovular de nuevo

[2] Wilson, 1975, p. 321.

[3] Huck, 1984; Parmigiani, Palanza *et al.*, 1994.

cuando el macho cercano fuese uno con más probabilidades de tolerar a sus recién nacidos.[4] Quizá podría incluso ayudarle a cuidar de ellos.

Por aquel entonces, ya se había investigado mucho sobre los topillos en Estados Unidos. De hecho, el topillo de la pradera, *Microtus ochrogaster*, se estaba haciendo famoso por ser un mamífero monógamo que cría en parejas y cuyos machos casi siempre ayudan a cuidar a las crías, lo que se conoce como «paternidad obligada».[5] En cambio, el topillo de los prados (*Microtus pennsylvanicus*) solo tenía «paternidad facultativa», lo que significa que algunos eran polígamos, con machos que se marchaban después de aparearse para buscar una nueva hembra, mientras que otros se quedaban para ayudar en el cuidado de las crías. Los topillos de los prados macho de Anne sin experiencia parental resultaron ser cambiantes a este respecto, así como en su receptividad hacia las crías. Tras cohabitar con su pareja preñada y estar expuestos a sus nuevas crías, los topillos canadienses de Anne empezaron a acurrucarse con sus hijos con la misma asiduidad que sus famosos y paternales primos topillos de las praderas. Anne sospechaba que la temperatura jugaba un papel, porque los padres eran necesarios para ayudar a mantener calientes a las crías en esta población de topillos más septentrional.

Anne también suponía que las madres de los topillos de los prados decidían si ahuyentar de forma preventiva al macho tras la cópula, o dejar que se quedara hasta que nacieran las crías, familiarizándose así con ellas. Fue tras ese contacto prolongado con las crías cuando los machos se volvieron más tolerantes y, con el tiempo, más cariñosos. Pero que su pareja se fuera o se quedara dependía de cómo valorara la madre sus inclinaciones.

---

[4] Storey y Snow, 1990.

[5] Véanse Getz y Carter, 1981, Carter, 1998 y Carter y Perkeybile, 2018 para una actualización de este tema, junto con especulaciones sorprendentes sobre hasta qué punto el vínculo de pareja, y con él el aumento de oxitocina, puede transformar una especie.

¿Letales o cariñosos?

Conscientes de lo radicalmente diferente (de ser un soporte vital a un elemento letal) que podía ser el comportamiento de los roedores macho hacia las crías, tanto Katherine como Anne estaban impacientes por comprender la transformación de los machos potencialmente infanticidas en padres cariñosos. ¿De qué pistas disponen las guardianas maternas? ¿Y cómo influye la exposición previa a las crías en la receptividad del macho a las señales infantiles? Ya en la década de 1930 los psicobiólogos habían observado que cuando un ratón macho se encontraba inesperadamente con una cría, la ignoraba o la atacaba. Pero si un experimentador ignoraba la carnicería y presentaba al macho una cría tras otra, el asesino acababa sufriendo una notable transformación. Mediante un proceso conocido como *sensibilización*, el macho dejaba de matar cachorros, empezaba a tolerarlos y luego a cuidarlos. El macho olfatea, lame y luego se lleva suavemente a la boca a cada cría, la levanta y tal vez la lleva a un nido, donde se inclina protectoramente sobre ella como si la amamantara y la mantuviera caliente.[6] Las hembras que nunca se han apareado reaccionan de forma muy parecida. Incluso sin el estímulo hormonal del embarazo y el parto, las vías neuroendocrinas para la crianza que Jay Rosenblatt había identificado también podían activarse en miembros del grupo (machos o hembras) distintos a la madre, conocidos como *alomadres*.[7] Lo que importaba era la exposición íntima y prolongada a las crías.

---

[6] Rosenblatt, 1967, así como trabajos anteriores de Wiesner y Sheard, 1933, citados en Numan e Insel, 2003, p. 13.

[7] El término «alomadre» se refiere a un miembro del grupo distinto de la madre biológica que ayuda a cuidar de una cría. En los inicios de la primatología utilizaban habitualmente términos como «tía» (del término británico *auntie*, «vieja amiga de la familia») para describir a estas niñeras, o «tío» para describir a una alomadre masculina. Pero cuando utilicé esta terminología en un artículo el profesor Edward O. Wilson me sugirió amablemente que debía encontrar un término más apropiado. Propuso «alomadre», del griego *allo-* que significa «otro, diferente». Evidentemente, no solo se necesitaban cuidadores, sino también una buena palabra para designarlos. Enseguida me apropié del término y lo utilicé en mi tesis doctoral, siendo creo la primera vez que alguien lo hacía. En la actualidad el término «alomadre» se utiliza cada vez más y aparece en el *Merriam-Webster Dictionary* para referirse a cualquier miembro masculino o femenino del grupo, distinto de la madre, que cuida de un

Machos como cuidadosos parteros

Al igual que a Anne Storey, a Katherine Wynne-Edwards le fascinaba la posibilidad de que la capacidad de ofrecer cuidados pudiera provocarse en *cualquiera* de los dos sexos. Si era así, ¿qué procesos estaban implicados? La especie que estudió Katherine parecía una candidata ideal para encontrar la respuesta. Mientras que la mayoría de los hámsteres son esencialmente solitarios, sus hámsteres enanos (*Phodopus campbelli*) eran más gregarios. Dada la dureza de Siberia, el hábitat nativo en el que evolucionaron, el compañero de una hembra no solo era útil, sino esencial para mantener calientes a las crías diminutas y sin pelo cuando la madre lactante tenía que salir de su madriguera subterránea para alimentarse y evitar que su propio cuerpo cubierto de pelo se recalentara dentro de los confines de su guardería subterránea.[8] A diferencia de los machos de otras especies de hámsteres, que tras el apareamiento se van en busca de otras hembras, los machos de *Phodopus campbelli* (como los topillos de las praderas) permanecen cerca de su pareja mientras esta está embarazada. Es entonces cuando a medida que la hembra experimenta transformaciones hormonales durante la gestación, él también las sufre.

La elevación de los niveles de prolactina del macho de *Phodopus campbelli* durante el embarazo de su pareja coincide con cambios sorprendentes en su comportamiento. Cuando su pareja se pone de parto, se acerca a acariciarla con el hocico. Cuando la corona bermellón de la cabeza de la cría aparece en el canal del parto, el hámster enano macho utiliza las patas delanteras y los incisivos para facilitar con delicadeza la salida del neonato. Cuando el cachorro emerge, este macho, que se ha convertido en partero por cuenta propia, lame ávidamente el líquido amniótico y succiona los fluidos que obstruyen las diminutas fosas nasales del recién nacido, despejando sus vías respiratorias. Una vez hechos sus deberes, el padre devora con avidez la placenta cargada de esteroides,

---

niño. «Un *aloparente* se refiere a cualquier miembro del grupo distinto de los padres biológicos que ayude a cuidar».

[8] Wynne-Edwards, 1987.

aportándole lo que Katherine Wynne-Edwards sospechaba que era un «chute endocrino» adicional que fomenta el comportamiento de cuidado. A continuación, el macho transporta e introduce a cada neonato en el nido familiar, aseándolo, reforzando meticulosamente los bordes descuidados de las paredes.[9]

Debido a las duras condiciones climáticas de Siberia, la pareja de *Phodopus campbelli* solo dispone de una breve ventana estival para criar. Por este motivo, y quizá también para motivar a su compañero a permanecer cerca, la madre vuelve a ovular poco después del parto. Si su pareja va a engendrar a su siguiente camada, tiene que quedarse y participar en su apretado calendario reproductivo. Tras la cita posparto, la madre se traslada a una nueva madriguera para preparar la llegada de su siguiente prole. Su antiguo compañero puede visitarla ocasionalmente durante las excursiones nocturnas, pero la mayor parte del tiempo permanece en la antigua madriguera, cuidando a la camada ya destetada pero aún vulnerable, proporcionándoles hierba, semillas y gusanos, hasta que las crías son lo bastante maduras para desenvolverse en un mundo difícil.[10]

Serendipia y ciencia

En 1994 Anne Storey y Katherine Wynne-Edwards, al compartir el mismo interés por saber qué hace que los machos se muestren cariñosos con las crías, presentaron una propuesta conjunta de subvención al Consejo de Investigación en Ciencias Naturales e Ingeniería de Canadá. Señalaron que, aunque las investigaciones realizadas hasta la fecha hubieran fracasado a la hora de aportar pruebas de la implicación hormonal en el cuidado de los machos, la mayoría de los estudios se habían realizado con ratas de laboratorio, en lugar de con *especies que practican de manera rutinaria el cuidado paterno* en condiciones naturales. Añadieron que pocos zoólogos habían encontrado niveles elevados de prolactina en ambos sexos en especies caracterizadas por el cuidado biparental y

[9] Jones y Wynne-Edwards, 2000.
[10] Jones y Wynne-Edwards, 2001, p. 454.

propusieron una serie de experimentos que «mejorarían significativamente nuestra comprensión mecanicista del comportamiento paternal de los mamíferos». Lo que realmente querían saber era: ¿cómo se pueden generar respuestas de cuidado en machos que no pasan por la gestación ni el parto?

Las dos planearon estudios paralelos utilizando dos especies de hámsteres y topillos, seleccionando sujetos con y sin cuidados paternos. Pretendían «aislar e identificar las experiencias conductuales y sociales durante la vida juvenil y adulta, que son requisitos previos para la expresión posterior de la conducta paternal», así como «aclarar el papel que puede desempeñar la prolactina como mediador de la conducta paternal», y «probar posibles candidatos (dopamina, oxitocina [...] y vasopresina) para la regulación neuroendocrina de la secreción de prolactina asociada a la conducta paternal». Su propuesta concluía con una breve alusión a la posibilidad de que «estos datos podrían mejorar nuestra comprensión del comportamiento humano».[11]

Como ocurre con demasiada frecuencia en la ciencia, su propuesta se alejaba demasiado de los hallazgos consolidados y de la investigación que ya se había realizado, por lo que fue rechazada. Fue entonces cuando intervino la casualidad. La Memorial University, donde Anne Storey impartía clases, anunciaba una convocatoria en la que los profesores que pusieran en marcha proyectos completamente nuevos podrían solicitar pequeñas subvenciones. Como ya tenían financiación de otras fuentes para la investigación en curso sobre roedores, las dos mujeres decidieron que, en lugar de limitarse a mencionar las posibles implicaciones humanas, pondrían todo el *foco* en los humanos. De nuevo rechazaron su propuesta. Pero al presentarla una tercera vez, les concedieron una pequeña subvención de ocho mil dólares.

Para que les ayudara en el proyecto contrataron a Carolyn Walsh, entonces estudiante de posgrado de Anne y más tarde compañera

[11] Fragmento de la solicitud de subvención de abril de 1994, recuperada de los archivos digitales y facilitada por K. Wynne-Edwards, 23 de mayo de 2017. Wynne-Edwards corrigió el original, que decía «vasotocina» en lugar de «vasopresina», en consonancia con el uso habitual de este neuropéptido en los mamíferos.

de facultad. Dio la casualidad de que Carolyn estaba embarazada de su primer hijo y, junto con su marido, participaba en una clase prenatal en un hospital local. Al darse cuenta de que los hombres empezaban a acompañar a sus parejas a las clases de Lamaze, las investigadoras decidieron repartir una hoja de inscripción entre las compañeras de Carolyn. ¿Podría alguno de ellos ofrecerse como voluntario para un estudio sobre las reacciones hormonales de los padres primerizos y futuros padres? Se llamó por teléfono a los que se apuntaron para confirmar que querían participar. Treinta y una parejas de esta muestra autoseleccionada (en la que había hombres que ya habían demostrado su motivación para ser padres comprometidos) aceptaron proporcionar muestras de sangre en uno de los cuatro momentos elegidos antes y después del nacimiento de sus bebés. Carolyn y su marido también accedieron a proporcionar muestras de sangre durante todo su embarazo, incluso durante el parto. La instructora de la clase prenatal se comprometió a ayudar en la recogida de datos.

Se extrajeron muestras de sangre en un primer momento para establecer los niveles de referencia de varias hormonas. A continuación, se pidió a los futuros padres que sostuvieran una típica muñeca repollo envuelta en una manta impregnada de olor a recién nacido, que se tomó prestada de la guardería del hospital. A los padres cuyos bebés ya habían nacido se les pidió que sostuvieran al bebé real, mientras la madre acunaba a la muñeca. Una vez preparados, cada pareja escuchaba una cinta de llantos de recién nacidos, y luego veían un vídeo de seis minutos que mostraba a un recién nacido luchando por agarrarse al pezón de su madre. Por último, los sujetos rellenaron un cuestionario en el que se preguntaba por cualquier síntoma que el hombre pudiera haber experimentado durante el embarazo de su pareja. Los investigadores querían saber si alguno de los futuros padres había experimentado síntomas empáticos del embarazo, conocidos como «síndrome de Couvade». ¿Habían tenido náuseas? ¿Aumento o disminución del apetito? ¿Habían ganado peso? ¿Experimentaron un aumento de la emotividad?

Habían transcurrido dos décadas desde que los zoólogos informaran por primera vez de la existencia de cambios endocrinológicos en los padres tití que cuidaban de sus bebés y ahora, por fin, los hallazgos de Anne Storey y Katherine Wynne-Edwards documentarían de forma concluyente respuestas similares en los humanos. En las semanas previas al parto de su pareja aumentaron los niveles de prolactina en los futuros padres. Cuanto mayor era la anticipación o los síntomas de Couvade del hombre, o cuanto más fuertes eran sus respuestas emocionales a las señales infantiles, más subían sus niveles de prolactina. Tras convertirse en padres, los niveles de testosterona de los hombres caían en picado. Cuanto más tiempo intentaba el hombre retener a su muñeca, mayor era el consiguiente descenso de testosterona.[12]

La tan esperada aparición de los hombres cariñosos

Consciente de la importancia de sus hallazgos, el equipo envió su artículo a las mejores revistas, primero a *Science* el 8 de enero de 1999 y, tras ser rechazado, a *Nature*. Los editores de *Nature* ni siquiera enviaron el artículo para su revisión por pares.[13] Pasó un año antes de que su artículo, titulado «Hormonal correlates of paternal responsiveness in new and expectant fathers» (Correlatos hormonales de la capacidad de respuesta paterna en padres primerizos y futuros), se publicara finalmente en una nueva revista más especializada llamada *Evolution and Human Behavior*.

Poco después, Katherine Wynne-Edwards y uno de sus estudiantes realizaron un seguimiento con una muestra mayor de sujetos reclutados en otra clase prenatal, esta vez en Kingston, Ontario. Una vez más, sus sujetos fueron autoseleccionados al inscribirse en dicha clase. Y una vez más los investigadores descubrieron que «los futuros padres tenían concentraciones más bajas de testosterona y cortisol, y con mayor frecuencia estradiol en cantidades apreciables». Incluso antes del parto estos hombres estaban preparados para atender a los

[12] La caída inicial fue de alrededor del 33 por ciento (Storey *et al.*, 2000; Wynne-Edwards y Reburn, 2000, recuadro 3).

[13] Entrevista por Zoom con Anne Storey, 9 de diciembre de 2022.

bebés, mostrando «concentraciones elevadas de prolactina». Tras el nacimiento, los niveles de testosterona volvieron a descender, con los niveles más bajos en las primeras semanas inmediatamente posteriores al nacimiento. Katherine especuló que «los hombres expuestos a los estímulos adecuados podrían experimentar una versión atenuada de los cambios endocrinos del embarazo».[14]

Una vez más, las investigadoras tuvieron dificultades para publicar sus resultados, aunque finalmente aparecieron en junio del 2000 en *Proceedings of Mayo Clinic*, una respetada revista médica, aunque no sea precisamente la revista de referencia para los investigadores interesados en la psicobiología de la crianza. En la frase final de las conclusiones Katherine insertó la tentadora sugerencia de que «la neuroendocrinología del cerebro paterno merece un mayor estudio científico».[15] ¡Y así ha resultado ser! Fue como si se acabara de identificar un organismo totalmente nuevo para la ciencia, el «hombre cuidador».

En una década neuroendocrinólogos de todo el mundo empezarían a estudiar el funcionamiento interno de este ser recién descubierto. Los antropólogos de mentalidad evolucionista como yo nos veríamos obligados a replantearnos lo que durante tanto tiempo habíamos supuesto que sabíamos sobre los machos pertenecientes al orden de los primates, especialmente sobre lo que debía estar ocurriendo en las vidas sociales, los cuerpos y los cerebros de los simios bípedos en la línea que finalmente dio lugar a los humanos. Aunque en aquel momento apenas fui consciente, aquella investigación temprana en Terranova sembraría nuevas formas de pensar que un día me ayudarían a comprender cómo un hombre cuidador de bebés extraordinario como mi yerno encaja en una historia mucho más amplia y compleja de lo que yo o la mayoría de los demás jamás soñamos, una historia que se remonta en el tiempo cientos de millones de años. Mientras tanto, algunos colegas que normalmente suelen recurrir a explicaciones culturales se verían obligados a tener en cuenta respuestas más basadas en la biología que en normas sociales impuestas.

---

[14] Berg y Wynne-Edwards, 2001, pp. 582 y 588.

[15] *Ibid.*, p. 592.

04

Cerebro de papá

«Es una verdad universalmente aceptada que cualquier tema en busca de una reputación de seriedad debe disponer de neuroimágenes».

Edward St. Aubyn, *Double Blind*, 2021

En marcha

En las dos décadas transcurridas desde que Anne Storey y Katherine Wynne-Edwards publicaron su innovador artículo, psicólogos comparativos, antropólogos evolutivos, psicobiólogos y neurocientíficos se han afanado por registrar las respuestas paternas a los bebés. Aún es pronto, las investigaciones carecen de financiación suficiente y se basan principalmente en muestras de pequeño tamaño, lo que significa que, teniendo en cuenta los complejos procesos neurofisiológicos implicados, los resultados, por muy fascinantes que sean, no se han controlado adecuadamente. No obstante, la información procedente de antropólogos que estudian una amplia gama de sociedades, desde los cazadores-recolectores, pastores y agricultores africanos, hasta los urbanitas posindustriales, está empezando a desvelar cómo la estructura familiar y los modos de subsistencia moldean la conducta de cuidar de los hombres. Con la creciente participación de los neurocientíficos una oleada de nuevos descubrimientos está confirmando que, en determinadas condiciones, las respuestas de los hombres a los bebés se vuelven notablemente, bueno…, *maternales*. Es difícil pensar en otro término que encaje tan bien.

Al principio, fue la caída en picado de la testosterona en los nuevos padres lo que atrajo más atención. Los estereotipos culturales sobre la tradicional aunque exagerada asociación entre «hombría» y testosterona con competitividad y masculinidad fueron probablemente la razón principal. Al fin y al cabo, ser fuerte, confiado y valiente, competir con osadía por el estatus, y responder con exhibiciones temerarias o directamente con violencia al sentirse desafiado, se ha considerado durante mucho tiempo la condición *sine qua non* de los «hombres de verdad». Una voluminosa literatura relaciona esa valentía ostentosa con una «T» alta.[1] Sin embargo, dado que los efectos de la testosterona dependen del contexto, esas asociaciones a menudo simplifican en exceso la realidad.[2]

Los estudios sobre veteranos del Ejército y las Fuerzas Aéreas de Estados Unidos documentan unos niveles de testosterona más bajos en los hombres casados que en los solteros o divorciados recientemente.[3] Estos resultados se repitieron en una muestra de estudiantes de la Harvard Business School compuesta por hombres que mantenían o no relaciones románticas consolidadas (según sus propias declaraciones).[4] Interesante, pero ¿y si los hombres con niveles más bajos de testosterona fueran simplemente más propensos a sentar la cabeza y formar una familia? ¿Y si los hombres al borde del divorcio estuvieran sencillamente más enfadados, o fueran propensos a sentirse agraviados o desafiados? ¿Y si el hecho de mantener una relación sexual estable permitiera que los impulsos competitivos disminuyeran, o suprimiera de algún modo la producción de testosterona? Los científicos necesitaban comprender *por qué* la inminente paternidad, especialmente si iba seguida de un contacto prolongado e íntimo con los bebés, se correlacionaba con niveles más bajos de testosterona.

Se validan los hallazgos de Terranova

Dos años después de que Storey y Wynne-Edwards publicaran sus resultados, otros investigadores descubrieron cambios endocrinológicos similares en padres humanos primerizos y futuros padres,

[1] Dabbs, 1993; Mazur y Booth, 1998; Dreher *et al.*, 2016; Huston, 2017; Hooven, 2021.
[2] Jordan-Young y Karkakis, 2019.
[3] Revisado en Gray y Campbell, 2009.
[4] Burnham *et al.*, 2003.

en particular niveles elevados de prolactina, una hormona asociada con el embarazo y la lactancia en las madres. Inmediatamente, la protegida de Jay Rosenblatt (conocido como «padre de la maternidad»), Alison Fleming, de la Universidad de Toronto, una eminente neuroendocrinóloga que iba camino de convertirse en la «madre de la maternidad» de la psicobiología, amplió su campo de investigación para incluir también a los padres. El laboratorio de Fleming confirmó y amplió los descubrimientos anteriores vinculándolos a la capacidad de respuesta conductual del padre. No solo los niveles de prolactina eran más altos en los padres que en los no padres, sino que cuanto más altos eran, más rápidamente respondían los hombres a los llantos de su bebé.[5]

Impulsados por las noticias sobre los cambios hormonales en los nuevos padres, los antropólogos se preguntaron: ¿en qué circunstancias la paternidad hace a los hombres más cariñosos y en cuáles no? Este reto coincidió con la adopción de nuevas técnicas menos invasivas para analizar los niveles hormonales. En lugar de muestras de sangre, bastaría con media cucharadita de saliva. Peter Ellison, del Departamento de Antropología de Harvard, fue uno de los primeros en ver lo ventajoso de este método. En cualquier lugar del mundo los antropólogos podían sostener un tubo de poliestireno, pedir al sujeto «escupa aquí, por favor», introducir la muestra en un tanque de nitrógeno líquido o en un congelador, y enviarla al laboratorio para su posterior análisis.

Ellison y su equipo habían perfeccionado el uso de muestras de saliva para estudiar la función ovárica de las madres en rincones lejanos y a menudo apartados del mundo.[6] Cuando se enteraron de las sorprendentes noticias sobre los padres, ampliaron su red para estudiar también las fluctuaciones endocrinas de los hombres. Empleando técnicas similares a las ideadas para medir las hormonas reproductivas entre las mujeres de las selvas centroafricanas, las aldeas del alto Himalaya, los pueblos remotos de La Pampa argentina o los barrios estadounidenses de las afueras, compararon los niveles de testosterona de los hombres casados

[5] Fleming, Corter, Stallings y Steiner, 2002.

[6] Ellison, 1993.

frente a los solteros y de los hombres que pasaban más o menos tiempo en contacto directo con bebés. Estudiantes formados por Ellison, como Peter Gray, ahora profesor de la Universidad de Nevada en Las Vegas, se desplazaron por todo el mundo para pedir a sujetos, desde Boston a Pekín, que escupieran en los tubos suministrados, a fin de comparar los niveles hormonales de los hombres con y sin hijos.[7]

Algunos de los hallazgos más esclarecedores fueron los de los investigadores de Harvard Martin Muller y Frank Marlowe. Compararon muestras de hombres pertenecientes a dos sociedades diferentes de África Oriental, los pastores datogas y los cazadores-recolectores hadzas. Aunque ambos grupos viven en zonas similares de Tanzania, los pastores pasan poco tiempo con las madres y los bebés, mientras que los cazadores-recolectores pasan mucho. Cuando examinaron los niveles de testosterona de los hombres datogas, que habían pasado gran parte del día en la sabana cuidando del ganado, lejos de las mujeres y los niños pequeños, no pudieron detectar diferencias significativas entre hombres casados y solteros, ni entre hombres con hijos y sin ellos. Pero cuando tomaron muestras de hombres hadzas, que, cuando no salían a cazar, pasaban largas horas descansando en el campamento en compañía de madres, bebés y niños de todas las edades, los niveles de testosterona de los padres eran un 50 por ciento más bajos que en los no padres.[8] Para encontrar una explicación los investigadores recurrieron a lo que se conoce como la «hipótesis del desafío» de Wingfield.

El biólogo John Wingfield, de la Universidad de California en Davis, llevaba años estudiando cómo afrontan las aves los retos medioambientales y sociales. Planteó la hipótesis de que los niveles de testosterona aumentarían cuando los animales se enfrentaran a factores estresantes del entorno, como el inicio de la temporada de cría, cuando los machos tienen que competir con rivales por

---

[7] Para un resumen exhaustivo de los estudios relevantes de Ellison y de otros grupos hasta 2008, véanse las tablas en Gray y Campbell, 2009; también el excelente *Fatherhood: Evolution and Human Paternal Behavior* (2010), en coautoría con el también antropólogo Kermyt Anderson.

[8] Muller, Marlowe *et al.*, 2009.

territorios y parejas. Cuando un macho se aseguraba un territorio y establecía un vínculo de pareja, pasaba de la conducta de luchar a la de cooperar con la hembra, cuidando y abasteciendo a sus polluelos. En ausencia de provocaciones de sus rivales, los niveles de T disminuían.[9] A diferencia de los mamíferos, en los que los machos en su mayoría se aparean y se marchan, en el 90 por ciento de las especies de aves forjan un vínculo con su pareja y se quedan, cuidando ambos de las crías. La posibilidad de que los humanos se caracterizaran por sistemas familiares similares a los de las aves, con compensaciones fisiológicas parecidas entre el apareamiento y la crianza, parecía prometedora.

Las predicciones de la hipótesis del desafío coincidían con lo que descubrieron los investigadores de Harvard: la T debería aumentar cuando los machos se enfrentan a un reto y necesitan competir por el estatus, los territorios o las parejas, y disminuir una vez que se han establecido con su pareja y cuidan de las crías. Otros hallazgos, como la observación de que los cerebros de los hombres sin hijos se activan más al mirar estímulos sexuales que los cerebros de los padres recientes, también eran sugerentemente consistentes.[10] Sin embargo, había un problema. Dada la naturaleza correlacional de los hallazgos, tal vez los varones con niveles más bajos de testosterona eran más propensos a ser afectuosos y cariñosos. ¿Y si los hombres con baja testosterona simplemente fueran más propensos a formar pareja y, cuando llegaran los hijos, más dados a pasar tiempo acurrucándolos y cuidándolos? Lo que se necesitaba era un estudio longitudinal. Los científicos debían seguir a los mismos hombres antes y después de que algunos se emparejaran y formaran una familia, y luego compararlos con hombres que no lo hacían. Una vez más intervino la serendipia, presentando una oportunidad única para resolver esta cuestión.

---

[9] Wingfield *et al.*, 1990.

[10] Se sospechó durante mucho tiempo a partir de informes personales, pero finalmente se confirmó mediante escáneres cerebrales en Mascaro, Hackett y Rilling, 2014.

La disminución de la T en el centro del debate

Durante casi tres décadas un consorcio de antropólogos e investigadores en salud pública se ha dedicado a estudiar cómo la nutrición prenatal y de la infancia temprana afecta a la salud desde el nacimiento y a lo largo de toda la vida, en una muestra amplia y demográficamente representativa de los habitantes de Cebú (Filipinas). Una vez que las cuestiones sobre los padres ganaron importancia, dos innovadores antropólogos de la Universidad del Noroeste, Chris Kuzawa y Thom McDade, decidieron ampliar el estudio original que se centraba sobre todo en la nutrición maternoinfantil, para incluir a los hombres. Formando equipo con colegas de la Universidad de San Carlos, en Filipinas, y reclutando al estudiante de doctorado Lee Gettler, recogieron y analizaron hormonas de hombres, tomando muestras de los mismos individuos *antes y después* de ser padres.

El mercado laboral cada vez más globalizado del siglo XXI hizo que un gran número de madres filipinas tuvieran que viajar al extranjero para trabajar como enfermeras y empleadas domésticas, dejando a los niños al cuidado de los padres y otros familiares. En 2006 más de nueve millones de filipinos, en su mayoría mujeres, trabajaban en el extranjero y enviaban remesas a casa para mantener a las familias que habían dejado atrás.[11] Esta feminización de la mano de obra exportada se da en todo el sudeste asiático y en otras regiones. Encasillados por elección propia o por obligación en el papel de padres «solteros», muchos de estos «padres abandonados» fueron reclutados para el cuidado diario de sus hijos, a veces incluso de bebés.[12] Sin embargo, lo que a menudo era una fuente de tensión para madres e hijos, brindó una oportunidad sin precedentes a los investigadores interesados en seguir a un grupo diverso de hombres que experimentaban diferentes niveles de exposición a los bebés en una sociedad con un cuidado masculino en aumento.

[11] Porio, 2007.

[12] Inhorn *et al.*, 2016; Lam y Yeoh, 2016.

Se entrevistó a seiscientos veinticuatro jóvenes filipinos, al principio todos solteros, a los que se hizo un seguimiento desde su nacimiento y se les pidió que proporcionaran muestras de saliva para establecer sus niveles de testosterona. A la saliva le siguió una rápida toma de sangre para analizar los niveles de prolactina. Cinco años después, estos mismos hombres fueron entrevistados y se les tomaron muestras de nuevo. Algunos seguían solteros, otros tenían parejas estables. Como era de esperar, los niveles de testosterona disminuyeron. Dado que fueron los hombres con niveles de testosterona más altos al principio los que resultaron ser más propensos a emparejarse, los investigadores pudieron descartar la fastidiosa posibilidad de que los hombres con niveles de testosterona más bajos fueran simplemente más propensos a casarse. Pero lo que realmente les llamó la atención fue que una vez que estos hombres emparejados se convertían en padres, los descensos de los niveles de testosterona eran aún más pronunciados.[13]

Esta vez ¡no hubo problemas para publicar los resultados! Se publicaron de forma destacada en *Proceedings of the National Academy of Sciences* (*PNAS*), con el joven Gettler como primer autor. Tras documentar que los niveles de testosterona disminuían *después* de que los hombres se involucraran en el cuidado de sus bebés, los autores fueron un paso más allá. «Nuestros hallazgos sugieren que los varones humanos tienen una arquitectura neuroendocrina evolucionada que responde a la paternidad comprometida, lo que apoya el papel de los hombres como cuidadores directos durante la evolución de los homininos», escribieron.[14] Los niveles de testosterona también tienden a bajar en las mujeres que se convierten en madres y suben cuando se encuentran en posición de ejercer el poder,[15] pero fue una sorpresa enterarse de que los padres presentan el mismo patrón, sobre todo cuando iba acompañado de la sugerencia de que la caída en picado de la testosterona en los padres primerizos que cuidaban de sus bebés

[13] Gettler *et al.*, 2011.

[14] *Ibid.*, p. 16196.

[15] Kuzawa *et al.*, 2015; Van Anders *et al.*, 2015.

podría representar una adaptación «evolutiva».[16] De repente, parecía posible que los hombres estuvieran «predestinados a cuidar de sus hijos».[17]

Si bien los evolucionistas se mostraron intrigados al descubrir esta disminución de testosterona en los nuevos padres, otros encontraron la idea más bien «humillante».[18] Antes de continuar con mi búsqueda para entender lo que ocurre en el cerebro de los hombres cuidadores, conviene hacer una breve digresión sobre el órgano responsable de este supuesto «elixir de la masculinidad», junto con los pros y los contras de la propia hormona.

¿Tú también, testículo?[19]

Poco después de aquel histórico estudio longitudinal que documentaba el descenso de la testosterona al convertirse en padres, se descubrió que el nivel de implicación de un hombre en el cuidado de los hijos estaba correlacionado con el tamaño de sus testículos. Los investigadores de la Universidad de Emory en Atlanta, dirigidos por James Rilling y su antigua alumna Jennifer Mascaro, reclutaron a setenta padres que convivían con sus parejas y sus hijos de uno a dos años. En primer lugar, se preguntó a las madres cuán implicado estaba su compañero en el cuidado de los niños. ¿Hasta qué punto era un buen padre? A continuación, se escaneó el cerebro del hombre mediante resonancia magnética (RM) mientras miraba la fotografía de su hijo. A sesenta y seis de los padres

---

[16] Gettler *et al.*, 2011.

[17] La cita es la frase de Rochman de su entrevista de 2011 con Gettler para el artículo de la revista *Time* publicado en Internet con el título «Men are hardwired to take care of their kids, study says», https://healthland.time.com/2011/09/13/why-do-dads-have-lower-levels-of-testosterone/.

[18] El sociólogo Robin Simon, citado en Rochman, 2011.

[19] La autora hace un juego de palabras con la famosa frase «¿Et tu, Brute?» de la obra *Julio César*, de Shakespeare, que significa «¿Tú también, Bruto?». Es pronunciada por Julio César al darse cuenta de que su amigo Bruto también lo ha traicionado. Aquí la frase se utiliza con humor para sugerir que los testículos «traicionan» al hombre al ser responsables de la disminución de testosterona cuando se convierten en padres. (*N. de la T.*).

también se les midieron los niveles de testosterona y luego —quizá para sorpresa de algunos sujetos del estudio— también los testículos. Me pregunto qué pensaron estos hombres ante la pregunta: «¿Le importa...?».

No es sorprendente que los cerebros de los hombres cuyas parejas los consideraban más comprometidos con el cuidado de los hijos mostraran las reacciones más fuertes al ver las fotos de sus hijos. Menos esperada, sin embargo, fue la conclusión de que estos hombres también solían tener testículos más pequeños.[20] Dada la fascinación de nuestra sociedad por el tamaño de los genitales masculinos, los medios de comunicación y la blogosfera, como es habitual, se desmadraron. «A los padres con pelotas más grandes les importan menos los niños», decía un titular.[21] Otro decía: «¡Vaya! Según un estudio los padres cariñosos tienen testículos más pequeños».[22] No importa que la testosterona disminuyera también en las madres y que nadie pareciera inmutarse por ello.

Mientras tanto, James Rilling evaluaba con calma otras posibles interpretaciones. Él y Mascaro habían planteado inicialmente la hipótesis de que podría haber distintos subtipos o morfotipos de hombres. Podría ser que los hombres con testículos más pequeños fueran más propensos a convertirse en padres cariñosos. Pero los niveles elevados de testosterona tienen costes (la reducción de la función inmunitaria es uno de ellos). Rilling pensó que también era posible que «cuando los hombres se implican más como cuidadores, sus testículos se encogen»,[23] como un ajuste fisiológico razonable para los nuevos padres que entran en una fase de la vida en la que competir por las parejas es menos probable. En ese momento, producir altos niveles de testosterona podría no compensar los costes que supone.

[20] Mascaro *et al.*, 2013.
[21] Berko, 2013.
[22] Alexander, 2013.
[23] Entrevista con James Rilling, en Akpan, 2013.

La oxitocina, un neuropéptido que ofrece igualdad de oportunidades

El descenso de los niveles de testosterona en los padres primerizos que dedican varias horas al día a cuidar de su bebé tiende a ser gradual, produciéndose más en semanas y meses que en minutos. Las diferencias solo resultan estadísticamente significativas si se toman muestras de muchos hombres durante periodos prolongados. Otros efectos neuroendocrinos, como los que afectan a la hormona oxitocina, se producen mucho más rápidamente.

En la segunda mitad del siglo XX el papel de la oxitocina como promotora de las emociones afiliativas estaba ganando terreno. Se sabía que el aumento de los niveles de estradiol en una mujer embarazada incrementa la síntesis de receptores de oxitocina en el cerebro de la madre, de modo que tras el parto será aún más receptiva a este neuropéptido clave.[24] Pero no solo las madres lo son. Los niveles de oxitocina no solo aumentan cuando una mujer establece un vínculo con su bebé, le da el pecho o experimenta un orgasmo. También aumentan en cualquier individuo que experimente una interacción afectuosa, que reciba un abrazo, un masaje o pase tiempo acariciando a su perro. De hecho, la oxitocina también aumenta en el perro que recibe las caricias.

En tales contextos la oxitocina contribuye a la sensación de seguridad o bienestar y promueve una sensación de intimidad entre los miembros de la interacción.[25] En otros mamíferos, como los ratones, estimular experimentalmente el cerebro para que produzca oxitocina generada de manera endógena puede promover respuestas afiliativas en hembras nulíparas que nunca han dado a luz.[26] Lo que ha recibido menos atención son los efectos de la oxitocina en los hombres. Cuando las parejas se abrazan y acurrucan estrechamente después del sexo, el hombre también puede experimentar ese «placer posterior» cálido, inspirador de intimidad tras el orgasmo.

[24] Numan, 2017.
[25] Newton, 1973; Carter, 1998; Krüger *et al.*, 2003; Carter y Perkeybile, 2018.
[26] Marlin *et al.*, 2015.

Aunque la oxitocina resulte vital para las respuestas de crianza de las madres, esta hormona versátil ya no puede considerarse exclusivamente femenina. Ya sea entre parejas sexuales, entre madres y bebés, o entre padres y bebés, desempeña un papel en la formación de relaciones afectivas específicas.[27] Las mismas moléculas y circuitos neuronales a los que recurrió originalmente la madre naturaleza para asegurarse de que las madres mamíferas criaran a sus bebés se han readaptado para otro tipo de relaciones, y desempeñan papeles similares en los hombres. Una forma sintética del mismo neuropéptido, conocida como Pitocin, utilizada por los obstetras para acelerar las contracciones durante el parto, o después del nacimiento para facilitar la bajada de la leche, también aumenta la capacidad de respuesta del hombre hacia su bebé. Solo una bocanada de oxitocina rociada en las fosas nasales de un padre que juega con su hijo de uno o dos años puede generar sentimientos cálidos y hacerle más receptivo a sus sonrisas y otras señales sociales.[28] A medida que se iban conociendo los efectos de la oxitocina en los padres de ambos sexos, en Israel Ruth Feldman, una psicóloga del desarrollo convertida en neurocientífica, descubría cuán similares a las de las madres pueden ser las respuestas cerebrales de los hombres.

El romance con el cerebro

Ruth Feldman, hija de un ilustre rabino, fue una niña precoz que empezó a hablar a los dieciocho meses. «Qué pena que esta hija tan brillante no sea varón», comentó una vez un colega de su padre. Tradicionalmente, entre los judíos ortodoxos son los hijos los que se convierten en académicos, las hijas se dedican a otras cosas. Recordando esto años después, Feldman atribuyó la decisión de su padre de romper con esa tradición y promover el desarrollo intelectual de su inteligente hija al hecho de que estaban

---

[27] Véase Numan, 2015, cap. 5.

[28] Van IJzendoorn y Bakermans-Kranenburg, 2012; Li, Mascaro *et al.*, 2017; Rilling, 2017.

inusualmente unidos. Sembró en ella un poderoso impulso hacia el éxito.[29]

Se formó en música y composición, tocaba el trombón y el piano, y se sentía especialmente fascinada por la sincronía entre los músicos cuando improvisaban.[30] Solo más tarde, tras casarse con un rabino y convertirse en madre (cuatro hijas y un varón), encontró su verdadera vocación: estudiar la forma en que las madres y los padres interactúan y sincronizan los estados afectivos con los hijos, y cómo dicha sincronización influye en el desarrollo posterior de los niños.

Feldman ya llevaba décadas estudiando el comportamiento parental cuando se enteró de que los machos pertenecientes a especies con cuidado biparental, como los topillos de las praderas, tienen niveles inusualmente altos de prolactina y oxitocina. Consciente de que los humanos también muestran un cuidado biparental, aunque padres y madres suelan desempeñar papeles distintos, Feldman decidió ampliar su investigación sobre el comportamiento parental, tanto para medir las respuestas endocrinas de los hombres como para escanear lo que ocurría en sus cerebros. Quería meterse en la cabeza de los padres.

Los investigadores del laboratorio de Feldman, que hasta entonces se habían centrado exclusivamente en el comportamiento observable, empezaron a recoger muestras de saliva y a analizar también las hormonas. Confirmaron que los niveles de oxitocina aumentan tanto en los padres primerizos como en las madres. Aunque todavía no está del todo claro qué hace la oxitocina, a los seis meses posteriores al nacimiento los niveles basales de los padres primerizos —que nunca habían sufrido un embarazo, contracciones de parto o el reflejo de subida de la leche— fueron similares a los niveles medios de oxitocina de las madres.[31] Pero el contexto jugaba un papel importante. Los repuntes de oxitocina materna tras el parto tienden a estar correlacionados con el

---

[29] Feldman, 2014, en conversación con Kyle Pruitt, https://www.youtube.com/watch?v=V2fkFYO4Yk4.

[30] Bar On, 2018.

[31] Abraham y Feldman, 2017.

Figura 4.1. En las últimas tres décadas ha cambiado mucho la forma en que los padres occidentales interactúan con sus bebés, pero su disposición a participar en juegos muy energéticos persiste. Hace treinta años vi a mi marido, Dan, lanzar a nuestro hijo Niko por los aires exactamente de la misma manera en que lo haría mi yerno David décadas después con su hijo de diez meses. (Katrinka Hrdy).

contacto afectuoso, como cuando una madre mira el rostro de su bebé o disfruta de la sensación del cuerpo cálido acurrucado contra el suyo —comportamientos tiernos típicos de las madres—. Sin embargo, los aumentos de oxitocina en los padres tienden a coincidir más con otros comportamientos, como las vigorizantes sesiones de juego frecuentes entre los padres occidentales (figura 4.1). El equipo de Feldman también confirmó que cuando se administra oxitocina adicional a los padres, los niveles de oxitocina salival del bebé también aumentan. Cuanto más comprometido en el juego esté el padre, más fuerte es el efecto. Padre e hijo se ven atrapados en un bucle de retroalimentación mutua donde el placer genera más placer.

Tras evaluar los niveles basales de oxitocina en madres y padres, el equipo de Feldman los grabó en vídeo interactuando con sus bebés, y midió después sus niveles hormonales. Se prestó especial atención a la sensibilidad de cada progenitor a las reacciones, estados de ánimo y señales del bebé. Varios días después se invitó a los mismos padres a acudir al laboratorio, donde los investigadores utilizaron un escáner de resonancia magnética para analizar sus cerebros mientras veían vídeos de ellos interactuando con sus bebés, y de extraños interactuando con bebés desconocidos. Las respuestas cerebrales de las madres y las de los padres que las ayudaban fueron algo diferentes.

Décadas de investigación sobre todo en roedores han demostrado que las respuestas maternas dependen de partes subcorticales del cerebro, evolutivamente antiguas, que implican circuitos neuronales hipotalámicos.[32] El hipotálamo, en la base del cerebro, junto con la pequeña amígdala en forma de almendra, ayudan a procesar las emociones y mantienen a la madre alerta ante posibles amenazas y en sintonía con las necesidades del bebé. Eran los mismos circuitos cerebrales antiguos que me habían despertado en mitad de la noche al oír el leve gemido de mi bebé Katrinka, sacándome de la cama para ver cómo estaba mientras mi marido seguía durmiendo tranquilamente.

Durante cientos de millones de años estos circuitos filogenéticamente conservados, que han permanecido prácticamente inalterados a lo largo del tiempo evolutivo, siguen ayudando a coordinar funciones neuroendocrinas, promoviendo las respuestas instintivas de las madres mamíferas hacia sus crías. Conscientes de la riqueza en receptores de oxitocina de estas mismas regiones cerebrales, Feldman, Shir Atzil, Eyal Abraham y otros miembros del equipo no se sorprendieron de que su activación coincidiera con el aumento de los niveles de este neuropéptido cuando las madres veían vídeos de ellas interactuando con sus bebés.[33] Tampoco se sorprendieron de que los centros primarios del tronco encefálico se activaran más en las madres que en los padres cuando ambos veían vídeos de sí mismos interactuando con sus bebés.

Mucho más sorprendente fue lo que observaron en los cerebros de los padres. Eran las áreas corticales relacionadas con la cognición social, la empatía y la «mentalización»,[34] como el surco

---

[32] Véase Numan, 2020, *The Parental Brain: Mechanisms, Development and Evolution*, sobre todo el capítulo 5 para una visión general.

[33] Abraham y Feldman, 2017; Atzil *et al.*, 2012.

[34] En su acepción en psicología de ser capaz de comprender los estados mentales de los demás. (*N. de la T.*).

temporal superior y la corteza prefrontal medial, las que se activaban más en los padres que ayudaban. ¿Se trataba de una respuesta específicamente «paterna» observada solo en los padres, o más bien de una respuesta «alomaternal», típica de cuidadores distintos a la madre, que en este caso resultaba ser un hombre ayudando a la madre, que seguía siendo la principal responsable del bienestar del bebé?[35] ¿Y si era un hombre el que desempeñaba el papel de cuidador principal? La investigación que emprendió el grupo de Feldman para abordar estas cuestiones generó algunos de los hallazgos científicos más apasionantes que he leído nunca.[36]

Un nuevo tipo de padre

Junto con Eyal Abraham y otros, el equipo de Feldman decidió aprovechar un experimento natural sin precedentes que se estaba desarrollando en el siglo XXI. En Israel, al igual que en Estados Unidos y Filipinas, cada vez más padres participaban en el cuidado de los hijos. Un grupo de estos hombres incluso se emparejaba con otros hombres para formar familias como parejas del mismo sexo. Algunos adoptaban bebés y otros contrataban vientres de alquiler y luego criaban a los recién nacidos desde su nacimiento sin ninguna madre de por medio. Hasta la fecha, solo se han realizado unos pocos estudios sobre padres del mismo sexo que crían hijos. La mayoría de los padres homosexuales reportan interacciones más frecuentes y cálidas con sus hijos que los padres heterosexuales.[37] Dado que, por definición, no existen embarazos «no planificados» en las uniones homosexuales, esto no resulta sorprendente.

Es de suponer que los padres homosexuales han tomado conscientemente la decisión de asumir la responsabilidad del cuidado

---

[35] Personalmente, también me gustaría saber si esta era realmente una respuesta específica de los hombres. ¿Podría el cerebro de una alomadre (una mujer que cuida a un niño que no es suyo) reaccionar de manera similar?

[36] Abraham *et al.*, 2014, p. 9794; véanse también los estudios en curso sobre los niveles hormonales (incluidos la testosterona y el cortisol) entre padres del mismo sexo en New Haven, Connecticut; Burke y Bribiescas, 2018.

[37] Golombok *et al.*, 2013; McConnachie *et al.*, 2020.

del bebé veinticuatro horas al día, siete días a la semana, con todo lo que ello conlleva: cogerlo en brazos, mecerlo, cambiarle los pañales, limpiarlo, alimentarlo y preocuparse de que esté sano. Es probable que se hayan autoseleccionado por su compromiso parental. En casos de adopción por parejas del mismo sexo es posible que esté sujeta a un escrutinio más riguroso por parte de los organismos implicados. Lo sorprendente no fue lo buenos padres que eran estos hombres, sino lo que el equipo de Feldman descubrió que ocurría en sus cerebros.

En los más de doscientos millones de años que llevan existiendo los mamíferos, nunca se había dado el cuidado exclusivamente masculino de los bebés desde su nacimiento, ni siquiera en las especies con cuidado paterno obligatorio, como los monos tití o los monos nocturnos, especies en las que la máxima prioridad de un macho es cargar con el bebé de su pareja casi todo el día, todos los días. Esto lo hace obedientemente, excepto cuando el bebé está siendo amamantado por su madre, cuya implicación es esencial. Incluso después de la introducción en el siglo XIX de la leche de vaca pasteurizada, las leches infantiles y el uso cada vez mayor de biberones con tetina de goma, los recién nacidos aún no eran atendidos por hombres sin la participación de las mujeres. Se trataba de un tipo totalmente nuevo de familia humana.

Sin haber pasado por la preparación hormonal típica de la gestación y el parto, ni haber comenzado a lactar y amamantar al bebé, algunos hombres —tanto los genéticamente relacionados con los bebés como los que no lo están— estaban asumiendo roles maternales como cuidadores principales. Esto planteó preguntas importantes. ¿Respondía el cerebro de estos hombres como el de los padres tradicionales, compañeros ayudantes que asumían funciones alomaternales de apoyo? ¿O, por el contrario, la participación en este novedoso arreglo en el que asumían el cuidado exclusivo del bebé llevó a cambios en su cerebro más parecidos a los documentados en las madres mamíferas? ¿Tenía alguna importancia que los padres adoptivos supieran que no eran los progenitores biológicos del bebé?

El equipo de Feldman reclutó a ochenta y nueve parejas con relaciones estables formadas por padres primerizos con bebés de entre doce y dieciocho meses; cuarenta y ocho parejas eran del mismo sexo y estaban constituidas por dos hombres, mientras que las otras cuarenta y una eran padres heterosexuales que vivían en familias «tradicionales», en las que la madre actuaba como cuidadora principal (en la mayoría de los casos amamantaba), y el padre se limitaba a ayudarla. Al ver vídeos de sí mismos jugando con sus bebés, las respuestas cerebrales de todos estos padres fueron bastante similares, aunque había una curiosa diferencia. En las parejas tradicionales en las que la madre era la cuidadora principal, la activación de la amígdala de la madre y otros centros cerebrales antiguos de procesamiento de emociones era más pronunciada que en el padre cuidador secundario que la ayudaba. En concreto, se cuadruplicó el tamaño de la amígdala de la madre en comparación con la del padre. Entre los padres que desempeñaban el papel más «tradicional» de cuidador secundario, o alomaternal, eran las áreas neocorticales del cerebro, de evolución más reciente, las que aparecían estimuladas con mayor intensidad.[38] Como ya se ha dicho, se trata de las áreas cerebrales implicadas en la capacidad de imaginar lo que piensa o siente otra persona y la empatía con ella, así como en la planificación de una respuesta adecuada.

¿Pero qué hay de las otras cuarenta y ocho parejas, dos hombres en una relación comprometida que cuidan de un bebé nacido por gestación subrogada, alimentado con biberón y sin ninguna mujer de por medio? En cada una había un padre biológico y el otro hombre era un padre adoptivo, no relacionado genéticamente con el bebé. Sin embargo, la responsabilidad primaria era compartida por ambos, y la paternidad genética no parecía marcar la diferencia. Fueron visitados en sus casas, en un entorno mucho más natural que un laboratorio de paredes blancas, grabados en vídeo mientras sostenían, tocaban, acurrucaban, hablaban y susurraban cariñosamente a sus retoños. Se grabó cuántos minutos dedicaba cada uno a mirar, tocar, vocalizar y sonreír a la cara del bebé. Los investigadores observaron lo sensible que era cada padre a las señales del bebé, cómo respondía y cómo modulaba su

---

[38] Abraham *et al.*, 2014, comentado en Feldman *et al.*, 2019. Véase también Cárdenas *et al.*, 2021.

voz al interactuar con él, adoptando el característico tono agudo y melódico conocido como «habla maternal», comúnmente utilizado por las mujeres al hablar con niños pequeños. Esto ayudó a los investigadores a evaluar lo sincronizadas que estaban las respuestas del padre con las de su bebé, tanto a nivel conductual como biológico. Pero también querían saber qué ocurría en los cerebros de los hombres mientras interactuaban con sus hijos.

Más tarde, mientras los padres yacían dentro de una máquina de resonancia magnética viendo vídeos de sí mismos en los que interactuaban con sus bebés, Feldman y sus colaboradores escanearon sus cerebros. En los hombres cuidadores secundarios de contextos familiares «tradicionales» los circuitos neuronales de la región cortical de sus cerebros, importantes para la discriminación social y la toma de decisiones, aparecían muy iluminados. Estas redes neuronales registran las señales del bebé y del entorno social, lo que permite al cuidador procesar cognitivamente lo que experimenta el niño y también tener en cuenta qué otra persona está disponible para ayudar (un punto al que volveré en el capítulo 10), para organizar sus respuestas adecuadamente y decidir qué hacer. En los padres ayudantes, fueron estas redes corticales las que se activaron con la exposición a las señales del bebé.

Sin embargo, la mayor sorpresa fue lo que ocurrió en los cerebros de los hombres atípicos, los que por primera vez actuaban como cuidadores primarios de un bebé sin ninguna mujer de por medio. En *sus* cerebros también se estimularon las redes de procesamiento de emociones en las que participan la amígdala y el hipotálamo. Se trata de redes «antiguas» que se remontan a los primeros mamíferos y, más aún, a sus precursores vertebrados primitivos. Derivan de las mismas redes neuronales muy bien conservadas que durante doscientos millones de años ayudaron a las madres mamíferas hipervigilantes a mantener a salvo a sus bebés. Ahora bien, estas mismas áreas del sistema límbico se activaban en los cerebros de los hombres solo cuando la seguridad y el bienestar del bebé se habían convertido en la principal preocupación de ese hombre a diario. Es decir, cuando un hombre, progenitor biológico o no, se encontraba inmerso en las imágenes, olores, sonidos y otras señales de un bebé cuyo bienestar dependía de él, un bebé al que más o menos continuamente calmaba, bañaba y alimentaba. Además de estas regiones cerebrales antiguas, también se iluminaron áreas corticales de evolución más reciente relacionadas con la empatía cognitiva y la «mentalización», es decir, los circuitos neuronales que se activan cuando alguien que no es la madre *decide* actuar, en lugar de responder de manera refleja como lo haría una madre.[39] Aún está por determinar si los neurocientíficos encontrarán transformaciones equivalentes en los cuidadores masculinos principales (o profundamente involucrados) cuando la madre está presente. Espero que lo sepamos pronto.

¿Hay cambios estructurales en el cerebro?

Más o menos en la época en que Ruth Feldman descubría patrones de activación distintos en los cerebros de los padres cuidadores «primarios» y «secundarios», otros neurocientíficos empezaban a documentar cambios estructurales. Cuando Pilyoung Kim y su equipo de la Universidad de Denver escanearon los cerebros de dieciséis padres primerizos mediante resonancia magnética (RM), descubrieron aumentos de la materia gris (las neuronas que generan actividad) y de la materia blanca (los axones que unen las neuronas) en la corteza cerebral. Dado que esta es una zona rica en receptores de oxitocina, especialmente implicada en la interpretación del comportamiento y las respuestas empáticas, plantearon la hipótesis de que los aumentos, detectables ya a las doce semanas del nacimiento, ayudaban a los cuidadores a responder mejor a las necesidades del bebé.[40]

Está claro que las madres no son las únicas cuyo cerebro se ve afectado por la llegada de un bebé. El cerebro de los hombres

---

[39] Como señalan los autores, estudios recientes de diagnóstico por imagen no muestran diferencias en la respuesta a estímulos de apego en los cerebros de hombres heterosexuales y homosexuales. Tampoco los hombres heterosexuales y homosexuales difieren en sus puntuaciones de feminidad. En otras palabras, la cantidad de responsabilidad directa en el cuidado de los hijos era la explicación más obvia de los cambios cerebrales registrados por los investigadores (Abraham *et al.*, 2014).

[40] Kim *et al.*, 2014; véase también Gettler, 2016.

también puede cambiar. Pero otros estudios posteriores complicarían el panorama. En una investigación transnacional pionera en su género se escanearon mediante resonancia magnética los cerebros de veinte padres primerizos de España, junto con diecisiete sujetos control sin hijos y otros veinte hombres estadounidenses que esperaban su primer hijo (cincuenta y siete hombres en total).[41] Esta vez se observó una reducción de una zona en la parte posterior del córtex en los cerebros de los hombres expuestos a los bebés. Al igual que con los hallazgos sobre los testículos, la prensa enloqueció. «Ser padre encoge el cerebro», anunció *The Economist*, mientras *Psychology Today* informaba a sus lectores: «No es una broma de padres: la paternidad encoge el cerebro».[42]

No solo me resulta poco claro cuáles podrían ser, en caso de haberlas, las consecuencias funcionales de estos cambios en la estructura cerebral, si es que tienen alguna (los investigadores implicados serían los primeros en admitir que hay que seguir trabajando en ello), sino que también es incierto si quienes exhiben tales cambios tienen que ser realmente progenitores genéticos. ¿Podrían encontrarse en cualquier alomadre, padre o no, que ayude en la misma medida? Este es un tema sobre el que volveré en capítulos posteriores. Pero suponiendo que se produzcan cambios estructurales en el cerebro de los hombres dedicados al cuidado paterno, ¿durante cuánto tiempo podrían persistir?

¿Cuánto duran los cambios?

Estamos en los comienzos del estudio de los cerebros paternos, pero una respuesta preliminar apareció en un ámbito inesperado, un gran ensayo clínico sobre los efectos de la aspirina en la salud durante la vejez, realizado en Australia en 2020. En el transcurso

---

[41] Martínez-García *et al.*, 2023.

[42] Para consultar el artículo en *The Economist*, véase https://www.economist.com/science-and-technology/2022/10/21/becoming-a-father-shrinks-your-cerebrum. Para consultar el artículo de Sebastian Ocklenburg en *Psychology Today*, véase https://www.psychologytoday.com/intl/blog/the-asymmetric-brain/202209/no-dad-joke-fatherhood-shrinks-the-brain.

de ese estudio Edwina Orchard y sus colaboradores escanearon los cerebros de 573 hombres y mujeres de 70 a 88 años mediante resonancia magnética. Además, se pidió a los participantes que completaran una serie de pruebas cognitivas y se les preguntó por su salud y su situación familiar. Y, por cierto, «¿cuántos hijos tienes?». Aquí es donde las cosas se pusieron interesantes.

En comparación con los hombres sin hijos, el nivel de grosor cortical difería en los cerebros de los hombres con uno o más hijos. La materia gris era más fina en su corteza cingulada anterior izquierda, y más gruesa en el polo temporal derecho, ambas regiones asociadas a la regulación emocional, la empatía y la capacidad de imaginar lo que piensan o sienten los demás. Se trataba del primer indicio de que los cambios estructurales en el cerebro de los hombres que habían ayudado a cuidar bebés podían persistir en la edad adulta, aunque no fuesen tan pronunciados como los observados en las madres. Las que habían experimentado lo que yo solía llamar (cuando pasé por ello) «amnesia posparto» o «cerebro de mamá» después de dar a luz mostraron en realidad una mejora de la memoria más adelante en la vida. Me alegro por ellas, es un tema para otro libro. La cuestión aquí es que, una vez más, los cerebros de las madres que ejercen de cuidadoras principales y los de los padres que las ayudan respondieron de forma diferente. ¿Estamos hablando de cambios cerebrales típicos de *alomadres* masculinos en general, o de cambios específicos en los padres?

Vale la pena destacar que Edwina Orchard y sus colaboradores concluyeron su informe con una importante advertencia: «La estructura social de esta generación (de australianos) puede haber limitado el impacto acumulativo de la paternidad para los varones de esta cohorte». Es decir, al vivir la mayoría de ellos en familias nucleares tradicionales, es posible que estos padres australianos no estuvieran tan íntimamente implicados en el cuidado directo de sus bebés. Los investigadores sugirieron que «los diferentes efectos observados en varones y mujeres pueden reflejar la posible condición de cuidadores primarios y secundarios de nuestros participantes [...] más que la distinción entre maternidad y paternidad. En estudios similares de generaciones futuras, con una proporción presumiblemente mayor de padres cuidadores primarios, podrían observarse resultados que se correlacionen más con el tiempo dedicado al cuidado que con el sexo del progenitor».[43] En otras palabras, no descartaban la posibilidad de que estuvieran detectando efectos *alomaternales*, en lugar de específicamente paternos.

Lo que me interesa especialmente aquí son las diferencias en los sistemas neuronales activados en los cuidadores primarios (tradicionalmente las madres), los cuidadores secundarios (por ejemplo, los hombres que ayudan a las madres) y los hombres que ejercen de cuidadores primarios. En resumen, entre los hombres que ejercían de cuidadores principales en el estudio de Ruth Feldman se activaron redes subcorticales antiguas, que producían respuestas cerebrales casi automáticas, típicas de las madres, así como redes corticales más nuevas, típicas de los padres que ayudan a las madres, circuitos involucrados en respuestas cognitivas y en la toma de decisiones flexibles.[44] Eyal Abraham observó que «cuando los padres se dedican activamente al cuidado cotidiano de los hijos, sobre todo cuando asumen el rol tradicional de cuidador principal y crían a los bebés sin participación materna», se activan ambos sistemas, y estos alopadres «están tan atentos a las señales del bebé como las madres».[45] El equipo de Feldman conceptualizó este funcionamiento integrado de dos sistemas distintos como una «red de percepción social» especial de los padres humanos.[46]

Mientras reflexionaban sobre la existencia de estos dos sistemas de respuesta diferentes, a Abraham y a su equipo se les ocurrió que «tales hallazgos son consistentes con la hipótesis de que *la crianza humana podría haber evolucionado a partir de un sustrato aloparental evolutivamente antiguo que existe en todos los miembros adultos de la especie y que puede activarse de forma flexible a través del cuidado receptivo y el compromiso con el bienestar de los niños*».[47]

[43] Orchard *et al.*, 2020, p. 10 de la versión digital.

[44] Abraham *et al.*, 2014, p. 9794; Abraham, 2016; para el análisis, véase Saturno, 2014.

[45] Abraham, 2016; Feldman *et al.*, 2019, p. 212.

[46] Abraham, 2016; véase también la entrevista con Ruth Feldman en Henderson, 2021, pp. 57-58.

[47] Abraham, 2014, p. 9795. Me preocupaba que fuera ir demasiado lejos vincular esta provocadora afirmación a mis propias especulaciones sobre la crianza de los homininos en el Pleistoceno (cayendo en lo que se conoce como «sesgo de confirmación»), hasta que comprobé su fuente y descubrí que era mi propio libro de 2009, *Mothers*

Guardemos esta idea para más adelante, porque creo que es exactamente lo que está ocurriendo. Volveré a ella en el capítulo 8, donde explicaré por qué creo que tales sustratos aloparentales evolucionaron en los cerebros de los homininos en el transcurso del Pleistoceno. Como veremos, este fue un intervalo peligroso en la evolución humana, cuando el cuidado y el aprovisionamiento por parte de otros, tanto de aloparientes como de los padres, se volvieron esenciales para la supervivencia infantil en la línea de simios bípedos que condujo al *Homo sapiens*.

De momento, centrémonos en un problema más inmediato. ¿*Cómo* es posible que los cerebros de los hombres que son cuidadores principales estén equipados para responder emocionalmente a los bebés de una forma tan automática, con la misma capacidad de atención y vigilancia que los cerebros de las madres que los gestaron y dieron a luz? Al hacer esta pregunta mi mente se remonta a lo que Katherine Wynne-Edwards planteó una vez cuando discutíamos las implicaciones evolutivas de sus descubrimientos. «¿Por qué construir un cerebro paterno especial —me preguntó Katherine— cuando puedes simplemente activar (selectivamente) partes del mismo antiguo cerebro materno?».[48]

No hay cerebro más parecido al de una mujer que el de un hombre

No cabe duda de que los sexos son diferentes. Las hembras liberan óvulos; los machos eyaculan esperma. Normalmente, un mamífero hembra nace con dos cromosomas X, mientras que un macho suele nacer con un solo cromosoma X emparejado con un cromosoma Y que lleva el pequeño gen SRY (abreviatura en inglés de «gen determinante del sexo»), responsable de la formación de los testículos. Los genes del cromosoma Y del varón provocarán picos de testosterona antes del nacimiento y de nuevo en la pubertad. Se supone

and Others: The Evolutionary Origins of Mutual Understanding. En lo que se refiere al «antiguo sustrato de aloparentalidad», parecíamos especular en la misma línea.

[48] Entrevista por teléfono con Katherine Wynne-Edwards, 23 de mayo de 2017.

que estas diferencias en el desarrollo alteran de manera fundamental las tendencias masculinas, no solo en cuanto a la crianza, sino en muchos otros aspectos, como se detalla en libros como *El cerebro XX* o *El cerebro masculino*, o en artículos de prensa que afirman que «los cerebros de las mujeres no son iguales a los de los hombres desde el momento en que nacen. Están conectados de forma un poco distinta porque el ADN es diferente».[49] Así se presenta la historia tradicional. Pero los cambios en el mundo que nos rodea y los descubrimientos en genética y en nuevos campos de la ciencia, como la epigenética y el «evo devo» (desarrollo evolutivo), nos están llevando a replantearnos aquello de lo que estábamos antes tan seguros.

Es cierto que los dos sexos están expuestos a dosis diferentes de testosterona y otras hormonas en diversos momentos del desarrollo, pero aparte de sus cromosomas sexuales, los machos y las hembras poseen casi los mismos genes. Cada sexo conserva gran parte de su potencial para expresar rasgos que se encuentran en el otro; dada su frugalidad habitual, ¿por qué no iba a intentar la madre naturaleza reutilizar las mismas moléculas y los mismos circuitos neuronales cuando se presenta la ocasión?

Los rasgos se desarrollan en función de las señales del entorno que el organismo en desarrollo encuentra y dependen de cuándo, cómo y bajo qué circunstancias se traducen, activan y expresan los potenciales genéticos de un individuo. El resultado dependerá en gran medida del contexto social y ecológico en el que se encuentren los individuos y de lo consistentes que sigan siendo esos contextos a lo largo del tiempo evolutivo.[50] Las mismas moléculas y circuitos neuronales que desempeñaron roles clave cuando las madres de los mamíferos empezaron a dar luz a crías indefensas, y luego a cuidarlas instintivamente, pueden activarse en los machos. Solo depende de lo propicias que sean las circunstancias y de cuánto duren. Desde esta perspectiva, «no hay nada tan parecido a un macho como una hembra y viceversa», tal y como señalan teóricas de la evolución como Malin Ah-King y Patricia Gowaty.[51]

---

49 Reddy, 2020.
50 Véase West-Eberhard, 2003, cap. 15.
51 Ah-King y Gowaty, 2015.

Se trata de posibilidades teóricas tentadoras. Pero ¿se dan realmente tales procesos? En efecto, así es. En algunos lugares del mundo natural, cuando las circunstancias cambian y los cambios persisten en el tiempo, han surgido casos en los que un sexo adopta rasgos que antes solo, o casi por completo, se encontraban en el otro. En casos raros un sexo incluso puede comenzar a comportarse como el otro o a desarrollar partes del cuerpo que antes solo se encontraban en el otro. Ya en el siglo XIX el propio Darwin percibió indicios de que tales fenómenos podían ocurrir, aunque los procesos implicados en las «transferencias entre sexos» (en las que los machos asumen funciones maternas o las hembras roles típicamente masculinos), junto con sus implicaciones evolutivas, solo ahora están empezando a estudiarse. Por más exótico e imposible que pueda parecer que las criaturas cambien de roles sexuales, más cercano a la ciencia ficción que a posibilidades humanas reales, los procesos involucrados pueden ayudarnos a entender cómo incluso la especie humana, cuyos ancestros inmediatos no se dedicaban al cuidado paternal, podría haber sido empujada en esa dirección, con resultados sorprendentes.

05

Darwin y el capón clueco

«No es que las conexiones sean diferentes, lo que es diferente es su regulación. [...] El cerebro masculino tiene las mismas redes neuronales responsables de la conducta parental que el femenino».

Catherine Dulac, 2020

¿Por qué Darwin ignoró una sorprendente revelación?

«¿Por qué una mujer no puede parecerse más a un hombre?», preguntaba el supuesto profesor Henry Higgins en el musical *My Fair Lady*, de Lerner y Loewe. La verdad es que, en las circunstancias adecuadas, puede. Las mujeres son capaces de ocuparse y destacar en ámbitos que antes eran considerados masculinos. No hay más que ver las transformaciones que se han producido desde 1882, cuando Charles Darwin respondió a la pregunta de una botánica aficionada y defensora de los derechos de la mujer que le escribió desde Boston. Caroline Kennard había asistido a una reunión en la que el orador anunció que «la inferioridad de la mujer; pasada, presente y futura [estaba] basada en principios científicos». El conferenciante citado era nada menos que Charles Darwin, lo que impulsó a Kennard a escribir al gran hombre.[1] ¿Lo decía en serio?

En su respuesta Darwin reconoció que, en efecto, había «hablado brevemente sobre ello [la inferioridad femenina] en mi obra

[1] Ver el excelente libro de Angela Saini de 2017 *Inferior: How Science Got Women Wrong—and the New Research That Is Rewriting the Story*, sobre los prejuicios sexistas en la ciencia, p. 13 [trad. cast.: *Inferior*, Madrid: Círculo de Tiza, 2017], y la selección de la correspondencia entre Darwin y algunas mujeres de Samantha Evans, 2017.

El origen del hombre», y luego reculó, añadiendo que «la cuestión a la que se refiere es de difícil naturaleza». En ese libro de 1871, subtitulado *La selección en relación al sexo*, había escrito que «la principal diferencia en las facultades intelectuales de los dos sexos está en el hecho de que el hombre alcanza en todo lo que se propone un prestigio superior a la mujer».[2] En su respuesta a Kennard una década más tarde no había modificado su valoración. «Ciertamente creo que las mujeres, aunque generalmente superiores a los hombres [en] cualidades morales, son inferiores intelectualmente; y me parece que las leyes de la herencia (*si las entiendo correctamente*) dificultan enormemente que lleguen a ser iguales que el hombre intelectualmente».[3] Presumiblemente, lo que Darwin tenía en mente eran las presiones sobre los hombres para prevalecer en la competencia con otros hombres por las parejas, las inexorables fuerzas de la selección sexual que él consideraba que pesaban más sobre los hombres que sobre las mujeres, a quienes Darwin veía como objetos relativamente pasivos de esta competencia. Las mujeres, en consecuencia, estarían menos evolucionadas que los hombres, ¿no es eso?

Ni que decir tiene que no estoy de acuerdo. Esta es la visión dogmática que un siglo más tarde, en 1981, llevaría a una darwiniana feminista como yo a publicar un libro sobre las presiones selectivas que, en efecto, repercuten fuertemente en los primates hembra. Lo titulé con ironía intencionada *The Woman That Never Evolved* (La mujer que nunca evolucionó).[4] Ya en la época de Kennard eran evidentes los fallos lógicos del argumento de Darwin a favor de la superioridad masculina.

Kennard replicó: «Por favor, dejemos que el "entorno" de las mujeres sea similar al de los hombres, con las mismas oportunidades, antes de juzgarlas intelectualmente inferiores a ellos».[5] Solo

---

[2] En Darwin, 1981 (1871), parte 2, p. 327, y sin cambios en la segunda edición (1874).

[3] Darwin, 1882, respuesta a C. A. Kennard.

[4] Hrdy, 1981 e introducción de 1999 a la edición revisada. Véase también Saini, 2017 para la ampliación y actualización de críticas feministas anteriores a la literatura biológica.

[5] Respuesta de Caroline A. Kennard al señor Darwin fechada el 28 de enero de 1882, reimpresa en Evans, 2017, pp. 226-227.

cuando a las mujeres se les permitiese acceder a la educación, transitar libremente por bibliotecas antes exclusivamente masculinas, obtener títulos superiores, e incluso, algún día llegar a ser profesoras titulares en departamentos de ciencias, siendo (más o menos) bienvenidas en la comunidad de «hombres y mujeres eruditos», o, en la inolvidable metáfora de Virginia Woolf, cuando a una mujer se le permita tener «una habitación [propia]», sería posible poner a prueba la argumentación de Darwin. Hoy en día, la ampliación de las oportunidades para las mujeres ha desmentido este sesgo particular en las suposiciones darwinistas. Mientras tanto, los teóricos de la evolución han ido ampliando su campo de visión para incluir las presiones selectivas tanto en las mujeres como en los hombres. Afortunadamente, como toda buena ciencia, la argumentación evolucionista resulta estar constantemente autocorrigiéndose.

En retrospectiva, el sesgo de Darwin es comprensible. Creció acostumbrado a un modo de vida privilegiado, adaptado a su conveniencia y estructurado en su beneficio. Insólitamente humano para su época, se consideraba un marido y un padre devoto, además de un académico meticuloso. Se unió a los primeros abolicionistas para pronunciarse en contra de la esclavitud, y son conocidos sus problemas de conciencia sobre el impacto revolucionario de sus ideas evolucionistas, así como sobre la forma de manejar las distintas prioridades de sus reivindicaciones. Pero Darwin también era un adicto al trabajo, obsesionado por la salud que ansiaba ser cuidado y mimado por las mujeres de su casa, en particular por su devota esposa, Emma, quien, a pesar de su gran miedo al parto, dio a luz a diez pequeños Darwin, mientras su marido al lado de su cama le administraba cloroformo.[6]

Qué cómodo debió de ser psicológicamente para Darwin suponer que, como mujer, Emma querría dedicar naturalmente su vida a tener y criar hijos y a atender sus necesidades. En retrospectiva, no son las opiniones sesgadas de Darwin sobre las diferencias sexuales lo que parece tan extraño. Lo curioso es la incoherencia entre sus opiniones rígidas sobre lo que las mujeres

[6] Evans, 2017, p. 37.

quieren y son capaces de hacer, y su comprensión de la variación y la fluidez sexual en otras especies. Este naturalista brillante y siempre curioso, que observaba y destacaba el potencial de la naturaleza para que un sexo exhibiera, o evolucionara, motivaciones y atributos más comunes que el otro, era sin embargo ciego a toda la gama de posibilidades de las hembras de su propia especie. En lo que respecta a los humanos, Darwin sucumbió a las suposiciones convencionales de su entorno.

No le influyó que siendo uno de los hombres más leídos de su época conociese a una larga serie de mujeres de gran talento. Se relacionó con la reformadora social y escritora Harriet Martineau. Mantuvo correspondencia con Clemence Royer, traductora de la primera edición francesa de *El origen de las especies*, y autora del libro *Origine de l'Homme*. Conoció e incluso asistió una vez a un encuentro con la gran George Eliot (Mary Ann Evans), cuyas novelas admiraba.[7] Sin embargo, consideraba que el intelecto de estas mujeres era demasiado inusual como para obligarle a revisar su opinión general sobre el limitado potencial de su sexo. Al igual que otros destacados científicos actuales, Darwin tenía un punto ciego en lo que se refería a las mujeres.

Como seres sujetos a la inculturación, los humanos estamos moldeados desde el nacimiento por lo que los antropólogos llaman nuestro *habitus*, los hábitos mentales arraigados, las preferencias y los modos de percibir el mundo que adquirimos al crecer en una sociedad determinada. Así, las personas se ajustan a los roles de género modelados y prescritos por sus padres y otros miembros de su tribu. Al crecer en Texas, en un lugar y época concretos, aprendí a pensar en los hombres de forma muy parecida a Darwin. Si hubiera crecido en otro lugar, habría esperado más de

[7] La evaluación general de Darwin sobre las capacidades intelectuales de las mujeres se hacía eco y personificaba los prejuicios que impregnaban el pensamiento darwinista y socialdarwinista de los primeros tiempos (véase Hrdy, 1999, pp. 12-24). Sin embargo, a partir de la década de 1970, con la aparición de la sociobiología, se produjo una explosión de estudios centrados en el papel activo de las mujeres o hembras, los llamados «efectos maternos» en su descendencia, etc., a medida que la teorización evolucionista se ampliaba para abarcar las presiones de selección que actúan sobre individuos de ambos sexos (véase Hrdy, 2013, fig. 1). Si Darwin siguiera vivo, ¡sospecho que hace tiempo que habría cambiado de opinión!

mi padre, o incluso menos. Flexibles, ingeniosos y oportunistas como somos, los humanos nos adaptamos a una gama extraordinariamente amplia de situaciones conceptuales y ambientales. Con el cambio de los tiempos, a medida que las mujeres (al menos en algunos lugares) ganaron autonomía y empezaron a competir en ámbitos que antes eran exclusivamente masculinos, las actitudes se transformaron. Las aspiraciones de las mujeres aumentaron. Mientras tanto, los padres que debían compensar en casa la ausencia de sus esposas trabajadoras, también se adaptaron. Los roles de género se transformaron de acuerdo con las circunstancias. Por supuesto, una mujer puede volverse más como un hombre y viceversa.

Puede resultar tentador para los científicos sociales suponer que lo que ocurre se debe enteramente a la cultura. Al fin y al cabo, en la vida de cada individuo las fuerzas históricas, ecológicas, económicas y sociales construyen los contextos en los que interactúan con los demás. Pero lo que hacen los individuos también tiene precursores y consecuencias *fisiológicas*. En línea con la famosa observación de George Eliot de que «nuestras acciones hablan sobre nosotros tanto como nosotros sobre ellas», estas acciones activan circuitos neuronales importantes, produciendo sus propios cambios hormonales. En el proceso cambian al actor.

Posibilidades de cambio entre sexos

Como he descrito en capítulos anteriores, es probable que el hombre que se encuentra en contacto íntimo prolongado con un bebé experimente también un aumento de sus niveles de prolactina, un descenso de su testosterona y cambios de humor. Se activarán circuitos hipotalámicos previamente inactivos. Los mismos sistemas neuronales y hormonales que evolucionaron en los mamíferos para asegurarse de que las madres cuiden a los bebés pueden activarse en los hombres. Estas transformaciones se observan en muchas especies.

De los peces a las aves, de los nematodos a los sapos de jardín, y en los roedores de todo el mundo los machos responden de forma sorprendente cuando se exponen a huevos o larvas, alevines, renacuajos o cachorros. No cabe duda de que son capaces a veces de atacar brutalmente o canibalizar a pequeños congéneres, pero al estar expuestos a ellos de manera prolongada, pueden comportarse de forma muy diferente. Algunos machos encuentran seductoras a las crías diminutas, sucumbiendo a irresistibles señales infantiles que actúan como «superestímulos». Tales transformaciones son posibles porque en entornos en constante cambio la adaptabilidad mejora la supervivencia. En el mundo natural los organismos están dotados de una notable flexibilidad, que les permite explotar de forma oportunista nuevas situaciones y nichos. Una de las razones por las que pueden hacerlo es porque el conjunto de genes (o «genotipo») que cada uno hereda puede expresarse de diferentes maneras según el entorno en el que se encuentre el organismo, lo que da lugar a una variedad de resultados conductuales, morfológicos o fisiológicos, variaciones en el «fenotipo» del organismo. Los biólogos evolutivos se refieren a este potencial como «flexibilidad fenotípica».

Las respuestas fenotípicamente flexibles, incluida la adopción por parte de un sexo de comportamientos propios del otro, tienen consecuencias. Por ejemplo, el mero hecho de sentarse sobre los huevos puede cambiar el estado interno de un gallo castrado. Las moléculas y los circuitos neuronales que subyacen a las respuestas de cría en un capón que se posa sobre huevos o polluelos se han mantenido a lo largo del tiempo evolutivo. Estos vestigios reflejan potenciales antiguos que simplemente no se han utilizado recientemente, pero perduran como genes y moléculas escondidos en el armario de la floreciente madre naturaleza, latentes, sí, pero presentes generación tras generación, listos para expresarse si las nuevas condiciones lo justifican.[8] En la actualidad esta es la mejor explicación evolutiva disponible para los casos de cambio de forma entre sexos que aparecen aquí y allá en el mundo natural.

Si las condiciones apropiadas persisten el tiempo suficiente, incluso una especie que no comenzó con el cuidado paterno puede

[8] Véase O'Connell y Hofmann, 2010 para una estupenda visión general de los vertebrados.

cambiar de rumbo. Si los padres que protegen, atienden o abastecen a sus hijos inmaduros dejan más descendientes, y esas tendencias persisten en el tiempo, la selección favorecerá que los machos necesiten cada vez menos estímulos para activar sus respuestas de cuidado. Con suficiente tiempo podría evolucionar una nueva especie con cuidado biparental, e incluso con machos que cuidan de forma rutinaria.

Darwin describió precisamente estos casos en el libro *El origen del hombre y la selección en relación al sexo*, como los casuarios de Nueva Guinea, en los que los machos delimitan un territorio, protegen e incuban los huevos y, una vez que eclosionan, cuidan de los polluelos, pastoreándolos durante meses mientras aprenden a sobrevivir por sí solos (véase de nuevo la figura 2.3). A menudo se trataba de especies en las que las hembras compiten por el acceso a los machos, y no al revés, como en la selección sexual clásica. Para Darwin, criaturas como los casuarios, junto con las codornices botón, los falaropos y los emúes, ilustraban «una transposición casi completa de los instintos, hábitos, disposición, color, tamaño y algunos aspectos de las estructuras [...] entre los dos sexos».[9] En términos de selección sexual estas especies con roles sexuales «invertidos» eran excepciones que confirmaban la regla. Siempre que los machos se ocupan del cuidado y aportan más a la crianza de las crías, son las hembras las que compiten con otras hembras por el acceso a los machos y a sus servicios.[10] Las hembras de estas especies suelen evolucionar para ser más grandes que los machos, así como más competitivas y agresivas. Pero en la otra cara de la moneda, ¿tienen los machos la capacidad necesaria para atender a las crías?

[9] Darwin, 1871, 1.ª ed., reimpresión de 1981, vol. 3, p. 207.

[10] Las primeras ideas de Darwin fueron actualizadas y brillantemente desarrolladas un siglo después en el influyente ensayo de Robert Trivers de 1972 «Parental investment and sexual selection».

El capón de Darwin que incubaba huevos

Corría el año 1838 cuando un Darwin insaciablemente curioso observó a un gallo castrado sentado en un nido, empollando huevos abandonados por una gallina negligente, y garabateó en su cuaderno: «Un capón se sienta sobre los huevos de forma tan eficaz y a menudo mejor que la hembra». Su observación era interesante, se dio cuenta, porque «muestra *instintos* latentes incluso en el *cerebro* del macho». Reflexionando sobre esta posibilidad, decidió que «todo animal es seguramente hermafrodita».[11] Después de todo, pensó, tanto «testículos como ovarios» están «presentes», aunque «se desarrollan de forma diferente».[12]

En 1868 Darwin retomó sus reflexiones sobre los potenciales latentes presentes en ambos sexos en su libro *La variación de los animales y las plantas bajo domesticación*. Aún maravillado por el fenómeno de un macho infértil que se sienta sobre los huevos y saca adelante a los polluelos, observó que «el capón se dedica a sentarse sobre los huevos y criar polluelos; lo que es más curioso, los machos híbridos completamente estériles de faisán y gallina actúan de la misma manera, deleitándose en observar a las gallinas abandonar sus nidos, y asumiendo ellos mismos el papel de cuidador». Aún más impresionante era el gallo que, al quedarse encerrado a solas con una nidada en una habitación oscura, aprendió a hacerse cargo de los polluelos emitiendo una extraña llamada para mantenerlos cerca. A partir de entonces, este gallo metamorfoseado «conserva durante toda su vida este instinto maternal recién adquirido». Esto llevó a Darwin a suponer que «las características secundarias de cada sexo yacen dormidas o latentes en el sexo opuesto, listas para evolucionar en circunstancias singulares».[13]

---

[11] Cuaderno «D», de Darwin, reimpreso en Barrett *et al.*, 1987, p. 380. Este es el mismo pasaje que me impactó tanto mientras investigaba para mi libro *Mother Nature* que lo publiqué como epígrafe del capítulo 9, sobre lo que les ocurre a los hombres expuestos a los bebés. En aquel momento, sin embargo, no era consciente de lo premonitorias e influyentes que resultarían ser las reflexiones de Darwin.

[12] Cuaderno «D», de Darwin, reimpreso en Barrett *et al.*, 1987, p. 382.

[13] Darwin, 1868, reimpresión de 1998, *Variation in Plants and Animals under Domestication*, vol. 2, p. 27.

En lo que quizá fue el más visionario de todos los saltos intuitivos de este gran naturalista, Darwin reconoció que cuando los animales de un sexo expresan comportamientos o atributos típicos del otro, esto representa una reversión a rasgos presentes en «un progenitor remoto»,[14] que han permanecido «latentes o dormidos en ambos padres durante una larga sucesión de generaciones»,[15] remontándose hasta los primeros vertebrados que nadaban en sus mundos acuáticos. En alrededor del 20 por ciento de las especies de peces que tienen cuidados parentales, son los machos los que suelen permanecer a cargo de los huevos y los alevines. Darwin conocía algunas. Debió de darse cuenta, apoyándose en su propia visión evolucionista del mundo, de que los sistemas neuronales que producían el cuidado paterno en los vertebrados antiguos eran anteriores a las redes que generaban respuestas maternas en sus descendientes mamíferos de evolución más reciente, como los topillos de las praderas y los tities. Las madres cuidadoras eran las recién llegadas de la evolución.

Las sospechas de Darwin de que el potencial de ofrecer cuidados había perdurado en los machos se vieron estimuladas por la presencia de pezones en los pechos de todos los mamíferos.[16] Especuló que hace millones de años quizá «ambos sexos producían leche y alimentaban a sus crías», en una época en la que «los machos de los mamíferos ayudaban a las hembras a amamantar a su progenie».[17] En uno de sus cuadernos de la década de 1830 se preguntaba si «algún animal macho amamanta» en la actualidad.[18] Más tarde descubriría que los mamíferos macho en raras ocasiones *producen* leche, incluidas las gotas de leche que segregan los

---

[14] *Ibid.*

[15] Darwin, 1868, reimpresión de 1998, vol. 2, p. 25.

[16] Mencionado, entre otros lugares, en Darwin, 1871, cerca del final del cap. 6, p. 158.

[17] Darwin, 1974 (2.ª edición [1874], pp. 158 y 159), con Darwin citando aquí nada menos que el libro de Clemence Royer de 1870 *Origine de l'Homme*. Véase Hrdy, 1999, pp. 20 y ss. para más información sobre la tensa relación de Darwin con esta mujer, a la que en una ocasión describió como «una de las mujeres más inteligentes y extrañas de Europa», pero que en la tercera edición de su *Origen de las especies* había decidido que era demasiado engreída como para permitirle seguir siendo su traductora.

[18] Cuaderno «D», de Darwin, reimpreso en Barrett *et al.*, 1987, p. 382.

recién nacidos macho.[19] ¡Cuánto le habría sorprendido a aquel victoriano visionario el descubrimiento, a finales del siglo XX, de que los machos de los murciélagos frugívoros dayak de Borneo lactan de manera natural![20] Sin embargo, Darwin habría necesitado un considerable ajuste cultural para procesar el informe de 2018 sobre una mujer transexual a la que se le asignó el sexo masculino al nacer y que, tras una intervención quirúrgica y un tratamiento hormonal, consiguió amamantar a un bebé y producir hasta 236 mililitros de leche al día.[21]

Darwin seguía reflexionando en privado sobre las posibilidades totipotentes cuando añadió una chocante posdata en una carta de 1860 a su buen amigo Charles Lyell. «P. D.: ¡*Nuestro* antepasado fue un animal que respiraba agua, tenía vejiga natatoria, una gran cola nadadora, un cráneo imperfecto y, sin duda, era hermafrodita! Aquí tienes un linaje placentero para la humanidad».[22] Se trataba de un «legado» muy distinto del que propondría en *El origen del hombre* poco más de una década después.

«Todo animal es seguramente hermafrodita»

Darwin, por supuesto, no sabía que existían los genes, y solo tenía una noción incompleta de cómo podían heredarse los rasgos. Pero dado que había observado que las circunstancias de un individuo podían modificar la expresión de los rasgos heredados, se habría sentido fascinado y probablemente complacido por la intensa búsqueda de los evolucionistas modernos de los mecanismos por los que las respuestas de un organismo a las condiciones actuales pueden alterar la expresión génica a lo largo de su desarrollo, dando lugar a fenotipos diferentes, quizá bastante novedosos. No es de

---

[19] Darwin, 1874, cap. 6, p. 159; es posible que Darwin recopilara anécdotas sobre la lactancia masculina de los relatos de Alexander von Humboldt.

[20] Francis *et al.*, 1994.

[21] De un informe de un estudio de caso revisado por pares citado por Cederstrom, 2019.

[22] Posdata a la carta del 10 de enero de 1860 a Lyell, publicada en Darwin, 1867, p. 60.

extrañar que Darwin se maravillara al ver a un gallo que, en lugar de pavonearse por el corral cacareando orgullosamente, se dedicara a cubrir con su cuerpo un nido y criar polluelos.

En aquella época archivaba sus sorprendentes observaciones y especulaciones en sus cuadernos privados y en la correspondencia con sus íntimos. Solo en contadas ocasiones las mencionó en sus obras publicadas. Mientras tanto, cuando llegó el momento de escribir *El origen del hombre y la selección en relación al sexo*, su atención se centraba más en la «desafortunada herencia» del hombre que en cualquier potencial de crianza que pudiera tener. Cuando respondió a Caroline Kennard, debió de olvidar por completo sus reflexiones anteriores sobre la posibilidad de que un sexo empezara a comportarse como el otro. Ya no se entretenía en especulaciones sobre el «linaje placentero» para la humanidad.

Pasó mucho tiempo después de la muerte de Darwin antes de que las ideas sobre el hermafroditismo se filtraran en los textos publicados por los biólogos. Según mi rápida búsqueda en Google Ngram del término «fluidez sexual», la expresión no empezó a aparecer en obras publicadas hasta la década de 1980, y su uso aumentó exponencialmente a partir de entonces. Más tarde aún, libros magníficos como *Endless Forms Most Beautiful: The New Science of Evo Devo* (2005), de Sean Carroll, y *Tu pez interior* (2008), de Neil Shubin, llamarían la atención de forma más general sobre cómo algunos rasgos en desuso desde hace mucho tiempo pueden permanecer sin expresarse en los genomas (lo que Carroll denomina «genes fósiles»), para reactivarse y expresarse en fenotipos contemporáneos en respuesta a circunstancias novedosas, volviéndose así de nuevo «visibles» para la selección darwiniana y aptos para ser reutilizados en un nuevo contexto.[23]

Sí, las hembras son el sexo que produce óvulos y los machos el que produce esperma. Al fin y al cabo, estos son los criterios que utilizan los biólogos para definir a una hembra frente a un macho, y en la mayoría de los casos los óvulos serán más grandes y costosos que los diminutos y abundantes espermatozoides. Pero, aunque machos y hembras difieran en el tipo de células germinales

---

[23] Shubin *et al.*, 2009.

que producen, los miembros de cada sexo comparten el acceso a casi la misma biblioteca de potenciales genéticos, que en el transcurso de la vida y a lo largo de generaciones pueden producir diversos resultados.

Los retos medioambientales y los contextos sociales que se encuentran durante el desarrollo y la experiencia de vida tienen mucho que ver con las morfologías y comportamientos resultantes. Si la selección darwiniana favorece los nuevos rasgos emergentes, con el tiempo lo que empezó como flexibilidad fenotípica puede dar lugar a resultados evolutivos muy diferentes. A esto se referían las teóricas de la evolución Malin Ah-King y Patricia Adair Gowaty cuando en 2016 señalaron que la epigenética, el estudio de cómo la expresión génica puede cambiar a lo largo del desarrollo a medida que los organismos se adaptan a las condiciones locales, «ha cambiado nuestro enfoque del determinismo genético a los orígenes ecológicos de la expresión génica».[24] Para entonces mi propio pensamiento sobre estas cuestiones ya había empezado a cambiar, especialmente después de leer un capítulo dedicado a la «transferencia entre sexos» en un libro ya clásico de 2003, *Developmental Plasticity and Evolution*. La autora era Mary Jane West-Eberhard, la misma entomóloga y sociobióloga heterodoxa que me había iniciado en la selección social.

Mary Jane West-Eberhard

Incluso antes de que mucha gente hubiera oído hablar de la «sociobiología», un campo dedicado a las bases biológicas de la conducta, West-Eberhard investigaba el papel que desempeña el parentesco genético en la evolución de los comportamientos «altruistas» o de cuidado entre los insectos del orden de los himenópteros: hormigas, abejas y avispas. Sus principales sujetos de estudio eran las avispas del papel, y uno de sus intereses era el origen evolutivo de los sistemas de cría hipersociales o «eusociales», en los que miembros del grupo distintos de los padres dedican su

[24] Ah-King y Gowaty, 2016.

vida a sacar adelante a las crías de los demás. Mientras que algunas avispas del papel son solo «primitivamente sociales» (es decir, la hembra que pone los huevos es quien los cuida con la ayuda ocasional de una hermana), en las especies «eusociales» los parientes cercanos de la madre fundadora, normalmente hermanas o hijas de esta «reina», protegen la colmena, cuidan y alimentan a su descendencia. Los machos no hacen casi nada más allá de fecundar a la reina.

En casos extremos las hembras de la avispa del papel que hacen todo el trabajo son en realidad estériles, destinadas a no tener nunca su propia descendencia. Este sorprendente hallazgo fue el que inspiró al teórico de la evolución William D. Hamilton a desarrollar la «teoría de la aptitud inclusiva» (a menudo llamada «teoría de la selección por parentesco») para explicar ese aparente altruismo.[25] Según la «regla de Hamilton», la ayuda aparentemente desinteresada puede evolucionar cuando el coste para el ayudante es menor que el beneficio para el receptor, calculado en función del grado de parentesco del beneficiario.[26]

Los estudios de West-Eberhard sobre las avispas contribuirían en gran medida a validar la regla de Hamilton, un pilar fundamental de la sociobiología. Sin embargo, ella no estaba tan convencida de que los genes fueran tan poderosos como suponían algunos sociobiólogos a la hora de determinar el comportamiento. Sabía demasiado acerca de los insectos sociales y de cómo criaturas con genotipos idénticos se convertían en criaturas con fenotipos muy diferentes dependiendo de las condiciones encontradas durante el desarrollo. West-Eberhard quería que se prestara más atención a los contextos sociales y ecológicos específicos en los que se desarrollan el comportamiento y otros fenotipos, circunstancias que podrían alterar los costes y beneficios de estos comportamientos.

Para West-Eberhard los fenotipos son «todos los rasgos de un organismo distintos de su genoma». Pueden incluir desde «vías

---

[25] «Selección por parentesco» fue el término acuñado por el rival de Hamilton, el genetista John Maynard Smith, tras leer su tesis.

[26] Hamilton, 1964; para una descripción concisa de cómo la teoría de la aptitud inclusiva, a veces denominada «selección de parentesco», se aplica en los seres humanos, véase Hames, 2015.

metabólicas, morfologías [y] tics nerviosos», hasta «números de teléfono memorizados y manchas en el pulmón tras un ataque de gripe».[27] A menudo flexibles, estos rasgos pueden resultar efímeros o permanentes, atípicos o típicos de la especie, adaptativos, inadaptativos o neutros. Más importante aún, solo cuando se expresan a lo largo del desarrollo y la experiencia vivida, esos rasgos fenotípicos se hacen «visibles» para la selección darwiniana, de modo que resulten favorecidos o desfavorecidos. Solo entonces se verán afectadas las frecuencias de determinados genes en la siguiente generación.

El enfoque de West-Eberhard sobre la flexibilidad fenotípica puso de relieve la importancia de los contextos ambientales y sociales en los que los organismos se desarrollan y viven sus vidas. En lugar de asumir que los rasgos novedosos comienzan como una mutación genética favorecida posteriormente por la selección darwiniana, ella creía que los genes a menudo eran los «seguidores», en lugar de los iniciadores del cambio evolutivo.[28]

Flexibilidad fenotípica

No cabe duda de que los genes son moléculas mágicas que proporcionan instrucciones probadas en el tiempo para construir proteínas. Pero la flexibilidad fenotípica implica que, a lo largo de la experiencia, individuos con exactamente el mismo genotipo pueden desarrollar capacidades diferentes, comportarse de forma distinta o terminar con diferentes colores o formas corporales. Pueden mostrar pautas de comportamiento totalmente diversas en función de los retos físicos o sociales específicos a los que se enfrenten. El énfasis de West-Eberhard en el contexto proporciona una corrección importante al discurso de finales del siglo XX sobre un «gen para» esto o aquello. Para ella, una afirmación como que «el genoma humano contiene el conjunto completo de instrucciones para la construcción de un ser humano»

---

[27] West-Eberhard, 2003, p. 31.

[28] West-Eberhard, 2003; Pennisi, 2018.

no tiene sentido.[29] Porque «los genes no pueden hacer nada por sí solos [...] su expresión depende de las circunstancias, incluidos los estímulos y las circunstancias fuera del genoma».[30]

Es por esto por lo que, cuando cambia su contexto social o ecológico inmediato, los individuos con genotipos prácticamente idénticos pueden cambiar de manera oportunista de una estrategia de comportamiento a otra. De hecho, es al surgir condiciones novedosas cuando la flexibilidad fenotípica resulta más útil. En lugar de requerir que aparezca milagrosamente la mutación adecuada con las instrucciones para una secuencia de comportamientos repentinamente necesaria, se puede aprovechar la flexibilidad ya inherente en la expresión génica. Los genes pueden expresarse en nuevas combinaciones o en pautas novedosas. Si la variación de los potenciales fenotípicos se desarrolla de forma que mejore la supervivencia, el organismo «gana tiempo».[31] Si se mejora la reproducción, así como la supervivencia, las frecuencias génicas en las generaciones subsecuentes pueden cambiar en línea con la selección que favorece las variantes novedosas, un proceso que West-Eberhard llama «acomodación genética». Si las condiciones persisten en el tiempo, dicha acomodación puede conducir a un cambio evolutivo. Si persiste el tiempo suficiente, la acomodación genética puede llevar incluso a la aparición de una nueva especie, a veces a partir del potencial hermafrodita que Darwin había observado hace tanto tiempo.[32]

Como nos recuerda West-Eberhard, «puede que el macho y la hembra [...] sean tan diferentes que es fácil olvidar que cada individuo es portador de la mayoría o de todos los genes necesarios para producir el fenotipo del sexo opuesto».[33] Por lo tanto, las diferencias sexuales binarias que parecen genéticamente predeterminadas pueden pasar a un segundo plano ante la conveniencia y los compromisos en la historia vital, los ajustes necesarios para

---

29 Para una explicación más detallada, véase West-Eberhard, 2003, p. 112.

30 West-Eberhard, comunicación personal, 11 de abril de 2019.

31 Véase Pennisi, 2018 para una buena argumentación.

32 West-Eberhard, 2003; para su definición de acomodación genética, véase esp. p. 140.

33 West-Eberhard, 2003.

sobrevivir, mantenerse nutrido, crecer y demás. West-Eberhard empleó el término «transferencia entre sexos» para describir los procesos involucrados cuando rasgos expresados en un sexo se expresan secundariamente en el otro. Dadas las circunstancias adecuadas, incluso los roles sexuales aparentemente fijos, como el de las avispas hembra que cuidan de forma innata de las crías mientras sus hermanos zánganos pasan el rato, pueden cambiar. Cuando cambia el contexto, dependiendo de quién esté presente y a qué estímulos estén expuestos los machos, estos pueden empezar a cuidar también de las crías. Bajo algunas circunstancias un macho podría asumir lo que antes era una tarea exclusivamente femenina.

Cuando los zánganos se vuelven útiles

Mucho antes de que el término «drone»[34] hiciera referencia a un vehículo aéreo no tripulado, los apicultores lo utilizaban para referirse a los himenópteros macho sin aguijón, inútiles para la defensa de la colmena o para muchas otras cosas. A diferencia de sus eternamente ocupadas hermanas abejas obreras, los zánganos no se molestan en recolectar polen, fabricar miel o alimentar a las larvas. Aparte de inseminar a la reina, se limitan a pasar el rato. No es de extrañar que Edward O. Wilson los calificara en broma de inútiles «dispensadores de esperma con alas».

Entre las abejas de la miel altamente sociales (o «eusociales»), una larva hembra única se prepara para su larga carrera reproductiva alimentándose con «jalea real», una dieta especial con la que la «reina» crece más que las demás. Instalada a salvo en el nido, año tras año producirá miles de huevos para que los cuiden sus congéneres hembra. Mientras tanto, sus hijas y hermanas trabajadoras, de vida más corta, portadoras de los mismos genes que la reina, se dedican a criar a la siguiente generación. Protegen la

[34] En inglés el término «drone» tiene dos significados, el zángano o abeja macho sin aguijón, que tiene la función de aparearse con la reina y no recolecta néctar ni polen; o un objeto volante no tripulado. (*N. de la T.*).

colmena y abastecen a las larvas mientras sus hermanos holgazanean. Sin embargo, West-Eberhard y otros observadores se dieron cuenta de que había excepciones, situaciones en las que zánganos aparentemente holgazanes empezaban a ayudar.[35]

En una ponencia de 1982 titulada «Desmontando el mito del zángano perezoso», un entomólogo que estudiaba los abejorros describió lo que ocurre cuando se retiran las obreras de la colonia. Resulta que los zánganos, normalmente inútiles para la colmena, modifican su funcionamiento y se ponen a hacer lo que hace falta, empiezan a incubar pupas, bombeando sus abdómenes para generar calor y calentar a las inmaduras. Las acciones de estos machos activados aumentaron la temperatura de la colmena, aunque no tanto como lo habrían hecho las hembras nodrizas.[36]

Los experimentos detallados con la avispa social *Ropalidia marginata* realizados por los entomólogos indios Ruchira Sen y Raghavendra Gadagkar revelan que si se retira a las obreras de la colmena, pero se proporciona abundante alimento para que los machos restantes no se mueran de hambre, estos zánganos son tan propensos como las hembras a responder a las vibraciones de las larvas hambrientas alimentándolas. Como estos nuevos criadores no eran tan eficientes como ellas a la hora de triturar orugas y otros insectos, y de suministrar esta papilla a las larvas, las tasas de supervivencia de las larvas cuidadas por los machos descendieron. No obstante, hicieron lo que pudieron, cuidando con esmero a los inmaduros «huérfanos».[37]

Cuando a las hembras les salen penes

No solo los miembros de un sexo pueden comenzar a comportarse como el otro, sino que en algunos casos los insectos responden a condiciones extremas desarrollando en un sexo las estructuras anatómicas del otro. Uno de los casos más espectaculares de este

[35] West-Eberhard, 1969.
[36] Cameron, 1982.
[37] Véase Sen y Gadagkar, 2006.

cambio de forma sexual es el de unos pequeños insectos que viven en cuevas, los piojos de la corteza. Todo menos sociales, estos piojos rara vez interactúan entre sí. Fue entre estas criaturas solitarias en las que los investigadores documentaron por primera vez que las hembras exhibían lo que muchos consideran la parte más icónica de la anatomía masculina, lo que mi abuela texana solía llamar «esa proyección con la que los hombres se reproducen». La historia comienza con el descubrimiento, premiado con el Ig Nobel, de un género de piojos sudamericanos (*Neotrogla*) entre los que las hembras desarrollan sus propias proyecciones penianas reproductoras.

Cuatro especies diferentes viven en cavernas oscuras donde escasea la comida y aún más la pareja. Entre estos piojos son las hembras las que merodean por zonas lúgubres carentes de alimento en busca de un amigo del sexo opuesto que aporte beneficios muy especiales, espermatozoides portadores de un líquido seminal repleto de preciados nutrientes. Olvidémonos de las suposiciones sobre machos que buscan pareja y toman la iniciativa en todos los asuntos sexuales o, como dijo Darwin, de la idea de que el macho debe «ser casi siempre el buscador» y la hembra el premio.[38] Entre estos habitantes de las cavernas del tamaño de una pulga son las hembras las que buscan machos agresivamente, cualquiera sirve.

Si una hembra localiza a un macho X, procede a copular con él y penetra en su cavidad genital con una estructura llamada «ginosoma». Como el pene de un perro macho en celo, una vez dentro, el ginosoma se hincha para bloquear su unión. Agarrándose al macho con sus patas cubiertas de espinas y firmemente sujeta por su «pene» inflado, permanece anclada a él hasta setenta horas. El estrecho abrazo de la hembra garantiza que su prisionero recompense su intrusión bombeando hasta la última gota de su «regalo nupcial» a través de un conducto de su ginosoma, lo más parecido a un banquete que va a encontrar este minúsculo habitante de las cuevas.[39]

La evolución en Sudamérica del pene de la hembra *Neotrogla* es una rara desviación de la norma. Sin embargo, no es totalmente

---

[38] Darwin, 1981 (1871); véase la reimpresión de 1974 de *Descent of Man*, vol. 1, p. 273.

[39] Cepelewicz, 2019, ¡gracias también a Wikipedia!

única. Los pseudopenes han evolucionado ocasionalmente en otros linajes. (A las hembras de mono araña les crecen apéndices parecidos a un pene que utilizan para dejar su olor, mientras que las hienas hembra androgenizadas están obligadas a dar a luz a través de una estrecha hendidura en la punta de su largo clítoris, parecido a un pene de entre quince y veinte centímetros, por insoportable que resulte contemplarlo).[40] En 2018 se documentaron ginosomas reproductivos funcionales en un género lejano y de evolución independiente de piojos de la corteza que habitan en cuevas en África, el género *Afrotrogla*.[41] Claramente, bajo las circunstancias adecuadas lo que es útil para el ganso también lo es para la gansa.

Pero ¿cómo pudieron evolucionar en las hembras proyecciones reproductoras similares a penes, junto con cavidades que garantizasen que encajaran perfectamente al insertarse en los machos? En lo que se refiere a los piojos de la corteza, nadie conoce aún la secuencia de pasos implicados. En otras especies del mundo natural, sin embargo, los investigadores se afanan en establecer la secuencia exacta por la que los individuos de un sexo empiezan a adoptar atributos del otro. En el caso de los progenitores que intercambian los papeles, los organismos modelo a los que acudir para comprender la evolución de la transferencia entre sexos resultan ser los anfibios: salamandras, cecílidos, sapos y, sobre todo, ranas.

¿A quién le importa? Todo depende (¡mira las ranas!)

Existen unas ocho mil especies diferentes en la clase *Amphibia*, o al menos las había hasta hace poco. Muchas de estas extraordinarias criaturas están ahora en vías de extinción o ya se han extinguido. En la mayoría de las especies las hembras ponen huevos, los machos los fecundan y ahí acaba todo, si te he visto no me acuerdo. Pero en aproximadamente el 10 por ciento de los anfibios

[40] West-Eberhard, 2003 hace hincapié en esto en las pp. 260-262.

[41] Yoshizawa *et al.*, 2018.

uno de los progenitores, o ambos, tienen comportamientos que aumentan las probabilidades de que sobrevivan algunas crías.[42]

Lo que realmente constituye «cuidado» es objeto de debate permanente. Pero lo cierto es que quedarse cerca para proteger los huevos fecundados, mantener los huevos hidratados o, una vez que han eclosionado, alimentar a los renacuajos o transportarlos al agua, tienen todas las características de ser cuidados reales. En los anfibios proporcionar hábitats viables y protección son las formas más comunes de cuidado parental, mientras que abastecer a las crías es mucho menos frecuente. Independientemente de cómo se defina el «cuidado parental», ¿qué progenitor lo proporciona?[43]

Al igual que en los peces, entre los anfibios, cuando se produce algún tipo de cuidado parental, la responsabilidad suele recaer en el padre, lo que a veces implica pasar por bastantes dificultades. Consideremos el caso de la rana arbórea de Rabb con extremidades de flecos (*Ecnomiohyla rabborum*). Descubiertas en Panamá en 2005, se extinguieron en estado salvaje en 2009. Cuando aún existían se las podía ver saltando y planeando por los árboles utilizando sus grandes manos palmeadas como velas. Pero los machos muy territoriales hacían algo aún más extraordinario que volar. Tras atraer con sus llamadas a una o más hembras a su charca en la copa del árbol, fertilizaban y custodiaban los huevos que ellas depositaban. Cuando estos eclosionaban, se sumergían en la charca y esperaban, mientras entre sesenta y doscientos renacuajos los rodeaban, raspando y consumiendo pequeños fragmentos de piel de su espalda para alimentarse de un progenitor acrobático que, literalmente, se dejaba la piel.[44]

En lugar de alimentar a sus crías, algunas ranas padres, como la *Rhinoderma darwinii*, una diminuta especie sudamericana que descubrió Darwin, parecen más propensas a comérselas, metiéndoselas en la boca. Me vienen a la mente visiones del monstruoso

---

[42] Véase Roland y O'Connell, 2015; la estimación del 10 por ciento procede de su figura 1.

[43] Véase a David Attenborough observar a este servicial padre anfibio en un vídeo de naturaleza en https://www.youtube.com/watch?v=l3uO2lO9JDk.

[44] Mendelson, 2016, https://www.nytimes.com/2016/10/10/opinion/a-frog-dies-in-atlanta-and-a-world-vanishes-with-it.html.

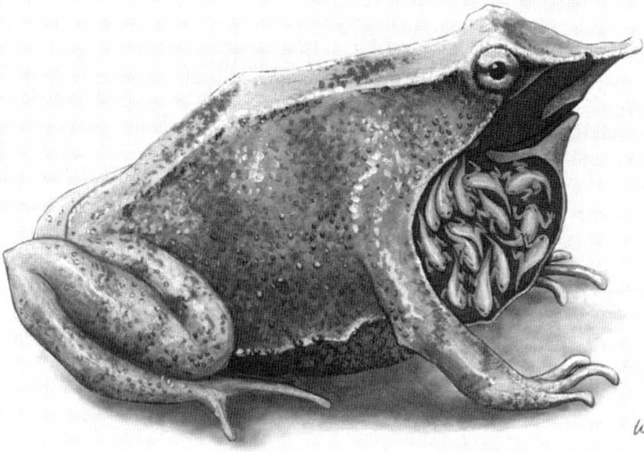

Figura 5.1. Una vez que la hembra de *Rhinoderma darwinii* pone sus huevos, el macho monta guardia hasta que los embriones en desarrollo empiezan a retorcerse y entonces utiliza su lengua para succionarlos uno a uno, deslizarlos a través de sus labios y bajarlos a su saco vocal. Allí eclosionan y se convierten en renacuajos, que se alimentan de las yemas de los hermanos no eclosionados y de las secreciones de la pared del saco vocal de su padre. Todo ello mientras este permanece en ayunas hasta que, semanas después de engullir a los renacuajos, salen completamente formados y él, hambriento, puede por fin comer. (Wendy Baker / Michigan Science Art).

titán griego Cronos canibalizando a su propia progenie. Pero no. De hecho, estos padres tienen cuidado de no tragárselas. En su lugar, mantienen a su prole hasta que la carne blanda alrededor del saco vocal del macho empieza a abultarse con renacuajos palpitantes. Pronto, una ranita tras otra, completamente formadas, salen de su boca al vasto y peligroso mundo (figura 5.1).

Lo más habitual entre las ranas que muestran cuidados paternos es que, en lugar de engullir a sus crías, el padre (o a veces la madre) se pegue a la espalda huevos recubiertos de gelatina que contienen renacuajos en desarrollo, y se marche, llevando los renacuajos a alguna reserva de agua como un charco acumulado en la base de una hoja de bromelia gigante. El padre recuerda dónde los dejó y vuelve a visitarlos para medir el nivel del agua. Si percibe que el charco se está secando, transporta a los renacuajos a un lugar más húmedo. Este transporte puede ser esencial para que alguna de sus crías sobreviva, como es el caso de las ranas venenosas de muslos brillantes (*Allobates femoralis*), estudiadas por la bióloga Eva Ringler y su equipo en la Universidad de Viena.

Haciendo honor a su llamativo nombre, este macho luce una mancha naranja brillante en la parte exterior de las patas traseras. Establece un territorio y anuncia su posesión desde lo alto de un tronco u otro podio. Desde esa posición, muestra su brillante insignia y se jacta de sí mismo croando. Atraída por sus llamadas, llega una hembra y pone unos veinte huevos para que él los fecunde, luego los abandona y se va a poner más huevos a otra parte. Corresponde al dueño del territorio proteger los huevos y mantenerlos hidratados hasta que eclosionen. Luego, el macho desciende a la charca para que los renacuajos puedan subirse a su cuerpo y ser transportados a una poza adecuada. Pero ¿qué ocurre si interviene el destino? En este caso, el destino puede adoptar la forma de un depredador u otra catástrofe natural, o una intervención antropogénica, por parte de investigadores humanos deseosos de saber qué ocurre en una especie con cuidado parental obligatorio cuando se retira al cuidador designado, el macho. Una vez puestos y fecundados los huevos, pero antes de que la hembra se haya marchado, la eliminación de su pareja condena a toda la nidada a una muerte casi segura, a menos que la hembra cambie de rumbo y se quede. Sorprendentemente, casi el 8 por ciento de las hembras sometidas a la prueba de la deserción paterna optaron por quedarse. Para compensar la ausencia de su pareja, la madre transporta los renacuajos al agua. Al igual que ocurre con los machos de avispa que sustituyen inesperadamente a las hembras ausentes alimentando a las hambrientas crías, las tasas de supervivencia de los renacuajos de *Allobates femoralis* fueron más bajas con una madre sustituta que si el padre permanecía a cargo. Aun así, las tasas de supervivencia fueron mejores que si ella no hubiera hecho nada. Incluso con una paternidad sustitutiva menos que óptima, sobrevivieron más ranitas que si no se hubiera intentado nunca la estrategia de cambio de rol entre sexos.

Eva Ringler y sus colaboradores especulan que «la imitación espontánea del cuidado parental por parte del sexo no cuidador»[45] fue

[45] Ringler *et al.*, 2015, p. 1220.

«un paso crucial en la transición evolutiva del cuidado uniparental al biparental en las ranas venenosas».[46] En el caso de *A. femoralis* tanto el macho como la hembra pueden transportar renacuajos, siempre que estén suficientemente estimulados. Esto significaba que los investigadores tenían que utilizar un pincel para pegar los renacuajos a la espalda del adulto. Pero cuando lo hacían, la rana entraba en acción, e incluso el macho lo hacía aunque no tuviera relación alguna con las cargas que transportaba. Solo hacía falta el estímulo adecuado en la situación adecuada.

En lo que respecta a estas ranas, la sensación de que los renacuajos se retuerzan sobre su espalda es suficiente para lanzar una cascada de respuestas estereotipadas en cualquiera de los sexos. Estas incluyen un rápido movimiento en dirección al agua, la inspección de la charca, la deposición de los renacuajos y, después, recordar dónde los dejaron para que el depositante pueda volver al mismo lugar. Si una charca se seca, los renacuajos tienen que volver a trasladarse, y se produce una secuencia asombrosa de «patrones de acción fijos».[47] Cuando las condiciones son tan difíciles que se necesita la ayuda de ambos progenitores para que sobreviva algún renacuajo, ambos intervienen.

Biologías para una crianza flexible

El nombre de «rana venenosa» deriva de una práctica indígena sudamericana consistente en raspar las secreciones de la colorida piel de las ranas para fabricar toxinas nerviosas letales en las que los cazadores pueden sumergir las puntas de sus dardos. Pero solo unas pocas de las trescientas especies de ranas venenosas lo son realmente. La toxicidad depende de los insectos cargados de alcaloides que coman. La probabilidad de que las ranas de colores distintivos sean venenosas es lo que disuade a los depredadores de comerlas. Interesante. Sin embargo, para los ecologistas del comportamiento y los neurocientíficos, el principal atractivo de

[46] *Ibid.*, p. 1219.
[47] Pašukonis *et al.*, 2017, p. 3953.

las ranas venenosas no es su letalidad, ni sus estrategias contra los depredadores, sino su flexibilidad en la crianza. En función de las limitaciones del entorno y de la disponibilidad de recursos, han evolucionado tres modelos: el cuidado exclusivo por parte del macho, el cuidado biparental, menos frecuente, y el cuidado exclusivo por parte de la hembra, más raro aún. Pocos vertebrados presentan tanta variación dentro de un solo clado de especies estrechamente relacionadas.

De cerebro diminuto, sangre fría, subtropicales y de rápida reproducción, las ranas venenosas se pueden mantener fácilmente en el laboratorio y, cuando es necesario, sacrificarlas para examinar sus cerebros y descubrir exactamente qué sistemas se estimulan en qué situaciones. Mejor aún, pueden estudiarse en sus hábitats nativos de las selvas tropicales de Sudamérica, Madagascar y otros lugares. Esta combinación ofrece una mina de oro para investigadoras como Ringler, de la Universidad de Viena, Lauren O'Connell, de Stanford, y Eva Fischer, de la Universidad de Illinois en Urbana-Champaign, que ahora estudian los sistemas neuronales y las presiones ambientales que fomentan el cuidado. Al observar cómo los adultos de ambos sexos responden a los cambios climáticos, la pérdida de la pareja o a otros retos, y al rastrear las vías por las que los atributos de un sexo se expresan en el otro, están desentrañando cómo la flexibilidad fenotípica sienta las bases del cambio evolutivo. Proyectados a lo largo de muchas generaciones, estos cambios pueden contribuir a la aparición de nuevas especies.[48]

En lugar de estar predestinados a actuar según patrones específicamente maternos o paternos, los mismos sistemas neuronales

48 Ya en 1896 el psicólogo James Mark Baldwin sugirió un escenario como este que se conoció como «efecto Baldwin». A lo largo del siglo XX se incorporó a la «nueva síntesis» de la biología. Posteriormente, las ideas de Baldwin se han desarrollado y actualizado en consonancia con la comprensión que se tiene en el siglo XXI del papel que desempeñan el desarrollo y la epigenética en los procesos evolutivos. West-Eberhard (2003), en cuyo trabajo me baso aquí, contribuyó decisivamente junto con otros a actualizar la teoría evolutiva en consonancia con los nuevos descubrimientos sobre la flexibilidad fenotípica. Véase también Jablonka y Lamb, 2005, pp. 289 y ss. para un estudio más preciso que el que puedo ofrecer aquí de la contribución de Baldwin en el contexto histórico.

altamente preservados y las capacidades espacio-cognitivas pueden ser aprovechadas y reconfiguradas para expresarse en cualquiera de los sexos. Después de todo, en los vertebrados, con la excepción de los genes en los cromosomas que determinan el sexo, ambos sexos comparten los mismos genes en todos los cromosomas no sexuales. Según Henry Higgins, en lo que respecta a la inmensa mayoría de los genes, no hay nada tan parecido a un macho como una hembra, y viceversa.[49] Especialmente en las ranas.

En los mamíferos «heteromorfos», en los que machos y hembras crecen con diferentes tamaños y formas, como sucede en los humanos, la mayoría de las hembras tienen dos cromosomas X, mientras que la mayoría de los machos tienen un cromosoma X emparejado con un pequeño Y, con la masculinidad determinada por un gen del Y llamado SRY. No es así en las ranas. Se diferencian de mamíferos como nosotros en aspectos que simplifican los procesos implicados en la transferencia entre sexos. En alrededor del 96 por ciento de las especies de anfibios ambos sexos son «homomórficos», lo que significa que el gen que determina el sexo en cada cromosoma puede ser fácilmente reemplazado por otro gen.[50]

Cuando las condiciones ambientales lo requieren, los sistemas neurales subyacentes responsables del transporte de renacuajos pueden ser estimulados en cualquiera de los dos sexos. Si esto resulta ventajoso, con el tiempo podrían producirse cambios a nivel genético. Pero aunque hasta ahora las ranas han demostrado ser las más aptas para el estudio científico de la transferencia entre sexos, no son ni mucho menos los únicos organismos donde ocurre. La flexibilidad en los roles parentales resulta ser más común de lo que generalmente se supone.[51]

Por supuesto, las gallinas, los piojos de la corteza y las ranas venenosas están evolutivamente muy alejados de mamíferos como los humanos. Tampoco están limitados por la fecundación interna, la gestación y el aprovisionamiento obligatorio por parte de

---

49 Véase Ah-King y Gowaty, 2015 para una completa visión de conjunto.

50 Gracias a West-Eberhard por indicarme la revisión de 2017 de Miura sobre la determinación del sexo en los anfibios.

51 West-Eberhard, 2003; Ringler *et al.*, 2015.

una madre lactante. Si retrocedemos lo suficiente en el tiempo, cada vez resulta más difícil distinguir los mecanismos neurales que median entre el comportamiento masculino y el femenino. Ya se trate de aves, insectos, anfibios o mamíferos, los fundamentos neuronales son prácticamente idénticos en ambos sexos. En palabras del biólogo David Crews, de la Universidad de Texas en Austin, este tipo de «bisexualidad» es «una parte integral de todos los organismos», con elementos que se encuentran en todos los procesos vitales, «incluyendo funciones cerebrales de animales superiores que controlan el comportamiento sexual».[52]

Si Crews tiene razón, esto explicaría por qué las transferencias entre sexos en la orientación sexual, el comportamiento o la crianza pueden documentarse tanto en mamíferos como en organismos «inferiores» o «más ancestrales». Estarían implicados aproximadamente los mismos procesos. A medida que cambian las condiciones, los padres podrían modificar su comportamiento para garantizar la supervivencia de una parte de la progenie. En el capítulo 12 volveré sobre algunas de las moléculas altamente conservadas y las respuestas neuroendocrinológicas almacenadas en el armario de la madre naturaleza que hacen posible que la selección favorezca la expresión de potenciales latentes. Los potenciales de crianza que normalmente solo se observan en un sexo pueden activarse en el otro. Pero por ahora, consideremos el tipo de potenciales bisexuales que investigadores como David Crews han documentado en anfibios y reptiles, e imaginemos cómo podrían manifestarse en mamíferos.

«El interruptor a tiempo que salva a los míos»

Entre los mamíferos debe haber una fuente de leche. Puesto que debió existir una hembra capaz y dispuesta a amamantar a un bebé para que este sobreviviese, la confianza de Crews en la bisexualidad interna de todas las criaturas podría parecer descabellada. Sin embargo, al investigar para este libro, he llegado a compartir su

---

[52] Crews, 2012, p. 779.

perspectiva sobre lo flexible que puede ser el comportamiento de cualquiera de los sexos.

Empecemos por los diversos mamíferos, sobre todo roedores como ratas, jerbos, hámsteres y ratones domésticos, en los que, según las circunstancias, los machos pasan espontáneamente de maltratar, quizá canibalizar, a las crías a cuidarlas con ternura.[53] Por lo general, este cambio dependía de cuánto tiempo había pasado desde la última vez que el macho se había apareado. Tres semanas después de eyacular, un ratón macho —que antes habría ignorado o maltratado a cualquier cría que encontrara— cambiaba milagrosamente de actitud y llevaba con delicadeza al cachorro al nido, lo acicalaba y se acurrucaba sobre él, lamiéndolo y cuidándolo con la misma dedicación que su madre lactante.

En una cepa de ratones domésticos especialmente bien estudiada, los machos vírgenes o ignoraban a las crías que encontraban, o bien las atacaban como si fuera un acto reflejo (alrededor del 40 por ciento). Inmediatamente después de la eyaculación, los machos se volvían aún más crueles, casi siempre matando a mordiscos a las crías que encontraban... hasta que, de repente, dejaban de hacerlo. En su lugar, cogían suavemente a la cría con las mismas mandíbulas que antes la habían destrozado y la llevaban a un nido, acicalándola y acurrucándose sobre ella para mantenerla caliente. Pero si pasaba más tiempo, el macho volvía a convertirse en asesino y mataba a cualquier cachorro que encontrara.[54]

Tras descubrir esta extraña cronología, el psicobiólogo Frederick vom Saal, junto con su colaborador Glenn Perrigo, quisieron comprender qué mecanismos podían estar implicados. En una complicada serie de experimentos los machos que se habían apareado y eyaculado fueron alojados en jaulas con distintos ciclos de encendido y apagado de luces. Resultó que los ratones domésticos expuestos a diferentes ritmos circadianos respondían posteriormente de forma muy diferente a las crías. Si un macho que había eyaculado se sometía al número de ciclos noche-día de veinticuatro

[53] Por ejemplo, Rosenblatt, 1967; Elwood, 1977; Perrigo y Vom Saal, 1994; Horrell *et al.*, 2017.

[54] Perrigo y Vom Saal, 1994.

horas equivalente al periodo de gestación de tres semanas de un ratón, pasaba de matar cachorros a cuidarlos. Pero si se añadían semanas adicionales, de modo que las crías que probablemente fueran suyas se destetaran y dispersaran, el mismo macho volvía a convertirse en infanticida.

Con su ingenioso experimento, los investigadores lograron demostrar cómo los machos de algunas cepas de ratón llevan la cuenta de si las crías que encuentran tienen alguna probabilidad de ser suyas o no.[55] Si encuentran a una cría un periodo de gestación después de aparearse, mejor no la matan y se ocupan de ella. Sin embargo, dos meses después del apareamiento, cuando las crías que encuentran probablemente han sido engendradas por otro individuo, el macho vuelve espontáneamente al modo de ataque.[56] Esta transformación tan drástica inspiró al zoólogo irlandés Robert Elwood a bautizar este mecanismo poseyaculatorio a prueba de fallos como «el interruptor a tiempo que salva a los míos».[57]

Hablando de fenotipos flexibles. ¡El embrutecido señor Hyde se transforma como por arte de magia en el bondadoso doctor Jekyll! En algunas especies de roedores (o incluso en distintas cepas de la misma especie), la mera cohabitación con una hembra basta para inhibir el infanticidio. En otras, es necesaria la eyaculación seguida de la cohabitación, o basta con una exposición prolongada a las crías, incluso sin apareamiento. Los efectos transformadores de la exposición repetida a los cachorros (el proceso de «sensibilización» antes mencionado) se demostraron inicialmente mediante un procedimiento experimental que hoy no se considera ético. Cada vez que un macho mataba a un cachorro, los experimentadores lo sustituían por otro, uno tras otro, hasta que finalmente el macho, saturado de crías, pasaba de matarlas a cuidarlas.

Hoy en día los investigadores utilizan dispositivos protectores, colocando una bola de malla metálica que contiene a las crías en la jaula de un ratón macho. Al sentir a la cría dentro de su dispositivo

[55] *Ibid.*; véase la revisión de Elwood y Stolzenberg, 2020.

[56] Perrigo y Vom Saal, 1994; Wu *et al.*, 2014; Isogai *et al.*, 2018.

[57] Elwood, 1994; a otros les recordó «un tiempo para matar y un tiempo para cuidar» (Parmigiani *et al.*, 1994), o, en mi traducción de la Biblia, «para curar» (Eclesiastés 3, 3).

protector, el macho inmediatamente se excita, olisquea los bordes, entrecierra los ojos, sacude la cola y luego muerde agresivamente la malla. Pero si se permite que este mismo macho cohabite con una hembra con la que se ha apareado, tan pronto como nazcan las crías las cuidará con delicadeza.

Por espantosos que sean estos experimentos, merece la pena preguntarse: ¿qué ocurre en el interior de ese macho? Los mecanismos neurofisiológicos responsables de su «cambio a tiempo» aún se están dilucidando, pero en 2021 una investigación de la neurocientífica Catherine Dulac y sus colegas de Harvard identificó un conjunto específico de neuronas que controlan el comportamiento infanticida y que se encuentran en ratones de ambos sexos. Aquí, sin embargo, solo hablaré de lo que ocurre en los machos.[58] Como se describe en el capítulo 2, actúan circuitos neuronales opuestos, similares a los que convencen a una madre para que cuide en vez de atacar al pequeño extraño que emerge de su cuerpo. Cuando un ratón macho se encuentra con una cría, su olor activa un sensor especializado en la base de su tabique nasal. Esta estructura, importante para el comportamiento de apareamiento, se conoce como órgano vomeronasal. Está relacionado con las respuestas defensivas de lucha o huida. Sus impulsos urgentes pueden anular las atractivas feromonas sensoriales de las crías, haciendo que el macho perciba al pequeño extraño como hostil en lugar de como un ser necesitado.[59]

La interpretación de Dulac explica por qué la extirpación quirúrgica del órgano vomeronasal suprime las respuestas infanticidas en los ratones macho. Sin embargo, si se modifica el contexto —situando el encuentro en un momento distinto desde la última eyaculación del macho o prolongando su exposición a las crías—, las respuestas hostiles reflejas del macho disminuyen. Como dice Dulac «transformamos a esos machos agresivos en padres amorosos». En el capítulo 12 retomo la investigación de Dulac y lo que revela sobre cómo las redes neuronales de las partes más antiguas

---

58 Autry *et al.*, 2021.

59 Numan, 2015, pp. 211-212, 2020, pp. 217-219; Kuroda y Numan, 2014; Dulac *et al.*, 2014.

del cerebro de ambos sexos pueden ser reutilizadas al servicio de los comportamientos parentales.

Por ahora, basta con decir que las redes cerebrales de ambos sexos son sorprendentemente similares. Si se alteran las circunstancias en las que se encuentra un macho, sus respuestas conductuales pueden cambiar, y resultados que parecían predeterminados, como atacar a una cría, pueden ser anulados por nuevos estímulos.[60]

Intenta imaginar el resultado evolutivo si las condiciones locales cambiaran de tal manera que un macho permaneciera cerca de una hembra después del apareamiento. Esto podría mejorar sus posibilidades de tener pareja, o tal vez su presencia mantendría a los cachorros calientes o seguros frente al infanticidio. Una vez que la madre diera a luz, ese macho estaría allí y, si fuera tolerante, estaría cada vez más expuesto a los cachorros. Con el tiempo, incluso podría encontrar gratificante acurrucarse cerca de ellos. Si su presencia resultara protectora, la madre podría animarle a permanecer cerca, quizá acariciándole y acicalándole, en lugar de (como es habitual) ahuyentarlo. Con todo este contacto táctil, los niveles de oxitocina podrían aumentar, haciendo que ambos se sintieran más tranquilos y afectuosos, y quizá incluso más sensibles a los estímulos de las crías. Si estas condiciones persistieran durante generaciones, los machos que se mostraran más susceptibles a las señales seductoras de los inmaduros, quizá con algunos receptores más de oxitocina en el cerebro, estarían más inclinados a desactivar los impulsos infanticidas, a volverse más tolerantes, incluso maternales. Si esa atención adicional del macho resultara beneficiosa, es probable que sobreviviesen más crías suyas.

Con el tiempo, los genes que codifican receptores de oxitocina adicionales u otros rasgos que reducen el umbral de crianza de un macho aumentarían en esa población.[61] Con el tiempo suficiente, los machos de esa población podrían empezar a encontrar irresistiblemente atractiva la proximidad a los bebés, convirtiendo su cuidado en algo natural. Algo así ocurrió probablemente entre roedores

---

[60] Tachikawa *et al.*, 2013; Kuroda y Numan, 2014; Dulac *et al.*, 2014; Numan, 2020, pp. 196 y 224.

[61] West-Eberhard, 2003, cap. 15; véase también Jablonka y Lamb, 2005.

antes poligínicos, como los antepasados del ratón de California, el hámster siberiano y el topillo de las praderas. Como se describe en los capítulos 2 y 3, ahora los machos de estas especies establecen vínculos con sus parejas y se dedican al cuidado biparental.

Recuerda que los sustratos neuronales relevantes ya existen en los machos. La materia prima está a mano, lista para ser activada cuando nazcan las crías. Cuando el macho se acurruca cerca de ellas, aumentando el calor para ambos, su proximidad promueve respuestas placenteras y sus besos despiertan antiguos potenciales protectores y cuidadores. Estas respuestas se verían reforzadas por los aumentos de dopamina y serotonina que las acompañan. Si las crías cuyos padres se comportan así tienen más probabilidades de sobrevivir, la selección favorecerá cualquier rasgo que los predisponga a ello hasta que muchas generaciones después los machos estarían haciendo todo lo que hace una madre excepto lactar.[62] Esto podría explicar por qué algunos roedores, como los hámsteres siberianos parteros mencionados en el capítulo 3, tenían tantas ganas de tocar a los cachorros que incluso ayudaban a sus compañeras a parirlos.

Los únicos primates que están a la altura de estos obsesivos padres roedores que cuidan a sus crías son los monos del Nuevo Mundo de América Central y del Sur, los monos tití del género *Callicebus* y los monos nocturnos del género *Aotus*.[63]

Algunos papás primates ejemplares

El 40 por ciento de los géneros del orden *Primates* presentan cierto grado de cuidado paterno. Dado lo raro que es el cuidado paternal

[62] Véanse Young y Alexander, 2012; Carter y Perkeybile, 2018; Jones y Wynne-Edwards, 2000; para las especulaciones de West-Eberhard sobre estas transformaciones, véase 2003, pp. 287-288.

[63] La taxonomía de los monos del Nuevo Mundo está en perpetuo cambio. Según la edición de 2016 de *All the World's Primates*, treinta y tres especies de monos tití de la subfamilia *Callicebinae* se clasifican actualmente en tres géneros: *Callicebus*, *Cheracebus* y *Plecturocebus*. Las once especies de monos nocturnos pertenecen al único género *Aotus*.

en los mamíferos en general, este porcentaje puede parecer impactante hasta que nos damos cuenta de que entre los llamados «primates superiores» —los monos del Viejo Mundo y grandes simios— las contribuciones paternas se limitan a poco más que la defensa del territorio o la protección de las crías frente a extraños, depredadores o machos infanticidas. Cuando de verdad se preocupan, como veremos en el capítulo 7, los machos actúan en respuesta a condiciones ambientales especialmente duras o al rescate de una cría en apuros. Incluso en especies como los chimpancés, en los que los machos no cuidan especialmente a las crías, puede que lleguen a responder en casos extremos adoptando a un huérfano a punto de destetarse (véase el capítulo 6). Sin embargo, los primates macho que cuidan de manera refleja, espontáneamente dispuestos a coger y transportar a un bebé desde su nacimiento, solo se encuentran entre nuestros parientes primates más lejanos, los prosimios y varios géneros de monos del Nuevo Mundo.[64] Estos son papás ejemplares que llevan a los bebés casi todo el tiempo, excepto cuando las madres los amamantan. También pueden enseñar a las crías qué alimentos son buenos para comer y cuál es la mejor forma de obtenerlos. Cuando las crías mayores empiezan a probar alimentos sólidos, estos «*über*-papás» abren frutas duras o frutos secos y les ofrecen los bocados más sabrosos.

El premio a la paternidad abnegada se lo llevan los pequeños monos nocturnos macho del tamaño de una gallina de bantam, junto con sus primos los tities comunes y los tamarinos, que no se quedan atrás. Los antepasados de todas estas especies de monos de América Central y del Sur se separaron de los nuestros hace unos 35 millones de años. Durante ese largo periodo evolutivo varias de estas especies adquirieron variantes especiales de oxitocina y otros rasgos que las hacían especialmente propensas al comportamiento prosocial y de ayuda.[65] En el caso de los monos tití (*Plecturocebus moloch*, también conocido como *Callicebus moloch*) los bebés de una semana de edad van a lomos de su padre hasta un 90 por ciento del tiempo diurno, prácticamente todo el día excepto cuando se

[64] Fernández-Duque *et al.*, 2009.

[65] Parreiras-e-Silva *et al.*, 2017.

los devuelven a su madre para que los amamante. Los machos se muestran tan atentos que los bebés se estresan más cuando se los separa de su padre que de su madre.[66] Hasta el siglo XXI, cuando algunos padres humanos empezaron a competir con estos pequeños primates, los monos tití eran los únicos mamíferos de la tierra de los que se sabía que las crías estaban más fuertemente apegadas a sus padres que a sus propias madres.

Estos tities macho no pueden amamantar, pero a los dos meses de edad, cuando las crías empiezan a probar alimentos sólidos, son sus padres quienes les ofrecen insectos, fruta y otras golosinas comestibles. Como las madres se alimentan sobre todo en solitario, los padres tití abastecen a su cría unas cinco veces al día. También entre los monos nocturnos, en la segunda semana de vida el padre hace casi todo el trabajo pesado. Las crías no solo le piden comida a él con más frecuencia que a su madre, sino que el padre es el único que se la proporciona.[67] La explicación evolutiva más obvia de esta inusual dedicación del mono nocturno padre es la altísima probabilidad de que sea el progenitor de cualquier cría de una madre con la que ha estado en proximidad casi continua.

Los machos de los monos tití les siguen de cerca en cuanto a fidelidad. Ocasionalmente se ha visto a hembras de mono tití seduciendo a un extraño, pero la constante presencia de su pareja les brinda pocas oportunidades de hacerlo.[68] El macho ahuyenta a los intrusos, y ambos pasan casi todo el tiempo a la vista y alcance auditivo del otro, a menudo sentados juntos en una rama, con las colas entrelazadas. También se ha observado entre las parejas de monos búho una intimidad sorprendente, similar a la del caballito de mar, con la cola entrelazada (figura 5.2). Cuando mencioné esto a mi amigo psiquiatra Andy Thomson, me preguntó si creía que todo ese contacto táctil provocaba la liberación adicional de oxitocina o, en el caso del caballito de mar, de isotocina. ¡Buena pregunta!

---

[66] Hoffman *et al.*, 1995; Mendoza y Mason, 1997.

[67] Wright, 1984; Wolovich *et al.*, 2008; Fernández-Duque, 2021. Véase especialmente el resumen en Fernández-Duque *et al.*, 2020.

[68] Mason, 1966; Mendoza y Mason, 1997.

A

B

Figura 5.2. Tras décadas de observar a los monos nocturnos (*Aotus azarae*) en Argentina y de recoger su ADN de forma no invasiva, Eduardo Fernández-Duque confirma que se encuentran entre el puñado de especies de mamíferos (quizá cinco en total, y el único primate) que se califican como obligatoriamente monógamos. (a) Los machos de *Aotus* permanecen en contacto casi continuo con sus parejas y a veces descansan con las colas entrelazadas. (b) Este entrañable comportamiento íntimo también se observa en las parejas de monos tití. ([a] Natasha Bartoletta / Owl Monkey Project, Formosa-Argentina; [b]Alexander Baxter / © CNPRC)

Por ahora, todo lo que sabemos es que los machos de las tres especies tienen una probabilidad de ser padres inusualmente alta, están en proximidad íntima y prolongada con las crías y están muy motivados para invertir en ellas. Además, entre los monos nocturnos monógamos, con sus padres superdedicados, la investigación a largo plazo del primatólogo de Yale Eduardo Fernández-Duque ha documentado las tasas de supervivencia infantil más altas jamás registradas en un primate no humano fuera de un zoológico. Solo los bebés nacidos en poblaciones humanas con medicina moderna obtienen mejores resultados.[69]

[69] Fernández-Duque, 2021 informa que de las crías de monos nocturnos que vio nacer durante las décadas que llevaba estudiándolos en Argentina, 162 de 186, es decir, el 87 por ciento, sobrevivieron hasta los 6 meses. En una muestra más pequeña de nacimientos entre monos tití salvajes en Ecuador se registraron tasas de supervivencia infantil aún mayores, del 91 por ciento, con 22 de 24 bebés que sobreviven hasta los 6 meses.

Fernández-Duque señala que si esta dedicación innata resulta beneficiosa para las crías, los machos también salen ganando. Cuanto más dure el vínculo de un macho de mono nocturno con la misma madre (la media, según se ha descubierto, es de nueve años), mayor será su éxito reproductivo.[70] La paternidad dentro de estos vínculos de pareja está prácticamente asegurada por su compañera «siempre fiel».[71] La probabilidad de que aparezca un bebé «cuco» ajeno es tan mínima que los machos de mono nocturno pueden permitirse su bajísimo umbral para responder a las crías. Cuidarán con esmero a cualquier infante de edad similar que se introduzca en su familia, sea o no pariente.

Casi con certeza los vínculos de pareja monógamos evolucionaron primero, y el cuidado por parte de los machos después. Sin embargo, cómo se inicia el vínculo de pareja en un principio y con él las ocasiones para que los machos estén expuestos permanentemente a nuevas crías, sigue siendo objeto de intensos debates. En los capítulos 7 y 8 compartiré algunas de mis propias opiniones (en absoluto definitivas) sobre el tema. Pero por ahora, me centro en una cuestión diferente. ¿Por qué iba a sentirse un macho algo más que irritado ante el acoso de una cría necesitada, a menudo ruidosa, posiblemente ni siquiera emparentada genéticamente, extremadamente vulnerable y, por si fuera poco, comestible? ¿Qué señales están involucradas? Es hora de considerar el poder transformador de las crías y el potencial de las señales infantiles para transformar a un individuo ajeno, posiblemente incluso hostil o depredador, en un individuo cariñoso.

[70] Fernández-Duque, 2021.

[71] El estudio de campo de Fernández-Duque, iniciado hace veinticinco años, sigue en curso (Fernández-Duque *et al.*, 2009, 2020). Su calificativo de «siempre fiel» se deriva de los datos de treinta y cinco parejas de *Aotus azarae* (Fernández-Duque y Finkel, 2014-2015).

06

El poder transformador de los bebés

«Un mes después de nacer mi bebé, si le hubiese atropellado un camión solo hubiera sentido una tristeza forzada. Seis meses después, en cambio, me hubiera arrojado delante del camión para salvarle del peligro. ¿Qué había cambiado?».

MICHAEL LEWIS, 2002

¡Bebé en peligro!

Puede que funcione con las ranas, pero dudo que un renacuajo baboso, húmedo y frío retorciéndose contra mi espalda me impulsara a mí o a cualquier padre mamífero a hacer otra cosa que intentar quitárnoslo de encima. Sin embargo, otros estímulos funcionan de manera mágica; ¿cuáles y cómo? Si los machos fueron los primeros cuidadores de la naturaleza, como sugiere el predominio del cuidado paterno entre peces y anfibios, con la aparición de los mamíferos las madres se convirtieron en las figuras clave en el cuidado. Además de la importantísima leche que suministra la madre mamífera, sus instintos protectores incluyen una explosión de ferocidad posparto, conocida como «agresión protectora posparto» y ayuda a estas madres sumamente protectoras a mantener a raya a los intrusos potencialmente infanticidas. Pero incluso entre las madres más abnegadas, la devoción posparto tiene fecha de caducidad. A medida que las crías maduran y comienza el destete (y a veces incluso antes), la devoción maternal puede desvanecerse mientras la madre cuidadora se prepara para concebir al siguiente ser dependiente.[1]

[1] El hecho de que la leche materna sea esencial no significa que la provisión de leche u otros cuidados esté garantizada. Trato el complejo tema del compromiso

Estas respuestas adaptativas evolucionaron hace más de doscientos millones de años, cuando pequeños mamíferos empezaron a llegar al mundo totalmente dependientes de otro ser para su protección y control de la temperatura, alguien que les suministrara leche personalizada con los ingredientes nutricionales y farmacológicos adecuados. A partir del Jurásico, las señales infantiles de necesidad empezaron a dirigirse a los proveedores de calor y a los productores de leche, y las neurofisiologías maternas coevolucionaron con las de sus crías para responder a tales señales. Pero los experimentos con roedores y otros animales sugieren que los sustratos neuronales relevantes también están disponibles de manera más amplia. Como vimos en el capítulo anterior, los machos, así como las hembras que no son las madres, pueden verse afectados.[2]

En la mayoría de los entornos naturales un macho que esté siempre cerca de la madre estará probablemente emparentado con su cría, siendo tal vez un hermano mayor o el progenitor. Con una familiaridad suficiente podrían activarse los impulsos de cuidado, incluso en el caso de crías que no sean necesariamente parientes cercanos. A veces incluso las señales infantiles bastan por sí solas, aunque no haya existido una proximidad íntima prolongada. Me acordé de esto una tarde de verano mientras daba un paseo con una vieja amiga.

Sue Carter y yo nos formamos como científicas en una época en la que había pocas mujeres sénior tanto en la sociobiología como en el campo de Sue, la psicobiología. Creció en los Ozarks, fue la primera de su familia en terminar la universidad y dio por sentado que se convertiría en profesora; nunca se le había ocurrido seguir una carrera científica. Sin embargo, cautivada por la biología, continuó la carrera académica, doctorándose en la Universidad de Arkansas en 1969. Para su tesis seleccionó el papel que desempeña el olfato en los vínculos sociales. Compró un grupo de cobayas en una tienda de animales y las alojó en cabañas

materno condicional en *Mother Nature*, un libro sobre la ambivalencia materna y el amor (especialmente los capítulos 8, 12 y 14), así como en otros ensayos (Hrdy, 2000, 2016b).

[2] Véanse sobre todo Rogers y Bales, 2019, 2020; Numan, 2020, cap. 7.

Quonset, utilizando refrigeradores abandonados como «cámaras olfativas» para sus pruebas de olor. Después de los conejillos de Indias, se enfocó en la endocrinología de la reproducción en ratas y hámsteres dorados.

Como en la mayoría de los mamíferos, los hámsteres dorados macho se aparean y luego huyen o son expulsados por la madre. Si el macho no consigue escapar, es probable que ella lo mate. En cuanto a los cuidados parentales, como casi todos los psicobiólogos de entonces, Sue se centraba en lo que hacían las *madres*, dando por sentado que los padres estarían ausentes.[3] Por eso le sorprendió descubrir la tolerancia y colaboración que mostraban los padres de los topillos de las praderas, y fue entonces cuando se decidió a estudiar a estos sorprendentemente afectuosos roedores.[4]

En la década de 1980, cuando conocí a Sue, los lectores de revistas científicas como *Behavioral Ecology and Sociobiology* ya estaban familiarizados con sus descripciones de topillos de las praderas mimosos, que formaban parejas más o menos fieles, cuidaban muy bien a sus crías y eran «biparentales», así como sus reveladoras ideas sobre el papel de un neuropéptido entonces poco conocido llamado oxitocina.[5] A ella y a su colaborador Lowell Getz, un biólogo de campo que estudiaba las fluctuaciones poblacionales de los topillos de las praderas, les sorprendió encontrar pruebas de vínculos de pareja para toda la vida entre roedores que durante mucho tiempo se consideraron poligínicos. Juntos capturaron topillos de las praderas para que Sue los estudiara en su laboratorio, pues quería saber cómo se formaban realmente esas relaciones.

En contraste con el apareamiento rápido y fugaz de la mayoría de los roedores, las cópulas de los topillos de las praderas duran muchísimo tiempo. La pareja se aparea de forma intermitente ¡durante cuarenta horas en lugar de cuarenta minutos! Al parecer, la estimulación del cuello uterino de la hembra durante estos acoplamientos maratonianos libera oxitocina.[6] Después, en lugar

[3] Tucker, 2014.
[4] Sue Carter, comunicación personal, correo electrónico, 13 de octubre de 2019.
[5] Getz, Carter y Gavish, 1981; Carter y Getz, 1993.
[6] Carter, 1992.

de que la hembra ahuyente a su pareja, los dos se acicalan mutuamente y se quedan acurrucados. Estos hallazgos llevaron a Sue al entonces emergente campo de la neuroendocrinología. Cuanto más aprendía, más convencida estaba de que la oxitocina tenía algún papel en la formación de vínculos de pareja duraderos y selectivos en los adultos. Y así fue.

En comparación con los machos promiscuos y poligínicos de las especies comunes de topillo, los machos de los topillos de las praderas, peculiarmente afectuosos y con vínculos de pareja, poseen receptores adicionales de oxitocina. Cualquiera de los dos miembros de la pareja podría ocasionalmente desviarse y tener relaciones sexuales con otro individuo, pero las relaciones selectivas forjadas entre los compañeros son lo suficientemente fuertes como para generar un vínculo de pareja duradero y afectuoso, aunque sin tener que ser absolutamente fiel en términos sexuales. Exclusivo o no, su duradero vínculo garantiza que el macho permanezca cerca de su compañera, expuesto al atractivo transformador de las crías que ella da a luz en su nido compartido. Con el tiempo, Sue y otros se centrarían en los complejos roles que desempeñan neuropéptidos como la oxitocina y un péptido estructuralmente muy similar llamado vasopresina en la mediación de los vínculos de pareja y la aparición del cuidado paterno, así como en la agresión hacia los extraños.[7]

Pero cuando al principio contacté con Sue, no fue para preguntarle sobre los machos. Más bien, estaba documentándome para escribir mi libro *Mother Nature* y necesitaba su ayuda para explicar el papel de la oxitocina en la vida de las mujeres. Según las investigaciones de Sue y otros, la oxitocina ya era bien conocida por su papel en desencadenar las contracciones del parto y el reflejo de eyección de la leche, en el fomento del apego entre madre e hijo, y en la mejora de los vínculos emocionales entre parejas sexuales, incluidos los sentimientos de intimidad durante el cálido arrebato posterior al orgasmo.[8]

---

[7] Bales *et al.*, 2014; Carter y Perkeybile, 2018.

[8] Newton, 1973; Carter, 1992; Hrdy y Carter, 1995; véase Hrdy, 1999, pp. 137-140 sobre lo que Sue me ayudó a entender con respecto a estos «elixires de la satisfacción».

Con el tiempo, Sue y otros demostrarían que los procesos relacionados con la oxitocina, similares a los que promueven la lactancia y el vínculo en las hembras, pueden activarse para promover vínculos placenteros también en los compañeros sexuales masculinos. Afortunadamente para mí, esta mujer destinada a convertirse en una experta de renombre mundial en los fundamentos psicofisiológicos de la crianza y las relaciones sociales, a la que se atribuye la transformación del sustantivo *vole* en un anagrama familiar de *LOVE*,[9] practica lo que predica. La propia Sue es una educadora nata que ha sido mentora de generaciones de estudiantes de posgrado y posdoctorales. Estaba incluso dispuesta a orientar fraternalmente a una antropóloga y sociobióloga como yo, mientras navegaba con mis lagunas en neurociencia a través de textos cargados de acrónimos que describían los sustratos neuronales del cuidado parental.

Mientras me esforzaba por seguirla, Sue me hablaba con paciencia del MPOA (área preóptica medial), tan fundamental para los cuidados parentales; del NAc (núcleo accumbens), que media la liberación de dopamina cuando alguien experimenta una recompensa placentera; y del VS (estriado ventral), también implicado en el procesamiento de las recompensas mediadas por la dopamina. Junto con la oxitocina y la vasopresina, estos y muchos otros sistemas neuronales generan las sensaciones gratificantes que motivan a los padres a permanecer cerca de las criaturas indefensas y a cuidarlas. A menudo acudía a Sue para que me guiara a través de la compleja red de pasos intermedios entre lo que ocurre en el cerebro y los comportamientos resultantes que conforman las estrategias reproductivas evolucionadas de los machos y las hembras que estaba estudiando.

Sue viaja por todo el mundo, pero cuando pasa por el Área de la Bahía suele venir en coche a la granja donde Dan y yo, ambos ya jubilados, cultivamos nogales. Una tarde de verano, durante una de sus visitas, paseábamos juntas por un huerto cercano. Ella me ponía al corriente de las últimas novedades sobre la oxitocina

[9] Juego de palabras de la autora con la palabra inglesa *vole* (topillo) y *love* (amor). (*N. de la T.*).

y me explicaba las dificultades de intentar medir esta molécula biológicamente compleja, altamente interactiva y multifuncional,[10] mientras yo aportaba mi grano de arena comparativo y evolutivo. Lo que comenzó como un agradable paseo vespertino dejó de serlo cuando, de repente, uno de nuestros perros se adentró en el huerto persiguiendo a un ciervo.

—No te preocupes —tranquilicé a Sue—. Nunca los alcanzan.

Momentos después, las dos nos quedamos horrorizadas al escuchar unos patéticos balidos en la distancia. Un crestado rodesiano de cincuenta y cuatro kilos se había encontrado a un cervatillo que debía de estar escondido en la hierba entre el perro y su madre, había huido y el can lo había capturado. Me apresuré a agarrarlo mientras el cervatillo se soltaba y salía corriendo hacia un campo de trigo cercano, perdiéndose de vista. En ese momento, el perro consiguió soltarse y se lanzó corriendo tras él. Todo el desgarrador episodio terminó rápidamente, seguido de silencio. Sin embargo, los gritos del cervatillo seguían resonando en nuestro interior. Conmocionadas, ninguna fue capaz de hablar hasta que exclamé:

—Sue, sonaba igual que un bebé humano.

—Lo sé —respondió—. Cuando grabamos las llamadas de socorro de una cría de topillo separada de su madre y luego las reproducimos, los gritos son indistinguibles de los de un bebé humano. Se trata de señales muy antiguas y sumamente preservadas, y de respuestas igualmente antiguas en ti y en mí.

Cuando nuestras sobreexcitadas amígdalas se calmaron, Sue y yo empezamos a analizar la situación con calma. A ninguna de las dos nos sorprendió que dos mamíferas como nosotras, ambas madres, a estas alturas también abuelas, hubiéramos experimentado una respuesta tan intensa a las llamadas de socorro del cervatillo. El sistema límbico de las madres mamíferas está preparado para responder en milisegundos, como lo había hecho el nuestro. Nuestros corazones latieron más deprisa, aumentaron nuestros

[10] Véase, por ejemplo, «Challenges for measuring oxytocin: the blind men and the elephant», MacLean *et al.*, 2019; dichos obstáculos son aún más complejos para quienes tratan de utilizar la oxitocina en la práctica psiquiátrica (Tabak *et al.*, 2023), tema que está fuera del alcance de este libro.

niveles de glucocorticoides y quizá también los de vasopresina.[11] Si nos pareciéramos en algo a los topillos de las praderas de Sue, también se produciría una mayor liberación de oxitocina.[12]

El llanto de un bebé es una señal universal de «necesito atención», pero con una exposición suficiente una madre aprende pronto a distinguir los llantos de su propio bebé de los de otro individuo. El compromiso selectivo necesario para que se forme un vínculo con el propio bebé requiere algo más que un torrente de oxitocina, un cóctel de moléculas y un entorno social o táctil determinado. Una vez que el bebé empieza a calmarse o incluso a sonreír, indicando que todo va bien, se activan en nuestro cerebro centros clave del placer asociados a la dopamina, las mismas regiones que en los anfibios inducen a las ranas macho a transportar renacuajos.[13] Sin embargo, como mamíferos que somos, las emociones maternales influyen en nuestros cuidados. Por reflejo, devolvemos la sonrisa y nuestro placer se intensifica exponencialmente cuando el bebé contento es querido y nuestro.[14]

Una vez forjado el vínculo, una madre separada temporalmente de su cría la anhela más intensamente que una persona hambrienta anticipa un manjar delicioso, con más desesperación que un adicto que ansía su próxima dosis.[15] A nivel evolutivo, la explicación es sencilla. Tanto si vaga por una sabana como si se adentra en un bosque, es poco probable que una madre mamífera que no respondiera a las señales de socorro de su cría siguiera siendo madre durante mucho tiempo. Los costes potenciales de no responder serían catastróficos. Así pues, la madre naturaleza fija el nivel de respuesta muy bajo, basándose en mecanismos de seguridad neuronales que son comunes en muchas especies.

La bióloga Susan Lingle y sus colegas de la Universidad de Winnipeg han realizado fascinantes experimentos que demuestran que las madres ciervas mulas responden a las llamadas de

---

[11] Véase, por ejemplo, Stallings *et al.*, 2001.

[12] Véase la revisión de estudios recientes en Numan, 2020, pp. 198-199, que muestra una mayor susceptibilidad en los topillos de las praderas que han parido.

[13] Fischer *et al.*, 2019.

[14] Strathearn *et al.*, 2008.

[15] Lundström *et al.*, 2013.

distintas especies, de forma muy parecida a como lo hicimos Sue y yo. Cuando los investigadores reprodujeron los gritos de angustia de un bebé humano, una madre cierva mula reaccionó inmediatamente con preocupación, acercándose al altavoz oculto. La cierva se sintió atraída de forma similar por las vocalizaciones de angustia de mamíferos tan dispares como gatitos, crías de marmota, focas o murciélagos. No se sintió atraída en absoluto por otros tipos de llamadas, como el ladrido de un coyote adulto.[16]

No es de extrañar que las falsas alarmas sean tan frecuentes. Recuerdo varias ocasiones, mucho después de que mis hijos hubieran crecido, en las que me ponía alerta al oír el típico grito de queja «¡mamá!» del hijo de un desconocido en el supermercado. El llanto es la llamada universal de auxilio del mamífero infantil. Sue y yo estábamos preprogramadas para responder exactamente como lo hicimos, aunque los gritos lastimeros no procedieran de nuestro propio bebé, sino de un pequeño ungulado.[17]

¡Los hombres también!

Las madres y abuelas mamíferas no son las únicas cuyos sistemas neuronales son susceptibles a los llantos de un bebé vulnerable. Los hombres pueden ser algo más lentos a la hora de responder a los gemidos de un bebé que acaba de despertarse de la siesta, pero también reaccionan. Si incrementamos los lloriqueos hasta convertirlos en gritos de verdadera angustia, los padres responden con tanta urgencia como las madres. Esto es lo que descubrieron Alison Fleming y otros psicobiólogos cuando compararon cómo respondían las madres y los padres a las grabaciones de un bebé un poco llorón frente a los gritos desgarradores de un bebé al que iban a circuncidar. En el momento en que los llantos del bebé se convirtieron en gritos de verdadera angustia, los padres reaccionaron con la misma rapidez que las madres.[18] Curiosamente son los llantos

---

[16] Lingle y Riede, 2014.

[17] Frodi, Lamb *et al.*, 1978; Stallings *et al.*, 2001; Lingle y Riede, 2014.

[18] Stallings *et al.*, 2001.

infantiles y no los de los adultos los que provocan en cuestión de milésimas de segundo este reflejo activado por los centros emocionales del córtex orbitofrontal.[19]

Puesto que se ha asumido de forma generalizada que las madres humanas deben ser instintivamente más sensibles a sus bebés que los padres, también se supuso que se les daría mejor distinguir los llantos de sus propios bebés. Pero esto no es necesariamente así. El título de uno de los primeros estudios que pusieron a prueba esta creencia convencional resume el hallazgo principal: «Los padres son tan buenos como las madres para reconocer los llantos de su propio bebé». El estudio fue realizado por el neuroetólogo francés Nicolas Mathevon y su equipo de la Universidad de Lyon-Saint-Étienne. Grabaron los llantos de bebés de entre dos y cinco meses nacidos en familias tradicionales francesas o en familias numerosas de la República Democrática del Congo. A continuación, pidieron a los padres que escucharan los llantos de bebés desconocidos y de los suyos propios. Cinco de cada seis veces los padres identificaron correctamente los llantos de su propio bebé. El mejor indicador no era el sexo del progenitor, sino el tiempo que la madre o el padre pasaban habitualmente con el bebé. Las madres del estudio pasaban al menos cuatro horas al día con sus bebés, mientras que los padres pasaban de media mucho menos tiempo. Los padres que tenían más probabilidades de identificar correctamente a su propio bebé eran los que pasaban más tiempo con ellos.[20] Un estudio de seguimiento reveló que ni siquiera era necesario que el oyente estuviera emparentado con el bebé, algo que los informes anteriores que afirmaban la superioridad materna no habían controlado.[21] Lo que importaba era la cantidad de tiempo que se pasaba con ese bebé, la familiaridad del adulto con él.

[19] Young *et al.*, 2016.

[20] Gustafson *et al.*, 2013.

[21] Bouchet *et al.*, 2020.

Activar el *kindchenschema*

Es difícil saber si el llanto de aquel cervatillo desesperado habría tenido el mismo impacto en un hombre que el que tuvo en Sue o en mí aquel día. Tampoco estoy segura de si los hombres responden tan intensamente como yo a olores infantiles como el delicioso y seductor aroma que emana del cuero cabelludo de un bebé recién nacido, que se cree que procede de un compuesto conocido como hexadecanal, o HEX.[22] Cuando he tenido ocasión de preguntar a un padre si encuentra el aroma tan agradable como yo lo encuentro, algunos dicen que sí, otros que no, y otros no tienen ni idea de a qué olor me refiero. En uno de los pocos estudios que examinan las respuestas a los olores de los recién nacidos, se sometió a una exploración por escáner a quince mujeres que habían dado a luz recientemente y a quince que nunca lo habían hecho, mientras se les presentaba el olor de un recién nacido. Se activaron los mismos centros de recompensa relacionados con la dopamina en los cerebros de las madres y de las no madres.[23] Pero ese estudio no incluyó a ningún hombre. Un experimento de doble ciego posterior, cuidadosamente controlado y realizado en Israel en 2021, incluyó a hombres, y reveló una curiosa diferencia en las respuestas de hombres y mujeres al olor del HEX.

El estudio del Weizmann Institute of Science dividió a sesenta y siete hombres y sesenta mujeres en dos grupos. La mitad de los participantes de cada sexo fueron expuestos al HEX, y la otra mitad a otros olores. A continuación, se los invitó a participar en un concurso *online* (un juego del ultimátum) para ganar premios en efectivo. Desgraciadamente para ellos el juego estaba amañado para frustrar y provocar deliberadamente a los jugadores, produciendo sistemáticamente resultados injustos. Cuando se les dio solo unos segundos para vengarse de la «persona injusta» (en realidad solo un algoritmo informático) bombardeando a su oponente con un

---

[22] El hexadecanal es un compuesto orgánico que se encuentra en la piel, la saliva y las heces, así como en el cuero cabelludo de los bebés. El HEX fue la sustancia química volátil más abundante encontrada en las cabezas de diecisiete de los diecinueve bebés analizados (Mishor *et al.*, 2021).

[23] Lundström *et al.*, 2013.

ruido desagradable, las respuestas de los hombres expuestos al olor de bebé fueron mucho menos agresivas que las de los que no habían sido expuestos al HEX. Sin embargo, en las jugadoras provocadas de forma similar, las respuestas agresivas aumentaban si habían sido expuestas al HEX. Los experimentadores interpretaron sus hallazgos en el sentido de que «oler a los bebés puede aumentar la agresividad en las madres, pero disminuirla en los padres», presumiblemente porque «la agresividad materna tiene un impacto positivo directo en la supervivencia de las crías en el mundo animal (mientras que) la agresividad paterna tiene un impacto negativo en su supervivencia».[24]

Esta interpretación concuerda con lo que sabemos sobre el aumento de la protección y la «agresión protectora posparto» en las madres primerizas. Sin embargo, cabe señalar que ninguno de los olores utilizados en los experimentos procedía del propio bebé de las participantes. De hecho, ni siquiera todos los participantes eran padres. En otras palabras, la agresividad atenuada entre los hombres expuestos al HEX se explicaba mejor por una tolerancia general hacia los bebés que por una respuesta específicamente paternal. Se acercaba más al tipo de respuesta «aloparental» generalizada sugerida por neurocientíficos como Eyal Abraham y Ruth Feldman en sus experimentos con hombres que ayudan a las madres a cuidar a los bebés (capítulo 4), un punto clave sobre el que volveré más adelante.

En lo que respecta a los olores no hay motivos para pensar que los padres sean menos capaces que las madres de identificar el olor de sus propios hijos después de convivir con ellos durante años. En uno de los pocos estudios que comparan a ambos progenitores a este respecto, los padres fueron tan precisos como las madres, que reconocieron con éxito a su hijo solo por el olor en el 79,4 por ciento de las pruebas que se les presentaron, frente a los hombres, que lo consiguieron el 67,7 por ciento de las veces; una diferencia que no fue estadísticamente significativa.[25] Pero

---

[24] Mishor *et al.*, 2021.

[25] Dubas *et al.*, 2009, p. 85, basándose en un estudio neerlandés que reclutó a sesenta y seis madres y treinta y nueve padres junto con sus hijos, todos mayores de cuatro años, por lo que no eran realmente bebés.

este estudio se refería a niños de cuatro años y no a bebés, y es probable que los dos progenitores se hubieran implicado de forma similar en su cuidado.

Dejando a un lado las cuestiones sobre las similitudes y diferencias en la forma en que hombres y mujeres responden a los olores de los bebés, no cabe duda de que los hombres se dejan impresionar fácilmente por los gritos de angustia infantiles, y que ambos sexos responden a otras señales auditivas y visuales. *Dado el mismo nivel de exposición previa*, los hombres son tan capaces como las madres de identificar *qué* bebé está llorando. Tanto los hombres como las mujeres sucumben a los atractivos rasgos infantiles, como los ojos grandes, las mejillas regordetas, la nariz diminuta o la cabeza grande unida a un cuerpecito cálido y mimoso, rasgos que inspiran la «atracción por los bebés» que el etólogo Konrad Lorenz, ganador del premio Nobel, resumió como *kindchenschema*, del alemán *Kindchen*, que significa «bebé o niño pequeño», y *Schema*, que se refiere a una representación mental.

El *kindchenschema* ayuda a explicar por qué la actividad eléctrica en la corteza orbitofrontal medial, una región del cerebro involucrada en el procesamiento de recompensas placenteras como los alimentos favoritos, tarda menos de una séptima parte de un segundo en activarse cuando las personas miran a un bebé adorable. Esto es lo que descubrieron el neurocientífico de Oxford Morten Kringelbach y su equipo cuando emplearon la magnetoencefalografía, un método de neuroimagen para escanear los cerebros de una docena de hombres y mujeres mientras examinaban fotos de rostros de bebés o de adultos atractivos pero desconocidos. La magnitud de la respuesta fue significativamente mayor cuando la persona en la fotografía era un bebé en lugar de un adulto.[26]

Cuando Kringelbach publicó los resultados en un artículo titulado «Una huella neural específica y rápida del instinto paternal», la noticia generó su propio efecto estimulador en los medios de comunicación. Un titular anunciaba a bombo y platillo que ¡por fin se había identificado la «base neural del instinto paternal»! De

[26] Kringelbach *et al.*, 2008.

hecho, una vez más, solo una minoría de los hombres y mujeres cuyos cerebros reaccionaban tan positivamente ante los bebés eran realmente progenitores.[27] Otros estudios de Kringelbach y sus colegas revelaron que, aunque las mujeres eran más sensibles a «lo mono» en general, los hombres y las mujeres tenían las mismas probabilidades de fijarse en las fotografías de *bebés* adorables, y de dedicarles el mismo esfuerzo. Por lo visto, ambos sexos encuentran gratificante mirar a bebés guapos. Poco después, cuando el equipo de Oxford estudió los efectos de oír llantos de angustia infantiles y se dio cuenta de que afectaba tanto a los padres como a los no padres, empezaron a hablar de «un instinto *universal* de cuidado que tiene su origen en el cerebro», en lugar de uno «parental», lo cual me parece exactamente correcto.[28]

Independientemente de factores como los cambios hormonales del embarazo, el parto o la lactancia, o incluso de la relación genética entre un adulto y un bebé, hay neuronas específicas en el cerebro que se activan y hacen que los bebés (y también animales pequeños como gatitos o perritos) nos resulten instintivamente atractivos. Dado que los circuitos neuronales que median en las respuestas a los bebés están presentes tanto en las alomadres como en las madres, y tanto en los mamíferos macho como en las hembras, ¿qué función cumplen y qué condiciones fomentan su activación en los hombres? ¿Es posible que estas predisposiciones se remonten a tiempos muy antiguos, siendo vestigios de moléculas y capacidades filogenéticamente ancestrales que todavía persisten en los cerebros de ambos sexos?[29] ¿Podrían ser vestigios de antiguos vertebrados, los «hermafroditas» ancestrales que Darwin alguna vez imaginó nadando en mundos acuáticos de tiempos remotos?

Volveré sobre estas cuestiones en el capítulo 12, donde hablo de los circuitos neuronales que inspiran a los peces macho a delimitar y defender territorios, y luego proteger cualquier huevo que una hembra deposite allí. Las mismas moléculas y circuitos neuronales

---

[27] Publicado en «Top News» (Joshi, 2008, actualmente retirado); véase también Public Library of Science, 2008.

[28] Young *et al.*, 2016.

[29] Para una excelente visión general, véase el libro de texto de Michael Numan de 2015 *La neurobiología del comportamiento social*, pp. 211 y ss.

que evolucionaron para la alimentación y la defensa se reutilizan para cumplir funciones en otros dominios. Si las configuraciones novedosas de los fenotipos conductuales resultantes se muestran ventajosas, la selección favorecerá a las moléculas y receptores que hacen más probables esas respuestas. Pero han tenido que pasar muchas cosas antes de que todo esto pudiera ser una opción para un mamífero, y todavía más para un primate o un ser humano. Antes de adentrarnos en este viaje épico, a lo largo de millones de años de evolución de los primates y miles más de historia humana y cambios culturales, hagamos una pausa para reflexionar sobre los que considero son los factores y las pautas más importantes e inmediatos que entran en juego cuando los machos adoptan modos más cuidadosos y protectores.

Tiempo en íntima proximidad (TIP)

Aunque la sensibilidad masculina de los mamíferos hacia los bebés es más burda, y las respuestas tiernas tardan más en activarse en ellos que en las féminas, una vez que los sentidos se activan y se ajustan lo suficiente gracias a la experiencia acumulada, es cada vez más evidente que los humanos de ambos sexos, sean padres o no, pueden sucumbir a los poderes transformadores de los bebés. Los sustratos neuronales responsables de esta transformación están presentes en ambos sexos, así como en alopadres y en padres. Estas son las predisposiciones que explotan habitualmente las empresas que venden productos y las organizaciones benéficas que solicitan donativos, y que aprovechan con entusiasmo los realizadores de largometrajes como *La marcha de los pingüinos* o los vídeos de YouTube de cachorros retozando. Recomiendo especialmente la película *Bebés*, del cineasta francés Thomas Balmes, sobre cuatro bebés (de Namibia, Mongolia, Japón y Estados Unidos) que se dedican a hacer lo que hacen todos los bebés del mundo: ser fascinantes.[30]

Cuando *Bebés* llegó a los cines, en 2010, fui a verla dos veces. La primera, para disfrutar el placer sensorial de ver a bebés durmiendo

[30] Véase el tráiler en https://www.youtube.com/watch?v=vB36kohGxDM.

y retozando. La segunda, me senté en primera fila para poder girarme y observar al público exclamando «¡oooh!» detrás de mí. Ambos sexos respondieron, aunque no era probable que ninguno de estos pequeños fuera pariente cercano. Esto no quiere decir que la probabilidad de parentesco genético sea irrelevante. Es un factor importante, que se evalúa en función de varios indicios, entre los que a menudo se incluyen el parecido físico y, sobre todo, la relación del varón con la madre.

Por tanto, no es sorprendente que los machos de las especies que se emparejan sean más receptivos a las señales de las crías que los que no están en una relación.[31] Tampoco lo es que los machos con probabilidades de ser parientes cercanos estén a menudo más dispuestos a invertir energía y a correr mayores riesgos por una cría. Pero los hombres no tienen por qué estar unidos en una pareja o ser parientes cercanos para sucumbir ante un bebé o rescatarlo. Algunos héroes rescatadores puede que respondan a una necesidad imperiosa o a un probable parentesco, pero también pueden intervenir otros factores, sobre todo cuando el cuidado es continuo o el rescatador ha tenido experiencias previas de cuidado de niños. Los hombres que han cuidado de hermanos pequeños o han pasado mucho tiempo haciendo de canguro, por ejemplo, pueden desarrollar umbrales más bajos para responder de manera sensible a las necesidades de los bebés.[32] Además, como veremos en el capítulo 10, la reputación y la forma en que los demás ven a un hombre pueden estimular sus comportamientos de cuidado, aunque como también veremos la preocupación de los hombres por la reputación o el «honor» puede actuar como una espada de doble filo, contrarrestando o alentando los impulsos protectores. Sin embargo, en lo que respecta a la dedicación incondicional, en todas las especies un catalizador clave casi siempre resulta ser la exposición sensorial prolongada a ese bebé, lo que me da por fin la oportunidad de inventarme un acrónimo: TIP, tiempo en íntima proximidad.

Piensa en el capítulo 4, en los nuevos padres del estudio de Feldman que vivían en familias «tradicionales» o en parejas homosexuales

[31] Mascaro *et al.*, 2014.

[32] Fleming *et al.*, 2002.

que criaban a sus hijos sin la participación de la madre. Recuerda lo que ocurría en el cerebro de un padre que solo ayudaba, frente al de uno que ejercía de cuidador principal veinticuatro horas al día, siete días a la semana. Incluso cuando era consciente de que no era el progenitor, e incluso sin los indicios habituales para discernir la probable paternidad, como tener relaciones sexuales o cohabitar con la madre, las áreas subcorticales del cerebro de un hombre cuidador primario mostraban respuestas más parecidas a las de una madre que a las de un hombre que optase por ayudar. Las respuestas en esos hombres cuidadores secundarios, hombres que eran más casi alomadres que «madres masculinas», se limitaban en gran medida a los centros corticales de «toma de decisiones» del cerebro. Pero en los cuidadores primarios, hombres que habían calmado, cambiado los pañales, bañado y alimentado diligentemente a un bebé del que se sentían responsables, entraban en juego impulsos mucho más antiguos y primarios.[33]

Aún no se sabe exactamente cuánta exposición inmersiva a los estímulos del bebé y de qué tipo es más efectiva para llevar a los hombres más allá de este punto de inflexión. Tampoco sabemos todavía cómo influye la experiencia individual. Consideremos un reciente estudio neerlandés en el que se asignó aleatoriamente a sesenta padres llevar a sus bebés de semanas utilizando un portabebés suave y ceñido al cuerpo, o bien una estructura perfectamente segura y cómoda pero menos íntima, que solo mantenía al bebé al lado, como una silla de automóvil. Cuando los investigadores utilizaron posteriormente imágenes de resonancia magnética para escanear las respuestas neuronales de los padres mientras escuchaban grabaciones de un bebé llorando, las regiones cerebrales antiguas, incluida la amígdala, estaban más activas en los padres que habían utilizado el portabebés suave y pasado más tiempo en contacto táctil íntimo. Curiosamente, los padres que habían tenido experiencias infantiles adversas fueron los más reactivos. ¿Tal vez eran más propensos a ver el mundo como un

[33] Feldman *et al.*, 2010, p. 1134; Feldman, 2014; Feldman, Braun y Champagne, 2019; véase también Bales y Saltzman, 2016; Carter, 2017b; véase también Hrdy, 2013 (https://patten.indiana.edu/lectures/2012-hrdy-lec2.html), 2018.

lugar peligroso y veían a los bebés bajo su cuidado como los más necesitados de vigilancia y protección?[34]

Obviamente, aún es pronto y queda mucho por aprender sobre las respuestas neuroendocrinas de los padres. Pero ya está claro que, tanto entre los hombres como en otros mamíferos macho o en las especies de anfibios que experimentan transferencias de roles parentales entre sexos (capítulo 5), la exposición sensorial y el tiempo en íntima proximidad (TIP®) son activadores de circuitos cerebrales importantes y liberadores de recompensas sorprendentemente eficaces. Sue Carter y los neuroendocrinólogos de su laboratorio me ayudaron a comprender esto de una forma muy cercana al nacer nuestro primer nieto.

«Abuelo, escupe aquí, por favor»

Como sospechaba que el tiempo en íntima proximidad era un elemento importante en el poder transformador de los bebés,[35] el verano anterior al nacimiento de nuestro nieto aproveché una reunión familiar en nuestra granja para empezar a recoger saliva de mi marido, mis tres hijos adultos, mi yerno David (el superpapá descrito en el capítulo 1) y de Guadalupe de la Concha, la alomadre que me ayudó a criar a mis hijos durante los años en que aún daba clases, y que sigue viviendo con nosotros, feliz de convertirse en aloabuela. Lo que necesitaba eran valores de referencia para calibrar posibles cambios en nuestros niveles de testosterona y oxitocina. El hallazgo más interesante de este pequeño estudio informal sobre mi propia familia fue lo que ocurrió con el abuelo del bebé, mi marido, Dan.

David y nuestra hija Katrinka, ambos profesores, viven en el otro extremo del continente. Once días después de nacer nuestro nieto, volé de San Francisco a Nueva York. Cuando el taxi se detuvo ante su casa de piedra rojiza, saqué de mi bolso un vial de plástico estéril, escupí en él y luego enrosqué bien la tapa. Una vez

[34] Riem *et al.*, 2021.

[35] Hrdy, 2013b.

dentro, metí el vial en el congelador de mi hija. Aquella misma noche, después de varias horas sosteniendo en brazos y disfrutando con pasión de ver, oler y tocar a nuestro tan deseado y esperado nieto, escupí en otro vial. Los análisis posteriores revelaron un aumento del 63 por ciento en mis niveles de oxitocina (de 1,9 a 3,1 picogramos por mililitro). Diecisiete días después, cuando llegó Dan, antes incluso de darle un abrazo le entregué un vial y le dije: «Escupe aquí, cariño». Después de que entrara y hubiera tenido la oportunidad de abrazar a su nieto durante dos horas, le pedí que volviera a escupir. Su nivel de oxitocina solo aumentó un 26 por ciento, de 1,9 a 2,4 picogramos por mililitro. No fue hasta que tomé una segunda muestra un día después, tras la segunda sesión prolongada de Dan sosteniendo y acariciando al recién nacido, cuando su nivel de oxitocina subió a 3,1 picogramos por mililitro. Este aumento del 63 por ciento respecto a su valor basal a la llegada coincidía con el mío (figura 6.1).

Aunque al varón «alomadre» le llevó más tiempo y un poco más de exposición íntima, este pequeño estudio exploratorio sugería que ambos sexos están igualados en lo que a la oxitocina se refiere.[36] Cuando analizaron las muestras en el laboratorio de Sue Carter, en la Universidad de Indiana, todos estaban entusiasmados, porque en 2014 era la primera vez que alguien demostraba un aumento de los niveles de oxitocina entre abuelos cariñosos. Pero sabiendo lo que sabía sobre los niveles de oxitocina aloparental en los topillos de las praderas y otros mamíferos con cuidado compartido,[37] Sue no se sorprendió. Ese mismo año unos

[36] Hrdy, 2018. Hay que tener en cuenta que este relato apenas profundiza en las pruebas, tribulaciones y resultados en gran parte no concluyentes de este estudio informal de 2014 sobre siete miembros de una familia. De hecho, Sue Carter y Lee Gettler (que hicieron los análisis de testosterona) solo accedieron a ayudarme si obtenía permiso del Comité de Revisión Ética de mi universidad que —dado que la investigadora que respondía a las preguntas era esposa o madre de la mayoría de los sujetos de la investigación— consideró algunas de las cuestiones ridículas, pero esa es otra historia. El muestreo para determinar los niveles «basales» de oxitocina y testosterona comenzó durante una reunión familiar unos meses antes de la llegada del bebé, seguido de otros análisis posteriores. Véase Sánchez *et al.*, 2009, esp. p. 320, para un estudio mucho más cuidadoso de los efectos de la oxitocina en humanos.

[37] Roberts *et al.*, 1998; Bales *et al.*, 2004.

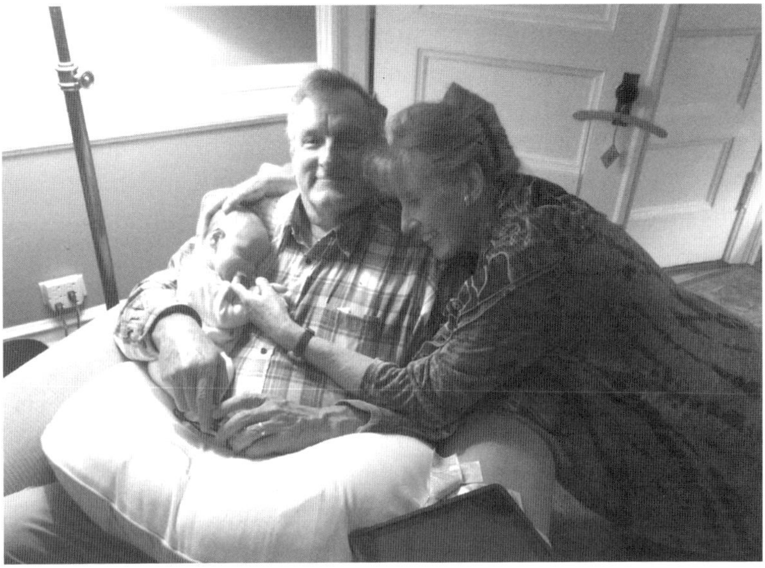

Figura 6.1. Incrementos de oxitocina, similares a los que desde hace tiempo se sabe que ocurren en las madres, también pueden darse en los abuelos tras una exposición íntima con un bebé. Esto es lo que nos ocurrió a mi esposo y a mí después de pasar tiempo sosteniendo a nuestro primer nieto. (Katrinka Hrdy).

neurocientíficos de Israel publicarían sus sorprendentes hallazgos, que sugerían la existencia de un «sustrato aloparental» en el cerebro de los hombres.[38] Poco a poco, las piezas clave de mi rompecabezas iban encajando.

Cuando unos años más tarde James Rilling, de la Universidad de Emory, realizó un estudio mucho más riguroso de los cerebros de una muestra mucho mayor de abuelos, su equipo informó de que las áreas cerebrales relacionadas con la «empatía cognitiva» se activaban más en las mujeres que en los hombres.[39] Pero ¿habría ocurrido lo mismo si los hombres hubieran pasado más tiempo en contacto táctil íntimo con sus nietos? Al fin y al cabo, mi propia experiencia maternal previa —que comenzó con la sincronización posparto de mis respuestas a las señales infantiles y la liberación

[38] Abraham *et al.*, 2014, p. 9795.

[39] Rilling *et al.*, 2021.

de oxitocina durante la lactancia— probablemente me preparó para la receptividad «abuelil» años más tarde. El jurado sigue deliberando. Pero teniendo en cuenta lo poco implicado que estaba Dan con los bebés cuando nacieron nuestros hijos, y que solo se empezó a involucrar a medida que crecían, el que acabáramos con unos niveles de oxitocina tan similares nos impresionó a los dos.

Desencadenantes y bloqueos

Pero ¿provocan siempre impulsos protectores en los hombres cercanos los encantadores bebés o sus señales de necesidad, como el llanto? Evidentemente, no. Imagina a un hombre de negocios, con el cuello de la camisa desabrochado y la corbata aflojada, analizando detenidamente hojas de cálculo en su pantalla a bordo de un avión que vuela de San Francisco a Washington, cuando el bebé que lleva en brazos la mujer del asiento detrás de él comienza a llorar. El corazón del hombre de negocios empieza a latir más deprisa, le sube la tensión. Su concentración, junto con cualquier esperanza de terminar su trabajo, cae en picado. No puede hacer nada para evitarlo. Han invadido su espacio personal y su tranquilidad. Lejos de estar contento, está molesto. Su amígdala se activa, aunque probablemente de forma distinta a lo que experimentamos Sue y yo durante nuestro paseo aquel día de verano. Sube su testosterona, probablemente también la vasopresina. El mismo neuropéptido que en otras circunstancias podría volverle más protector, en esta situación le hace serlo menos.[40] Como el brillante neurocientífico de Stanford Robert Sapolsky nos recuerda en su libro *Compórtate* al hablar de «la biología de los humanos en nuestro mejor y peor momento», el contexto importa.

También importan las señales del niño y cómo responde ante el hombre. Así lo demostró un experimento muy ingenioso de la

[40] Un análisis entre especies realizado por las primatólogas Stacey Tecot y Andrea Baden (2018) también halló un resultado mixto, con niveles de andrógenos correlacionados positivamente, correlacionados negativamente, o bien sin relación con las respuestas de cuidado de los machos.

psicóloga Sari van Anders, que entonces trabajaba en la Universidad de Míchigan y utilizó un accesorio muy especial. Entregaron a cincuenta y cinco hombres una muñeca RealCare Baby II-Plus para que la sujetaran. Estos «bebés robot» de gran realismo (también caros, 1.320 dólares cada uno) están preprogramados para beber del biberón, mojar el pañal, dormir, despertarse, hacer caca, eructar cuando se les da una palmadita suave y llorar hasta que se los consuela, igual que un bebé de verdad. También se pueden programar para que lloren desconsoladamente. Se diseñaron para enseñar técnicas de cuidado, así como para utilizarlos en programas para convencer a los adolescentes de que se lo piensen dos veces antes de ser padres. Por desgracia, la lección no siempre funciona como se desea. En un reciente experimento controlado aleatorio realizado en Australia se dio a niñas de trece años bebés RealCare para que los llevaran de un lado a otro, cosa que hicieron obedientemente. Las que recibieron los bebés RealCare resultaron tener más probabilidades de quedarse embarazadas, no menos, que las chicas del grupo de control. ¡Vaya![41]

Fue la existencia de estos bebés robot programables lo que dio a Van Anders su ingeniosa idea. Reclutó a esos cincuenta y cinco hombres jóvenes, treinta y ocho de los cuales tenían hermanos pequeños, pero solo cuatro eran padres. Tras tomar muestras preliminares de saliva para establecer sus niveles basales de testosterona, se dividió a los sujetos en uno de cuatro grupos distintos. A los del *grupo neutral* se les dio un libro ilustrado sobre árboles para que lo disfrutaran. Los hombres del *grupo llanto del bebé* tuvieron que escuchar grabaciones de un bebé llorando. A los hombres de la condición *interacción verdadera con el bebé* se les dio un muñeco RealCare programado para llorar, pero que se calmaba en cuanto le cogían en brazos, le cambiaban el pañal, etc. A los del cuarto grupo, *interacción falsa con el bebé*, se les dio un muñeco programado para llorar a intervalos impredecibles sin responder a los esfuerzos por consolarlo. Para consternación de estos sujetos poco afortunados, los gemidos iniciales del bebé falso se convirtieron en gritos inconsolables.

[41] Véase Brinkman *et al.*, 2016.

Como se predijo, los niveles de testosterona de los hombres a los que se les dio un bebé receptivo al que consolar disminuyeron en relación con sus valores de referencia previamente determinados. No importó que cincuenta y uno de los cincuenta y cinco sujetos del estudio no fueran realmente padres. Por el contrario, los niveles de testosterona se dispararon en la cohorte de hombres a los que se les dio la pesada carga de ocuparse de los bebés programados para gemir independientemente de lo que hicieran sus cuidadores. Era como si estos sujetos frustrados interpretaran el llanto inconsolable como una llamada a una movilización a gran escala para evitar una amenaza inminente, ya sea para el bebé o proveniente de él —¡una validación con esteroides (literalmente) de la hipótesis del desafío de Wingfield!—.[42] Estos niveles más altos de testosterona desactivan la actividad del córtex orbitofrontal,[43] una zona del cerebro asociada tanto con el control de impulsos como con la susceptibilidad al *kindchenschema*.[44] Dado que la frustración y los aumentos agudos de testosterona son desencadenantes conocidos del «síndrome del bebé sacudido»[45] y otros malos tratos,[46] por suerte este muñeco no era un bebé de verdad.

Dependiendo del contexto los mismos gritos que irritan y provocan hostilidad también pueden movilizar al oyente para que emprenda una acción constructiva. Pensemos en lo que ocurrió cuando, en lugar de pedir a los sujetos que miraran a bebés adorables, Morten Kringelbach pidió a cuarenta adultos de ambos sexos que participaran en el típico juego de arcade *Whac-A-Mole* mientras escuchaban sonidos de pájaros, llantos de adultos o llantos de un bebé angustiado. El juego requería que los participantes presionaran con una fuerza predeterminada cada vez que aparecía al azar una de las nueve cabezas de colores. Es un reto muy diferente al de

---

[42] Van Anders *et al.*, 2012.

[43] Mehta y Beer, 2010; Huston, 2017.

[44] Kringelbach *et al.*, 2008.

[45] El síndrome del bebé sacudido es una lesión cerebral grave que se produce como consecuencia de sacudir con fuerza a un bebé o un niño de uno a dos años. También se lo conoce como traumatismo craneal por maltrato, traumatismo craneal infligido o síndrome de impacto por sacudida. (*N. de la T.*).

[46] Barr, 2012; Glasper *et al.*, 2019.

intentar concentrarse en una hoja de cálculo mientras se escuchan los agudos llantos de un bebé. *Whac-A-Mole* requiere un rendimiento motor coordinado y esforzado. El llanto del bebé fue, con diferencia, lo que más influyó en el rendimiento. Más que provocar irritación, el llanto de un bebé estimuló una mejora inmediata de las puntuaciones de referencia, tanto en hombres como en mujeres.[47] El llanto angustioso estimuló a los participantes, *mejorando* su rendimiento.

Tales efectos pueden estar relacionados con el aumento de la hormona oxitocina y su neuropéptido acompañante, la vasopresina. Estas moléculas altamente volátiles pueden facilitar tanto la defensa territorial y la agresión como la paternidad protectora, generando el miedo o el amor protector que Sue Carter había identificado años antes.[48] De hecho, además de diversas funciones metabólicas como el mantenimiento de la presión osmótica, una de las primeras funciones conocidas de la vasopresina era aumentar la capacidad de una rata macho para atender a los demás y responder con rapidez. Pero la respuesta de un hombre ante el llanto de un bebé sigue dependiendo del contexto. ¿Está simplemente exasperado o se trata de una emergencia real que requiere un rescate? Obviamente, otros factores como el parentesco, la experiencia previa o la relación del hombre con la madre también influyen. Curiosamente, también lo hace algo más, algo peculiarmente humano: las lágrimas.

Bebés que lloran

El clásico de Darwin *La expresión de las emociones en los animales y en el hombre*[49] dedica un capítulo entero al sufrimiento y al llanto. En muchos tipos de animales las lágrimas sirven para eliminar las sustancias irritantes de los ojos, pero hasta ahora los humanos son

---

[47] Parsons *et al.*, 2011.

[48] Carter, 1998; véase un artículo de revisión reciente en Alyousefi-van Dijk *et al.*, 2019; De Dreu *et al.*, 2010; De Dreu, 2012.

[49] *La expresión de las emociones en los animales y en el hombre*, Madrid: Alianza Editorial, 1998. (*N. de la T.*).

las únicas criaturas conocidas que secretan lágrimas en respuesta a emociones concretas, como la alegría o la tristeza. Nadie sabe el porqué, pero un equipo de científicos de Israel tuvo una idea. ¿Y si las lágrimas emocionales evolucionaron en los humanos para inducir la empatía de los observadores? Cuando se propusieron probar esta hipótesis, se sorprendieron de lo que descubrieron.

Los investigadores publicaron un anuncio en busca de sujetos que se considerasen «buenos llorones», es decir, personas que se emocionasen fácilmente hasta llegar a las lágrimas. Resultó que todos los reclutas que se presentaron eran mujeres. Cuando se les mostró películas tristes, lloraron con ganas, y sus lágrimas frescas se recogieron con mucho cuidado. A continuación, las lágrimas se utilizaron para humedecer almohadillas colocadas bajo la nariz de sujetos masculinos adultos, en su mayoría hombres de unos veinte años. Para sorpresa de los investigadores, oler las lágrimas no aumentó especialmente la compasión. Más bien, el mayor efecto fue una reducción de la excitación sexual de los hombres. La marcada reducción de la libido se reflejó tanto en los autoinformes de los jóvenes, como en los escáneres cerebrales realizados mientras los sujetos veían películas eróticas.[50] ¿Qué había pasado allí?

Al ser entrevistado, un neurobiólogo que participó en el estudio, el profesor Noam Sobel, del Instituto Weizmann de Israel, planteó la hipótesis de que tal vez las lágrimas eran la forma que tenían las mujeres de negarse a mantener relaciones sexuales. Las feromonas de sus lágrimas podrían servir como «la palabra quimio-señalizadora de "no" o, al menos, de "ahora no"». Al parecer, esta fue la explicación preferida por los redactores del *New York Times*. El título del artículo sobre el estudio decía: «En las lágrimas de las mujeres hay una sustancia química que dice: "Esta noche no, querido"».[51] Pero fue otra cosa del artículo original de la revista *Science* lo que me llamó la atención. Los niveles de testosterona salival bajaron en los hombres jóvenes que acababan de olfatear lágrimas frescas. Entonces, ¿en qué otras circunstancias es probable que disminuya la testosterona de un hombre? ¿Y cuándo es

[50] Gelstein *et al.*, 2011.
[51] Belluck, 2011.

más probable para los hombres encontrarse con lágrimas? La respuesta a ambas preguntas es: cuando están expuestos a un bebé, uno que a las dos semanas de vida ya llora con lágrimas.

Si la testosterona disminuye de forma natural en los hombres expuestos íntimamente a bebés, y si estos hombres pasan de desempeñar funciones de apareamiento a otras más de cuidado (según la hipótesis de Wingfield descrita en el capítulo 4), quizá la disminución de la excitación sexual se explique mejor por otro aspecto de la historia evolutiva de los hombres. Mi conjetura sería la selección de los hombres para que toleren y no dañen a los bebés. Como explicaré en el capítulo 8, durante el transcurso del Pleistoceno, cuando el *Homo sapiens* estaba evolucionando, los hombres que se reunían amigablemente en un lugar central habrían estado mucho más expuestos a las lágrimas de un bebé que a las de una mujer rechazando un apareamiento forzoso. Como ocurre a menudo al analizar la investigación en psicología evolutiva y campos afines, me acuerdo de una de mis frases favoritas del novelista David Lodge: «La literatura trata sobre todo de tener sexo y poco de tener hijos. La vida es al revés».[52]

Pasado el punto de inflexión, ¿entonces qué?

Ninguna de las transformaciones neuroendocrinas aquí descritas se produce en el vacío. Los humanos somos organismos sociales, nuestros cerebros son órganos inherentemente sociales. Vivimos en un mar de respuestas de otras personas hacia nosotros. Un sinfín de circunstancias fomentan o desalientan el compromiso paterno con los bebés, y esas interacciones preparan el terreno para lo que ocurre después. Cuando una criatura inmadura da señales de necesidad y un hombre debe decidir «¿debo "atender" o "ignorar"?», lo que haga mostrará reflejos inconscientes y respuestas neurofisiológicas, así como elecciones conscientes, incluida su evaluación neocortical de lo que los demás pensarán de su comportamiento. Las respuestas también estarán moldeadas por su

---

[52] En *The British Museum Is Falling Down* (Lodge, 1965).

estado fisiológico, sus experiencias y prácticas previas y los papeles prescritos culturalmente, junto con una concatenación de decisiones previas que reflejan la historia familiar, las costumbres locales, su preocupación por su propia reputación y la de su familia o linaje, las opciones alternativas de cuidado, etc. Todo ello se desarrolla dentro de entornos sociales y ecológicos específicos conformados por modelos de vivienda, limitaciones de subsistencia (léase «realidades económicas») y una historia tanto reciente como mucho más profunda (capítulos 9-11). Pero al final, como ocurre con los ratones macho que dejan de ignorar o maltratar a las crías para empezar a cuidarlas, los hombres, una vez involucrados, también sucumben a los efectos transformadores de los bebés.

El Silas Marner interior de los hombres

La novelista George Eliot, contemporánea de Darwin, estaba leyendo un adelanto de *El origen de las especies* el día de su publicación. Estaba tan interesada en la naturaleza humana como Darwin, y posiblemente era una observadora aún más sagaz del comportamiento humano. Su idea de que «nuestras acciones hablan sobre nosotros tanto como nosotros sobre ellas», de que los estados internos de las personas están moldeados en gran medida por sus acciones y las experiencias vividas, es anterior a las recomendaciones de los terapeutas cognitivos conductuales del siglo XX y de la psiquiatría moderna.

Como en gran parte de sus obras de ficción, Eliot se basó en hechos reales para escribir *Silas Marner*. Al igual que otros británicos del siglo XIX, conocía el célebre relato del oficial británico que luchó contra las fuerzas de Napoleón en España durante la guerra de la Independencia. Mientras observaban las secuelas de una sangrienta batalla, los soldados oyeron los llantos de un bebé junto al pecho de su madre muerta. Un soldado de un regimiento de las Tierras Altas escocesas observó con asombro (más tarde registró el incidente en su diario) cómo este comandante endurecido por la batalla, como un Heracles de la vida real levantando tiernamente a Télefo (figura 6.2), de repente tomó en brazos al

Figura 6.2. A este antiguo escultor griego no se le escapó la posibilidad de que los hombres sucumbieran al poder transformador de los bebés. Su magnífica representación de la virilidad muestra a Heracles blandiendo un garrote y envuelto en una piel de león, mientras sostiene con ternura al bebé Télefo (probablemente su propio hijo). El bebé había sido abandonado por su madre y estaba siendo criado por un ciervo cuando Heracles lo encontró. Veintiséis siglos después, Disney ha retomado el tema en la serie *El mandaloriano*. En su versión el temible cazarrecompensas mandaloriano sucumbe al *kindchenschema*, arriesgándolo todo para salvar al «bebé Yoda», con el que no está emparentado. (Reproducción romana de los siglos I-II d. C. del original perdido, cortesía del Louvre; © RMN-Grand Palais/Art Resource NY).

bebé llorando y declaró: «Infante desafortunado, te convertirás en mi futuro protegido».[53]

Tanto si Eliot se basaba en algún reportaje periodístico, como si recordaba a alguien que conocía realmente, *Silas Marner* presenta un retrato conductual plausible del efecto transformador de un bebé sobre el más improbable de los candidatos. Tiene lugar después de que una niña huérfana de madre, perdida en una tormenta de nieve, deambule hasta la puerta de un viejo ermitaño avaro. Conmovido por la evidente necesidad de la expósita, así como por su cabello dorado, que le recuerda al de su hermana pequeña perdida hace mucho tiempo, este hombre amargado y solitario sucumbe a los encantos infantiles. Cuanto más dependía la niña de él, más tierno se volvía. En el proceso, debieron liberarse torrentes de emociones impregnadas de oxitocina. Cuanto más apegada se volvía la pequeña Effie a él, más apegado se sentía. El resultado fue un vínculo profundamente sentido, para toda la vida y totalmente paternal. Ni el sexo de Silas Marner ni las traiciones pasadas que había sufrido condicionaron su futuro emocional, pues poco a poco este célibe alienado se reincorporó a la comunidad humana. Los meses y años dedicados a criar a la pequeña Effie le habían transformado.

Tanto si empiezan como avaros o como buenas personas, los padres con distintos temperamentos o experiencias vitales tienen distintos puntos de inflexión o umbrales para responder a los bebés. Suficientemente expuestos, incluso los hombres más duros pueden acabar respondiendo, como aprendieron los responsables políticos de Río de Janeiro cuando enviaron a policías demasiado agresivos a pasar un tiempo en guarderías con la esperanza de que respondieran con más amabilidad a los golfillos callejeros a los que habían estado disparando (figura 6.3).[54] Al fin y al cabo, cuando un bebé llama la atención de un hombre y le dedica una sonrisa atractiva, pocos pueden resistirse a devolvérsela, y una respuesta lleva a otra.[55]

---

[53] Del diario de un miembro del 71.º Regimiento de las Tierras Altas del Ejército británico, de 1808, reimpreso en Hibbert, 1996, p. 31.

[54] Barrionuevo, 2010.

[55] Fleming *et al.*, 2002.

Figura 6.3. Los dirigentes municipales de Río de Janeiro tenían un problema; para hacer cumplir la orden de acabar con la delincuencia en las favelas, los policías disparaban a veces a los niños de la calle. Su solución es una de las prescripciones políticas etológicamente más acertadas que he encontrado nunca. Enviaron a fornidos policías con botas de combate y chalecos antibalas a pasar un tiempo en una guardería de la favela Ciudad de Dios. (Lalo de Almeida/*The New York Times*/Redux).

Un hombre homosexual que se ha propuesto ser padre; un hombre ya entregado a su pareja, ya rebosante de neuropéptidos promotores de la afiliación; o un hombre deseoso de mantener buenas relaciones con la madre pueden ser especialmente propensos a responder. Pero ¿cómo es posible que un mamífero corriente se encuentre en proximidad íntima y prolongada con una cría? ¿Por qué ocurre esto con más frecuencia entre los primates que entre la mayoría de los demás mamíferos? Y una vez que los bebés tienen a un primate macho dentro de su esfera de influencia, ¿qué factores influyen en lo tolerante o incluso cariñoso que pueda llegar a ser? ¿Qué prepara el terreno para que los machos alcancen su punto de inflexión, o incluso se acerquen a él? Nada de esto surge de la nada. Para responder a estas preguntas, te propongo viajar conmigo en el tiempo para echar un vistazo más de cerca a la historia evolutiva de los primates.

07

Los predecesores de los machos protectores

«¿Hasta qué punto puede un macho solitario verse empujado hacia los cuidados parentales si es obligado, bajo competencia sexual, a quedarse con una hembra y sus crías que suplican, lloran y están impregnadas de feromonas?».

MARY JANE WEST-EBERHARD, 2003

¿Por qué un macho iba a quedarse cerca de una madre?

Los primeros primates, no más grandes que las ardillas, eran prosimios solitarios y nocturnos. Los machos se encontraban con las hembras, se apareaban y luego cada uno seguía su camino. Algunos prosimios actuales siguen siendo tan solitarios como sus antecesores del Eoceno. Sin embargo, ahora la mayoría de los primates vive en grupos, se han convertido en un orden sumamente social. La mayor seguridad numérica les facilitaba la búsqueda de comida a la luz del día, por lo que una vez que los linajes de primates se volvieron gregarios, se mantuvieron así. Los llamados «primates superiores», monos y grandes simios, pertenecen a esa minoría de mamíferos sociales en los que los machos permanecen con las madres y las crías todo el año con una gran diversidad de estructuras sociales. Un macho puede convivir con una hembra en una pareja más o menos monógama, como único macho adulto que reside con un harén de hembras, o en una tropa que contiene múltiples machos y hembras.

Al quedarse cerca de las hembras con las que se han apareado, los primates macho están expuestos a las crías, pero su grado de implicación con ellas varía de una especie a otra y de un individuo a otro, dependiendo de las circunstancias locales y de la historia evolutiva de su linaje. Normalmente, los machos residentes se muestran activos en la defensa del grupo, rescatan a las crías cuando se meten en apuros y llegan incluso a cuidar de una cría un poco mayor casi destetada cuando su madre ha desaparecido.

¿Cómo suele ocurrir esta crianza adoptiva? Empieza con un macho que se encuentra cerca, que tal vez se da cuenta o responde al ver a una cría desamparada. Pensemos en lo ocurrido en un área de estudio en Uganda, un suceso poco frecuente entre chimpancés, después de que una madre diera a luz a un segundo bebé tras un intervalo inusualmente corto desde el primero. Aunque las crías de simio pueden agarrarse al pelaje de su madre, los recién nacidos necesitan mucha ayuda, por lo que la madre a menudo tiene que sostenerlas con una mano al caminar para que no se escurran. Lo que pasó en esa ocasión es que el macho alfa (que resultó ser el progenitor genético), al darse cuenta de que además de un recién nacido la madre tenía que soportar la carga de su hijo mayor, decidió ayudarla. Con un comportamiento totalmente inusual en un chimpancé macho adulto, llevó con delicadeza al recién nacido un rato al día, hasta que la sobrecargada madre pudo hacerse cargo tanto del hijo mayor como del nuevo, que para entonces ya era más robusto y se aferraba con fuerza.[1]

Fueron la convivencia y la proximidad del macho las que prepararon el terreno para se diera este hecho insólito. Pero una vez que ha logrado fecundar a la hembra, ¿por qué se queda con ella y, sobre todo, tanto tiempo como para sucumbir a las demandas de las crías? ¿Por qué no se va en busca de nuevas hembras a las que fertilizar? «Esparcir su semilla» y todo lo demás. En la inmensa mayoría de los mamíferos del mundo eso es exactamente lo que hacen los machos, «zas, zas y listo» y se marchan, sin siquiera un «gracias, señora».[2]

Tras el apareamiento los machos se alejan de las hembras y estas se dedican a la principal prioridad de cualquier futura madre: encontrar comida suficiente para alimentarse y acumular recursos

[1] Cibot *et al.*, 2019.

[2] Lukas y Clutton-Brock (2013) clasifican como solitarias al 68 por ciento de las 2.545 especies de mamíferos para las que se dispone de datos.

A

B

Figura 7.1. (a) Una hembra de chimpancé anuncia su receptividad sexual con hinchazones que asemejan una enorme masa de chicle rosa pegada a su región anogenital. (b) Otros primates, como los langures, no utilizan este tipo de señales de ovulación tan evidentes, sino que la hembra utiliza sobre todo su comportamiento para solicitar sexo, mostrando su grupa sin ningún tipo de adorno a un macho y sacudiendo frenéticamente la cabeza. ([a] Liran Samuni y [b] Daniel B. Hrdy).

para poder sostener el embarazo y la lactancia. En la mayoría de los mamíferos pasará mucho tiempo antes de que una hembra vuelva a estar sexualmente receptiva y atraiga de nuevo toda esa atención masculina. Esto la libra del acoso de posibles pretendientes, así como de la competencia con los machos por la comida disponible. Las solicitudes sexuales de los machos, que resultan energéticamente costosas, se limitan a periodos concretos en torno a la ovulación en los que la hembra está en «estro». La palabra (y su forma adjetivada, «estar en estro») procede del latín y significa «enloquecida», un descriptor adecuado del frenesí hormonal con el que las hembras de los mamíferos, incluidos los primates, señalan su disposición a aparearse. Al detectar el estado estral de una hembra, los machos abandonan su existencia de solteros, se acercan a ella y compiten con machos rivales por el acceso a este preciado botín. Tras copular con ella, y cuando las seductoras señales de estro de la hembra se desvanecen, el macho se marcha en busca de nuevas oportunidades para reproducirse.

Además de las frenéticas insinuaciones de las hembras, que alcanzan su punto álgido en torno al momento de la ovulación, los chimpancés y muchos monos del Viejo Mundo también anuncian esta ventana fértil con hinchazones de color rosa brillante en su región anogenital, visibles a distancia. Otros, como los gorilas, los orangutanes y los monos langur, no experimentan cambios morfológicos llamativos, pero siguen señalando su disposición a aparearse mediante señales olfativas y posturas específicas (figura 7.1). Pero hay algo curioso que estamos aprendiendo sobre los primates. Las insinuaciones típicas de las hembras para aparearse no se limitan *siempre*, ni *necesariamente*, al momento próximo a la ovulación. La señalización de la disposición al apareamiento resulta ser más flexible y varía en función de la situación. Además, a veces se esfuerzan por copular con más machos y más veces de lo necesario para asegurar la inseminación.[3]

Una sexualidad inusitadamente flexible

Cuando estaba en la facultad se daba por sentado que entre los primates no humanos «las hembras tienen periodos de celo breves y claramente delimitados». Como se suponía que esto era «universal y sumamente adaptativo», se asumía que la misma condición estaba «presente en nuestros antepasados».[4] El hecho de que las mujeres pudieran mantener relaciones sexuales cualquier día de su ciclo significaba que las hembras humanas debían haber «perdido el celo» de algún modo, una condición a la que los profesores (casi todos hombres en aquella época) aludían con optimismo para afirmar que las mujeres eran «receptivas sexualmente de manera continua». Sin embargo, cuando empecé a observar diariamente a los langures hembra, me di cuenta de que sus solicitudes sexuales no eran ni mucho menos estrictamente cíclicas. A veces solicitaban sexo a los machos en momentos en que era improbable que estuvieran ovulando. Por ejemplo, algunas se ofrecieron a machos y copularon incluso cuando —me di cuenta tardíamente después de que dieran a luz unos meses más

[3] Hrdy y Whitten, 1987.

[4] Washburn y Lancaster, 1968, p. 459.

tarde— ya debían de estar embarazadas.[5] Evidentemente, la procreación no era la única razón por la que los langures hembra solicitaban sexo.

Desde entonces se ha documentado en muchos primates lo que se llama estro dependiente de la situación o estro «engañoso», tanto en langures, que no muestran señales visuales llamativas en el momento de la ovulación, como en babuinos o chimpancés, que sí lo hacen.[6] El estro engañoso se manifestó claramente un día en que Emily Boehm, entonces doctoranda en la Universidad de Duke, observó cómo un chimpancé macho de la Reserva Gombe Stream exhibía su pene completamente erecto y agitaba las ramas con excitación para atraer la atención de una hembra que mostraba llamativas hinchazones sexuales. Pero a diferencia del macho, Emily Boehm tenía información privilegiada. Gracias a la información obtenida mediante ensayos hormonales sabía algo que el macho aparentemente desconocía; que, a pesar de sus hinchazones de colores brillantes, llenas de líquido, indudablemente incómodas y propensas a las heridas, ya estaba embarazada.[7]

Es poco probable que una señalización tan costosa energéticamente haya evolucionado en las hembras solo por diversión. Pero ¿por qué pasar por semejante farsa? En este libro sobre machos que *cuidan* bebés, es hora de volver al espantoso tema que hace medio siglo me llevó por primera vez a la India para estudiar primates no humanos. Por aquel entonces no pensaba en absoluto sobre machos comprometidos, sino que me quedé espantada al oír que los machos de estos primos lejanos los mataban. Tampoco adiviné entonces lo profundas que resultarían ser las conexiones entre machos amenazadores y machos protectores.

---

[5] Hrdy, 1977, pp. 50 y ss., 120-121, 284-287.

[6] Nótese que adopto aquí el término de Emily Boehm «estro engañoso», en lugar de «pseudoestro», que utilicé cuando describí por primera vez este fenómeno (Hrdy, 1974); revisado en Hrdy y Whitten, 1987. Para estudios posteriores con más información véase Manguette *et al.*, 2020 para los gorilas de llanura, junto con las referencias en él incluidas para los mangabéis, los monos azules y los langures, y especialmente la tesis doctoral de Emily Boehm de 2016 sobre la receptividad sexual femenina prolongada en los chimpancés y unos excelentes resúmenes de la bibliografía pertinente.

[7] Boehm, 2016, disponible íntegramente en línea.

Los machos como amenaza existencial

Los parásitos, las enfermedades, la depredación, la separación de la madre o el hambre amenazan la supervivencia de las crías de primate. Pero como yo misma aprendí, lo que constituye con diferencia la mayor amenaza para ellas es morir a manos de un miembro de la misma especie, en la mayoría de los casos un macho. Si alguna vez te has preguntado por qué las madres chimpancé son tan extremadamente posesivas con sus bebés, y no dejan de estar en contacto físico ni un solo momento del día o de la noche durante meses después del nacimiento, es precisamente por eso. Entre los chimpancés los asesinos pueden ser hembras no emparentadas, pero en su mayor parte son machos. Por eso es tan poco habitual la aceptación descrita anteriormente de la madre chimpancé hacia el servicial macho que se prestó a hacer de «niñera».

Para mantener a salvo a su nueva cría la típica madre chimpancé posesiva suele rechazar los intentos de otros congéneres de cogerla y sostenerla.[8] Un incidente en el Parque Nacional de las Montañas Mahale, en Tanzania, ilustra lo que está en juego. El doctor Hitonaru Nishie, de la Universidad de Kioto, estaba siguiendo a un grupo de chimpancés. Sin ser consciente de que una joven hembra adulta estaba embarazada, se sorprendió al verla agacharse repentinamente en el suelo y dar a luz a un bebé. Quizá aquella joven madre inexperta aún no había aprendido lo peligroso que podía ser dar a luz cerca de otros chimpancés. Más le habría valido irse sola y parir aislada del grupo, como hacen las

---

[8] Raras excepciones son las chimpancés que tienen a mano a una compañera de confianza, como en el caso de una joven madre experimentada de Gombe que tuvo la suerte de tener a su propia madre cerca. Cuando se vio amenazada por otras hembras, entregó su cría a su abuela (Wroblewski, 2008). En Ngogo, una comunidad donde la abundancia de alimentos da lugar a bajos niveles de competencia entre hembras por los recursos y a una jerarquía de dominación femenina apenas detectable, más hembras de chimpancé de lo habitual consiguen permanecer en su grupo natal. Al parecer, esto facilita el cuidado compartido de los bebés por parte de las hembras, y permite a las madres chimpancé de Ngogo destetar a sus bebés antes de lo que lo suele hacer una madre chimpancé que vive en estado salvaje (Badescu *et al.*, 2016).

madres chimpancé más experimentadas, lo que los primatólogos llaman «tomarse una baja por maternidad».[9]

Como si hubiera estado esperando esta oportunidad, el macho alfa, sentado detrás de la aparentemente despreocupada madre recién parida, le arrebató al recién nacido, lo llevó a los arbustos y procedió a morderlo.[10] Mientras canibalizaba el cadáver, otros chimpancés de ambos sexos se juntaron alrededor para recoger las sobras. La carne no es un elemento importante en la dieta de los chimpancés, pero les encanta la carne rica en lípidos de las crías de los antílopes, monos u otros grandes simios. Esa madre en concreto se había unido a la comunidad unos años antes, en una época en la que el asesino era el segundo o tercer macho en la escala de dominancia, pero por alguna razón estaba ausente cuando la madre quedó embarazada. Por lo tanto, como en unos cuarenta y cinco casos de infanticidio registrados en esta población, era poco probable que el asesino fuera el progenitor.[11]

Normalmente, los asesinos son machos sin parentesco, procedentes de *otras* comunidades. En lugar de aprovechar simplemente un momento de descuido, los chimpancés pueden acechar intencionadamente a miembros de grupos vecinos. Si se encuentran con una madre con una cría, es probable que se dirijan expresamente hacia ellas y maten a la cría. Estos grandes simios no son los únicos primates macho que atacan instintivamente a crías que probablemente no han engendrado.

En todo el orden de los primates los machos representan un peligro claro y permanente para las crías. Cuando la mención casual de que los langures macho atacaban a las crías me llevó a querer averiguar la *causa*, aún creía que un comportamiento tan contrario al bien del grupo o de la especie nunca podría evolucionar. Fui a la India esperando encontrar unos monos tan estresados por las altas densidades de población que los machos simplemente arremetían contra los objetivos más indefensos que tenían a mano. En lugar de eso, descubrí que, tanto si vivían hacinados

[9] Pusey *et al.*, 2008.

[10] Nishie y Nakamura, 2018.

[11] *Ibid.*; véase también Nishida, 2012, p. 194.

como si estaban diseminados por colinas boscosas, los langures macho se mostraban tolerantes, aunque distantes, con las crías de su grupo. Solo las atacaban cuando los forasteros expulsaban a los machos residentes, lo que ocurría por término medio cada veintisiete meses. Era entonces cuando el nuevo macho se dedicaba a morder a los bebés hasta matarlos.

A medida que exploraba la bibliografía y reunía pruebas, luchando por dar sentido a lo que entonces eran casos aislados extraídos de informes anecdóticos, surgió un patrón. Como expliqué en el capítulo 2, solo había ataques a crías cuando los *nuevos* machos tenían acceso a reproducirse con sus madres. Los asesinos atacaban a las crías no destetadas de hembras con las que no se habían apareado previamente. Una vez que los pezones de la madre lactante dejaban de estar estimulados por la succión de su cría, aquella no tardaba en volver a ovular.[12] A los pocos días, la desconsolada madre se ofrecía al recién llegado para tener sexo. Al eliminar la descendencia de su rival, el usurpador incrementaba las posibilidades de que la madre recuperara su fertilidad antes de que otro macho lo desplazara. En cuanto a la madre, el recién llegado le había hecho una oferta que no podía rechazar. Puesto que su última pareja había quedado fuera de juego, tenía dos opciones: aparearse con el asesino que ahora la monopolizaba sexualmente, o renunciar a reproducirse esa temporada. Así era como el macho infanticida aumentaba su propio éxito reproductivo a expensas del de la madre, y especialmente del de su cría.[13]

A estas alturas, está claramente demostrado que el infanticidio seleccionado sexualmente ha evolucionado en los animales en numerosas ocasiones. Hasta ahora, la mejor evidencia procede de los roedores, carnívoros y, sobre todo, los primates. Hay varios factores implicados y, en el caso de los primates, los más relevantes incluyen crías inusualmente costosas con gestación prolongada, maduración lenta y un destete relativamente tardío. Sospecho que el infanticidio de los primates macho debe remontarse muy

[12] Konner y Worthman, 1980 para los primates humanos, pero también se encuentra en todo el orden.

[13] Hrdy, 1974, 1979.

atrás en el tiempo, hasta aquellas antiguas tardes en que los antepasados solitarios y nocturnos del orden vagaban por los bosques del Eoceno. De ahí que siga con especial interés las noticias que empiezan a filtrarse, todavía anecdóticas, de algunos de los representantes más cercanos que tenemos de los prosimios ancestrales: los nocturnos y solitarios aye-ayes y tarseros.[14]

Echemos un vistazo más de cerca a los aye-ayes. Cada vez más amenazados, a estos pequeños prosimios de pelo de punta aún se les puede oír por la noche en los bosques residuales de Madagascar dando golpecitos contra los troncos de los árboles. Utilizan la uña superlarga de su dedo corazón como un pájaro carpintero utiliza su pico, tanteando para localizar y extraer larvas de insectos. Para escucharlas tienen unas orejas sobredimensionadas parecidas a las de Yoda. Estos pequeños insectívoros rara vez pesan más de dos kilos, pero tienen periodos de gestación tan largos como los de monos de cuatro veces su talla. Los partos van seguidos de una lactancia prolongada, con largos intervalos de dos a tres años entre ellos.[15] Cuando esto se combina con machos errantes cuyo acceso a las hembras que encuentran es probablemente breve, un ritmo de reproducción tan lento los incentiva a acortar lo que de otro modo sería un largo retraso antes de que la madre reanude el ciclo, ovule y pueda concebir de nuevo. Eliminar a su cría podría proporcionar a ese vagabundo solitario su única oportunidad de aparearse.[16]

---

[14] «Aunque no se observó el asesinato directo de la cría», Rakotondrazandry *et al.*, 2021 señaló que «las lesiones físicas de la cría, las vocalizaciones de la hembra adulta y su posterior persecución del macho adulto aye-aye indican claramente que se trató de un infanticidio». Las observaciones en el caso del tarsero fueron más confusas, pero las descripciones de Gursky-Doyen (2011) de las reacciones de las madres de tarsero ante los machos (Roberts, 1994) me hacen pensar que el macho fue probablemente el asesino. Sigamos atentos.

[15] Rakotondrazandry *et al.*, 2021. Los periodos de gestación de 152-177 días de los aye-ayes son comparables a los de un macaco rhesus de 7,8 kilos (165 días de gestación), y los intervalos de 2-3 años entre nacimientos de los aye-ayes son incluso más largos que los de los macacos (1-2 años).

[16] Véanse Hrdy, 1974, 1979 sobre la relevancia de la duración del periodo de dominio de un macho; véanse especialmente Van Noordwijk y van Schaik, 2000; Van Schaik, 2000 para más información sobre la duración de la gestación y la lactancia.

Hace mucho tiempo estos riesgos omnipresentes de rivales infanticidas debieron seleccionar en los primates macho la conducta de permanecer cerca de las hembras tras el apareamiento. El hecho de que se quedaran junto a ellas no era para cuidar de las crías (aunque con el tiempo algunos machos empezaran a hacerlo), sino para evitar que algún otro las eliminara.[17] Las madres se comportan como si fueran conscientes de ello.

Las madres necesitan machos para protegerlas de otros machos

A un mundo de distancia de los diminutos tarseros, pensemos en los enormes gorilas de montaña que viven en unidades reproductoras cohesionadas, principalmente de un solo macho, en lo alto de los volcanes Virunga de Ruanda. Hasta el 40 por ciento de la mortalidad infantil se atribuye al infanticidio de machos externos al grupo. No es de extrañar que, tras dar a luz, las madres se agrupen cerca de su macho alfa residente, o «espalda plateada». Una generación tras otra de competición entre machos ha hecho que se seleccione el enorme tamaño del gorila macho. Con un peso de unos noventa kilos, este gigante está bien equipado para proteger de los extraños a crías que posiblemente sean suyas. Además, está dispuesto a arriesgar su vida para hacerlo.[18]

Las crías aprenden a confiar en este macho siguiendo el ejemplo de su madre. A medida que maduran y adquieren movilidad, los pequeños gorilas toman la iniciativa de mantener un contacto estrecho con el espalda plateada, trepando por su colosal dorso como si fuera una extensión cálida y peluda de su parque de juegos.[19]

---

[17] Hrdy, 1979, p. 31; Van Schaik y Dunbar, 1990; Van Schaik y Kappeler, 1997, p. 1691.

[18] Harcourt y Stewart, 2007, p. 125. Hay que tener en cuenta que en un caso en el que un gorila bebé fue asesinado por un grupo de chimpancés macho, ningún gorila macho estaba con la cría y su madre en el momento del ataque, lo que presumiblemente aumentó la vulnerabilidad de esa cría (Southern *et al.*, 2021).

[19] Stewart, 2001; Rosenbaum *et al.*, 2011. Según Rosenbaum, los inmaduros cuando adquieren movilidad representan el 73 por ciento de los acercamientos. Mientras tanto, solo una fracción de los machos adultos toma la iniciativa de mantener la proximidad (comunicación personal, 12 de febrero de 2019).

Figura 7.2. Después de dar a luz, una madre gorila hace todo lo posible por mantenerse cerca de su protector, el macho espalda plateada. Siguiendo el ejemplo de su madre, las crías aprenden a confiar en este peludo Goliat y se sienten seguros a su lado. Él les devuelve el favor permitiéndoles acurrucarse a su alrededor y jugando de vez en cuando con ellos. (Lubert Stryer).

Durante los periodos de inestabilidad social o, en caso de que la madre desaparezca, la protección de este macho es fundamental. En el medio siglo que los primatólogos han seguido a esta población de gorilas de montaña, cincuenta y nueve huérfanos que perdieron a sus madres entre los dos y los ocho años (es decir, que eran más o menos capaces de buscar comida por sí solos) consiguieron sobrevivir como los jóvenes que aún tenían madre. Esto se debió en gran medida al apoyo social del macho residente. Las madres al permanecer cerca de un compañero potencialmente útil desde el principio, preparan el terreno para que las crías aprendan a contar con este macho, y para que él las cuide (figura 7.2).

Las relaciones entre este macho y las crías de su grupo son mutuamente beneficiosas. En los casos en que se conocía la paternidad de los huérfanos, la mayoría fueron engendrados por el macho que los cuidaba. En los grupos de gorilas con más de un macho adulto residente en el momento de la concepción, los análisis de ADN revelaron que los machos que pasan más tiempo acicalando a los pequeños y descansando con ellos son los que engendran más crías.[20]

Si hacer de canguro tiene sus ventajas, pobre del padre gorila que no mantenga a salvo a sus crías. Si un macho extraño irrumpe en su grupo y mata a un bebé, el espalda plateada residente no solo pierde esa oportunidad de asegurar su descendencia, sino también futuras oportunidades de aparearse con la madre. Las madres cuyos pequeños son asesinados suelen abandonar al desventurado espalda plateada y seguir al asesino.[21] ¿Quizá por resentimiento? Parece que no, sino que el macho que prevalece es una mejor apuesta para proteger a su próxima cría. De hecho, se sabe que algunas gorilas se cambian de grupo a uno con un macho más fuerte estando ya preñadas. En tres casos de gorilas de llanura de África occidental el nuevo macho toleró a las crías nacidas de hembras ya preñadas cuando se unieron a él. Cuanto más tiempo pasaba la hembra embarazada junto a él antes de parir, más protección recibía luego su recién nacido.[22]

Conseguir apoyo a largo plazo

Por muy peligrosos que puedan ser los primates macho, también son una garantía de seguridad. En la vida cotidiana los machos residentes son cualquier cosa menos asesinos. Pasan el tiempo alimentándose, descansando y siendo acicalados por las hembras, a veces acicalándolas a su vez. Protegen a su grupo de los depredadores y

[20] Rosenbaum *et al.*, 2018. Esta preferencia de las hembras por los machos atentos se mantiene incluso cuando se controla el rango de los machos. Sin embargo, debido al aumento de la caza furtiva, es posible que los machos alfa sean más tolerantes con la presencia de otros machos hoy que en el pasado (Kelly Stewart, comunicación personal, 4 de enero de 2019). De los huérfanos cuya paternidad pudo determinarse Morrison *et al.* (2021) descubrieron que el 66,8 por ciento fueron engendrados por su protector, un porcentaje probablemente aún mayor en el pasado.

[21] Harcourt y Stewart, 2007. Los traslados a otros grupos por parte de madres ante la incapacidad del macho residente de proteger a sus crías del infanticidio también se han descrito en monos (véanse Sterck, 1997 para *Presbytis thomasi*; Teichroeb y Sicotte, 2008, para *Colobus vellerosus*, citados en Palombit, 2012).

[22] Manguette *et al.*, 2020.

de los grupos vecinos que invaden su territorio. Aparte de esta protección general, también pueden centrar su atención en *crías concretas*. Los babuinos de la sabana que la bióloga Jeanne Altmann estudió en Amboseli durante más de cincuenta años, acompañada posteriormente por Susan Alberts, representan uno de los ejemplos mejor documentados.

Después de que una madre babuino da a luz, busca a un nuevo macho o a un antiguo novio, que se desviven por permanecer cerca de ella. Sin dedicarse necesariamente a los cuidados directos, estos custodios permanecen atentos, evitando que otros miembros de la tropa manoseen al nuevo bebé o interfieran de cualquier otro modo.[23] Al igual que ocurre con los padres humanos descritos en el capítulo 3 que cuidan de los bebés, los niveles de testosterona también disminuyen en estos babuinos macho protectores.[24]

Una vez que Alberts empezó a aumentar los registros genealógicos y de comportamiento a largo plazo de Amboseli gracias a las pruebas de ADN, descubrieron que setenta y cuatro jóvenes tenían padres todavía presentes en su tropa tres años después de su nacimiento. Si la madre muere, uno de sus antiguos «amigos» masculinos puede sustituirla. Una joven hembra que quedó huérfana a los 6,5 meses y había llegado casi al destete consiguió sobrevivir a su madre otros 6 meses gracias a las atenciones de un trío de machos. Cuando dos de sus protectores emigraron, dejando atrás solo al de menor rango de los tres, la cría huérfana de madre falleció en cuarenta y ocho horas, maltratada por otro babuino. Solo dos huérfanos sobrevivieron hasta la madurez. Uno era un macho de ocho meses que un protector muy comprometido acogió bajo su ala. Años más tarde, tras madurar y convertirse en un poderoso adulto, las pruebas de ADN revelaron que su benefactor era su padre.[25] Otros machos también se habían apareado con su madre, pero fue el progenitor del hijo quien se convirtió en su salvador.[26]

---

[23] Altmann, 1980, p. 114 y fig. 37; Alberts, 2016, p. 379.

[24] Shur, 2008.

[25] Alberts, 2016.

[26] El informe, titulado «True paternal care in a multi-male primate society», apareció en *Nature* el Día del Padre de 2003 (Buchan, Alberts, Silk y Altmann, 2003). Véanse también Alberts, 2016 y Ostner *et al.*, 2013 para casos entre *Macaca assamensis*

Como en el caso de aquel chimpancé macho de Uganda que ayudó brevemente a cuidar de un recién nacido (descrito anteriormente en este capítulo), en otros lugares de estudio también han aparecido a veces chimpancés macho que cuidaron brevemente de crías que muy probablemente habían engendrado.[27] Tales casos plantean la siguiente pregunta: puesto que no cuentan con un laboratorio de análisis de ADN a mano, ¿cómo pueden los machos de estos grupos formados por varios machos adultos y hembras que se aparean de manera poliándrica saber las probabilidades que tienen de ser los padres?

Los machos que llevan un seguimiento de su vida sexual

Aún recuerdo las críticas que recibí cuando propuse por primera vez que los langures macho ponían en el punto de mira de sus agresiones a las crías engendradas por *otros* machos. Seguramente, decía una dura réplica, ningún mono puede «reconocer la paternidad y recordar acontecimientos que ocurrieron hace seis meses o más».[28] ¿De verdad creía que los monos sabían contar? Sin embargo, tanto si saben contar como si no, los machos de los monos y los simios se comportan a menudo como si tuvieran una libretita negra con la crónica de sus relaciones pasadas.

Los babuinos chacma (*Papio ursinus*) que viven en la Reserva de Moremi, cerca del delta del Okavango, en Botsuana, son un buen ejemplo. La competencia entre machos en esta población es especialmente intensa, y el infanticidio es responsable de hasta el 76 por ciento de la mortalidad infantil. Cuando los investigadores

---

en Tailandia, en los que las pruebas de ADN revelaron que la paternidad era el único predictor fiable de qué machos cuidan de las crías después de que se desteten y ya no viajen con sus madres.

[27] Murray *et al.*, 2016 para Gombe en Tanzania; Cibot *et al.*, 2019 para el caso de Bulindi en Uganda, donde las pruebas de ADN indicaron que el macho que transportaba, acurrucaba, acicalaba y acunaba a esa cría tenía un 99 por ciento de probabilidades de ser el progenitor.

[28] Dolhinow, 1977, p. 266.

grabaron los gritos de una madre primeriza y luego los reprodujeron mediante un altavoz cerca de uno de los «amigos» especiales de la madre, el antiguo consorte se sobresaltaba y prestaba toda su atención. Si el grito de esa madre iba acompañado de vocalizaciones amenazadoras de un nuevo macho, el posible padre respondía con más fuerza aún. Sin embargo, el mismo macho prestaba poca atención a los gritos de una hembra con la que nunca se había apareado, y si los gritos procedían de una antigua consorte cuya cría había fallecido, permanecía totalmente indiferente.[29]

Incluso en las especies en las que los machos no hacen de «custodios niñeros» al estilo de los babuinos, el historial de apareamientos puede tener implicaciones. Los machos de chimpancé suelen buscar comida separados de las hembras y pasan tan solo un 0,005 por ciento de su tiempo interactuando con las madres. No obstante, cuando un macho está cerca de una madre, lo más probable es que su bebé esté en los seis primeros meses de vida, especialmente vulnerables, y que ese macho sea su progenitor.[30] En una especie como los chimpancés, en la que las hembras se aparean con tantos machos distintos, ¿cómo puede ese macho estar seguro? Incluso con la asombrosa capacidad que tienen para recordar con quién se han apareado, y la inusitada flexibilidad de la sexualidad femenina en los primates, ¿cómo puede un macho estar seguro siquiera de que la hembra con la que copuló era realmente fértil ese día?

La evasiva paternidad en los mundos pansexuales

Recordemos que en la mayoría de los mamíferos las hembras solo solicitan sexualmente a los machos alrededor del momento de la ovulación, un periodo conocido como «estro». En ese momento se produce en ellas un aumento predecible de la libido y del deseo

[29] Palombit *et al.*, 1997; para más información sobre esta línea de investigación extraordinariamente innovadora y reveladora en Moremi y otros lugares, véase *Baboon Metaphysics*, de Dorothy Cheney y Robert Seyfarth, 2007.

[30] Murray *et al.*, 2016.

de aparearse. En primates como los chimpancés y los babuinos son las grandes hinchazones rosadas llenas de líquido sobre su región anogenital las que anuncian este periodo fértil. Esto concuerda totalmente con la teoría de la selección sexual de Darwin. Al difundir tan abiertamente su fertilidad, una hembra genera competencia para tener contacto con ella, lo que aumenta sus probabilidades de que el macho más competitivo o dominante (es decir, «el mejor») engendre a su descendencia. Entre los chimpancés o los babuinos es probable que un puñado de machos de alto rango monopolice el acceso a las hembras con hinchazones sexuales en los días críticos de la ovulación, aumentando así sus posibilidades de ser inseminadas por uno de los machos de alto rango. Esto puede explicar por qué, entre los chimpancés y algunos otros primates, las hembras se aparean de forma bastante indiscriminada al principio y al final de su hinchazón, pero se vuelven más reacias y «selectivas» a medida que se acerca la ovulación.[31]

Pero las hembras que «eligen» sesgando las inseminaciones a favor del progenitor con los «mejores» genes, son solo parte de la historia. Porque tanto si las hembras anuncian su receptividad con grandes hinchazones, como hacen las chimpancés, como si solicitan discretamente sexo a través de su comportamiento, como las monas langures, pueden también solicitar cópulas estando ya preñadas. Claramente, está ocurriendo algo más que solo la elección de la hembra del progenitor con los mejores genes. Por eso conviene tener presente que, mientras la selección sexual moldeaba el infanticidio como una estrategia reproductiva masculina, las hembras estaban desarrollando sus propias contraestrategias.

En un juego tan inclinado a favor de los machos más grandes armados con colmillos como puñales, que están en condiciones de acechar a la madre y a la cría día tras día, una hembra capaz de difuminar la paternidad entre los posibles intrusos tiene más probabilidades de que su descendencia sobreviva que otra que solo copule con uno. Los macacos japoneses ofrecen un buen ejemplo. Los machos tienen ocho veces más probabilidades de atacar a una cría si nace de una hembra con la que nunca se han

[31] Stumpf y Boesch, 2005.

apareado.[32] No es raro entonces que a cualquier chimpancé hembra que se acerca a la ovulación le compense no solo lucir una gran tumescencia de color rosa en la grupa, sino seguir buscando sexo con un macho tras otro. Puede aparearse más de cien veces antes de que se le pase la hinchazón. Una hembra de chimpancé tiene suerte si da a luz a cinco crías a lo largo de su vida, pero durante esa vida solicitará y se apareará con docenas de machos, lo que supone una media de unas seis mil cópulas.[33]

En todo el orden de los primates las hembras más motivadas para aparearse de manera poliándrica resultan ser las de las especies más vulnerables al infanticidio.[34] Se tiene constancia de hembras que buscan aparearse con múltiples machos en un 62 por ciento de esas especies. La proporción desciende a solo el 9 por ciento en especies en las que nunca se ha registrado infanticidio.[35] El riesgo de infanticidio no solo presiona a las hembras para que participen en solicitaciones poliándricas, sino que al parecer también influye en cuándo y durante cuánto tiempo las solicitan. Aunque las solicitaciones estrales suelen alcanzar su punto álgido en el momento de la ovulación, una hembra también puede prolongar ese periodo de solicitaciones proactivas cuando hay varios machos cerca de ella. Prolonga su periodo de receptividad e invita a los machos a aparearse antes y después de la ovulación. Si aparecen nuevos machos, incluso una hembra que no esté ovulando puede que active las solicitaciones estrales.[36] Pese a san Agustín y

---

[32] Soltis *et al.*, 2000.

[33] El primatólogo Richard Wrangham calcula que, tras la menarquia, una hembra joven copulará quizá 2.400 veces durante varios ciclos de baja fertilidad, anunciados por hinchazones rojas de gran tamaño, seguidas de otros 3.600 acoplamientos más o menos durante la edad adulta plena (1993, p. 55).

[34] Ebensperger, 1998; Wolff y Macdonald, 2004.

[35] Van Noordwijk y Van Schaik, 2000; véase también Agrell *et al.*, 1998; Wolff y Macdonald, 2004 para patrones similares en otros mamíferos.

[36] Aunque observé el mismo patrón en Mount Abu, los mejores datos proceden de Heistermann *et al.*, 2001. Registraron la identidad y el estado endocrinológico de cada hembra en una tropa de langures multimacho en Ramnagar, junto con la identidad de cada macho con el que se apareaba. La duración de la receptividad sexual era más prolongada entre estos langures de tropas multimacho que entre los langures de tropas con un solo macho de otros lugares. La mayoría de las solicitaciones (91 por ciento) iban dirigidas a machos residentes, mientras que el 9 por ciento restante

a otros que estaban convencidos de que el Creador destinó la actividad sexual exclusivamente a la procreación, ¡las primates hembra siguen un manual diferente para preservar la vida!

Una vez que los especialistas en comportamiento animal se alejaron de los animales domésticos con los que san Agustín habría estado más familiarizado y empezaron a estudiar a los primates salvajes, las proposiciones sexuales sin fines de concepción se expandieron por toda la Creación, siendo especialmente comunes entre los primates.[37] En la mayoría de los casos el catalizador es la presencia de machos nuevos (es decir, «potencialmente infanticidas»). Este comportamiento de las hembras aumenta la confusión sobre la paternidad. A esta se añade el hecho de que la competición entre machos persiste mucho tiempo después de las cópulas propiamente dichas, ya que los espermatozoides depositados consecutivamente en el tracto reproductor de la hembra tienen que luchar entre sí, compitiendo por ser los primeros en llamar a la puerta de la zona pelúcida que rodea al óvulo para poder entrar.

se dirigió a machos de grupos adyacentes. De las solicitaciones dentro del grupo, el 53,2 por ciento iban dirigidas al macho dominante; otro 26,1 por ciento y el 11,9 por ciento, respectivamente, se dirigieron a sus dos subordinados. Estas solicitaciones no estaban relacionadas con el hecho de que la hembra fuera estéril o estuviera en una fase fértil de su ciclo durante una ventana de dos días justo antes o después de la ovulación. De las cinco crías cuyo ADN pudo utilizarse para identificar al padre, solo una fue engendrada por el macho dominante, a pesar de ser el que había participado en el mayor número de cópulas. Otras tres crías fueron engendradas por uno de los machos subordinados, y la quinta por un extraño. Dado que el infanticidio por parte de los machos representa del 30 por ciento al 65 por ciento de la mortalidad infantil en Ramnagar, repartir la posibilidad de paternidad de este modo era una excelente estrategia de protección. Hrdy y Whitten, 1987; Small, 1990; Gust, 1994; Van Schaik, 2000a; Heistermann *et al.*, 2001; Campbell, 2004; Boehm, 2016.

[37] Entre los langures, los monos patas y varias especies de macacos; los monos de Sykes y los monos verdes (Hrdy, 1977, p. 284 y ss.); véase Van Noordwijk, 1985 para una descripción detallada de la «ovulación oculta» entre los macacos cangrejeros salvajes, Andelman, 1987 para los monos verdes; Manson *et al.*, 1997 para los capuchinos, y también una revisión y análisis de este creciente conjunto de pruebas sobre primates en Hrdy y Whitten, 1987; Van Schaik, Hodges y Nunn, 2000; Tardif *et al.*, 2003 para el tití común; y especialmente Boehm, 2016. En el conjunto de los mamíferos parece que la confusión sobre la paternidad y otras estrategias antinfanticidas hipotéticas son especialmente comunes en taxones como los primates y los carnívoros, donde el infanticidio es más frecuente; véase especialmente la visión general en Van Noordwijk y Van Schaik, 2000.

Por eso, los chimpancés y otros machos de especies caracterizadas por sistemas de reproducción multimacho tienen unos testículos enormes, grandes fábricas de forma globular capaces de expulsar una gran cantidad de esperma vigoroso.[38]

Los machos prefieren ser precavidos

Desde los viejos tiempos de los «recuentos de copulaciones», en los que los primatólogos comparaban el número de veces que un macho copulaba con su «éxito reproductivo», los investigadores con acceso al ADN y a registros a largo plazo han conseguido tener una visión más cercana a la realidad. Por abundante que sea el esperma de un macho, por mucho que se deposite en los tractos vaginales, las oportunidades reales del eyaculador de engendrar descendencia —y sobre todo descendencia que sobreviva para crecer y transmitir sus genes— suelen ser bastante limitadas. Incluso el macho más exitoso que alcanza un alto rango, o consigue hacerse con un «harén», es poco probable que se mantenga como amo de ese universo por mucho tiempo.

Mientras tanto, las hembras de «su» grupo estarán la mayoría de las veces preñadas o dando de mamar e, incluso durante los intervalos en que son fértiles, confundirán la paternidad apareándose subrepticiamente con machos de fuera. El número de oportunidades tan limitado que tienen los primates macho de dejar descendientes que sobrevivan implica que les convendría evitar dañar a cualquier infante que pudiera ser suyo. Por eso será ventajoso que un macho que observa a un bebé en apuros se rija por lo que se conoce como «la regla de Hamilton». Siempre que la intervención no sea demasiado costosa, le será más beneficioso rescatar a ese bebé. Siguiendo la fórmula establecida por el teórico de la evolución W. D. Hamilton, un individuo está dispuesto a ayudar a otro (en este caso, un bebé) si el beneficio para ese individuo es mayor que el costo que implica ayudar, calculado en función del

---

[38] Para la correlación entre el tamaño de los testículos y el sistema de apareamiento, véase Harcourt *et al.*, 1981; Dixson, 2013.

grado de parentesco del rescatador con ese bebé.[39] Cuanto mayor sea la probabilidad de que el macho comparta genes, mayor será la energía que puede permitirse gastar, de modo que cuanto mayor sea la probabilidad de parentesco, mayores serán los riesgos que estará dispuesto a asumir. Un macho de mono nocturno, seguro de la fidelidad de su pareja monándrica, puede permitirse convertir en prioridad el costoso cuidado de su cría. De no ser así, probablemente no lo haría. En cualquier caso, un primate macho no humano debería evitar dañar a un bebé que podría ser suyo.

Dada la frecuencia con la que un primate macho que vive en grupo suele estar cerca de las crías, necesita unas predisposiciones cognitivas específicas que le ayuden a manejar las probabilidades. A lo largo de millones de años de una existencia altamente social, los primates han desarrollado sesgos cognitivos que les permiten seguir el rastro de las relaciones. Los monos y los simios suelen saber quién asciende de rango, quién desciende, quién es su madre y, a menudo, también quién es la madre de otro mono.[40] Reconocer a los hermanastros maternos es bastante sencillo, basta con vigilar a mamá. Pero determinar el parentesco a través de la línea paterna es más problemático.[41] Por eso, aunque los machos tiendan a prestar ayuda a los bebés que es probable que sean suyos, han evolucionado para inclinarse por la precaución cuando no están seguros. Esto explica por qué los primates macho ayudan a veces a crías con las que no están emparentados. Actuar instintivamente con precaución cuando hay incertidumbre sobre la paternidad está incorporado en la mayoría de los primates macho. En capítulos posteriores explico cómo las normas culturales y la creciente preocupación de los varones humanos por su reputación añaden nuevas dimensiones a estos cálculos, inclinando aún más la balanza hacia la ayuda a infantes que no son necesariamente suyos.

Preparar el terreno para esa ayuda puede ser una de las razones por las que tantas madres primates se esfuerzan por mantener

[39] Hamilton, 1964.

[40] No conozco un texto más fiable y ameno que describa mejor cómo los monos consiguen saber quién es quién que *Baboon Metaphysics: The Evolution of a Social Mind* (Cheney y Seyfarth, 2007).

[41] Chapais ofrece una excelente revisión en *Primeval Kinship*, 2008.

contacto con posibles candidatos. Ese macho puede acudir algún día en ayuda de crías o jóvenes casi destetados si algo le ocurre a ella. En simios como los chimpancés los machos que responden suelen ser sus hijos o antiguos compañeros de acicalamiento o apareamiento,[42] aunque no siempre. Se producen actos aparentemente aleatorios de ayuda a bajo coste, como el día en que la primatóloga Jill Pruetz estaba observando chimpancés en la árida sabana arbolada cerca de Fongoli, en Senegal y vio cómo un macho adolescente de diez años recogía del suelo espontáneamente a un bebé herido y se lo llevaba a su madre. Aunque no era especialmente costoso, parecía un simple acto de bondad.[43] Otras veces, los chimpancés macho se desvían aún más de su camino para ayudar a una cría necesitada.

Cuando los machos adoptan a algún huérfano

Como la mayoría de los chimpancés hembra, los del Parque Nacional de Taï, en África Occidental, suelen abandonar su grupo natal para reproducirse en otra comunidad. Debido a la elevada tasa de mortalidad por depredación, caza furtiva y enfermedades, las hembras inmigrantes de Taï tienen aún menos probabilidades de tener hermanos mayores u otros parientes por parte materna cerca cuando dan a luz que lo que es común en los chimpancés. Esto es especialmente negativo si una cría pierde a su madre antes de ser independiente. Curiosamente, y por muy extraño que parezca para un chimpancé macho, más conocidos por su crueldad que por su ternura, la mayoría de las veces (en el 59 por ciento de los veintisiete casos estudiados en ese parque) el huérfano es adoptado por un macho adulto.[44]

---

[42] Goodall, 1986; Hobaiter *et al.*, 2014; Samuni *et al.*, 2019.

[43] Pruetz, 2010.

[44] Boesch *et al.*, 2010; Boesch, 2012; véase también Samuni *et al.*, 2019. Varias de estas adopciones por parte de machos se fusionaron en una conmovedora narración para la película de 2012 *Chimpanzees*, dirigida por Alastair Fothergill y Mark Linfield, y producida por Disneynature. Disponible en DVD.

Figura 7.3. Fredy tenía más de cuarenta años cuando Liran Samuni tomó esta fotografía de él besando a una huérfana durante una sesión de cascar nueces de *Coula edulis* en la que estuvieron juntos más de una hora y media. Inmediatamente después del beso, Fredy abrió una nuez y permitió a la huérfana coger el delicioso fruto. (Liran Samuni).

El mismo macho, al que los investigadores llamaron «Fredy», adoptó a siete chimpancés huérfanos de madre de entre dos y cinco años. En sus mejores tiempos Fredy había sido el segundo macho más dominante de la comunidad, antes de caer al tercer puesto. Sin embargo, a medida que envejecía, Fredy fue descendiendo en la jerarquía masculina hasta el último puesto. Su extraordinaria afinidad por cuidar a jóvenes necesitados coincidió con este declive de estatus, posiblemente influido por la disminución de las oportunidades reproductivas y la caída de la testosterona.[45] Había un huérfano en particular al que Fredy llevaba en su grupa a todas partes y sostenía con delicadeza contra su cuerpo durante las paradas que hacían para descansar. Fredy incluso compartía con él su comida, como habría hecho una madre.[46] Meses después, tras

[45] A medida que su valor reproductivo disminuye con la edad, los machos de babuino de sabana muestran un aumento similar en su tendencia a cuidar de las crías.

[46] A veces Fredy dejaba que el huérfano se llevara la mayor parte de las nueces que partía (Boesch, 2012). En este sentido, era más generoso que la mayoría de las madres chimpancé, que solo comparten a regañadientes y tienden a desechar los trozos menos apetitosos (Silk, 1978).

un conflicto con otro chimpancé en el que Fredy resultó herido, el huérfano desapareció.[47]

El análisis del ADN reveló que era poco probable que el «superprotector» Fredy fuera el progenitor de los huérfanos a los que cuidaba. Podría haber sido un tío, estar emparentado por alguna otra relación anterior con su madre, o quizá con la edad se había vuelto más tranquilo o altruista con sus compañeros de grupo.[48] Otra posibilidad, como dijo el primatólogo Liran Samuni, es que fuera simplemente «un individuo realmente único» (figura 7.3).[49]

Bebés que se convierten en meros instrumentos

Los machos tienden a prestar atención a las crías que probablemente sean suyas, pero también hay situaciones en las que lo que está en juego es la probabilidad de paternidad *de otro macho*. Entre los macacos de Berbería, cola de muñón, tibetanos y de Assam, todas especies en las que los machos coexisten con otros en un mismo grupo, cuando uno se siente amenazado por otro más dominante suele agarrar a una cría y huir corriendo a tres patas, sujetando a su pequeño y gritón rehén angustiado como si fuera un escudo, explotando la renuencia de su rival a dañar al bebé.[50] El uso de crías como «escudos contra conductas agonísticas» es muy eficaz cuando el oponente es posiblemente el padre.[51] Otras veces, utilizan a las crías más como instrumentos para fortalecer vínculos que como escudos.

Los machos de macaco tibetano a veces se arriman amistosamente a uno cercano mostrándole una cría (figura 7.4). Es como si

[47] Boesch, 2012.

[48] La edad y la disminución del valor reproductivo se correlacionan con un mayor altruismo o «intención de compartir» en langures hembra (Hrdy y Hrdy, 1976), y en algunas condiciones también puede ocurrir en los machos.

[49] Liran Samuni, comunicación personal, 11 de diciembre de 2019.

[50] Hrdy, 1976; Paul *et al.*, 2000; Dunayer y Berman, 2018.

[51] Alberts, 2016. Vale la pena recordar que, incluso sin intención evidente de dañar al bebé, de vez en cuando la táctica acaba terriblemente mal. Alberts también menciona un caso en el que un bebé babuino utilizado como «escudo agonístico» de esta manera murió a causa de un mordisco lanzado al azar.

Figura 7.4. Por muy alarmante que parezca el «comportamiento de tender puentes», el castañeteo de dientes y las muecas dantescas contribuyen a aliviar las tensiones entre estos dos machos de macaco tibetano mientras sostienen conjuntamente a un bebé. Está claro que, aunque no resultan dañados, los quejumbrosos bebés macaco no disfrutan en absoluto de ser usados como meros peones en estas demostraciones ritualizadas de solidaridad. (Carol Berman/Consuel Ionica).

anunciaran su interés común, lo que los investigadores llaman tender un «puente» entre sí.[52] El macho no solo se beneficia al forjar alianzas potencialmente útiles, sino que esas «amistades» también ofrecen sus propios efectos terapéuticos secundarios. Para empezar, las amistades pueden atenuar los niveles de estrés, como demuestra la disminución de las secreciones de glucocorticoides.

[52] Dunayer y Berman, 2018.

Cada vez son más las investigaciones en primates humanos y no humanos que ponen de relieve las correlaciones entre las interacciones sociales, la salud y, con el tiempo, la longevidad.[53]

Climas idóneos para machos cariñosos

Como hemos visto, las interacciones de los primates macho adultos con las crías van desde acecharlas y matarlas, hasta permanecer distantes o cuidarlas activamente. La probabilidad de la paternidad desempeña un papel importante, ya que los padres potenciales o reales suelen actuar como guardaespaldas atentos, disuadiendo tanto a los machos extraños como a los depredadores. Cuando las condiciones locales se deterioran, los machos a veces ayudan espontáneamente a un bebé que lo necesita con urgencia. Otros pueden ser reclutados por la madre. En hábitats en los que las madres necesitan algo más que protección, algunas entregan a las crías al cuidado de «amigos» machos con los que han forjado una relación especial. Por ejemplo, los macacos de Berbería comparten a sus crías. Cuando llega el invierno y la nieve cubre el territorio donde se alimentan en lo alto de las montañas Atlas de Marruecos, la única forma que tienen las madres de alimentarse y a la vez mantener a sus crías calientes y seguras es incitar a los machos a que los transporten. Sorprendentemente, ellos acceden porque en la temporada de apareamiento anterior estas madres se aseguraron su ayuda apareándose con todos los machos de la zona, proporcionando a cada uno de ellos una probabilidad de paternidad distinta de cero.[54] Cuando los corpulentos machos mantienen a las crías cerca, abrazándolas y calentándolas, los niveles de andrógenos que habían subido mucho en la temporada reproductora empiezan a descender.[55] Los machos se vuelven más cuidadosos.

---

[53] Campos *et al.*, 2020; Yang *et al.*, 2016; algunos científicos sospechan que el neuropéptido oxitocina, que aumenta durante las interacciones sociales íntimas, desempeña un papel. Véase Horn y Carter, 2021.

[54] Small, 1990.

[55] Rincon *et al.*, 2017.

En lo alto de los bosques de coníferas y de hoja perenne del sudeste del Tíbet habitados por hermosos monos blancos y negros de nariz chata (*Rhinopithecus bieti*), las temperaturas descienden aún más. A altitudes de hasta 4.250 metros estos monos adaptados al frío sobreviven a duras penas comiendo líquenes que arrancan de las rocas. Antes de que caiga la nieve, con las hojas verdes aún disponibles, las hembras se encargan del cuidado de las crías al igual que lo hacen los langures y otros monos colobinos. Pero cuando las condiciones empeoran, las madres, estresadas energéticamente, entregan los bebés a los machos, que los transportan durante un 17 por ciento del tiempo diurno.[56] Así, la necesidad extrema puede hacer que un macho normalmente distante se sienta atraído por los cuidados, sobre todo si la madre ha preparado previamente el terreno convirtiéndolo en un posible progenitor. Pero en especies como estas, en las que las hembras se aparean poliándricamente con varios machos, ¿qué indicios de paternidad están a su alcance? ¿Qué incentivos puede ofrecer una madre a un posible macho benefactor?

Los tities y los orígenes de los machos hiperprotectores

Al manipular las claves de que disponen los machos para evaluar la paternidad, los primates hembra aumentan las posibilidades de supervivencia de su siguiente cría. Si se difumina suficientemente la paternidad, un macho que no está seguro de si una cría es o no suya, evitará matarla. Los especialistas en comportamiento animal suelen calificar de «promiscuas» a las hembras que se aparean con varios machos. Para mí, sin embargo, su comportamiento es más bien «diligentemente maternal». El apareamiento poliándrico es una de las pocas contraestrategias que tienen las hembras para

[56] Xiang *et al.*, 2010; Guo *et al.*, 2022 hipotetizan de manera similar que las duras condiciones climáticas en su hábitat montañoso en el norte de China pueden haber sido determinantes cuando dos machos de macaco rhesus (*M. mulatta tcheliensis*) respondieron a la difícil situación de un huérfano casi destetado (hijo de uno de ellos) ayudando a la hermana mayor, que era solo una joven, a transportarlo y mantenerlo a salvo.

disuadir a los machos de matar a su cría y, en algunas situaciones, incluso para obligarlos a cuidar de un infante que posiblemente no sea suyo. Como la ayuda adicional es importante, las madres también aumentan las probabilidades de que esto ocurra permaneciendo cerca después del parto y aumentando la exposición del macho al poder transformador de los bebés. Así es como preparan el terreno para que los machos que podrían ser los padres empiecen a transportar o incluso a alimentar a las crías. En ningún otro mundo primate la madre naturaleza ha hecho un mejor trabajo equipando a las madres para conseguir este escenario como entre los tities y los tamarinos de la familia *Callitrichidae*.

Estos diminutos monos del Nuevo Mundo viven en grupos que suelen estar formados por una sola hembra reproductiva (aunque no siempre). Normalmente, la madre establece un estrecho vínculo con un macho concreto, pero también se aparea con otros. Todos ayudan, incluso un recién llegado con el que nunca se haya visto copular a la madre.[57] En lugar de anunciar la ovulación con hinchazones llamativas, las hembras permanecen receptivas durante todo el ciclo, y no existe ninguna señal externa visible. Aunque las solicitaciones aumentan al inicio de la formación del vínculo y tras las separaciones, las hembras de calitrícidos siguen apareándose después de quedarse preñadas.[58] De hecho, la libido femenina (manifestada por las solicitaciones hacia su pareja) en realidad aumenta.

Por si el sexo libre siempre disponible no bastara, los machos de los calitrícidos tienen un incentivo adicional para permanecer cerca durante la gestación. A los pocos días de dar a luz, la madre vuelve a ovular, lo que se conoce como «estro posparto».[59] Excepto

---

[57] En 2016 había cuarenta y ocho especies diferentes de tities o tamarinos de la familia *Callitrichidae* (Rowe y Myers 2016). Aunque se suponía que eran monógamos, en realidad las hembras de tití y tamarino a menudo se aparean con varios machos, y algunas especies son más poliándricas que otras. Aunque los machos de los calitrícidos difieren en la cantidad de cuidados que proporcionan a las crías, todos a veces las transportan. Mi descripción aquí se basa en observaciones de campo de Goldizen, 1987; Bales *et al.*, 2000; Garber, 1997 y otros.

[58] Snowdon y Ziegler, 2007.

[59] El tiempo transcurrido hasta el estro posparto varía. Entre los tities comunes que Susan Tardif ha estudiado durante años, ocurre alrededor de once días después del nacimiento (Tardif *et al.*, 2003).

por el rebote de la libido posparto, estos mismos patrones (ausencia de signos visuales en la ovulación, receptividad bastante continua a lo largo del ciclo y un pico de libido al principio del embarazo) también se dan en las hembras humanas.[60]

Con el estro posparto un macho de tamarino o tití ansioso por engendrar las próximas crías de una madre haría bien en permanecer cerca, o corre el riesgo de perder la oportunidad. Si un nuevo macho aparece en ese momento, el celo posparto también puede hacer que el recién llegado sea menos propenso a eliminar a las crías que aún están lactando, ya que esa madre va a ovular pronto, esté amamantando o no. No se sabe qué fue primero, si el apareamiento con varios machos y el estro posparto —que disminuyen los beneficios del infanticidio— o los machos motivados para cuidar. Mi suposición es que las estrategias femeninas contra el infanticidio evolucionaron primero, preparando el terreno para que el cuidado masculino evolucionara después.[61]

Cuando la madre tití se pone de parto su pareja se queda cerca mientras los recién nacidos, normalmente gemelos y, a veces, trillizos, van viniendo al mundo. A medida que el macho y otros individuos cercanos interaccionan con las atractivas feromonas de los recién nacidos, sus niveles de oxitocina aumentan.[62] Pero no se trata de cualquier oxitocina; como ya se ha dicho en otro capítulo, en los monos del Nuevo Mundo han evolucionado variantes especiales de oxitocina con sus receptores específicos. El efecto prosocial de algunas de estas variantes es tan potente que, cuando se administran por vía intranasal a una rata macho, también se vuelve más cariñosa.[63] Si el compañero de la hembra tití ayuda en el proceso del parto mordiendo el cordón umbilical, consumiendo la placenta o uniéndose a la madre mientras lame

[60] Hrdy y Whitten, 1987; véase Hrdy, 2016a, tabla 2.1 para otros paralelismos entre humanos y calitrícidos.

[61] El estro posparto se encuentra en trece de las diecisiete especies de primates en las que no hay pruebas de infanticidio por parte de los machos, pero no se encuentra en treinta y dos especies en las que sí se tiene constancia de infanticidio (Van Noordwijk y Van Schaik, 2000, p. 344).

[62] Finkenwirth *et al.*, 2016.

[63] Parreiras-e-Silva *et al.*, 2017. Estoy en deuda con Sue Carter por llamarme la atención sobre este estudio y ayudarme a entenderlo.

el líquido amniótico, dicho macho partero también recibe una dosis extra de esteroides favorecedores de la crianza.[64]

Por tanto, no es de extrañar que entre los tities comunes el posible padre cargue con los gemelos desde el primer día de vida, y después casi la mitad de las veces. Los hermanos mayores y otros machos también colaboran, devolviendo el bebé a la madre cuando llega el momento de amamantarlo. Entre las cinco y las diez semanas de edad, cuando las madres ya se muestran impacientes por destetar a sus crías y empiezan a empujarlas con brusquedad para quitárselas de encima, el padre les enseña a comer alimentos sólidos. Cuando las crías de tití león dorado son destetadas, alrededor del 90 por ciento de su dieta se la proporcionan las alomadres (en su mayoría machos).[65] Cuanto más altos son los niveles de oxitocina de un macho, más alimento transfiere a las crías destetadas. Este hallazgo concuerda con los experimentos realizados con tities comunes en cautividad, que demuestran que una simple instilación de oxitocina en la nariz del macho aumenta su tolerancia durante las transferencias de comida.[66] En consecuencia, las crías con los padres más receptivos están mejor alimentadas, pesan más y tienen mayores tasas de supervivencia tras el destete.[67]

Los machos proveedores desempeñan un papel clave a la hora de enseñar a los calitrícidos destetados (omnívoros pero inexpertos y cada vez más hambrientos) qué comer y cómo conseguir el alimento. El tití león dorado de Brasil es un gran recolector de frutos y semillas, y caza insectos, pájaros y otros pequeños vertebrados de las copas de los árboles. Los machos alomadres abren frutos duros para los bebés recién destetados o atrapan y les entregan presas adecuadas, como en «esta por mamá, esta por papá y esta por...».[68] Estos machos mentores incluso les hacen demostraciones de cómo capturar y someter a una araña que se retuerce

[64] Observación de Marc van Roosmalen, citado por Allman, 2000, p. 190.

[65] Para los tities comunes salvajes, véase Rapaport, 2011; para las pruebas experimentales que demuestran la disposición de los tities para cooperar con otros y compartir comida, véase Burkart *et al.*, 2007.

[66] Saito y Nakamura, 2011.

[67] Ziegler, Sosa y Colman, 2017; Burkart *et al.*, 2007.

[68] Rapaport y Brown, 2008; Rapaport, 2006, 2011.

Figura 7.5. En la esquina superior izquierda el macho de la hembra alfa del tití león dorado (*Leontopithecus rosalia*) devuelve un gemelo a su madre para que lo amamante. Mientras tanto, otros machos cazan pequeñas presas para entregárselas a los codiciosos bebés recién destetados. (Dibujo a pluma y tinta, regalo a la autora de la artista Sarah Landry).

o a otra presa y, a medida que los jóvenes maduran, indican la ubicación de la presa adecuada con «llamadas de comida» breves y rápidas. Tras la llamada el macho a veces espera a que los jóvenes encuentren a la presa, y luego observa cómo atrapan la deliciosa lagartija escondida en el sotobosque. La primatóloga Lisa Rapaport equipara estas demostraciones de los machos con la conducta humana de «enseñar» (figura 7.5).[69]

Al proporcionar tentempiés y ayudar a las crías de tití a aprender a buscar comida por sí mismas, estos machos alomadres facilitan un destete más temprano. Además, al hacer de niñeras y dar de comer a las crías, liberan a la madre para que pueda buscar comida y prepararse para el siguiente embarazo. Los machos alomadres ayudan a las madres de calitrícidos a mantener su asombroso ritmo reproductivo, pariendo hasta dos veces al año gemelos o trillizos, camadas que pesan el 20 por ciento de su peso corporal. La cría cooperativa también es la clave para colonizadores que necesitan evitar que las crías recién destetadas mueran de hambre mientras sus padres se trasladan a nuevos hábitats con fuentes de alimento desconocidas, o condiciones ambientales impredecibles

[69] Rapaport, 2011.

o inhóspitas. En estos casos disponer de un surtido de proveedores resulta especialmente beneficioso. Además, incluso cuando las cosas van mal y una población local se desploma, la asistencia alomaternal permite un ritmo reproductivo más rápido, de modo que la población local puede recuperarse rápidamente cuando las condiciones mejoran. Así se han extendido y diversificado los calitrícidos por toda América Central y del Sur.

Engendrar en «vecindarios más agradables»

Dado que la pertenencia a un grupo entre los calitrícidos tiende a ser bastante flexible, cualquiera de los sexos puede trasladarse a nuevos grupos a medida que se abren oportunidades de reproducción. Puesto que más machos ayudantes significa crías mejor alimentadas y de maduración más rápida, con más probabilidades de sobrevivir, los machos entrantes son bienvenidos, y a veces dos hermanos emigran juntos.[70] Con los favores sexuales femeninos dispensados libremente, y la selección sexual actuando a nivel de competencia entre espermatozoides en lugar de en combates directos entre machos, el tamaño de los testículos se vuelve más relevante que la capacidad de lucha, lo que explica los enormes testículos de los tities. Pero estos machos tienen una razón aún mejor para no oponerse a que otros machos consigan aparearse. Más de uno de ellos puede ser progenitor.

Como ocurre entre varias especies de mamíferos, como las marmotas, los perritos de las praderas, las mangostas enanas, los leones y los perros salvajes, los calitrícidos nacidos en la misma camada pueden ser engendrados por distintos machos, cada uno con su propio incentivo para cuidarlos. A lo largo de decenas de

---

[70] Por ejemplo, Koenig, 1995 para los tities comunes salvajes (*Callithrix jacchus*); Garber, 1997 para los tamarinos bigotudos salvajes (*Saguinus mystax*); Baker *et al.*, 1993 para los tities león dorado salvajes (*Leontopithecus rosalia*). Incluso se ha sabido que los tities sesgan las proporciones de sexo al nacer a favor de los machos, el sexo más útil (Silk y Brown, 2008). Llamado «mejora de los recursos locales» por Gowaty y Lennartz, 1985, se han reportado proporciones de sexo sesgadas a favor del sexo más útil en varias otras especies de criadores cooperativos.

millones de años de aparearse de forma poliándrica, las presiones selectivas sobre los calitrícidos han llevado aún más lejos a las camadas con mosaicismo genético. Pero para ello se necesita una placenta muy especial.

La fusión dentro de las placentas de los calitrícidos de crecimiento rápido crea una red inusual de vasos sanguíneos a través de los cuales las células migran entre gemelos y trillizos en el útero. Como resultado, las células somáticas del pelo, la piel, los músculos y otros tejidos corporales que se encuentran en el mismo individuo pueden proceder de progenitores *diferentes*. Los bebés que son genéticamente una amalgama se conocen como «quimeras», por las bestias míticas griegas que se creía que eran parte león, cabra y serpiente. Por si fuera poco, en 2007 el tití de orejas negras (*Callithrix kuhlii*) se convirtió en el primer mamífero del que se tiene constancia que produce quimeras con células germinales quiméricas incluidas en la mezcla.[71] Maravillado ante semejantes «árboles genealógicos enrevesados», uno de los descubridores, el primatólogo Jeffrey French, se quedó asombrado, «hay un tití macho vagando por los bosques del este de Brasil con esperma en sus testículos que contiene alelos de su hermano gemelo, además de los de sus padres».[72]

Dado que los gemelos pueden estar superemparentados siendo simultáneamente progenie y sobrinos, la generosidad del tití común macho no es sorprendente. Lo que sí sorprende es que estos «más que padres» diferencien a las crías quiméricas de las no quiméricas. Los machos prestan especial atención a las primeras, transportándolas el doble de tiempo.[73] Por el contrario, como si fueran conscientes de esta preferencia masculina, las madres las transportan menos, siguiendo una estrategia evolutiva de colaboración: «Creo que dejaré que lo haga uno de los padres».

Para prepararse para sus hercúleos deberes, y tal vez para indicar a su pareja lo comprometido que está, el futuro ayudante comienza a ponerse en forma. El primer indicio de que una hembra

---

[71] Ross *et al.*, 2007; Zimmer, 2007.
[72] French, 2007.
[73] Ross *et al.*, 2007; Zimmer, 2007.

de tití está preñada es que su pareja empieza a ganar peso,[74] algo positivo, puesto que un padre tití puede perder hasta el 11 por ciento de su peso corporal durante las tres semanas aproximadamente que carga a las crías.[75] Pero vale la pena. Cuanto más ayuda este padre probable, posible o parcial, mejores son las probabilidades de supervivencia para las crías que llevan sus genes.[76]

Compitiendo por obtener ventajas, los machos alomadres y las madres comparten un interés mutuo en el bienestar del otro. El primatólogo Paul Garber resume los niveles casi inigualables de cooperación dentro del grupo y de compartir alimentos entre los tamarinos que crían cooperativamente con la frase «uno para todos y todos para uno».[77] Pero además de fomentar la evolución de machos supercolaboradores e hiperprotectores, también hay un lado oscuro en las madres que dependen del cuidado masculino para sacar adelante a sus hijos. En un macabro giro de la historia habitual de los primates, la dependencia obligada de las madres en la ayuda alomaternal incentiva a las madres, no a los machos, a ser infanticidas. Si otra hembra de tití o tamarino, incluso su propia hija, se queda embarazada y da a luz, la hembra alfa puede matar a esas crías, sobre todo si ella misma está embarazada. (Como diciendo: «¡De ninguna manera compartiré a las niñeras!»).[78]

Como si fueran conscientes de la amenaza, las subordinadas tienden a suprimir su propia ovulación, y rara vez se quedan preñadas mientras esté presente la hembra dominante. Mientras tanto, si la alfa acaba teniendo más crías de las que puede criar, o si uno o varios de sus ayudantes macho no dan señales de estar dispuestos a ayudar, ella misma abandona. La madre empuja brutalmente a sus crías y las deja caer al suelo del bosque. En un marcado alejamiento de la devoción «incondicional» típica de las

---

[74] Ziegler *et al.*, 2004.

[75] Ziegler, Prudom *et al.*, 2016.

[76] Ziegler, 2016; Ziegler *et al.*, 2017.

[77] Garber, 1997. Para otros estudios de campo sobre la cooperación entre tamarinos y tities difíciles de observar en la naturaleza, véanse Bales *et al.*, 2000, 2002; Rapaport, 2006; Rapaport y Brown, 2008; para una demostración experimental en tities comunes en cautividad véase Burkart *et al.*, 2007.

[78] Véase Hrdy, 2009, p. 92 y ss.; una revisión en Hrdy, 2016b.

madres de primates no humanos (sobre todo de las madres experimentadas), incluso las madres de tití común y tamarino pueden matar a sus propias crías, sobre todo cuando les falta ayuda masculina, a veces arrancándoles la cabeza de un mordisco.[79]

En cualquier caso, las madres de calitrícidos han heredado una impresionante serie de adaptaciones que mantienen a los machos implicados y a sus crías vivas. No solo su apareamiento poliándrico significa que más de un macho tiene posibilidades de ser el padre, sino que las crías quiméricas significan que más de uno puede serlo. No es de extrañar que los tities y tamarinos macho ya no maten a las crías, es un riesgo demasiado grande.[80] Mientras tanto, la competencia entre machos se reduce con toda esa ayuda masculina y las hembras pueden permitirse criar más deprisa sin sacrificar la supervivencia de las crías, y repartiendo sexo con total libertad. En conjunto, todas estas adaptaciones contribuyen a crear vecindarios más seguros en los que pueden crecer los bebés.

Con el tiempo, la selección social que favorece machos tolerantes y serviciales parece haber superado a la selección sexual que favorece a los agresivos. Es como si se hubieran generado zonas de oportunidad evolutivamente inusuales, contextos donde antiguos circuitos neuronales latentes, propicios para el cuidado masculino, tuvieran la oportunidad de activarse, produciendo algunos de los machos más cooperativos y prosociales en todo el reino de los mamíferos, junto con un entorno más seguro para que las crías crezcan.

Recientemente, los teóricos evolucionistas suecos Sigrunn Eliassen y Christian Jørgensen han empezado a modelar cómo esos «vecindarios más agradables» pueden dar lugar a poblaciones «en las que las hembras que se aparean con los vecinos incentivan a los machos a cooperar para conseguir bienes públicos».[81] Vuelvo

---

[79] La documentación dispersa pero extensa de este comportamiento bastante horrible se encuentra en la revisión de Hrdy, 2016b.

[80] Según una reconstrucción filogenética de Dieter Lukas y Elise Huchard (2014), cuanto más grandes son los testículos, más tiempo ha transcurrido desde la evolución del infanticidio en ese linaje. Con la paternidad suficientemente borrosa, el infanticidio resultado de la selección sexual en machos prácticamente desaparece.

[81] Eliassen y Jørgensen, 2014. Krams *et al.* (2022) proporcionan una interesante prueba de campo de su modelo, informando de que los machos de papamoscas

a este tema en el capítulo 10, donde discuto vías alternativas para construir vecindarios más seguros o armoniosos que conduzcan al bienestar infantil en nuestra propia especie.

Sin embargo, en lo que respecta a las comparaciones con tities comunes y tamarinos, hay un problema. Han transcurrido 35 millones de años desde que los humanos compartieron por última vez un ancestro común con los monos del Nuevo Mundo. Una vez embarcados en la reproducción cooperativa, estos calitrícidos dispusieron de millones de años para evolucionar el celo posparto, variantes novedosas de la oxitocina, camadas con crías quiméricas y otros rasgos que propiciaron la evolución de machos hipercuidadores. Los grandes simios de la línea que conduce al género *Homo* no llevan tanto tiempo reproduciéndose de forma cooperativa. En lugar de placentas especializadas en producir crías quiméricas, todo lo que la madre naturaleza tenía para trabajar entre los simios de la línea homínida era la receptividad sexual inusualmente flexible y semicontinua de las hembras, característica de los primates en general, lo que dificultaba que los machos en evolución dentro del orden *Primates* tuvieran certeza de su paternidad. Aun así, una especie de grandes simios consiguió construir al menos barrios algo más agradables.

Es hora de hablar de *Pan paniscus*, la especie defensora del «haz el amor, no la guerra», hermana del egoísta y propenso a la violencia *Pan troglodytes*. Es hora de hablar de los bonobos, los otros parientes simios más cercanos de los humanos.[82]

La pansexualidad y los «barrios más agradables» de los bonobos

El linaje de grandes simios que dio lugar a los bonobos se separó del que dio lugar a los chimpancés hace entre uno y dos millones de años. Hoy en día solo existen pequeñas diferencias genéticas

---

cerrojillo son más propensos a participar en la defensa contra los depredadores locales si han engendrado descendencia fuera de la pareja en nidos cercanos.

[82] Parish y De Waal, 2000.

entre estas dos especies, pero sus comportamientos son muy distintos. Para empezar, los bonobos macho son mucho más tolerantes con sus congéneres, incluyendo a los bebés.[83] Nadie sabe exactamente cuándo ni cómo surgieron tales diferencias. Lo único que sabemos es que, a pesar del mayor gregarismo de los bonobos y de su frecuente acceso a los bebés, no se conoce ningún caso de macho bonobo que haya hecho daño a una cría, tal y como se observa en los chimpancés. ¿Por qué esto es así?

En gran parte la respuesta tiene que ver, casi con seguridad, con el hedonismo estratégico de las hembras de bonobo. Sus desenfrenadas solicitudes sexuales elevan a un nivel superior el término «pansexualidad», hecho famoso por las sofisticadas habitantes de Manhattan en la serie *Sexo en Nueva York*. Al igual que las chimpancés, los bonobos hembra presentan atractivas hinchazones similares a las del estro en sus regiones anogenitales que en su caso permanecen llamativamente rosadas e hinchadas durante casi todo su ciclo menstrual, de treinta y cinco días. Durante este tiempo solicitan sexo a todo el que se acerque, tanto hembras como machos. Cuando dos grupos se encuentran en la selva, en lugar de pelearse como harían los chimpancés, los bonobos se dedican sobre todo a relacionarse y copular.[84] Pero, aunque es prácticamente imposible para un bonobo macho determinar con precisión cuándo ocurre la ovulación,[85] los observadores humanos pueden utilizar sofisticadas pruebas hormonales para averiguarlo, y han descubierto que las hembras siguen solicitando sexo mucho después de la concepción. Una vez que nacen los bebés, la duración de la lactancia es más corta que en los chimpancés, los bebés bonobos se destetan antes y las madres pueden reanudar el ciclo.[86]

Si, como sospecho, los apareamientos poliándricos evolucionaron en los primates como estrategia femenina para confundir la paternidad y prevenir el infanticidio, parece que la costumbre

---

[83] A pesar del famoso solapamiento del 98 por ciento con los humanos, algunos de los genes que los bonobos comparten con los humanos no son los mismos que comparten chimpancés comunes y humanos (De Waal 2022, pp. 112-113).

[84] Furuichi, 2017; Fruth y Hohmann, 2018.

[85] Reichert *et al.*, 2002; Douglas *et al.*, 2016.

[86] Douglas *et al.*, 2016; Furuichi, 2017; Walker y Hare, 2017.

A

B

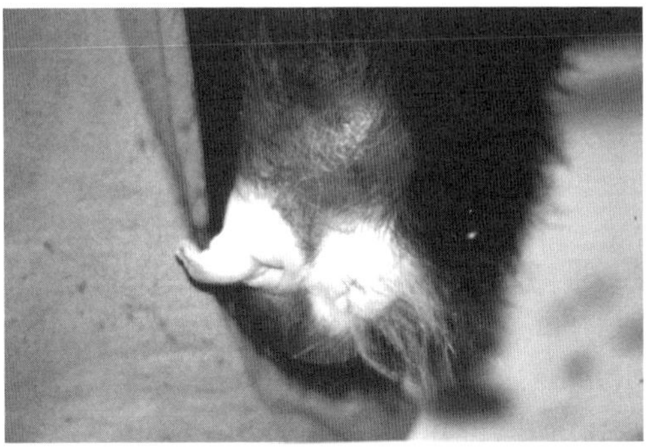

Figura 7.6. (a) Hembras de bonobo practicando sexo cara a cara, frotando sus vulvas. (b) El clítoris de los bonobos hembra, inusualmente grande, colocado en posición frontal y con forma de media luna, parece especialmente adaptado para la producción de orgasmos mutuos en tales ocasiones. Cuando una hembra practica sexo frontal con otra, su clítoris puede llegar a introducirse en la hinchazón sexual de su pareja. (Amy Parish).

de los bonobos de practicar más sexo con más individuos que cualquier otro primate del planeta ha dado sus frutos. A medida que los costes de cometer infanticidio en los machos empezaron a superar a los cada vez más reducidos beneficios, dejó de ser favorecido por la selección sexual. Pero también estaba ocurriendo algo más. La selección social en las hembras de bonobo favorecía a las que no solo encontraban placentero aparearse con varios machos, forasteros o compañeros de grupo, sino que también encontraban placentero frotarse los genitales con otras hembras. Así podían establecer alianzas ventajosas, y ¿qué mejor manera de conseguir una recompensa psicofisiológica sumamente placentera que a través de un orgasmo?

Para ello, el clítoris de los bonobos, con forma de media luna y en una posición frontal, inusualmente grande para su tamaño corporal, está bien formado y situado para la producción de orgasmos (figura 7.6). En palabras de la experta en bonobos Amy

Parish, su clítoris tiene todas las cualidades de un «diseño especial».[87] En respuesta al frotamiento de sus vulvas la estimulación resultante se acumula, y los niveles de oxitocina aumentan más que con la cópula.[88] Esto promueve relaciones afiliativas mutuamente gratificantes entre las hembras y reduce las respuestas agresivas en el grupo en general.

Hace años, Amy Parish, recién licenciada, solicitó ser mi estudiante de posgrado en la Universidad de California en Davis, pues ya había decidido que quería hacer su tesis doctoral sobre la sexualidad entre las hembras de bonobo. Su hipótesis mantenía que eran los vínculos entre hembras, forjados durante relaciones sexuales mutuamente gratificantes, los que las capacitaban para «superar el legado filogenético de dominación masculina» tan típico de otros grandes simios, y estaba ansiosa por recopilar datos que demostraran lo que, a estas alturas, se ha convertido en una explicación ampliamente aceptada de por qué las hembras de bonobo gozan de más poder social que sus hermanas chimpancés comunes, dominadas por los machos.[89] Si entre los chimpancés las alianzas entre machos son fundamentales, entre los bonobos son los vínculos entre hembras los que resultan más comunes, duraderos y beneficiosos. Rasgos que incentivan el sexo, como sus clítoris de tamaño y posición inusuales, forman parte del equipo que evolucionó para promover tales vínculos, otorgando a las hembras de bonobo una gran influencia dentro del grupo. Si un bonobo macho asusta a una cría que da un grito de alarma, la madre y sus amigas se abalanzarán sobre él para vengarse.[90]

Esto es lo que ocurrió un día en que los investigadores Barbara Fruth y Gottfried Hohmann estaban siguiendo a un grupo de

---

[87] Parish, 2006.

[88] Moscovice *et al.*, 2019. Dado que las respuestas orgásmicas de una hembra pueden estar más relacionadas con su fase del ciclo que con su compromiso con una pareja en particular o con la destreza sexual de un macho determinado y que, al menos en el caso de primates no humanos como los bonobos, la probabilidad de orgasmo probablemente aumente con la estimulación de parejas anteriores, hay una cierta ironía en que las mujeres sientan que necesitan «fingir» orgasmos por el bien de la autoestima de su pareja.

[89] Parish, 1994; De Waal y Lanting, 1997.

[90] Parish, 1994; Fruth y Hohmann, 2016; Furuichi, 2017; Hohmann *et al.*, 2018.

bonobos por la selva de la República Democrática del Congo. De repente, estalló el caos cuando el macho alfa amenazó a una hembra que llevaba a una cría de un año. Era una recién llegada y los análisis de ADN revelaron posteriormente que su bebé había sido engendrado por un macho de otra comunidad. Lo que habría sido una sentencia de muerte entre los chimpancés tuvo un desenlace distinto en los bonobos. En lugar de que acabasen matando a la cría, una horda de hembras furiosas se abalanzó sobre el agresor y lo expulsó. No lo volvieron a ver.[91]

Tan simpáticos que a veces comparten la comida

En lugar de atacar deliberadamente a los forasteros, como hacen los chimpancés de ambos sexos, los bonobos acogen a los extraños y toleran a sus crías. En dos ocasiones hembras adultas ya madres (una de ellas con crías aún dependientes) adoptaron a crías hembra de entre dos y tres años de un grupo vecino.[92] El primatólogo japonés Takeshi Furuichi sugirió que las hembras alfa tienen motivos para fomentar ese reclutamiento de hembras. Reforzado por la influencia social de su madre, el hijo de un bonobo hembra alfa probablemente tendrá bastantes posibilidades de engendrar un día algún hijo de las hembras adoptadas.[93] Puede que su hijo sea como un «niño de mamá», pero las pruebas de ADN revelan que el principal reproductor de un grupo de bonobos suele ser el hijo de la hembra alfa. Resulta que un bonobo macho exitoso tendrá más descendencia en su grupo que el chimpancé macho alfa de mayor éxito, a pesar de la agresividad sexualmente seleccionada y el comportamiento dominante de este último.[94]

La despreocupada sexualidad de los bonobos tiene implicaciones de gran alcance. La tolerancia mutua fomentada por sus orgías

---

[91] Hohmann y Fruth, 2011.
[92] Tokuyama *et al.*, 2021.
[93] Furuichi, 2011, 2017; Tokuyama y Furuichi, 2016, p. 33.
[94] Surbeck *et al.*, 2017; Hare y Woods, 2020, cap. 3, esp. p. 47.

hedonistas se extiende a otros ámbitos. Su tolerancia interindividual genera su propio abanico de posibilidades. Por un lado, las amistades entre hembras aliadas, cultivadas mediante el acicalamiento mutuo y el sexo, permiten a las madres bonobos defender a sus crías. Ya no necesitan someterse instintivamente ante los machos prepotentes como hacen las hembras de chimpancé. Su estatus respecto a los machos se extiende también a otros ámbitos, como el acceso preferente o, al menos igualitario, a los alimentos.[95]

Cuando los bonobos se encuentran con una rica fuente de comida, en vez de pelearse, la anticipación del festín genera una orgía de frotamientos genitales, que transporta a los bonobos a un estado de ánimo cargado de oxitocina que los predispone a compartir los recursos. Al igual que entre los calitrícidos, las comunidades de bonobos no solo son lugares más seguros para que crezcan los jóvenes, sino barrios más agradables para todos.[96] Como subproducto de toda esta tolerancia socialmente seleccionada, los bonobos son más propensos a cooperar con los demás que los chimpancés.[97] También se llevan mejor con los grupos vecinos, a los que rara vez o nunca atacan, y a veces incluso comparten la comida con ellos, algo que pocos primatólogos esperaban ver en primos tan cercanos a los xenófobos *Pan troglodytes*. Esto es exactamente lo que ocurrió un día de enero de 2017.

Dos equipos de investigación seguían a dos grupos distintos de bonobos por el bosque tropical de Lui Kotale, en la República Democrática del Congo, y observaron cómo los dos grupos se unían pacíficamente. El macho alfa de una comunidad acababa de cazar un pequeño antílope. Si hubieran sido chimpancés, la competición entre machos por este premio habría provocado una debacle. En su lugar, las hembras de ambos grupos se arremolinaron en torno

---

[95] Parish y De Waal, 2000; véase también White y Wood, 2007, que descubrieron que las hembras tienen prioridad sobre los machos en zonas de alimentación pequeñas, pero no en las grandes. Los machos siguieron siendo dominantes sobre las hembras en encuentros uno a uno, diádicos, en los que no había cerca ninguna aliada de la hembra.

[96] Para modelos teóricos sobre cómo los apareamientos fuera de la pareja propiciados por las hembras pueden contribuir a la evolución de «vecindarios cooperativos» en otras especies, véase Eliassen y Jørgensen, 2014; también Sheldon y Mangel, 2014.

[97] Hare *et al.*, 2007.

Figura 7.7. A diferencia de los chimpancés, el reparto de alimentos entre los bonobos suele estar controlado por las hembras y no por los machos. Las hembras que controlan la comida responden a los pedigüeños entregándoles un trozo de lo que estén comiendo. En la imagen vemos a jóvenes y mayores reunidos en torno a una hembra de bonobo que roe la pata de un pequeño antílope de bosque. (Robin Loveridge/ Proyecto Bonobo Lui Kotale).

al cazador, atisbando por encima del hombro y extendiendo cortésmente la mano para mendigar un trozo del botín. Cuando una hembra de una comunidad consiguió que le diera la cabeza entera, la compartió primero con sus crías y luego con las hembras de *ambas* comunidades (figura 7.7).[98]

En su pasado reciente las buenas relaciones con los vecinos pueden haber sido lo bastante beneficiosas entre bonobos como para llevarles a veces a compartir *preferentemente* la comida con congéneres *desconocidos* que con familiares; se sabe que lo hacen en cautividad.[99] De todos modos, a Barbara Fruth y Gottfried Hohmann,

[98] Fruth y Hohmann, 2018; véase también Samuni *et al.*, 2022.

[99] Véase Hare *et al.*, 2007; Tan y Hare, 2013; Hare y Woods, 2020, cap. 3 para experimentos que muestran una preferencia por compartir con bonobos menos

los jefes del equipo, les costó creer lo que vieron sus ojos cuando observaron a los bonobos compartir un recurso tan preciado como la carne con individuos de un grupo vecino. Recalcaron que compartir hospitalariamente con parientes y no parientes por igual es «un rasgo humano único, que nos distingue de otros primates».[100] Por muy únicos que sean los rasgos humanos, cuanto más aprendemos sobre otros primates, más se amplían nuestros horizontes, ilustrando posibles precursores socialmente seleccionados de algunas de las formas hipersociales tan peculiares de nuestra propia especie.

El legado de conductas de cuidado en primates macho

No cabe duda de que en los mamíferos las madres son el sexo gestante, lactante y cuidador. En todos el cuidado por parte de los machos es la excepción, no la regla. Y, sin embargo, si nos remontamos

---

familiares. No obstante, es importante señalar que los bonobos adultos en otra colonia mostraron poco interés en ayudar a sus compañeros de grupo a acceder a alimentos preferidos (Verspeek *et al.*, 2022). Estén atentos.

[100] Cita de Fruth y Hohmann, 2018. Para otros animales que comparten comida, véase Massen *et al.*, 2020 para casos de compartir alimentos de manera proactiva en urracas de alas azules y otras aves, como los arrendajos piñoneros y los loros grises africanos, así como en varios mamíferos. Véase especialmente Jaeggi y Van Schaik, 2011 para primates. Samuni *et al.*, 2018 se embarcan en un fascinante examen de lo que parece ser «altruismo recíproco basado en vínculos» en casos poco frecuentes en chimpancés compañeros de grupo y co-cazadores, que comparten carne de forma voluntaria. En cuanto a primates no humanos, el premio por «preferencias que tienen en cuenta a otros» llevando a un compartir proactivo de alimentos aún lo tienen los primates de cría cooperativa de la subfamilia *Callitrichidae* (Burkart *et al.*, 2007, 2014). Me fascina que los delfines manchados sean de los pocos mamíferos altamente sociales y de cerebro grande en los que ambos sexos se mueven entre grupos y cuando estos se encuentran tienden a socializar y aparearse en lugar de pelear, al igual que hacen los bonobos (Danaher García *et al.*, 2022). Como casi con toda seguridad fue el caso entre los ancestros de los bonobos, el infanticidio por parte de los machos ha sido probablemente un reto de toda la vida para las madres delfines (p. ej., Patterson *et al.*, 1998; Rosser *et al.*, 2022), lo que quizá ha contribuido a la evolución de clítoris grandes y bien desarrollados (Gross, 2022, p. 83, citando a la bióloga Patricia Brennan), al servicio de producir «vecindarios más agradables».

a la línea de los primates, junto a las tendencias infanticidas y sus devastadoras consecuencias, el cuidado masculino aparece curiosamente con más frecuencia entre los primates que entre los mamíferos en general. No solo están presentes los fundamentos neurales y socioendocrinos de las respuestas tolerantes, e incluso cariñosas o de reparto de alimentos, sino que parecen necesitar menos para responder positivamente a los bebés que la mayoría de los mamíferos. Curioso.

Aunque suene ilógico, creo que las tendencias sexualmente seleccionadas que motivan a los primates macho a atacar a los bebés de hembras desconocidas contribuyeron a preparar el terreno para el cuidado masculino final, incentivando a los machos a permanecer cerca de las madres después del apareamiento, protegiendo al mismo tiempo a sus parejas y a sus crías de otros machos.[101] Esto significaba que los padres primates, a menudo con la connivencia de las guardianas maternas, se encontraban cerca de las madres y los bebés más a menudo que los machos de la mayoría de los mamíferos. Lo que ocurriera después, de una especie a otra, dependía de una serie de factores ecológicos y sociales que afectaban a los umbrales masculinos para las respuestas tolerantes, y potencialmente también para las de cuidado. Recordemos que, incluso entre los grandes simios, en los que rara vez se dan las circunstancias propicias para el cuidado paterno, deben seguir existiendo redes neuronales y hormonas relevantes que promuevan la capacidad de respuesta a las señales de los bebés. Sabemos por observaciones de chimpancés macho como Fredy que, si se dan las condiciones adecuadas, pueden activarse respuestas de cuidado.

Los desencadenantes del cuidado paterno suelen coincidir con la probabilidad de que exista parentesco genético. Cuanto más costoso es el cuidado, o más exclusivamente dirigido a un individuo concreto, más importante se vuelve el parentesco (o al menos la percepción de parentesco). Sin embargo, la certeza de la paternidad dista mucho de ser la única vía para el cuidado paterno.[102]

---

[101] Van Schaik y Dunbar, 1990; Van Schaik, 2000a y 2000b; Borries *et al.*, 2010.

[102] Véase Rosenbaum y Silk (2022) para otros primatólogos que llegan a una conclusión similar.

Evidentemente, las experiencias pasadas con la madre, o las perspectivas de aparearse con ella en el futuro, importan. Las necesidades del bebé también pueden constituir un factor de peso; cuanto más duras sean las condiciones, y más diferencia pueda suponer la ayuda masculina, más probable será que un macho ayude. Y, paradójicamente, incluso la incertidumbre sobre la paternidad puede conducir a la tolerancia y a la evolución del cuidado, porque en las especies en las que las hembras han difuminado la paternidad como contraestrategia al infanticidio, los machos rara vez pueden estar seguros de qué crías son suyas, y puede convenirles pecar de precavidos. Los primates macho también muestran un umbral sorprendentemente bajo para responder a indicios inferenciales de parentesco, como la familiaridad prolongada. Invariablemente, como vimos en el capítulo 6, hay un factor experiencial que eclipsa a todos los demás desencadenantes evolutivos, el tiempo en íntima proximidad con ese bebé. En cuanto a la evolución de los machos más cariñosos en el género *Homo*, cuanto más me informaba sobre lo que los primatólogos han ido aprendiendo, más me daba cuenta de que la madre naturaleza ha tenido más materia prima a mano de lo que yo y otros hemos supuesto inicialmente.

Pero ¿qué pudo ocurrir para que los umbrales de respuesta alomaternal fueran tan bajos que los simios macho empezaran a ir más allá de ayudar de vez en cuando a otros y empezaran a cooperar de forma instintiva incrementando las probabilidades de supervivencia de todos, incluidos los infantes? Lo más desconcertante de todo era entender cómo los homininos macho, los simios bípedos en la línea que conduce a los humanos anatómicamente modernos, se volvieron lo suficientemente generosos como para compartir alimentos no solo de manera ocasional, como los bonobos, sino de forma rutinaria. ¿Por qué los primeros humanos empezaron a abastecer de manera regular a sus compañeros de grupo, aunque fueran parientes lejanos, algo que ningún otro primate hace?

08

La aparición de un insólito simio en el Pleistoceno

«¿Quién iba a pensar que hace tan solo setenta mil años las condiciones climáticas extremas redujeron nuestra población a un número tan bajo que estuvimos al borde de la extinción?».

MAEVE LEAKEY, 2008

«Lo que no me mata me hace más fuerte».

FRIEDRICH NIETZSCHE, 1939

El surgimiento de machos más tranquilos

Como he explicado en el capítulo anterior, los humanos descendemos de generaciones de simios en los que los machos han tenido durante mucho tiempo tanto efectos positivos como negativos sobre las crías. Esto incentivó a las madres a tender una amplia red de posibles paternidades, prestando atención a qué machos podían resultar más útiles. Las madres de los primates actuaban a la vez como organizadoras y guardianas del acceso a las crías. Cuanta mayor influencia local tenía una hembra, más libertad tenía para elegir con quién se relacionaba. Cuanto más tiempo pasaba un macho cerca de los bebés, más probabilidades tenía de experimentar los efectos transformadores que estos pueden tener en el cerebro de los mamíferos.

Pero incluso después de volverse más tranquilos por pasar más tiempo cerca de madres y bebés, ¿qué pudo haber transformado a simios normalmente egocéntricos en machos deseosos de ayudar y compartir? Machos que empezaron realmente a procurarse más comida de la que podían consumir y a transportarla hasta donde pudieran compartirla con otros adultos, algo que muy pocos mamíferos hacen.

La respuesta breve es que rozaron la extinción.

Enfrentados a unas condiciones inusualmente duras, la selección sexual darwiniana que favorecía a los machos más competitivos nunca desapareció, pero fue dando paso a una selección social que favorecía a los machos dispuestos a reducir los riesgos de hambruna ayudando y compartiendo con otros. Estaban en marcha procesos que acabarían permitiendo que los humanos se adaptaran a una amplia gama de hábitats y se extendieran por todo el mundo. ¿Cómo pudo haber sucedido esto?

El paraíso perdido

Hace veinte millones de años los simios del Mioceno prosperaron cuando los bosques cálidos y húmedos acogieron a ágiles braquiadores que se balanceaban por los bosques de rama en rama desde África y Europa, hasta el sur y el sudeste de Asia. Pero hace cinco millones de años el entorno forestal propicio para aquella «edad de oro» de los simios se empezó a volver menos hospitalario. Al enfriarse y hacerse más secos los climas del Plioceno, los bosques se retiraron, y con ellos las poblaciones de simios.[1] No eran las condiciones ideales para criar a unas criaturas energéticamente costosas y de maduración lenta.

A finales del Mioceno algunos simios de cerebro pequeño empezaron a ahorrar energía caminando erguidos entre las áreas de bosque que aún quedaban, aunque conservaban los brazos largos, parecidos a los de los chimpancés, y los dedos curvados para escapar a los árboles y alimentarse en ellos. Estos simios bípedos pertenecían a géneros como *Sahelanthropus*, *Orrorin* y *Ardipithecus*. En algunos aspectos, el *Ardipithecus* (conocido popularmente como «Ardi») se parecía más a un mono que a un chimpancé, aunque sus manos eran extrañamente humanas. Hace 4,4 millones

[1] Para reconstruir esta historia me baso en el muy ameno relato de DeSilva, 2020 y las referencias que contiene. Véanse esp. pp. 74 y ss.

de años estos desconcertantes mosaicos de simios fueron desapareciendo del registro fósil.[2] Los últimos que quedaron eran en su mayoría australopitecos de cuerpo pequeño y asustadizos; dejaron tarjetas de visita fosilizadas desde el sur de África hasta Etiopía, identificables hoy como *Australopithecus africanus*, *A. sediba*, *A. prometheus*, *A. garhi*, *A. deyiremeda*, *A. anamensis* y *A. afarensis*. Pero también ellos fueron desapareciendo a medida que entraban en escena bípedos de mayor tamaño pertenecientes al género *Homo*.

La mayoría de los paleontólogos suponen que nuestros antepasados descendían de australopitecos parecidos a chimpancés. Unos pocos, sin embargo, señalan que las particularidades de las manos y los pies de Ardi recuerdan más a los apéndices humanos que a los de chimpancés o gorilas; o hacen énfasis en un dimorfismo canino reducido, que sugiere machos más apacibles, menos propensos a utilizar dientes afilados en la lucha por el acceso a las hembras.[3] De ahí que los descubridores de Ardi optaran por dejar de lado a los australopitecos y consideraran al *Ardipithecus* como más representativo de nuestro último ancestro común, en lugar de los modelos más marcadamente seleccionados sexualmente, como los chimpancés o los gorilas.[4] Cualquiera que sea la interpretación que resulte más acertada, fue durante el Pleistoceno, una época geológica que comenzó hace aproximadamente 2,6 millones de años y terminó hace unos 12.000 años, cuando realmente comenzó la historia humana, con la evolución de colonizadores altamente adaptables y errantes conocidos como *Homo erectus*.

---

[2] Para conocer todo lo que sabemos sobre el *Ardipithecus ramidus* y sus congéneres, véase White *et al.*, 2015.

[3] Lovejoy, 2009; Suwa *et al.*, 2021; Raghanti *et al.*, 2018. Véase también el recién publicado *The Wrong Ape for Early Human Origins: The Chimpanzee as a Skewed Ancestral Model*, de M. Kay Martin (2023).

[4] El divulgador científico Kermit Pattison relata la fascinante historia detrás del descubrimiento de Ardi, los desafíos de reconstruir sus restos fragmentados y la tarea casi imposible de interpretarlos, así como el lugar de Ardi en la historia evolutiva, en su libro de 2020 *Hombres fósiles* [Madrid: Capitán Swing, 2024].

Supervivientes versus los que quedaron atrás

Varias especies del género *Homo* deambulaban por el Pleistoceno, pero su existencia resultó ser bastante efímera. A modo de advertencia inquietante para los humanos de hoy, lo que acabó con esos otros simios bípedos fue el cambio climático, y a gran escala. El África del Pleistoceno oscilaba entre cálida y fría, húmeda y seca, con una tendencia general hacia un aumento de la aridez. En yacimientos paleontológicos de África oriental como Olduvai y Omo, donde aún se están desenterrando restos fosilizados de los primeros *Homo*, el registro estratigráfico describe periodos de lluvias torrenciales que llenaron grandes lagos hasta que se desbordaron, y que alternaron con sequías que los redujeron a montones de polvo.[5] Las jirafas que antaño ramoneaban en praderas arboladas junto a cerdos gigantes e hipopótamos acuáticos dieron paso a bóvidos mejor adaptados a la sabana árida y a las tierras baldías.[6] Incluso en los lugares donde los grandes mamíferos seguían siendo abundantes, los fósiles de simios bípedos eran escasos y los del género *Homo* aún más.[7] No corrían buenos tiempos para ser simio. Nuestros héroes homininos atravesaban dificultades.

Sin duda, los machos seguían compitiendo entre sí por el acceso a las hembras fértiles, pero incluso los que conseguían inseminar a alguna tenían suerte si su descendencia sobrevivía. A medida que alimentarse se hacía cada vez más problemático, las reglas del juego cambiaron. Fueron tiempos difíciles, pero de algún modo sobrevivieron suficientes descendientes como para que unas pocas poblaciones más resistentes consiguieran salir adelante. Poco a poco y a trompicones los *Homo erectus* empezaron a aumentar en número. Hace 1,8 millones de años algunos *H. erectus* arcaicos emigraron del África tropical a las

[5] Magill *et al.*, 2013; DiMaggio *et al.*, 2015; Potts y Sloan, 2010; Potts y Faith, 2015; Leakey, 2020.

[6] Bobe y Leakey, 2009.

[7] Por ejemplo, Bobe y Leakey (2009) estiman que los homínidos representaban no más del 0,6 por ciento de los restos fósiles de la antaño abundante población de grandes mamíferos del Plio-Pleistoceno de la cuenca del Omo-Turkana.

estribaciones del Cáucaso georgiano (en Dmanisi), en Asia occidental, seguidos de migraciones posteriores al sudeste asiático y más allá.

El destino del género *Homo* fue impredecible más de lo que la mayoría de la gente imagina. Descendemos de una población heterogénea de *H. erectus* que en un momento dado pudo contar con menos de 20.000 adultos reproductores, lo que podría explicar por qué hay más diversidad genética entre los cerca de 300.000 chimpancés que quedan en el mundo que en los genomas de los 8.000 millones de humanos.[8] Con tantas adversidades por delante, ¿cómo consiguió abrirse paso nuestro linaje de homininos?

Afrontar un dilema demográfico

Los mamíferos pequeños, como los ratones o los leminos, se adaptan bien a los ciclos de altibajos. Aunque su número se desplome en los tiempos duros, los reproductores pueden compensarlo produciendo camadas rápidamente en los buenos tiempos. Esto no era posible para los simios de gran tamaño que tenían una sola cría, nacida tras una gestación prolongada y amamantada durante años. Era improbable que sus abnegadas madres volvieran a concebir antes de que las crías mayores pudieran alimentarse por sí mismas, como hacen los chimpancés y gorilas recién destetados.

Si la duración de la lactancia entre los primeros homininos era parecida a la de los chimpancés actuales, los intervalos entre nacimientos habrían durado unos cinco años. Cuando la escasez estacional de alimentos se agravaba, los intervalos entre partos probablemente aumentaban aún más, quizá hasta ocho años, como entre los orangutanes. Tras una serie de años de escasez con pérdida de cohortes sucesivas de bebés, podría haber sido imposible que las poblaciones de homininos de reproducción lenta se recuperaran, aunque mejoraran las condiciones. El paleontólogo Owen Lovejoy fue uno de los primeros en destacar lo que denominó el «dilema

[8] Hawks *et al.*, 2000; Leakey, 2020, p. 322.

demográfico» de los primeros homininos, en un artículo de 1981 publicado en *Science* con el título «El origen del hombre».[9]

Para seguir siendo viables, estos simios bípedos tenían que reproducirse más rápidamente. ¿Pero cómo? Desde Darwin hasta gran parte del siglo XX los evolucionistas sospecharon que los humanos habían evolucionado porque los cazadores empezaron a procurar alimento a sus parejas y a su descendencia.[10] Sin embargo, para que los machos estuvieran dispuestos a hacer ese tipo de inversiones, la lógica evolutiva de la época dictaba que los cazadores también tenían que estar seguros de su paternidad.

El ensayo de Lovejoy se publicó hace más de cuarenta años. La parte de su argumento que aún hoy se mantiene es lo difícil que habría sido para nuestros antepasados del Pleistoceno criar a su prole. Si fue difícil para los australopitecinos de cerebro pequeño, aún lo habría sido más para los *Homo erectus*, de cuerpo más grande. Y lo más desafiante de todo habría sido para las hembras, cargadas con crías costosas en un momento en que los cerebros de los homínidos estaban evolucionando para ser más grandes. Los cerebros, después de todo, son órganos excesivamente costosos de desarrollar y mantener. Al igual que en la mayoría de las criaturas, debió haber existido un tamaño máximo de cerebro que fuera compatible con la viabilidad demográfica de una especie de homininos. Los antropólogos Karin Isler y Carel van Schaik, de la Universidad de Zúrich, se refieren a este límite del tamaño cerebral como el «techo gris».[11] Esos costos tenían que ser cubiertos de alguna manera.

Cuando aparecieron los simios del género *Australopithecus*, los cerebros probablemente ya tardaban más en madurar, incluso antes de que se produjeran los grandes aumentos en el tamaño cerebral.[12] En el transcurso del Pleistoceno los cerebros del *Homo erectus*

---

[9] Lovejoy, 1981.

[10] Darwin, 1879, Isaac, 1968; Washburn y Lancaster, 1968; Lovejoy, 1981; véase también Kaplan *et al.*, 2000.

[11] Isler y Van Schaik, 2012; Van Schaik, 2016, p. 385.

[12] El análisis del tamaño y la forma del cráneo de un niño de 2,5 años de *Australopithecus afarensis*, junto con los anillos de crecimiento en sus dientes, sugiere que hace 3,3 millones de años los bebés homínidos ya comenzaban a ser más grandes al

se expandirían hasta casi duplicar el tamaño de los cerebros de los australopitecos, hasta unos novecientos centímetros cúbicos y, a finales, con la aparición del *Homo sapiens* anatómicamente moderno, los cerebros eran aún mayores.[13] La energía necesaria para desarrollar y mantener de mil doscientos a mil seiscientos centímetros cúbicos de materia gris *sapiens* tuvo que venir de alguna parte, y tuvo que estar disponible antes de que la selección pudiera favorecer el desarrollo de órganos cada vez más costosos.[14]

Incluso cuando sus primos bípedos de cerebro más pequeño estaban desapareciendo en la sabana, el *Homo erectus* se las arregló para burlar la extinción. De algún modo, criaron suficientes descendientes para mantenerse en la lucha, consiguiendo producir sus costosas crías al tiempo que se enfrentaban a una estacionalidad extrema, temperaturas oscilantes, precipitaciones impredecibles y escasez recurrente de alimentos. La dieta tuvo mucho que ver. Durante este periodo, los homininos del Pleistoceno recorrían zonas más extensas, cazaban más, recolectaban proteínas y lípidos de sus presas animales y adquirieron mayor destreza en el uso de nuevas herramientas. En algún momento del Pleistoceno el control del fuego y la cocción de los alimentos también les facilitó el aprovechar mejor los nutrientes presentes en los alimentos.[15]

Pero incluso con un menú más amplio, ¿cómo podían las madres cargadas con la tarea de amamantar a un bebé y cuidar de otros hijos mayores a los que aún les faltaban años para ser autosuficientes nutricionalmente mantenerse bien alimentadas y proporcionar

---

nacer y eran aún más indefensos y de maduración más lenta que los simios actuales (Alemseged *et al.*, 2006; véase DeSilva 2020, pp. 110 y ss. para una descripción general y cómo la bióloga evolutiva humana Tanya Smith determinó tasas de crecimiento más lentas). La maduración más lenta en los australopitecinos implica que el aumento del cuidado de las crías dependientes ya estaba en marcha antes de que la selección para cerebros más grandes realmente despegara (Hrdy, 1999, p. 287; Hublin *et al.*, 2015; Gunz *et al.*, 2020).

[13] Los descubrimientos fósiles de Hublin *et al.*, 2017 datan el *Homo sapiens* arcaico hace trescientos mil años.

[14] Por si te lo estás preguntando, gastas unas cuatrocientas calorías más al día que un chimpancé (Pontzer *et al.*, 2016).

[15] Wrangham, 2009; Carmody *et al.*, 2011. Aunque la fecha exacta sigue siendo objeto de un intenso debate, hay evidencia arqueológica sólida que demuestra que el fuego ya se utilizaba hace al menos ochocientos mil años.

las calorías que sus crías necesitaban? El modelo de Lovejoy vinculaba los desafíos de reproducirse más rápido con la monogamia y la provisión de alimentos a las madres por parte de sus compañeros. La bipedación encajaba perfectamente en este esquema. Argumentaba que los padres tendrían las manos libres para transportar las provisiones. En conjunto, formaba un atractivo sistema, que sigue figurando en las explicaciones de los libros de texto sobre «el origen del hombre». Sin embargo, ¿es posible que el hecho de que los padres proveyeran a su pareja y su descendencia pueda realmente explicar cómo surgieron los hombres?

¿Evolucionó el «hombre cazador» para ser un padre que abastecía a los suyos?

En sí mismo comer carne no era nada nuevo. Cuando está disponible, los grandes simios la consumen con avidez. Se tiene constancia de la captura de crías de antílope y de mono en todos los lugares donde se estudia a los chimpancés. Es casi seguro que nuestro «último antepasado común» con otros grandes simios también cazaba. Si las opciones de forrajeo entre los australopitecos y los primeros *Homo* se parecían en algo a las de los chimpancés actuales, el forrajeo implicaba una división rudimentaria del trabajo entre los sexos. En comparación con los chimpancés macho, que cazan más activamente, las hembras pasan más tiempo abriendo nueces y metiendo pacientemente ramitas en los termiteros para pescar a sus habitantes ricos en proteínas.[16] No es que las hembras rechacen oportunidades en las que pueden atrapar fácilmente una cría de antílope sin enfrentarse a un gran peligro, sino que sobre todo las madres se niegan a unirse a los machos en frenéticas, caóticas y peligrosas persecuciones por las copas de los árboles tras monos y otras presas armadas con dientes afilados.[17]

---

[16] McGrew, 1979; Goodall, 1986; Watts y Mitani, 2000; Gilby *et al.*, 2015.

[17] Otra razón por la que las hembras de chimpancé no cazan tanto puede ser por el miedo a que algún macho prepotente se apodere del botín. ¿Para qué molestarse? Las hembras en un área de estudio con baja densidad y un territorio más abierto como Fongoli (Senegal) proporcionan una interesante excepción. Allí cazan presas

Son sobre todo los chimpancés macho los que cazan y, junto con los humanos, son de los pocos primates que practican la caza social, con varios cazadores tras la misma pieza. En su esfuerzo por arrinconar a la presa, a veces se coordinan entre sí,[18] y cuando el propietario del cadáver tiene éxito, puede permitir que un hermanastro u otro asociado se lleve una parte. Es como si ese botín fuera «moneda» de cambio de algún otro servicio, un importante precursor de lo que estaba por venir.[19] Pero los chimpancés macho adultos rara vez ofrecen voluntariamente comida a otro adulto.[20] Aunque los bonobos, como se mencionó en el último capítulo, puedan ser más generosos, ninguna de estas dos especies del género *Pan*, ni ningún otro simio actual, muestra nada parecido al afán de coordinar sus acciones, ayudar y compartir con otros que muestran los humanos.

A principios del Pleistoceno, los conjuntos de huesos con marcas de corte de herramientas de piedra atestiguan un aumento del consumo de carne por parte de los homininos. Darwin, y más tarde Lovejoy, seguramente tenían razón al suponer que los machos eran mayoritariamente los cazadores que la obtenían.[21] Darwin había planteado además la hipótesis de que, si la descendencia de un

---

pequeñas casi tanto como los machos. Al tener una mayor autonomía de movimiento puede que estén mejor equipadas para elegir la compañía que desean, buscando la proximidad con los parientes matrilineales, y por lo tanto acumulando más peso local en relación con los machos. Mantienen un mayor control sobre la comida y, como las hembras de bonobo del último capítulo, parecen más dispuestas a compartirla con los demás (Pruetz, 2018).

[18] Mitani, 2006, 2021; Langergraber *et al.*, 2017.

[19] El bosque de Taï, en Costa de Marfil, es uno de los lugares en los que se ha observado a machos de chimpancé común cazando en grupo con un posterior reparto «mutualista» (Boesch *et al.*, 2006, p. 150); véase también Mitani, 2006 para los intercambios recíprocos en Kidogo.

[20] Wittig *et al.*, 2014.

[21] Aunque Darwin tenía seguramente razón cuando en 1871 daba por hecho que entre nuestros antepasados africanos del Pleistoceno los hombres cazaban más que las mujeres, es cada vez más evidente que bajo ciertas circunstancias las mujeres también cazan, e incluso lo hacen de manera habitual, como entre los akas, donde hombres y mujeres participan conjuntamente en la caza con redes, o entre recolectores como los agtas de Filipinas, que cazan con perros. Sin embargo, debemos tener en cuenta que algunos de los implementos utilizados por las mujeres cazadoras en Filipinas, América y otros lugares involucran caballos, perros, arcos y flechas, etc.,

buen cazador estaba mejor alimentada y tenía más probabilidades de sobrevivir, una mujer debería preferir aparearse «no solo con los hombres más apuestos», sino con aquellos «más capacitados para defenderlas y mantenerlas».[22]

La preferencia de las hembras por el mejor proveedor se convirtió en la explicación principal para la evolución de cerebros más grandes, mayor inteligencia y otros rasgos considerados únicamente humanos. Una idea que sigue siendo atractiva. Esta necesidad en la mujer primitiva de carne suministrada por su pareja se invocó incluso para explicar la «ovulación oculta», por qué las hembras homininas dejaron de anunciar el celo con grandes hinchazones rojas y se volvieron sexualmente receptivas de forma semicontinua a lo largo de sus ciclos. Aunque ahora es evidente que la receptividad dependiente de la situación también ocurre en muchos otros primates, en la década de 1980 aún se daba por sentado que la «ovulación oculta» era exclusivamente humana. Se creía que la mujer estaba continuamente disponible sexualmente, que mantenía a su compañero en duda sobre su fertilidad, lo que supuestamente lo atraía de vuelta cada noche con la cena en la mano.[23]

En aquella época la mayoría de los evolucionistas suponían que ese tipo de generosidad masculina, la disposición a proporcionar a otra persona un recurso tan preciado como la carne, solo podía evolucionar si un vínculo de pareja seguro entre el cazador y su pareja le garantizaba la paternidad. En palabras de Lovejoy «la comida a cambio de paternidad» representaba el «mecanismo más obvio, y quizá el único disponible con el que hacer frente al

---

innovaciones que no estaban disponibles para los primeros homininos en el África del Pleistoceno.

[22] Darwin, 1981 (1871), parte 2, cap. 20, pp. 368 y 374-375.

[23] Darwin, 1879; Westermarck, 1891; Symons, 1979 y posteriores. La expresión más influyente de estas ideas fue, tal vez, la contribución de Sherwood Washburn y Chet Lancaster al volumen seminal *Man the Hunter* (Lee y DeVore, 1968). Pero las solicitaciones estrales flexibles o semicontinuas no solo se dan en otros primates, sino que entre nuestros parientes más cercanos, los grandes simios, solo las hembras del género *Pan* presentan hinchazones sexuales pronunciadas alrededor de la ovulación. Es muy probable que en los humanos la ovulación no estuviera tanto «oculta» como que nunca fuese conspicuamente anunciada (Hrdy y Whitten, 1987; Hrdy, 1981).

"dilema demográfico" de nuestros antepasados».[24] Lovejoy atribuyó la supervivencia de los antepasados australopitecinos de la humanidad a este «aumento de la participación directa y continuada de los machos en el proceso reproductivo». Fue el vínculo de pareja entre un cazador y su pareja supuestamente monándrica lo que lo hizo posible.[25] Cuando se descubrió un hominino aún más antiguo, el *Ardipithecus* de cuatro millones de años de antigüedad, en las tierras baldías de Etiopía, esta misma configuración familiar nuclear fue atribuida también a ellos.[26]

Desde hace décadas el intercambio de carne por paternidad, conocido como «contrato sexual», ha sido la explicación a la aceleración de las tasas reproductivas, con un excedente de energía suficiente para superar el «techo gris» del tamaño del cerebro.[27] Unos cerebros más grandes permitirían a los homininos macho fabricar herramientas más eficaces, utilizarlas con más destreza y desarrollar y transmitir prácticas culturales que mejorarían la extracción de recursos para que los padres pudieran mantener a su descendencia, sustentando a los jóvenes durante periodos aún más largos después del destete (lo que hoy llamamos «infancia»), facilitando un destete aún más precoz y una reproducción aún más rápida. Este fue el extraordinario y trascendental ciclo de retroalimentación supuestamente impulsado por el aprovisionamiento paterno.

Pero ¿fue realmente el sustento paterno el origen de los humanos? ¿Pueden los vínculos monógamos de pareja y un padre que abastecía de forma fiable a su pareja y a sus hijos explicar la evolución del primate «más inteligente» y «con más éxito demográfico» del planeta?[28] Probablemente no.

---

[24] Lovejoy, 1981.

[25] *Ibid.*

[26] Lovejoy, 1981, 2009; véase Pattison, 2020 para un apasionante relato de los descubrimientos de Tim White y otros, incluido el intrigante detalle biográfico de que el anatomista del equipo, Owen Lovejoy, había sido educado como creacionista (p. 163). Durante un tiempo asistió al *alma mater* de Billy Graham, el evangélico Wheaton College de Illinois. No pude evitar preguntarme si la historia de Adán y Eva podría haber influido en la interpretación del registro fósil de este eminente paleontólogo.

[27] Véase, por ejemplo, *The Sex Contract*, el popular libro de Helen Fisher de 1983.

[28] Meindl, Chaney y Lovejoy, 2018.

Se necesita un nuevo paradigma

A finales de la década de 1980, a medida que se disponía de más información sobre las condiciones de caza en África hace dos millones de años, resultaba cada vez más improbable que el «padre cazador» pudiera realmente cumplir las condiciones de un pacto semejante.[29] Un carroñero del Plio-Pleistoceno armado solo con palos y piedras habría tenido que defenderse de leones, hienas y otros carnívoros atraídos por el mismo botín. A menos que llegara primero, el botín habría sido escaso. Incluso después de la adopción de armas arrojadizas hace unos trescientos mil años, el éxito estaba lejos de estar garantizado, puesto que un cazador hadza contemporáneo armado con arcos, flechas y lanzas con punta de metal en las llanuras del Serengueti, repletas de animales de caza, puede conseguir una presa importante solo una vez al mes de llevar intentándolo.[30] No hay forma de que un cazador así pudiera proporcionar todas las calorías que necesitaba su familia, al menos no por sí solo.

Está claro que alguien tuvo que ayudar a proveer a las madres. Resulta evidente que alguien lo hizo, puesto que no solo algunos de los simios en vías de convertirse en el género *Homo* sobrevivieron a los milenios de escasez, sino que empezaron a reproducirse más rápidamente. ¿Cómo lo hicieron? Su mejor opción era destetar antes a las crías, para que las madres pudieran concebir y producir otra antes. Pero teniendo en cuenta lo implacables que eran las condiciones del Pleistoceno en la sabana o bosque africano, una vez destetados ¿quién ayudaba a mantener a los críos hambrientos que aún estaban a años de ser autosuficientes? ¿Cómo se alimentaban en la sabana estacionalmente árida los jóvenes destetados que iban camino de convertirse en los simios de maduración más lenta del planeta, sin las hojas blandas y los frutos de los que habían dependido hasta entonces? ¿Quién les abría

---

[29] Véase el trabajo clásico de Richard Lee (1979) entre los ju/'hoansis (entonces conocidos como kung-sanes) y los artículos de James O'Connell, Kristen Hawkes y Nicholas Blurton Jones basados en su trabajo de campo entre los hadzas de Tanzania (O'Connell *et al.*, 1988, 2002; Blurton Jones, 2016, p. 237; Hawkes *et al.*, 2018).

[30] Lee, 1979; Hawkes *et al.*, 2001a, p. 686; Blurton Jones, 2016.

las nueces duras, algo que los adultos tardan años en aprender? ¿Quién utilizaba unos brazos fuertes para desenterrar tubérculos ricos en almidón profundamente enterrados? ¿Quién les proporcionaba miel o trozos de carne?

Nadie sabe exactamente cuántas calorías necesitaban el *Homo erectus* y otros jóvenes de homininos, pero seguramente eran muchas. Las estimaciones mínimas comienzan en trece millones de calorías para criar a un niño humano desde el nacimiento hasta que el joven empieza a producir tanto como consume, normalmente no antes del final de la adolescencia (o, como algunos padres modernos habrán notado, incluso más tarde).[31] Dado que las madres con una tasa de reproducción más rápida probablemente ya estaban de nuevo embarazadas o transportaban y amamantaban a un nuevo bebé, ¿cómo podían satisfacer todas sus necesidades y seguir alimentándose? Aquí es donde una perspectiva comparativa ayuda a completar la historia.

Como se ha comentado en el capítulo anterior, varios animales muy sociables se adaptan a las duras condiciones evolucionando hacia modos más comunitarios de criar a la descendencia, en los que las alomadres, además de los padres biológicos, ayudan a cuidar y proveer a la prole, lo que los sociobiólogos denominan crianza cooperativa.[32] En los perros salvajes africanos, los padres y también otros adultos («alopadres») cazan, matan y comen presas, y luego regresan a la madriguera para regurgitar una papilla predigerida directamente en la boca de las crías que esperan ansiosas la cena. Pero ninguno de nuestros parientes primates más cercanos entre los monos o grandes simios del Viejo Mundo muestra algo parecido a ese aprovisionamiento alomaternal. De hecho, las únicas especies del orden de los primates con un aprovisionamiento aloparental y parental nutricionalmente significativo pertenecen a la familia *Callitrichidae*, que incluye a los tities

---

[31] Trece millones de calorías fue la estimación que Kaplan (1994) calculó, utilizando datos de una amplia muestra de sociedades de recolectores. Kramer (2005 y comunicación personal, 2005) calculó costos calóricos similares para la crianza de niños en sociedades hortícolas, incluso con contribuciones tempranas de trabajo infantil, como hacer recados y trabajar en el campo.

[32] Hrdy, 2009, cap. 6.

comunes y a los tamarinos. También se sabe que los padres proporcionan alimentos apetecibles a sus crías en los monos nocturnos y los del género *Callicebus*, pero solo ocasionalmente.

Recordemos que los humanos compartimos por última vez un antepasado común con estos monos sudamericanos hace más de 35 millones de años. Durante esos millones de años monos como nuestros lejanos primos calitrícidos desarrollaron una serie de rasgos que les ayudaron a usar la cría cooperativa para adaptarse a circunstancias demográficas con grandes altibajos. Se adaptaron a desplazarse a nuevos territorios, establecerse allí y reproducirse rápidamente, siendo grandes colonizadores. Recordemos que algunas madres de calitrícidos pueden parir gemelos o trillizos hasta dos veces al año, ovular de nuevo poco después del parto y destetar pronto a sus crías entregándolas a los alopadres para que las carguen y les proporcionen alimentos.

En el caso de los tities comunes y los tamarinos, los ayudantes pueden ser hermanos mayores o tías, pero lo más frecuente es que los aloparientes sean machos, sobre todo la pareja de la madre y otros machos que, debido a la placenta inusual de la madre, pueden ser padres parciales o potenciales. Estos machos alomadres muestran niveles notables de tolerancia interindividual y buena disposición para compartir la comida con los demás, sobre todo con las crías destetadas. Pero los grandes simios no tienen estas adaptaciones; ¿cómo podrían tenerlas los homininos, con mucho menos tiempo evolutivo a su disposición? Sin embargo, estos grandes simios guardaban en la recámara algunas predisposiciones latentes para responder a las necesidades de los bebés, listas para entrar en acción.

Recordemos las pruebas analizadas en el capítulo 7, que sugieren que la mayoría de los machos de monos y simios del Viejo Mundo son muy protectores con los bebés de su grupo. Algunos son incluso sensibles a las señales de lo que necesitan las crías, así como a las señales de parentesco posible o probable. Así que supongamos estas mismas inclinaciones en los primeros homininos que durante el Plio-Pleistoceno se volvieron cada vez más bípedos, utilizaron mejores herramientas con mayor eficacia y fueron incluyendo más carne en sus dietas, como lo atestiguan las pruebas fósiles. A partir de los dientes fosilizados tenemos motivos para sospechar que, con la aparición del *Homo erectus*, los bebés estaban pasando de la leche a los alimentos sólidos (quizá premasticados) un poco antes en su desarrollo que sus predecesores australopitecos. Pero ninguna de estas pruebas nos dice quién introdujo las calorías adicionales, ni por qué. Si, por sí solo, el padre cazador-proveedor no podía compensar las inevitables carencias nutricionales, ¿quién lo hizo?

Aquí debemos recurrir a las pruebas recogidas meticulosamente por los ecologistas del comportamiento del siglo XX que estudian a los nómadas africanos que aún subsisten mediante el carroñeo, la caza y la recolección. Algunos de los mejores datos proceden de las observaciones de los ju/'hoansis (también conocidos como kung-sanes o bosquimanos), que se alimentan en las regiones casi desérticas del Kalahari, una zona que era más húmeda y boscosa hace cien mil años; de los efes, mbutis y akas[33] de África Central, que viven en los bosques; y de los hadzas, que aún se alimentan en las zonas ricas en caza de Tanzania, la viva imagen del tipo de entorno que podrían haber preferido nuestros antepasados homininos.[34] De ellos aprendemos que sus antepasados del Pleistoceno, en su lucha por sobrevivir a los climas erráticos de la época y a la fluctuación de los recursos, y por proteger a las crías en desarrollo de la inanición, debieron de encontrar soluciones similares a las de aves y mamíferos que practican la «reproducción cooperativa», es decir, que tanto los aloparientes como los auténticos padres ayudan a cuidar y proporcionar alimento a las crías.

Las pruebas etnográficas

¡Cómo me gustaría que tuviéramos una máquina del tiempo para volver al Pleistoceno y observar lo que ocurrió realmente! Pero

[33] También conocidos como los *ba'aka* (la forma plural), pero aquí sigo el uso original de Hewlett.

[34] Marshall, 1976b; Turnbull, 1962; Hewlett, 1991; Marlowe, 2010. Para una visión general, véanse Konner, 2005, 2010, esp. caps. 16 y 17; y Blurton Jones, 2016. Sobre un Kalahari más húmedo, véase Wilkins *et al.*, 2021.

reconstruimos el pasado con las pruebas que tenemos, no con las observaciones que desearíamos tener. La evidencia genética sugiere que los hadzas actuales de África Oriental se separaron de los ju/'hoansis y otras poblaciones khoisánidas hace unos 56.000 años y, junto con algunos cazadores-recolectores centroafricanos, representan las poblaciones más arraigadas del planeta. Sus dialectos khoisánidos, basados en el uso de chasquidos, son posiblemente las lenguas más antiguas que se siguen hablando en el mundo.[35] Antropólogos como Camilla Power afirman que, aun reconociendo el tiempo y la distancia que separan a estos pueblos cazadores-recolectores de los humanos que se extendieron fuera de África y por todo el mundo, proporcionan los mejores modelos que tenemos para reconstruir la vida social de los primeros humanos, incluido su empeño en compartir, evitar los conflictos y las normas igualitarias.[36] Power se está arriesgando con esta postura, pero estoy de acuerdo con ella, sobre todo en lo que respecta a mis propósitos. Estos cazadores-recolectores actuales son los mejores sustitutos disponibles que tenemos para entender cómo nuestros ancestros del Pleistoceno lograron mantener a sus hijos seguros y alimentados, especialmente a los que fueron destetados mucho más temprano que los de cualquier otro gran simio.

Las encuestas realizadas en sociedades buscadoras de alimentos del siglo XX indican que los bebés son amamantados durante unos 2,5 años, destetados mucho antes que otros simios. Los chimpancés, por ejemplo, son amamantados por sus madres durante unos cinco años, y los pequeños orangutanes hasta los ocho, momento en el que las crías ya se alimentan por completo de hojas del bosque y frutos blandos.[37] Sin embargo, a los humanos recién destetados de la sabana aún les faltaban años para ser autosuficientes desde el

[35] Blurton Jones, 2016, p. 5; Scheinfeldt *et al.*, 2019. En la actualidad estas poblaciones africanas siguen siendo las más heterogéneas del mundo genéticamente (Henn *et al.*, 2011).

[36] Power, 2017; Power *et al.*, 2017; véase también Marshall, 1961; Lee, 1979.

[37] Las edades exactas en las que los bebés dejan de tomar leche materna pueden ser difíciles de precisar. La mejor estimación disponible procede de un estudio realizado por Dan Sellen en sociedades tradicionales caracterizadas por una fertilidad natural (Sellen, 2001).

Figura 8.1. Hace medio siglo los ju/'hoansis (entonces llamados kung-sanes) de Botsuana aún vivían como recolectores nómadas. Esta fotografía de una madre kung con un bebé en brazos y sus hijos mayores ilustra por qué un primate como el *Homo sapiens*, que produce crías tan costosas, de maduración lenta y dependientes durante tanto tiempo, no podría haber evolucionado a menos que las madres hubieran tenido ayuda. El bebé necesitaría que alguien lo sostuviera constantemente, mientras que el niño de cinco años seguía siendo nutricionalmente dependiente y el de ocho solo empezaba a recolectar y procesar su propia comida, pero seguía necesitando los suministros regulares de los demás. (Richard B. Lee).

punto de vista nutricional, y era probable que su madre ya estuviera embarazada o amamantando a otro hijo (figura 8.1). Entonces, ¿de dónde procedían las calorías adicionales que necesitaban? «Del padre cazador», era la respuesta clásica. Pero la evidencia cuantitativa de los antropólogos con enfoque ecológico hacía poco probable que un padre en el Pleistoceno pudiera haber proporcionado de manera constante el sustento para niños hambrientos que necesitaban comer todos los días. La idea del «padre cazador y proveedor» resultó ser una receta segura para una mortalidad infantil insostenible. Pero aquí estamos, por lo que obviamente nuestros antepasados sobrevivieron. De algún modo, nuestras antepasadas de reproducción más rápida encontraron las calorías necesarias para mantener a su descendencia dependiente. ¿De dónde procedían esas calorías, si un padre por sí solo no podía proporcionarlas?

Para responder a estas preguntas, pensemos en lo que los antropólogos Kristen Hawkes, James O'Connell y Nicholas Blurton Jones estaban aprendiendo de los hadzas de finales del siglo xx. Su equipo investigaba las decisiones de rastreo de presas y las tasas de éxito de los cazadores, pesaba todos los alimentos cazados y recolectados que llevaban al campamento y anotaba dónde iban a parar. Incluso con seis cazadores distintos que reunían la carne de sus presas, la cantidad combinada rara vez proporcionaba a un individuo (incluido el cazador responsable de la presa) más de 0,12 kilos de carne por hora de caza, aproximadamente una hamburguesa de 0,5 kilos.[38] La carne y la miel aportadas por todos los cazadores hadzas juntos representaban solo el 40 por ciento de las calorías anuales. La mayoría de las calorías que llevaban al campamento (en torno al 60 por ciento) procedían de alimentos vegetales recolectados por las mujeres.[39] Lo mismo ocurría con los kung.[40] Es posible que estos cazadores hubieran obtenido más proteínas para sus familias si se hubieran dedicado a cazar liebres africanas o gallinas de Guinea, presas demasiado magras, huesudas y sin importancia como para tener que compartirlas. Pero optaron en cambio por acechar presas de caza mayor más esquivas, como el ocasional antílope.

Cuando un cazador fracasaba (algo frecuente) y volvía a casa con las manos vacías, eran los tubérculos subterráneos, las vainas de baobab, las larvas de insectos o las grandes cantidades de frutos secos, grasos y ricos en proteínas, recogidos por las mujeres los que garantizaban que los niños —y todos los demás en el campamento— siguieran teniendo suficientes calorías para alimentarse. Cuando las madres salían a recolectar podían llevar consigo a los bebés y a los niños, o dejarlos en su campamento base bajo la vigilancia de sus hermanos mayores u otros parientes. Cuando se podía acceder fácilmente a alimentos como bayas, mariscos, lagartos o caracoles, los niños podían recoger bayas o cazar animales pequeños y comérselos allí mismo, quizá compartiendo algunos con sus hermanos o primos más pequeños.[41]

---

[38] Hawkes, O'Connell y Blurton Jones, 2018, p. 783.

[39] Hawkes *et al.*, 1991; Marlowe, 2010. Estas son las cifras estándar citadas, pero como me recuerda Kristen Hawkes los hombres no dudaban en comer algunos vegetales mientras cazaban, ni las mujeres ponían peros a cazar una tortuga u otra presa pequeña mientras recolectaban.

[40] Lee, 1979; Marlowe, 2010, cap. 5 y sobre todo la figura 5.11 que compara datos de los hadzas y los kung.

[41] Crittenden, 2016.

En otros lugares, como entre los akas que vivían en el bosque, la proporción global de calorías procedentes de la caza menor, incluidas las orugas y otros invertebrados, era mayor. Tanto las mujeres como los hombres participaban en cacerías colectivas, cazando animales del bosque y atrapándolos con redes. A diferencia de los pueblos de hábitats más abiertos, las madres llevaban a los bebés a estas cacerías, y los hombres a veces los transportaban.[42] Pero aunque las técnicas de caza y las tasas de éxito entre los akas, los kung o los hadzas fueran diferentes, había un aspecto que permanecía constante. La carne de los animales más grandes casi siempre se compartía con todo el grupo, una de las razones por las que se daba tanto prestigio a quienes participaban en su captura.[43]

En el caso de los hadzas y los kung solo una parte de la carne de un gran antílope o de otra presa preciada, quizá el 10 por ciento, acababa en los estómagos de los habitantes del hogar del cazador exitoso. A primera vista, puede parecer poco adaptativo que los hombres estuvieran dispuestos a arriesgarse y dedicar tanto esfuerzo a buscar y cazar grandes presas y transportar la carne al campamento, cuando la propia familia del cazador, su pareja y los hijos de esta, consumiría tan poca cantidad.[44] Pero el prestigio iba unido a ello. Además, dado que era bastante probable fracasar, compartir los riesgos y las recompensas resultaba ser un buen seguro. Cuantos más cazadores con descendencia hubiera en el grupo, mayor sería la probabilidad de que cualquier día alguno de ellos trajera carne para que todos la compartieran.[45]

La comida recolectada por las alomadres femeninas también era de vital importancia. Por ejemplo, como Kristen Hawkes y otros documentarían para los hadzas, las mujeres mayores que ya no estaban en edad de procrear, normalmente tías abuelas y abuelas,

---

[42] Hewlett, 1991, p. 134; cabe destacar que la caza con trampas y redes, realizada conjuntamente por ambos sexos, contribuyó a disponer de más carne entre algunos de estos recolectores del bosque centroafricano. Reyes-García *et al.*, 2020.

[43] Para una discusión sobre lo que se ha llegado a conocer como la «hipótesis del exhibicionismo», véase Hawkes, 1991; Gurven *et al.*, 2000; Hawkes y Bliege Bird, 2002.

[44] Hawkes, 2000, p. 63; véase también Hawkes *et al.*, 2001; Blurton Jones, 2016, pp. 426-427.

[45] Wiessner, 1982; Cashdan, 1990; Kaplan *et al.*, 1990.

eran las que más trabajaban. Estas diligentes recolectoras llevaban más comida que nadie, incluso más que las propias madres.[46] Recogiendo vainas de baobab o desenterrando abundantes tubérculos subterráneos ricos en almidón, pero de difícil acceso, una mujer mayor hadza experimentada podía acumular hasta mil quinientas calorías por hora, suficientes para mantener bien alimentados a sus parientes durante un día.[47] Como resultado, los niños hadzas con parientes matrilineales mayores perdían menos peso durante las épocas de escasez. Tales beneficios llevaron a Hawkes y sus colegas a proponer lo que se ha dado en llamar «la hipótesis de la abuela». En lugar de morir poco después de que sus ovarios se agotaran en torno a los cincuenta años, como ocurre en otros simios, como los chimpancés,[48] la selección darwiniana favoreció un envejecimiento más lento en las humanas, que se mantienen vigorosas y siguen viviendo durante décadas después de la menopausia, contribuyendo a la supervivencia de los parientes más jóvenes.[49]

En otros primates las hembras ancianas que se encuentran al final de su carrera reproductiva o cercanas a ella pueden ser de gran ayuda para sus parientes. Me pareció admirable ver a una vieja langur artrítica que ya no tenía crías lanzarse heroicamente a la batalla para defender a su grupo de las infracciones territoriales de sus vecinos y, en otra ocasión, defender a un bebé que estaba siendo atacado por un macho infanticida.[50] Se ha observado una abnegación similar entre las hembras ancianas de babuinos que defienden a los bebés del infanticidio.[51] Pero aquí está la diferencia. En otros primates las oportunidades de ayudar heroicamente a los parientes ocurren solo ocasionalmente. Pero una vez que se empezó a compartir comida, como en los homininos, las hembras de más edad y posfértiles habrían podido ayudar diariamente a sus

[46] Hawkes *et al.*, 1989; Marlowe, 2010, fig. 5.11.
[47] Blurton Jones, 2016.
[48] Jones *et al.*, 2006.
[49] Hawkes *et al.*, 1998, 2021.
[50] Sobre el altruismo de las hembras de primate que envejecen, véase Hrdy, 2009, pp. 250 y ss.
[51] Collins *et al.*, 1984.

parientes. Para los que tenían la suerte de contar con parientes de más edad, estas aportaciones eran fundamentales para sacar adelante a los jóvenes cuando escaseaba la comida, lo que ocurría muy a menudo.

Compartir la comida fue un punto de inflexión

El compartir alimentos no solo alteró las presiones de selección a favor de la supervivencia de las mujeres más allá de la menopausia. La división del trabajo entre cazadores y recolectores también aumentó la dependencia mutua. Más que nunca era vital ser un miembro aceptado del grupo. Compartir alimentos no solo transformó la forma en que los hombres interactuaban con sus parejas y familiares, también cambió la forma en que eran valorados por sus compañeros cazadores y cómo interactuaban con ellos.

Cuanto más nos remontamos en el tiempo, menos sabemos sobre el grado de monandria o poliandria de las mujeres y sobre la fidelidad de los hombres a sus parejas. No obstante, parece probable que a lo largo del Pleistoceno la mayoría de los adultos se emparejaran con un miembro del sexo opuesto, aunque se desconozcan la duración y la fidelidad de esas uniones.[52] Incluso en el caso de los cazadores-recolectores modernos, las limitaciones prácticas y éticas de la recogida de pruebas de ADN hacen que los investigadores rara vez puedan confirmar lo que dicen las madres o piensan los hombres sobre la paternidad de su descendencia. Lo que sí sabemos es que ya en el siglo XX los vínculos de pareja eran habituales, aunque también frágiles. Uno u otro miembro de la pareja podía simplemente trasladarse a otro grupo, y los hijos solían quedarse

[52] Para más detalles, recomiendo *Primeval Kinship: How Pair-Bonding Gave Rise to Human Society*, de Bernard Chapais (2008), pero con una advertencia: los modelos de Chapais que reconstruyen los orígenes del vínculo de pareja se basan en suposiciones sobre los patrones de residencia y las relaciones sexuales en el pasado que difieren de los que yo utilizo. Por ejemplo, yo asumo que los patrones de residencia entre nuestros ancestros homínidos eran más flexibles que lo que Chapais plantea, más cercanos a un modelo multilocal que a uno patrilocal. En este momento es difícil estar seguros de cuál de nosotros está más cerca de la verdad.

con la madre, quien probablemente formaría un nuevo vínculo en poco tiempo.[53] Mientras tanto, el hecho de que la gente viviera más, pero que solo los hombres pudieran seguir reproduciéndose hasta la vejez, puede haber aumentado la competencia masculina por acceder a mujeres más jóvenes aún capaces de tener hijos.[54]

A pesar de las muchas incógnitas, creo que es seguro suponer que los hombres pasaban más tiempo cerca de las mujeres, y que las madres que podían confiar lo suficiente en quienes las rodeaban estaban dispuestas a permitir el acceso a sus bebés (figura 8.2). Entonces, ¿qué implicaciones tuvo el hecho de que los machos pasaran más tiempo cerca de las madres y los bebés, y qué pudo significar esto para la aparición de la conducta de compartir alimentos?

En el estudio más sistemático disponible sobre los orígenes del intercambio de alimentos entre primates, los primatólogos suizos Adrian Jaeggi y Carel van Schaik estudiaron todas las especies de primates no humanos de las que se disponía de información fiable sobre transferencias de alimentos. En algo más de la mitad de ellas, se sabía que los adultos transferían comida a sus crías.[55] El intercambio solía consistir en que una madre permitiera a su cría coger algo que ella estaba comiendo. No obstante, en algunos casos, los machos con una alta probabilidad de paternidad ofrecían comida a las crías, como hacen ocasionalmente los monos nocturnos o los tamarinos macho de cría cooperativa, que ayudan a alimentar a las crías en torno a la edad del destete.[56] Sin embargo, en todas las especies, ya fueran monógamas, poliándricas o poligínicas, los alimentos solo se transferían de un adulto a otro en aquellos linajes donde los adultos ya compartían alimentos con los jóvenes.

---

[53] Schacht y Kramer, 2019.

[54] Hawkes, 2014b; Coxworth *et al.*, 2015.

[55] Su análisis controlado filogenéticamente se realizó en sesenta y ocho especies de primates para las que pudieron encontrar información relevante (Jaeggi y Van Schaik, 2011).

[56] Si bien las transferencias de alimentos de los padres de los monos nocturnos probablemente tienen más un significado social que nutricional (Wolovich *et al.*, 2008 y esp. Fernández-Duque, 2021), entre los tities león dorado en estado salvaje los padres y padres potenciales proporcionan hasta el 90 por ciento de los alimentos sólidos que los infantes consumen alrededor del momento del destete (Rapaport, 2011); véase también Brown *et al.*, 2004 para una visión general.

Figura 8.2. Un grupo de *Homo erectus* hace unos dos millones de años. Una madre que confiaba en la buena voluntad de los que estaban cerca podía permitir que una alomadre se llevara a su bebé, confiando en que se lo devolvería sano y salvo. («Cuidado compartido» reconstruido por el paleoartista Viktor Deak; © SBH Lit).

A nivel de los vertebrados la conexión neuronal para proveer a otro probablemente está presente en ambos sexos (pensemos en los pájaros macho que llevan comida al nido, los murciélagos vampiro que comparten sangre con sus compañeros de cueva o los machos de perros salvajes que regurgitan carne predigerida en la boca de los cachorros), solo que no se encuentra necesariamente activado o bien desarrollado. Las pruebas comparativas sugieren que las transferencias de comida de adulto a cría pueden ser la forma en que se inicia el compartir, quizá en respuesta a las peticiones de comida. Sin embargo, al examinar las pruebas etnográficas de los humanos —primates muy poco comunes en los que ambos sexos comparten la comida de adulto a adulto— encontré pocos casos en los que los hombres que buscaban comida se la dieran directamente a los bebés casi destetados. Las transferencias de alimentos en los hombres se hacían sobre todo a otros adultos. A diferencia de los monos nocturnos monógamos o los tamarinos de cría cooperativa, en las sociedades humanas tradicionales suelen ser las mujeres u otros niños los que pasan directamente la comida a los bebés, y solo hay casos esporádicos en los que un hombre comparte comida con un bebé mediante un beso, o le pasa algún trozo a un niño pequeño. Entonces, ¿cómo surgió el intercambio de alimentos *entre adultos*?

No lo sabemos, ni podemos decir exactamente cuándo el compartir comida entre adultos empezó a cobrar enorme importancia en el linaje de los homininos. Pero como veremos es casi seguro que la dependencia mutua entre recolectores y cazadores tuvo mucho que ver. En el caso humano también sospecho que hubo algo más. Recordemos el hallazgo de Jaeggi y Van Schaik de que cuando se daba el intercambio de alimentos entre adultos, surgía en linajes en los que *ya había* transferencia de alimentos entre adultos y bebés. Según mi experiencia, siempre que alguien ofrece algo comestible a otra persona, ya sean niños, perros domésticos o las cabras domésticas que criamos en nuestra granja en California, es probable que otros seres cercanos también quieran un poco. Todos se agolpan en busca de una limosna, la universalidad del FOMO.[57]

Una vez que la conducta de compartir alimentos se pone de moda, se emula o incluso se espera, entran en juego factores más estratégicos. Recordemos que los machos de chimpancé común, normalmente egoístas, en ocasiones comparten la carne. Cuando lo hacen, suele tratarse de un macho que arranca un poco para dárselo a un aliado potencialmente valioso. En algunos sitios de estudio de chimpancés salvajes un macho puede compartir con

[57] Acrónimo procedente del inglés *fear of missing out*, miedo a perderse algo, a no ser incluido en una actividad interesante o agradable que otros están experimentando. (*N. de la T.*).

una hembra en celo que esté en condiciones de elegirle a él en vez de a otro macho. Curiosamente, Jaeggi y Van Schaik descubrieron que las transferencias de comida de macho a hembra solo se observaban en grupos con más de un macho, no cuando el poseedor era el único macho residente del grupo. Aunque aquí estamos hablando de correlación, no de causalidad, me llama la atención el hallazgo de que las transferencias de comida de macho a hembra eran más probables en contextos de varios machos, en los que las hembras tenían la posibilidad de preferir a un macho sobre otro. Esto concuerda con los informes de hombres de sociedades cazadoras-recolectoras contemporáneas que compiten entre sí para parecer más generosos o valiosos. A estos hombres les preocupa lo que los demás piensen de ellos. La preocupación por la reputación podría ayudar a explicar por qué los machos humanos se sintieron más motivados a compartir con otros adultos. En cualquier caso, es una propuesta que encaja con mi propia experiencia. Dudo que yo sea la primera mujer que ha notado un aumento de los actos de galantería, mayores propinas u otras muestras de generosidad cuando un hombre se encuentra en competencia con otros hombres por las atenciones de la misma pareja potencial. También ayuda a explicar la generosidad impulsiva de un hombre sin blanca que invita a copas a todos sus compañeros en un bar, tipo «yo invito, chicos». En el próximo capítulo volveré sobre la cuestión de cómo los varones de la línea humana llegaron a preocuparse tanto por lo que los demás piensan de ellos. Por ahora, la cuestión es que solo en los humanos los adultos dependen habitualmente de otro u otros adultos para satisfacer sus necesidades alimenticias. Compartir alimentos ha sido durante mucho tiempo un rasgo distintivo de la especie humana.

Creciente dependencia mutua

Como para todos los primates sociales, vivir en grupo era importante para mantenerse a salvo de los depredadores. A lo largo del Pleistoceno la pertenencia a un grupo también se hizo cada vez más esencial para que los homininos se alimentaran a sí mismos y a las personas a su cargo. La carne, con sus aminoácidos, vitaminas, ácidos grasos omega-3 y minerales enriquecedores del cerebro, solo podía permanecer en el menú gracias a que las mujeres podían compensar los días sin carne con alimentos vegetales recolectados de forma eficaz.[58] Una consecuencia de esta dependencia mutua era que los hombres pasaban más tiempo en compañía de las madres, expuestos a los efectos transformadores de los bebés (figura 8.3).

No se sabe exactamente cuándo aprendieron los humanos a controlar el fuego y empezaron a cocinar rutinariamente sus alimentos, pero como señala Richard Wrangham, una vez que lo hicieron, cocinar habría tenido implicaciones sociales además de nutricionales. La intimidad se habría intensificado aún más a medida que la gente se acercaba al fuego en busca de calor y seguridad, mientras que la mayor digestibilidad de los alimentos cocidos reducía el costo de compartir algo de comida.[59] A su vez, compartir los alimentos reducía la competencia dentro del grupo por este valioso recurso y los múltiples proveedores proporcionaban una dieta más amplia y fiable.

Con el aprovisionamiento alomaterno, incluida la lactancia compartida, las madres podían permitirse destetar a la prole antes y reproducirse de nuevo más pronto, lo que aumentaba la necesidad de ayuda alomaterna de la madre.[60] Mientras tanto, las fronteras sociales porosas permitían que las hembras posreproductivas y otros alopadres potencialmente útiles pudieran migrar para estar cerca de los parientes que más se beneficiarían de su ayuda. Así, una abuela con dos hijas podría mudarse a vivir con la hija cuyo compañero acababa de desaparecer. Tomadas globalmente, esta

---

[58] Strazdiņa *et al.*, 2013.

[59] Wrangham, 2009; Carmody *et al.*, 2011; véase Wiessner, 2014 para más información sobre la «charla a la luz del fuego», cuando los ju/'hoansis se reúnen alrededor de las llamas titilantes, conversan y cuentan historias al caer la noche.

[60] Al igual que ocurre hoy en día entre los cazadores-recolectores (Hewlett y Winn, 2014), es probable que también se diera una cierta cantidad de amamantamiento alomaterno en los grupos de los primeros homininos. En los mamíferos reducir la carga metabólica de las madres al transportar a su bebé también puede acortar el tiempo hasta la siguiente concepción, a veces incluso más que el aprovisionamiento alomaterno, aunque ambos son importantes (Cerrito y Spear, 2022).

Figura 8.3. Hace unos dos millones de años el compartir los alimentos, y la mayor dependencia de los adultos entre sí para mantenerse bien nutridos, implicaba que los machos del *Homo erectus* pasaban más tiempo en proximidad a las madres y los bebés al comer. Inevitablemente, los bebés habrían cogido su «parte», quizá pasando de nuevo un bocado al adulto, «devolviendo la comida» como hacen los bebés de hoy en día. («La verdadera familia del Pleistoceno», según la visión del artista Viktor Deak; © SBH Lit).

serie de actividades conjuntas en las que participaban padres y alopadres —tías, tíos, otros hombres del grupo, algunos emparentados y otros no, especialmente hermanos mayores y, si aún vivían y estaban en forma, abuelas— ayudaban a proteger de la inanición a los jóvenes de maduración lenta y a fomentar una reproducción más rápida, al tiempo que promovían la proximidad armoniosa de los hombres a los bebés, propios o ajenos.[61]

La práctica de los cazadores de compartir grandes presas ayuda a explicar por qué, tanto entre los kung como entre los cazadores-recolectores hadzas, no había diferencias de peso significativas entre los hijos de cazadores excepcionales y aquellos cuyos padres nunca mataron nada.[62] Tanto el hecho de compartir como la versión pleistocena de una red de seguridad social ayudan a explicar por qué los niños cuyos padres habían muerto o se habían marchado seguían siendo alimentados. Alrededor del 30 por ciento de los niños hadzas vivían con padrastros o no tenían padre.[63] Pero incluso con el aprovisionamiento aloparental, las tasas de mortalidad infantil probablemente siguieron siendo altas a lo largo de la evolución humana y la historia temprana, del orden del 20 al 50 por ciento, y más altas en épocas realmente malas.[64]

Los motivos encontrados de los hombres

Está claro que no solo las madres y los niños dependían de la provisión de otros. Los alimentos vegetales recolectados por mujeres y la carne traída por otros hombres garantizaban que el cazador que tuviera mala suerte día tras día aún recibiera alimento. Las expectativas de que la carne se compartiría no solo incentivaban a los cazadores a cooperar, sino que también reducían el riesgo de costosas disputas ulteriores.[65] Esto beneficiaba a todos los implicados, incluido el cazador. Tan deliciosa como la propia carne era

---

[61] Hrdy, 1999, 2005, 2009; Hewlett y Lamb, 2005; Konner, 2010; Draper y Howell, 2005; Blurton Jones *et al.*, 2005; Blurton Jones, 2016; Meehan y Crittenden, 2016. Para una dependencia similar de aloparientes entre recolectores tropicales en otras partes del mundo, véase Hames, 1988; Hill y Hurtado, 2009 para los aches de Sudamérica; Dyble *et al.*, 2016 para los agtas en Filipinas; Denham, 2015 para los alyawarras en Australia.

[62] Hawkes *et al.*, 2001; Blurton Jones, 2016, p. 423; véase también Draper y Howell, 2005; Howell, 2010.

[63] Blurton Jones, 2016.

[64] Lancy, 2022, p. 35 y referencias a lo largo del texto.

[65] Wiessner, 1982; Cashdan, 1990.

la estima de los demás cuando un hombre la compartía. De acuerdo con el proverbio ju/'hoansi de que «a las mujeres les gusta la carne»,[66] no es de extrañar que los cazadores pobres a veces permanecieran solteros. Pero las potenciales admiradoras no eran las únicas personas que tomaban nota de la reputación de generosidad de un buen cazador. Entre los recolectores tradicionales, los buenos cazadores y recolectores de miel tenían muchas más probabilidades de ser buscados como yernos.[67] La reputación se difundía entre los compañeros cazadores y otras familias, así como entre los suegros ávidos de carne.[68] Las hazañas de los cazadores se contaban una y otra vez mientras la gente se relajaba alrededor de la hoguera por la noche. También se contaban historias con moraleja que recordaban a los hombres lo que esperaban de ellos los demás, como el cuento popular hadza sobre una suegra que se transforma en bestia y persigue al marido de su hija, arrancándole trozos de carne a mordiscos.[69]

Los buenos cazadores eran bienes preciados, reclutas deseados para el grupo en su conjunto. El respeto comunitario era importante. Al matar una pieza un joven demostraba que cumplía los requisitos para tomar esposa. En prácticas como el «servicio de la novia», un joven en busca de pareja se iba a vivir con la familia de su pretendida y cazaba durante un tiempo en su nombre.[70] Su éxito al traer grandes presas a casa serviría para impresionar a todos con el valor de ese hombre para la familia y la comunidad. Aunque los hijos de los buenos cazadores no estaban necesariamente mejor alimentados que otros niños, el hijo de un hombre muy respetado podía disfrutar de otras ventajas. Si su hijo se enfermaba, por ejemplo, el viaje planeado para el día siguiente podría retrasarse para acomodar a un miembro del grupo particularmente valorado.

---

[66] Biesele, 1993.

[67] Marlowe, 2010, p. 251.

[68] Hawkes, 1991; Wiessner, 2002; Jaeggi y Gurven, 2013. Entre los aches de Sudamérica aquellos que producían más y compartían más recibían más ayuda en tiempos de necesidad (Gurven *et al.*, 2000).

[69] Véase Marlowe, 2010, p. 171 en relación con las expectativas sociales entre los hadzas, y Biesele, 1993 para esta historia popular de los kung.

[70] Apostolou, 2007; Walker *et al.*, 2011.

Cuando se pidió a 156 participantes hadzas de 17 asentamientos diferentes que clasificaran a sus preferidos como compañeros de campamento, se decantaron por los mejores cazadores, sobre todo si también eran generosos. Los buenos cazadores también tenían más probabilidades de ser designados por otros cazadores como «amigos».[71] Este reconocimiento explica por qué los mejores cazadores que se divorciaban conseguían volver a casarse antes, y por qué en las sociedades de recolectores de casi todo el mundo se dice que los buenos cazadores tienen más éxito en las relaciones sexuales ocasionales,[72] o pueden encontrar esposas más jóvenes cuando se vuelven a casar, como ocurre entre los hadzas.[73] Sin embargo, como es lógico, las prioridades de los hombres variaban en función de sus circunstancias.

Así, cuando los antropólogos Brian Wood y Kim Hill preguntaron a un grupo de recolectores amazónicos (más dependientes de la carne que sus homólogos hadzas o ju/'hoansis de África) a qué tipo de grupo preferirían unirse, los hombres casados con descendencia dependiente prefirieron unirse a un grupo con cazadores más hábiles. Esto significaba disponer de más carne para sus hijos. Eran los hombres solteros los que preferían unirse a un grupo con más hembras sin compromiso, lo que les ofrecía más oportunidades de demostrar su valía.[74] Las motivaciones de estos hombres jóvenes pueden atribuirse a la simple selección sexual (competencia por las hembras fértiles). En cambio, esforzarse por pertenecer a una comunidad que proporcionara más recursos para sus hijos, una preferencia con más probabilidades de ser seleccionada socialmente, era más importante para los hombres que ya eran padres. Con el tiempo, la paternidad reconfiguró las prioridades, dejando a los hombres más preocupados por el futuro. La reputación y el estatus de un hombre tendrían mucho que ver con el éxito que tuviese a la hora de moldear el tipo de entorno en el que crecerían sus descendientes.

---

71 Marlowe, 2010, p. 251; para la encuesta, véase Smith y Apicella, 2020.

72 Hawkes, 1991; Hill y Hurtado, 1996; Gurven y Von Rueden, 2006; Blurton Jones, 2016. Sobre la disposición para el matrimonio, véase Wiessner, 2002, p. 417.

73 Blurton Jones, 2016.

74 Wood y Hill, 2000.

Vivir entre los ju/'hoansis convenció a la etnógrafa Polly Wiessner de que algunos de los principales beneficios de ser un buen cazador eran políticos. Recuerda que para ser considerado un hombre casadero un cazador necesitaba matar al menos tres animales grandes en un periodo aproximado de año y medio. Pero una vez establecida su reputación, un «buen» cazador podía conseguir aliados útiles. Es probable que los hombres respetados tuvieran más parientes —padres, hermanos, hermanastros, sobrinos, así como amigos— en su mismo grupo. Este tipo de compañeros son buenos alopadres. Aunque un padre abandonara sus obligaciones o muriera, el grupo que dejara atrás podría seguir mejorando las posibilidades de supervivencia de sus hijos y nietos.[75]

Los ju/'hoansis respetados también tenían más probabilidades de convertirse en curanderos. Ser curanderos les permitía ampliar su esfera de influencia, sobre todo mediante el intercambio de objetos con compañeros de otras comunidades. Wiessner describe unas elaboradas redes de intercambio de regalos llamadas *hxaro*, utilizadas para mantener relaciones cercanas y lejanas por medio de regalos de puntas de flecha, collares de cáscara de huevo de avestruz y otros artefactos.[76] A veces, los alimentos también circulaban entre los grupos. Entre los hadzas del siglo XX casi el 27 por ciento de la carne que llegaba al campamento había sido abatida por hombres de otro grupo.[77]

La carne no se fosiliza de forma rastreable, pero los arqueólogos que estudian el África prehistórica remontan el intercambio de objetos perdurables como la obsidiana o el pigmento ocre a cientos de miles de años atrás, a veces a través de grandes distancias.[78] Tales contactos habrían tenido una importancia crítica en épocas de sequía o hambruna, ya que los recolectores se alejaban de la adversidad para buscar oportunidades en otros lugares.

Costumbres como estas ayudan a explicar por qué aunque los cazadores kung (o ju/'hoansis) de éxito no tenían necesariamente

---

[75] Wiessner, 2002.
[76] Wiessner, 1977, 1986.
[77] Marlowe, 2010, p. 233.
[78] McBrearty y Brooks, 2000; Brooks *et al.*, 2018.

más esposas, ni se casaban con las más jóvenes, los hijos atribuidos a hombres con buena reputación tenían más probabilidades de sobrevivir.[79] Es probable que estas ventajas de estatus siguieran siendo importantes durante toda la vida del hombre y más allá.[80] A medida que los hombres envejecían, no solo participaban en el juego, sino que tenían parientes en el grupo. Al afianzar a sus parientes y a otros emparentados por vía lejana, los hombres no solo mejoraban su influencia política, sino que también establecían comunidades de aloparientes con buena disposición, «vecindarios más agradables» o, en palabras de Wiessner, «condiciones óptimas para la reproducción cooperativa» (figura 8.4).[81]

No es que la selección sexual desaparezca por completo. Las pruebas etnográficas sobre este punto son claras. Se producían peleas, incluso homicidios ocasionales, entre los hombres cazadores-recolectores, y cuando ocurrían peleas graves, solían ser por mujeres.[82] Pero cuando los hombres comenzaron a depender más de los demás para criar a sus hijos para que sobrevivieran y se mantuvieran bien nutridos, los costes de la belicosidad aumentaron. En comparación con algunos de nuestros parientes simios más cercanos, en los que unos pocos machos dominantes pueden monopolizar la reproducción, la competición sexualmente seleccionada por las parejas se vio atenuada por el interés en mantener una «buena» reputación. En palabras de Darwin, «el hombre primitivo, en una época muy remota, se habría visto influido por los elogios y los reproches de sus semejantes», y «es difícil exagerar la importancia del amor al elogio y el temor a la censura en tiempos rudos».[83]

Siglo y medio después de que Darwin escribiera esas palabras, su observación sigue siendo válida para los hombres de nuestra sociedad. Cuando se les pregunta sobre hipotéticas decisiones que

---

[79] Wiessner, 2002, p. 419; Wiessner, comunicación personal, 14 marzo de 2023.

[80] Véase Davison y Gurven, 2022 para modelos innovadores que ilustran cómo las transferencias de información intergeneracional, la intermediación matrimonial y el cuidado alomaterno, junto con la producción tardía de excedentes de alimentos compartibles, pueden ayudar a explicar la larga duración de la esperanza de vida humana en ambos sexos.

[81] Wiessner, 2002, p. 410.

[82] Marshall, 1976b; Lee, 1968, 1979; Boehm, 1999, 2012; Blurton Jones, 2016.

[83] Darwin, 1981 (1871), parte 1, p. 164.

Figura 8.4. ≠Toma, un anciano ju/'hoansi muy respetado, abraza cariñosamente a su nieta. Le transmitirá los contactos y el capital social que ha acumulado durante toda una vida, y así mejorará sus perspectivas. (Regalo de Laurence K. Marshall y Lorna J. Marshall; © President and Fellows of Harvard College, Peabody Museum of Archaeology and Ethnology, 2001.29.267).

podrían tomar, los hombres responden que preferirían la cárcel, la amputación de un miembro o la muerte a sufrir algún perjuicio en su reputación, como que los llamen «nazis» o pederastas. En nuestra sociedad «mantener una buena reputación es uno de los principales valores de las personas».[84]

Decenas de millones de años después de que extraños primates macho atacaran deliberadamente a crías no destetadas con las que

[84] Vonasch *et al.*, 2018.

no estaban emparentados, los costes de estos comportamientos seleccionados sexualmente deben de haberse disparado. Al igual que los bonobos hembra que atacan en grupo, alomadres de ambos sexos se habrían unido a la madre para defender a su hijo. Un hombre podría permitirse ser menos generoso con un hijastro, pero atacar a uno era algo que difícilmente se toleraría.[85]

A medida que se atenuaban las respuestas agresivas dentro del grupo entre los simios macho a los que les importaba su reputación en el linaje que dio lugar al *Homo sapiens*, aumentaba la cantidad de tiempo que los hombres pasaban cerca de los bebés. Estaban más expuestos a olores y sonrisas infantiles seductores (ver el capítulo 6). No es de extrañar que incluso en las sociedades en las que los hombres no suelen ocuparse directamente de los bebés, sigan saludándolos calurosamente y sosteniéndolos durante breves periodos. Algunos tienen gestos de cuidado alomaternal tomando prestado al bebé de una mujer y paseándose con él.[86]

Como todos los primates, estos homininos macho competían por el estatus, pero ya no se trataba solo del acceso a la comida o directamente a las parejas. A lo largo del Pleistoceno los criterios se ampliaron para incluir el respeto por los actos cooperativos y generosos. El capital social conseguido de este modo podía utilizarse y pagarse a lo largo del tiempo en diversas monedas.[87] A menudo la competencia no se basaba solo en quién tenía recursos, sino en quién tenía un temperamento más generoso, lo que a veces se denomina «magnanimidad competitiva».[88] Pero las personas tenían

---

[85] El infanticidio por parte de machos es mucho más común entre los primates no humanos que en los humanos. Entre los cazadores-recolectores africanos, cuando ocurre un infanticidio es más probable que la perpetradora sea la madre, en lugar de un hombre no emparentado (Howell, 1976; Blurton Jones, 2016). La experta en demografía antropológica Nancy Howell analizó datos de cazadores-recolectores kung calculó que las madres se veían obligadas a abandonar aproximadamente uno de cada cien nacimientos, ya sea porque el recién nacido parecía defectuoso y poco propenso a prosperar, o porque la llegada del nuevo bebé amenazaba la supervivencia de un hijo mayor que aún dependía de ella. Véase Hrdy, 1999, caps. 12 y 14 para una revisión de casos de abandono o infanticidio por parte de madres recientes a lo largo de diversas culturas y a través del tiempo.

[86] Lancy, 2022, pp. 78-79.

[87] Wiessner, 2002.

[88] Bliege Bird y Bird, 2008.

que andar con pies de plomo, no fuera a ser que la generosidad del donante resultara ostentosa y provocara resentimientos.[89] Antropólogos del siglo XX que documentaron el comportamiento de los cazadores kung y hadzas al repartir la carne tras una caza observaron que se esperaba que los hombres fueran generosos pero modestos, entregando la presa a otros para que fuera distribuida entre el grupo en asignaciones culturalmente prescritas.[90]

Lorna Marshall, la etnógrafa pionera en el estudio de los kung en la década de 1950, describe lo mucho que se esforzaba la gente por no parecer nunca avariciosa ni «revelar avidez por llevarse más que una modesta parte». A Marshall «le resultaba conmovedor ver tanta moderación a la hora de llevarse la comida entre gente tan delgada y a menudo hambrienta, para la que el alimento es un motivo de ansiedad constante». Los buenos modales exigían que ambos sexos repartieran a todo el que se lo pidiera, reteniendo quizá solo la mínima parte posible para sí mismos, o nada en absoluto.[91] Sus modales exquisitos distaban mucho de las viejas prácticas trogloditas.

La gran carga del hombre de las cavernas

No se sabe con exactitud cuándo el prestigio adquirió una importancia tan desmesurada (más sobre esto en el próximo capítulo), ni cuándo los primeros cazadores desarrollaron su abrumador deseo de perseguir presas trofeo para compartir la carne y ser admirados. Sin embargo, las evocadoras representaciones de antílopes, jirafas, rinocerontes y kudús en abrigos rocosos y paredes de cuevas datan de hace miles de años. Indican una fijación que persistió. El éxito en la caza de grandes presas servía para recordar a todo el mundo las proezas de un hombre y su valía para la comunidad.[92] Con el tiempo el estatus de celebridad concedido a los cazadores

---

[89] Estoy agradecida a Polly Wiessner por las conversaciones sobre este tema.

[90] Lee, 1979; Boehm, 1999, 2012.

[91] Marshall, 1961, reimpreso en 1976a, véanse pp. 355-356.

[92] Hawkes, 1991; Hawkes y Bliege Bird, 2002.

de éxito se transformó en la idealización presente en nuestra propia sociedad del «padre proveedor». Desde la Inglaterra victoriana hasta el Occidente posindustrial mantener a la familia llegó a considerarse como algo para lo que los hombres habían evolucionado de forma natural, un atributo innato del «animal humano» y el criterio atemporal de lo que es «un hombre de verdad».[93]

Estas ideas preconcebidas tan arraigadas sobre lo que significa ser un hombre ayudan a explicar el alto grado de tensión que había en un salón de actos de Londres el día en que Kristen Hawkes presentó los datos de su equipo que demostraban por qué, tanto en el Pleistoceno como en la tierra de los hadzas, el «padre cazador proveedor» estaba destinado a quedarse calóricamente corto. Cuando añadió el provocador remate de que el modelo del hombre cazador se había «derrumbado por completo», fue como si un diminuto esquife hubiera intentado desviar el rumbo de un petrolero.[94] Inmediatamente se levantó una mano escéptica de un eminente psicólogo evolutivo que exclamó: «¿No estará sugiriendo que la carne carecía de importancia?». Otros asistentes murmuraron en privado que la «paternidad» era más importante en el aprovisionamiento masculino de lo que Hawkes creía. Pero yo misma estaba allí y oí lo que realmente dijo. Hawkes y compañía no cuestionaron la importancia de la carne. Tampoco afirmaron que los cazadores fueran indiferentes a la paternidad, ni sugirieron que los hombres no sintieran celos por sus parejas. Simplemente señalaron que entre los cazadores-recolectores africanos los hombres tenían *motivos encontrados* cuando salían de caza, y que «presumir» ante los demás era uno de ellos.[95]

---

[93] La Barre, 1967, p. 104, una opinión compartida por altos responsables políticos, como el presidente de Estados Unidos George Bush, citado en Carey, 2005.

[94] La conferencia plenaria de Hawkes en el congreso anual de la *Human Behavior and Evolution Society* en 2001; O'Connell *et al.*, 2002, p. 862. Véase también el artículo anterior de Hawkes de 1991

[95] Para saber más sobre el abandono de la idea de que los hombres cazan para abastecer a sus familias y la discusión de la hipótesis del «exhibicionismo», véase Hawkes, 1991. Para las críticas, véanse Wood y Marlowe, 2013, 2014, junto con respuestas detalladas como Hawkes *et al.*, 2014, y una visión general del debate en Blurton Jones, 2016, pp. 264 y ss. Parte del desacuerdo se reduce a cuestiones semánticas y cambios de énfasis. Para más información sobre cómo la importancia de la

Mucho después de que los hombres hayan dejado de demostrar su valía cazando, persiste la idea de que, para ser «un hombre», un hombre debe convertirse en un proveedor. De ahí que en el Estados Unidos de finales del siglo XX, «en una época en la que el estancamiento de los ingresos y el empleo de las madres están acabando con la popularidad del hombre como sostén de la familia», la socióloga Kathleen Gerson señale que «muchos hombres (todavía) basan su identidad, su sentido de sí mismos como hombres, en ser un buen proveedor».[96] Un hombre incapaz de mantener a su familia puede sentirse «menos hombre».[97] Mientras tanto, empresarios, políticos, atletas famosos y estrellas del *rock* —exhibicionistas y jugadores— siguen persiguiendo la reputación personal o el estatus de celebridad. Esto es parte del legado, aún por desenterrar, que los hombres de hoy deben a sus antepasados del Pleistoceno, pero hay algo más.

Reunidos en torno al hogar de la cueva de Qesem

El laboratorio en el que Eyal Abraham y Ruth Feldman llevaron a cabo sus pioneros escáneres cerebrales de hombres que cuidaban de recién nacidos adoptados se encuentra en la ciudad de Herzliya, cerca de Tel Aviv. Es una zona rica en nuevas empresas de alta tecnología, conocida como el «Silicon Valley de Israel», a veinte minutos en coche de otro tipo de laboratorio, un yacimiento que genera sus propios descubrimientos sobre hombres y bebés de mediados y finales del Pleistoceno. Los calurosos vientos del verano acababan de refrescar el día de octubre del 2000 en que los trabajadores de una carretera que construían un enlace entre las colinas de Samaria y la llanura costera mediterránea

---

caza se integra en reputaciones más generales y otros beneficios sociales, véase Wiessner, 2002; Gurven y Von Rueden, 2006; Alger *et al.*, 2020.

[96] Gerson, 1993, p. 76.

[97] Véase Coontz, 1992 para un resumen magistral de cómo «la forma en que nunca fuimos» llegó a caracterizar el rol que se esperaba que desempeñara un padre estadounidense. Véanse también Sear, 2015, 2021; Gray *et al.*, 2018.

perforaron accidentalmente su techo de piedra caliza y descubrieron la cueva de Qesem.

Los homininos paleolíticos ocuparon esta cueva hace medio millón de años. Hace trescientos mil años las familias de *H. erectus* tardío u *Homo sapiens* arcaico regresaban allí temporada tras temporada. El fuego controlado para calentarse y procesar alimentos implicaba que las «casas» se habían convertido en «hogares», imanes para sentirse seguro, mantenerse caliente, socializar y alimentarse.[98] La zona de cocción de la cueva de Qesem contiene capa tras capa de ceniza salpicada de huesos carbonizados de gamos, uros, caballos, asnos salvajes, cerdos, cabras, galápagos y algún que otro rinoceronte. No cualquier hueso, sino huesos con las partes más carnosas y ricas en tuétano. No habría tenido sentido retrasar el consumo de tan preciadas porciones, transportándolas hasta este lugar central, a menos que los cazadores tuvieran intención de compartirlas.

Las marcas de corte grabadas en los huesos procedían de raspadores y cuchillas de sílex aplicadas de formas distintas, que empuñaron muchas manos diferentes.[99] La placa raspada de los dientes fosilizados reveló que los ocupantes también consumían piñones, semillas y otros alimentos vegetales ricos en almidón, presumiblemente recolectados en su mayoría por mujeres.[100] Este era el tipo de dieta diversa extraída eficazmente por cazadores y recolectores cada vez más sofisticados cognitivamente y que utilizaban herramientas, una dieta posible gracias a la división del trabajo y a su reparto. Fue gracias a compartir los alimentos, junto con un amplio aprovisionamiento tanto aloparental como parental de las crías destetadas —aún dependientes nutricionalmente—, que estos homininos consiguieron resolver su «dilema demográfico».

---

[98] Wrangham *et al.*, 1999; Stiner *et al.*, 2010.

[99] Stiner *et al.*, 2010; Kuhn y Stiner, 2019. Yo atribuyo los ocupantes de la cueva de Qesem al *Homo erectus* tardío, pero otros los clasificarían como el precursor inmediato del *Homo sapiens* moderno, el *H. heidelbergensis*.

[100] Killgrove, 2015; Hardy *et al.*, 2015; análisis genéticos de estos miembros tardíos del género *Homo* (incluido *H. neanderthalensis*) revelan microbiomas que contienen cepas del género *Streptococcus* adaptadas de forma única para captar enzimas de digestión del almidón de la saliva que las bacterias podían utilizar (Fellows Yates *et al.*, 2021).

Nada de esto ocurrió en el vacío. No fue solo el aprovisionamiento compartido lo que permitió a estos simios bípedos sobrevivir e incluso prosperar frente a lo que les deparó el Pleistoceno. También recurrieron a las «reservas fisiológicas» mediante la acumulación de grasa en las nalgas y otras zonas del cuerpo, así como mediante periodos de maduración cada vez más largos. También utilizaron ampliamente las «reservas cognitivas», aprendiendo a fabricar y utilizar herramientas más eficaces y a transmitir estos conocimientos. Todo ello mientras el «techo gris» del tamaño del cerebro aumentaba gradualmente.[101] Así se produjo la improbable coincidencia de cerebros más grandes y crías aún más costosas con intervalos más cortos entre nacimientos, posible en gran parte por la dependencia mutua en los alimentos compartidos. Resultaría ser una combinación poderosa. El clima duro e impredecible del Pleistoceno, que contribuyó a la extinción de otros simios bípedos, había presionado y, en última instancia, obligado a los del linaje que condujo al género *Homo* a poner en común sus recursos. Para proteger a las crías de la inanición y recuperarse tras los accidentes, necesitaban la ayuda de los demás. Dado lo motivados que estaban los machos a permanecer cerca de sus parejas y protegerlas, y teniendo en cuenta lo sofisticados que eran estos simios desde el punto de vista cognitivo, su dependencia mutua y su confianza en el cuidado y el aprovisionamiento compartidos hicieron que sobrevivieran más niños. Esto preparó el terreno para una cascada de secuelas conductuales, evolutivas y neuroendocrinológicas que afectaron no solo a madres e hijos, sino también a los padres.

Llevar la comida a una zona central y compartirla habría dado a los padres del Paleolítico medio un motivo más para permanecer cerca de su pareja y sus hijos, igual que hacen los recolectores africanos contemporáneos.[102] Como en otros primates, los niveles de oxitocina aumentan cuando se comparten recursos o los adultos

[101] Heldstab *et al.*, 2016, 2019; para un análisis más detallado, véase especialmente Van Schaik, 2016.

[102] Véase Katz y Konner, 1981; Endicott, 1992; Konner, 2010, cap. 17 para descripciones de grupos de recolectores.

están cerca de los bebés.[103] Así pues, la presencia de los bebés probablemente facilitaba aún más los impulsos generosos. De ser así, sería coherente con el hallazgo de los psicólogos sociales de que la gente tiende a ser más generosa cuando hay niños a la vista, o incluso solo fotografías de niños.[104] No es de extrañar que hoy en día los captadores de fondos muestren de forma prominente imágenes de niños cuando solicitan donaciones.

Mientras que la presencia de bebés incita a la gente a ser más generosa, el acto de dar algo a otra persona estimula aún más los centros de recompensa del cerebro humano, liberando neuropéptidos como la dopamina, la serotonina o la oxitocina. Estas son algunas de las muchas razones para suponer que las personas del Pleistoceno tardío, que se reunían de manera amistosa en la cueva de Qesem y compartían comidas allí, encontraban esas ocasiones placenteras.[105]

Si después de comer en un lugar central los hombres se mantenían calientes durmiendo junto a sus parejas, como siguen haciendo los cazadores-recolectores modernos, tales efectos se habrían magnificado aún más. Con o sin premeditación o intenciones específicas, los hombres que dormían cerca de las madres se habrían encontrado durmiendo también cerca de los bebés. En todo el orden, el colecho entre madre e infante es una práctica universal en primates, aún ampliamente practicada en las sociedades humanas tradicionales y solo recientemente abandonada en la nuestra. Donde el colecho entre padre e infante aún ocurre hoy en día, va acompañado de una disminución en los niveles de testosterona y mayores niveles circulantes de oxitocina.[106]

Esta es una razón más para postular niveles gratificantes de sociabilidad y confianza entre estos homininos arcaicos, una confianza suficiente para que las madres permitieran de buen grado que otros accedieran a sus bebés. Los nuevos descubrimientos de

---

[103] Entre los chimpancés salvajes, por ejemplo, Samuni y otros (2018) informan que los niveles de oxitocina en la orina aumentan cuando se comparten recursos.

[104] Véase, por ejemplo, Wolf *et al.*, 2022.

[105] Gettler *et al.*, 2012.

[106] Véase McKenna, 2016 sobre el colecho en sociedades tradicionales y Gettler *et al.*, 2012 para las implicaciones endocrinas.

nuestra especie hermana ya extinta, el *Homo neanderthalensis*, concuerdan con esa elevada confianza materna en buena voluntad de sus compañeros de grupo (que no se parece en nada a la de los grandes simios). Hace trescientos mil años, y probablemente antes, los antepasados de los neandertales se caracterizaban por patrones de crecimiento cerebral similares a los del *Homo sapiens*.[107] Hace noventa mil años, algunas de estas madres neandertales confiaban lo suficiente en que los bebés estarían seguros con las alomadres como para dejar a sus hijos al cuidado de otros. La razón por la que digo esto es que aunque el comportamiento no se fosiliza, las huellas sí lo hacen.

Recientemente se descubrieron las huellas dejadas por entre diez y trece homininos, probablemente neandertales, en una playa de Normandía (Francia). Su análisis revela que la mayoría eran niños de dos años o más, que jugaban y posiblemente recolectaban crustáceos por allí. La composición demográfica, parecida a la de una guardería, llevó al paleontólogo Jeremy DeSilva a calificarla de prueba de «guardería prehistórica».[108] Si es así (hablando ahora como antigua madre voluntaria en una guardería), un adulto por cada cuatro niños me parece una proporción aceptable. En esta época, hace como mínimo setenta mil años, los bebés neandertales se destetaban antes que sus predecesores simios no homininos. El análisis de sus dientes fosilizados también apunta a dietas infantiles complementadas con alimentos sólidos tan pronto como a los cinco o seis meses de edad, más o menos en el mismo momento que mis propios hijos.[109] Tales patrones sugieren que en el momento en que los antepasados del *Homo neanderthalensis* se escindieron de la línea que condujo al *Homo sapiens*, hace alrededor de medio millón de años, el cuidado compartido ya estaba bien establecido. Pero mi atención se centra aquí en estos últimos, los humanos anatómica y conductualmente modernos que experimentaron un último estallido de encefalización a finales del Pleistoceno, con la expansión del neocórtex coevolucionando

---

[107] Ponce de León *et al.*, 2016.

[108] Duveau *et al.*, 2019; véase Hotz, 2019 para la cita de De Silva.

[109] Nava *et al.*, 2020.

con el cuidado compartido, la provisión compartida y machos más tranquilos. Sin duda, como todos los primates, los hombres de entonces seguían luchando por el estatus. Por supuesto que competían con otros machos por el acceso a las hembras y por ser elegidos por compañeras que (para los estándares simiescos) eran agentes notablemente autónomos a este respecto, pero para prosperar los humanos también debieron llevarse bien y compartir con sus compañeros de caza, así como con sus parejas y miembros del grupo.

La selección sexual nunca desapareció. Pero las prioridades de estos compañeros más complacientes y apacibles se habrían seleccionado *socialmente* en favor de hombres que se esforzaran por mejorar su reputación para ser elegidos por otros como colaboradores, compañeros de caza o compañeros de grupo. Estos fueron los antepasados de los cazadores-recolectores, cuyo deseo permanente era llevarse bien con los demás y (citando aquí a la etnógrafa pionera del estudio de los kung Lorna Marshall) «evitar la hostilidad y el rechazo».[110] Pero para ello hacía falta algo más que dulzura y un umbral más bajo de receptividad alomaternal; hacía falta una mentalidad especial. Para ganarse la aprobación y aceptación de los demás, los hombres tenían que observar y aprender lo que pensaba el resto y lo que preferían. Estas fueron las actitudes que, miles de años después, llevarían a algunos hombres del siglo XXI a *elegir conscientemente* convertirse en «buenos» padres.

¿Pero cómo llegaron los hombres a preocuparse tanto por lo que otros piensan de ellos, por su autoimagen y reputación? Sí, el compartir alimentos y la interdependencia mutua fueron factores decisivos, pero también lo fue la forma inusual en que se criaban los hijos de los homininos. En el siguiente capítulo explico cómo el cuidado y el aprovisionamiento compartidos cambiaron el contexto de desarrollo en el que crecieron los jóvenes, contribuyendo a la evolución de esas inclinaciones tan peculiares para tener en cuenta a los demás.

---

110 Marshall, 1976b, p. 288.

09

Cambiar la mentalidad de los hombres

«Las exhibiciones de poder y recursos son habituales entre los animales y [...] resultan fundamentales para competir en estructuras jerárquicas. [...] Pero únicamente los humanos invierten en costosas demostraciones de generosidad y respeto a las normas sociales».

RANDOLPH NESSE, 2008

La interdependencia y sus corolarios

Tal como imagino a los humanos arcaicos que ocuparon la cueva de Qesem, acurrucados en torno a un fuego comunal y compartiendo la comida, debían ser cognitiva y emocionalmente muy diferentes de los australopitecos que recorrían los bosques y sabanas africanos cuatro millones de años antes. Más corpulentos, con un cerebro más grande y equipados con herramientas más eficaces, estos homininos también coordinaban sus acciones con otros de un modo que los simios nunca habían hecho antes. Mantener tales niveles de cooperación habría exigido interesarse por lo que los demás pensaban y se proponían.

Todos los simios tienen cerebros relativamente grandes, pero los de los homininos lo son aún más, ya que han triplicado el tamaño del de un chimpancé, con un córtex prefrontal lo bastante extenso como para albergar un número asombrosamente grande de neuronas.[1] Estas neuronas forman redes que se activan cuando

[1] Según una estimación, la proporción de materia gris cortical ocupada por la corteza prefrontal humana es casi el doble que la de los macacos y 1,2 veces mayor que en los chimpancés. Las disparidades son aún mayores en la materia blanca subcortical, que es 1,7 veces mayor en los humanos en comparación con los chimpancés (Donahue *et al.*, 2018; véase también Smaers *et al.*, 2017).

los individuos reflexionan sobre lo que los otros piensan y sienten, y evalúan cómo sus propias acciones pueden afectar a los demás. *¿Qué había en la vida de estos homininos que hacía tan esencial esta capacidad de tener en cuenta a los demás?*

Es imposible decir cómo eran las relaciones emocionales de las parejas sexuales en el Pleistoceno, cuánto duraban esos vínculos o hasta qué punto eran fieles ambos sexos. De lo que podemos estar seguros es de lo que nos indican los dientes fosilizados, que la infancia se prolongaba y las crías seguían dependiendo de los demás cada vez más tiempo, aunque no tanto como los niños de hoy en día. Casi con toda seguridad estos jóvenes eran atendidos y aprovisionados tanto por aloparientes como por los padres, creciendo en familias más «extensas» que «nucleares». Al mismo tiempo, la composición fluctuante de los grupos entre personas oportunistas y muy móviles significaba que la identidad exacta de quién contaba como «familia» variaba de temporada en temporada, de año en año.

El aprovisionamiento compartido, sobre todo una vez que se cocinaban los alimentos y se consumían en compañía, implicaba que los hombres pasaban más tiempo en íntima proximidad con otros en agrupaciones que probablemente incluían mujeres con bebés, sobre todo a la hora de comer. Pero se desconoce qué sentían los hombres de estas agrupaciones por los bebés cercanos o cómo interactuaban con ellos.

Los huesos, las huellas y los coprolitos se fosilizan. A veces incluso se recupera y analiza ADN antiguo. Estos rastros nos informan sobre la eficiencia locomotora, la variedad de la dieta, la filogenia y quizá incluso las relaciones de parentesco, pero no pueden hablarnos de las emociones. No podemos saber si los padres o los aloparientes masculinos sintieron alguna vez el impulso de coger y acercarse a un bebé, olerle el cuero cabelludo, deleitándose con los sensuales olores del HEX que desprendía, o dedicarse a su cuidado directo limpiándole las heces o premasticando un trozo de carne para dárselo a un bebé recién destetado mediante un beso. Puede que los hombres realizaran tales actos tiernos, puede que no. De lo que podemos estar bastante seguros, sin embargo, es de que estos hombres se coordinaban con otros no solo para mantener alimentados a su propia pareja y a sus hijos, sino también a otros miembros del grupo. Además, como han observado los etnógrafos que estudian a los cazadores-recolectores contemporáneos, los hombres acatan las normas establecidas para compartir.

Esta casi certeza de que los adultos de nuestros antepasados del Pleistoceno cooperaban habitualmente mientras buscaban comida, y después la compartían, fue lo que llevó al psicólogo comparativo evolutivo Michael Tomasello, entonces director del Instituto Max Planck de Antropología Evolutiva de Leipzig, a proponer su hipótesis de la «interdependencia» o el «mutualismo». Postuló que la colaboración obligatoria durante la búsqueda de alimentos explicaba la evolución gradual de rasgos que componen el perfil claramente servicial, «prosocial» o «hipersocial» que ahora se considera un sello distintivo de la especie humana.[2] Pero ¿qué aptitudes psicológicas sentaron las bases de estos desarrollos posteriores?

En busca de una respuesta, Tomasello y su equipo propusieron una capacidad sociocognitiva distintiva que denominaron «intencionalidad compartida»,[3] la habilidad de diferentes individuos para compartir estados mentales y tener la misma experiencia al mismo tiempo, mientras «saben juntos que lo están haciendo»; una capacidad esencial para la cooperación a gran escala, como los cazadores que se coordinan entre sí para abatir presas grandes.[4] Basándose en sus propios experimentos, el equipo del Max Planck ya sabía que otros simios rara vez exhiben intencionalidad compartida, mientras que los humanos lo hacen de manera rutinaria.

Mediante una batería especial de pruebas sin lenguaje para comparar las capacidades sociocognitivas de ciento cinco niños de dos años y medio con las de ciento seis chimpancés en su mayoría adultos y treinta y dos orangutanes, el equipo del Max Planck descubrió que, en cuanto a la cognición física y la comprensión del mundo natural, las tres especies de simios se situaban aproximadamente en el mismo nivel. Tenían las mismas probabilidades de recordar dónde estaba escondida una golosina, distinguir si había

[2] Tomasello *et al.*, 2012; Hill, 2002.

[3] Tomasello, 2009.

[4] Tomasello y Carpenter, 2007, pp. 121-122; véase también Bard y Leavens, 2014.

muchos o pocos objetos y comprender la causalidad. Donde surgieron grandes diferencias fue en el ámbito de la cognición *social*, prestar atención a lo que otra persona estaba demostrando para poder imitarla o discernir sus intenciones o pensamientos; la capacidad de comprender el estado mental o lo que otra persona probablemente sabe.[5] Otros simios —los chimpancés, por ejemplo— a veces podían distinguir lo que otra persona sabe, sobre todo cuando necesitaban averiguar lo que un rival, que competía por una recompensa alimentaria, sabía sobre dónde estaba escondido el premio. Pero los niños pequeños estaban mucho más interesados en imaginar lo que otra persona piensa o sabe, y lo hacían mejor. Los psicólogos experimentales llaman a esto «teoría de la mente».[6]

El hallazgo de que los humanos son mejores a la hora de interpretar lo que otra persona quiere o pretende es coherente con otros atributos distintivamente humanos, como los «ojos cooperativos». En la mayoría de los demás simios, las pupilas están situadas dentro de un contorno esclerótico marrón oscuro; con pocas excepciones, el blanco solo es visible en las esquinas. Esto hace más difícil descifrar hacia dónde mira el simio. En los humanos, sin embargo, la pigmentación más blanca de la esclerótica que rodea el iris y la pupila resalta la dirección de la mirada, señalando lo que le interesa a otro individuo.[7] Los ojos humanos parecen estar especialmente adaptados para que otro conozca las intenciones de los demás y las comparta. Se desconoce exactamente en qué momento a lo largo de la evolución el tejido alrededor de los iris de los homininos comenzó a aclararse, queda en el terreno de la especulación (figura 9.1).[8]

A los nueve meses de edad los bebés no solo se comunican mediante la dirección de la mirada, sino que también se dirigen

[5] Herrmann *et al.*, 2007.

[6] Hare y Tomasello, 2004; Tomasello, 2019.

[7] Kobayashi y Koshima, 1997; Tomasello *et al.*, 2007; Kano *et al.*, 2022. Incluso el interés que muestran las crías de chimpancé al seguir la mirada de otro parece desvanecerse a lo largo de su desarrollo (Tomonaga *et al.*, 2004; Tomonaga, 2006). Esto puede explicar por qué las interacciones triádicas (señalar un objeto a otro individuo y observar cómo reacciona) se observan raramente entre los chimpancés en la naturaleza.

[8] Véase la discusión en Mearing *et al.*, 2022.

Figura 9.1. La primera vez que vi la imaginativa reconstrucción del artista Viktor Deak de un *Homo georgicus* (también considerado una forma primitiva del *Homo erectus*), me quedé anonadada por la intensidad de la mirada de este hominino de 1,8 millones de años de antigüedad, por la poderosa sensación de que le seguía de cerca mientras cruzaba un arroyo. Cuando miró hacia atrás y nuestras miradas se encontraron, supe que él sabía que yo sabía dónde nos dirigíamos. ¿Por qué sentía con tanta fuerza que él y yo estábamos en sintonía? Entonces caí: era el blanco de sus ojos comunicándome que quería conectar conmigo y compartir sus intenciones. (Viktor Deak, con permiso del artista).

deliberadamente a otra persona para que atienda a lo mismo que ellos, tal vez tendiéndole un objeto como si le preguntaran: «¿Qué es esto?, ¿qué te parece?». Este tipo de interacción, conocida como «interacción triádica», rara vez se observa entre los chimpancés en la naturaleza. Los pequeños humanos también suelen llamar la atención sobre algo señalándolo, algo que los chimpancés en la naturaleza casi nunca hacen, aunque los simios cautivos acostumbrados a depender de cuidadores humanos a los que conocen bien (alomadres de otra especie) sí lo pueden hacer.[9]

En otras palabras, los chimpancés y los orangutanes exhiben ocasionalmente capacidades rudimentarias para imaginar lo que alguien sabe, pero los pequeños humanos están mucho más interesados de forma innata en lo que otra persona piensa, siente o pretende, y son mucho mejores compartiendo estados subjetivos

[9] Leavens y Hopkins, 1998; Tomasello y González Cabrera, 2017. Aunque esta interacción referencial mutua se observa ocasionalmente en chimpancés salvajes (por ejemplo, Boesch, 2012), es más común verla en chimpancés cautivos acostumbrados a sus cuidadores humanos (Leavens y Bard, 2014; implicaciones discutidas en Hrdy, 2016a).

con otra persona, ventajas evidentes cuando se aprende de otros o se coopera en tareas complejas. Esta intencionalidad compartida constituye una característica fundamental de la hipótesis del mutualismo de Tomasello, el primero de los «dos pasos clave» que consideraba que contribuían a la evolución de las tendencias prosociales y cooperativas de la humanidad. Dicha coordinación era esencial, por ejemplo, para que los humanos pudieran colaborar en la caza de animales grandes y potencialmente peligrosos. El segundo paso de su modelo consistía en castigar a los «tramposos» que no compartieran los frutos resultantes de estos esfuerzos de colaboración.[10]

«Selección social punitiva»

Como evidencian los ejemplos etnográficos del último capítulo, a los cazadores-recolectores modernos les importa lo que los demás piensen, y sobre todo *lo que los demás piensen de ellos*. La otra cara de las ventajas reputacionales para los hombres que son cazadores exitosos o que se comportan de manera prosocial son los impactos negativos para aquellos que no prestan suficiente atención a los intereses de los demás.

Según algunos antropólogos fue precisamente para evitar tales represalias que los humanos empezaron a respetar las normas de la generosidad y de la conducta de compartir que vemos entre los pueblos recolectores. Merece la pena examinar más detenidamente lo que implicaría adoptar esta hipótesis de la «selección social punitiva».

Casi todos los antropólogos del siglo XX que vivieron entre cazadores-recolectores africanos observaron que estos compartían con frecuencia y señalaron que se desaprobaba a los que no lo hacían. Algunos, como Richard Lee y Lorna Marshall, mencionaron específicamente que los hombres fanfarrones, que acaparaban lo mejor para sí mismos o se comportaban de forma prepotente,

[10] Tomasello *et al.*, 2012; véase también Boyd *et al.*, 2003 respecto a «la evolución del castigo altruista».

eran objeto de burla, rechazados o incluso condenados al ostracismo. Lee proporciona incluso una vívida descripción de lo que ocurrió en el caso extremo de un hombre ju/'hoansi (o kung) inusualmente beligerante llamado Twi, una historia que le contó el propio hermano menor de Twi, testigo de todo el asunto.

Después de que Twi matara a varios hombres locales, los miembros de la comunidad se reunieron, discutieron el asunto y decidieron que había que eliminarle, pero la emboscada no salió bien. Twi se defendió, mató a otro hombre más y apuñaló a una mujer cercana. Fue entonces cuando otros miembros de la comunidad y los propios familiares de Twi, que en otras circunstancias podrían haber estado tentados de defenderle, se unieron a los atacantes. En una escena que recordaba al *Asesinato en el Orient Express* de Agatha Christie «todos dispararon contra él con flechas envenenadas hasta que pareció un puercoespín». Mientras yacía en el suelo, tanto hombres como mujeres se acercaron «y apuñalaron su cuerpo con lanzas incluso después de muerto».[11] Tal comportamiento era probablemente poco común, siendo el propio Twi un psicópata atípico. No obstante, al entrevistar a los ancianos, Lee descubrió que habían existido algunas otras ejecuciones aprobadas por la comunidad.[12] El arte rupestre que se conserva también muestra algunas imágenes de hombres «alfileteros» atravesados por lanzas o flechas, algunas de las cuales datan de hace veinte mil años (figura 9.2).[13]

La posibilidad de una pena capital al estilo del Pleistoceno entre nuestros antepasados llamó especialmente la atención de los antropólogos evolucionistas, convencidos de que los humanos

---

[11] Lee, 1979, pp. 387-400, citas de la p. 394; véanse también Boehm, 1999, 2012.

[12] Es importante señalar que el propio Boehm nunca vivió entre cazadores-recolectores. La etnógrafa Polly Wiessner sí lo ha hecho y me ha advertido que sería poco probable que los familiares participaran en una ejecución de este tipo, excepto en casos de «verdaderos psicópatas» y reincidentes que representaran una amenaza grave para la comunidad (comunicación personal, 14 de marzo de 2023).

[13] R. Dale Guthrie registró al menos dieciséis representaciones de homicidios en el Paleolítico temprano, que mostraban a un individuo atravesado por una lanza hasta la muerte. Se cuidó de señalar el marcado contraste entre las representaciones más antiguas de «homicidios» individuales y las representaciones más recientes en el arte rupestre de guerras entre grupos (2005, figura 8-3 y pp. 182-183).

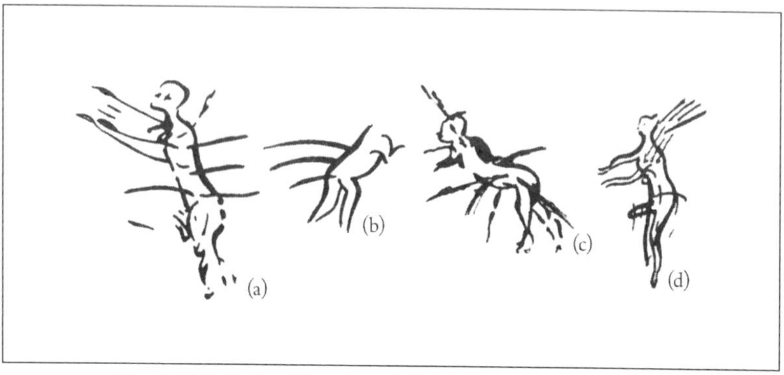

Figura 9.2. En su compendio enciclopédico del arte paleolítico R. Dale Guthrie incluye estas representaciones del Paleolítico temprano de lo que sospecha pudieron ser ejecuciones comunales, hombres atravesados por múltiples flechas o lanzas. (Utilizado con permiso de la University of Chicago Press, del libro *The Nature of Paleolithic Art*, de Dale Guthrie [University of Chicago Press, 2005], fig. 8.21; permiso conseguido a través de Copyright Clearance Center, Inc.).

debían provenir de simios tan orientados a la dominación, despóticos y propensos a la violencia como el *Pan troglodytes*. Plantearon la hipótesis de que, una vez que los humanos ancestrales empezaron a cazar juntos, fue el miedo a ser ejecutado lo que impidió que un macho dominante acaparara el botín tras una caza exitosa, como haría un macho dominante de chimpancé común. El más destacado de los defensores de este punto de vista fue el difunto antropólogo Christopher Boehm.

Tras dedicar los primeros años de su carrera a estudiar la antropología de las luchas de sangre y los asesinatos por venganza entre los pastores-agricultores serbios, que vivían entonces en «hermandades» organizadas patrilinealmente y dominadas por los hombres, Boehm había decidido estudiar las raíces evolutivas de las tendencias violentas de la humanidad y cómo las afrontaban nuestros antepasados. Como modelo para los humanos ancestrales, seleccionó nada menos que a *Pan troglodytes*, los simios situados en el extremo belicoso del espectro del comportamiento de los primates, que también vivían en «hermandades» dominadas por machos. Boehm dio por sentado que las sociedades humanas arcaicas debían de ser patrilocales y dominadas por los varones. Así, cuando los primeros humanos empezaron a cazar grandes piezas y necesitaron cooperar para hacerlo, habrían tenido problemas si algún alfa hubiera intentado monopolizar después el botín. Según Boehm los humanos arcaicos lo resolvieron mediante la «selección social punitiva» de los abusones.[14]

El escenario imaginado por Boehm es el que sigue. Hace unos 250.000 años, cuando los humanos arcaicos empezaron a cazar presas más grandes y peligrosas, se hizo indispensable la colaboración fiable entre cazadores.[15] Pero colaborar solo merecía la pena si los cazadores podían confiar en un reparto equitativo del botín *a posteriori*. Si algún macho dominante iba a monopolizarlo, ¿qué hombre iba a arriesgarse a colaborar en los esfuerzos conjuntos para abatir grandes presas? Ninguno, no si tuviera otra opción. Lo que es más, un punto muy importante, ¿quién habría tolerado a un abusador una vez que los cazadores del Pleistoceno tuvieron lanzas y otras armas letales, que empoderaban a los subordinados para tender emboscadas y eliminar a un tirano sin correr demasiados riesgos? En tales circunstancias, ¿durante cuánto tiempo habrían tolerado a los hombres antisociales? No mucho, según Boehm. Los matones habrían sido condenados al ostracismo o asesinados.

Tratar de sobrevivir como un paria más o menos solitario ya habría sido bastante malo, pero de acuerdo con algunos relatos etnográficos la selección social punitiva podría implicar la ejecución. Por doloroso que fuera para ellos, los propios parientes del malhechor podrían verse obligados a ayudar a asesinarlo, presumiblemente para evitar venganzas de sangre. Boehm especuló que la amenaza de tal castigo llevó a los hombres del Pleistoceno a desarrollar una «voz interior» o conciencia, que les advertía contra

[14] Boehm, 2012, pp. 164, 312-313, 340. Cabe destacar que diferentes teóricos utilizan el término «selección social» con distintos énfasis o para referirse a procesos muy diferentes (por ejemplo, Roughgarden, 2004). El uso de Boehm en este caso tiene más que ver con que los individuos se conforman para evitar el castigo, que con lo que los biólogos teóricos como West-Eberhard suelen tener en mente cuando usan «selección social» para referirse al éxito diferencial en la competencia por algún recurso o beneficio, como ser admirado, aceptado o elegido como beneficiario de algún servicio valioso.

[15] Boehm, 2012, p. 313 se refiere a hace 250.000 años como su «número mágico».

el comportamiento autoritario, agresivo o egoísta.[16] A otros destacados antropólogos evolucionistas, como Richard Wrangham (de Harvard), tampoco se les pasó por alto que la ejecución de los matones también eliminaría del acervo genético los genes responsables de la agresividad impulsiva. Esta posibilidad llevó a Wrangham a argumentar que al ejecutar a los abusadores, los humanos esencialmente se «amansaron» o «domesticaron» a sí mismos.[17] Pero ¿fue realmente el miedo al castigo, o la limpieza del acervo genético de fenotipos impulsivamente agresivos, lo que originó la disposición humana a cooperar y ayudar a los demás, acelerando la aparición de una especie humana hipercooperativa?

El enfoque inicial de Boehm y otros tenía poco que ver con el cuidado o la crianza de los niños. Su atención se centraba en los hombres adultos y en las medidas que podrían haber tomado para purgar a la comunidad (y, por tanto, en última instancia, al acervo genético) de tendencias violentas reflejas y antisociales. Pero una mirada más atenta a lo que implica enfrentarse a un matón sugiere que debe haber intervenido mucho más que la mera eliminación de los malos actores.

Castigar a un individuo agresivo es un asunto arriesgado. Hacerlo con seguridad requiere planificación y coordinación previas. Por eso, los principales defensores de esta hipótesis del «adiós a los abusones» empezaron a insistir en que el lenguaje, junto con su importantísimo corolario, el cotilleo, debían formar parte de ella.[18] Como dijo Wrangham, solo el lenguaje «resuelve el problema de la coordinación al permitir que los individuos pongan a prueba sus sentimientos con cautela y generen planes compartidos» con anticipación, antes de emprender algo tan arriesgado como ejecutar a un abusador.[19]

---

[16] Boehm, 2012, pp. 167-168; aquí Boehm se basa en los escritos del psiquiatra evolutivo Randolph Nesse (véanse Nesse, 2007, 2009), quien a su vez fue influenciado por la formulación de la selección social darwiniana de West-Eberhard (1979, 1983). Véase también Sznycer *et al.*, 2018 sobre la invariabilidad transcultural de la arquitectura de la vergüenza.

[17] Wrangham, 2019.

[18] *Ibid.*; véase esp. cap. 8, «Pena capital».

[19] Wrangham denomina las ejecuciones planificadas de esta manera como «agresividad proactiva coalicionista» y la distingue de la «agresividad reactiva», más

Pero un momento, ¿podría la eliminación de los matones explicar realmente por qué los humanos se volvieron tan prosociales y cooperativos? Si limpiar el acervo genético de individuos beligerantes fue esencial para que evolucionaran los humanos conductualmente modernos, y si la planificación anticipada mediante un lenguaje sofisticado fue esencial para hacerlo con seguridad, me parece que hay un paso que falta. Aún tenemos que explicar cómo los humanos empezaron a interesarse lo suficiente por conocer los pensamientos y sentimientos de los demás, y por compartir los suyos propios, como para dar el impulso inicial al lenguaje. A menos que los individuos *ya* hubieran empezado a tener ganas de compartir sus pensamientos, me resulta difícil entender por qué se lanzaron a utilizar un lenguaje inteligente en primera instancia.

Selección social positiva

Otros primates se comunican bastante bien sin una lengua hablada. Los monos, por ejemplo, emiten llamadas de alarma específicas que designan la existencia de un «depredador aéreo» frente a un «depredador terrestre», o emiten gruñidos o ladridos que transmiten imperativos significativos como «¡demuestra sumisión o de lo contrario ya verás lo que te espera!». Pero el lenguaje humano es más amplio, matizado y flexible.[20] Por eso siempre vuelvo a algo que dijo una vez el psicoterapeuta británico Peter Hobson. «Antes del lenguaje», tuvo que haber «algo más, más básico, en cierto modo más primitivo [...] que nos impulsó *hacia* el lenguaje. Algo que pudiera evolucionar en pequeños pasos», dando lugar finalmente «a los procesos de pensamiento que revolucionaron la vida mental». El «algo más» de Hobson eran los «vínculos que pueden unir la mente de una persona con la de otra, especialmente los

---

impulsiva y no planificada, que es más típica de los chimpancés comunes (2019, p. 163). Wrangham especula además que es porque *Homo neanderthalensis* carecía de lenguaje que los genes de los machos beligerantes y no cooperativos no fueron eliminados en los neandertales como sí ocurrió entre *Homo sapiens* (p. 164). Sin embargo, no se sabe si los neandertales hablaban o no. Es muy posible que lo hicieran.

[20] Tomasello y Carpenter, 2007.

vínculos emocionales».[21] Su colega antropólogo evolutivo Chris Knight es aún más contundente cuando escribe que «es una especie de locura» imaginar que el lenguaje puede explicarse sin tener en cuenta las presiones de selección que moldearon las mentalidades sociales exclusivamente humanas que dieron lugar a él.[22]

Esto nos devuelve a la «mentalización» y a la «intencionalidad compartida» o, como prefieren llamarla los psiquiatras, a la «motivación intersubjetiva». La capacidad de atender a la vez a lo mismo que otro individuo y de interesarse por compartir pensamientos y sentimientos con los demás habrían sido estímulos esenciales para empezar a generar y utilizar unos mensajes vocales tan matizados y casi infinitamente variables como el lenguaje humano. Pero si para que evolucione el lenguaje se necesita una intencionalidad compartida y un deseo peculiarmente humano de cooperar, no entiendo cómo los asesinatos conspirativos selectivos *que requieren lenguaje* podrían justificar los impulsos cooperativos fundamentales para la evolución del lenguaje. Aquí es donde detecto un paso que falta y una complicación adicional. Si, como postulan Boehm, Wrangham y otros, «los orígenes de muchas adaptaciones específicamente humanas para la cooperación extrema residen en las dinámicas de las relaciones entre hombres»,[23] *¿qué pasa con las mujeres*?

Aunque las mujeres rara vez se coordinaran con otras durante la caza de grandes presas, seguro que cooperaban (además de competir) en otros ámbitos.[24] Al fin y al cabo, eran ellas las que garantizaban que hubiera carne en el menú, abasteciendo a los cazadores cuando volvían a casa con las manos vacías. Además, las mujeres

---

[21] Hobson, 2004, p. 2. He citado este pasaje muchas veces a lo largo de los años porque creo que Hobson acertó.

[22] Knight, 2016, p. 210; Terrace, 2013.

[23] Citas de Wrangham, 2021; para una mayor elaboración, véanse Wrangham, 2019 y un enfoque similarmente androcéntrico en Boehm, 2012.

[24] Este libro se centra en los hombres, pero nunca es una buena idea ignorar el hecho de que el comportamiento masculino se desarrolla en el contexto de interacciones cooperativas y competitivas entre mujeres. Lo que desde Darwin fue una perspectiva decididamente androcéntrica en los estudios evolutivos (Hrdy, 1981) ha comenzado a corregirse; véanse Gowaty (ed.), 1997; Campbell, 1999; Campbell y Stockley, 2013; Fisher, Garcia, y Chang, 2013; Cassar y Rigdon, 2021a, 2021b; Cooke, 2022.

son como mínimo tan empáticas como los hombres, si no más. Asimismo, las tendencias prosociales son evidentes en los niños al menos desde los dos años, mucho antes de que estos pequeños, relativamente indefensos, pudieran ser de gran ayuda, ya sea buscando alimentos o en la defensa del grupo. La socialización tampoco puede explicar por completo sus tendencias serviciales (como cuando se le dice a un niño: «¡Hora de ir a por leña!»), porque los niños de cinco años tienden a ser más serviciales que los de nueve, que han tenido más años para aprender.[25] Tales incoherencias nos llevan al meollo de la cuestión.

No solo faltaba un sexo, sino también un paso en las suposiciones sobre las motivaciones iniciales que sustentan la extraordinaria prosocialidad de la humanidad. Para empezar, faltaba una etapa vital. Antes de que podamos explicar la aparición de simios macho suficientemente preocupados por lo que piensan los demás como para haber desarrollado sofisticados modos de comunicación que les permitieran planificar con antelación y coordinar algo tan complejo socialmente como castigar a los tramposos, tenemos que considerar los contextos sociales en los que se desarrollaron los pequeños humanos. Debemos tener en cuenta lo que los pequeños humanos se vieron obligados a hacer para sobrevivir.[26]

Recuerdo aquí algo que dijo hace años un observador pionero de la crianza de los niños ju/'hoansis. Al reflexionar sobre el comportamiento humano, el antropólogo Melvin Konner sugirió que «deberíamos estar preparados para considerar que las características del comportamiento adulto no evolucionaran porque fueran

---

[25] Hrdy, 2009, 2013a, 2016a; Hawkes, 2014a; Tomasello y González-Cabrera, 2017; Silk y House, 2016 y Cooke, 2022.

[26] Además de las explicaciones basadas en la búsqueda cooperativa de alimentos, otras enfatizan la necesidad de que los hombres cooperen con los miembros del grupo durante los conflictos entre tropas. Sin duda, este fue un factor importante cuando los grupos comenzaron a competir por los mismos recursos que sus vecinos y a entrar en conflicto con ellos, pero veo pocas pruebas, si es que hay alguna, de ese tipo de competencia intergrupal en el Pleistoceno temprano, cuando se supone que las densidades de población eran extremadamente bajas. Solo hace entre veinte mil y cuarenta mil años, con las personas volviéndose cada vez más sedentarias en hábitats más saturados y con propiedades que proteger, comienzan a surgir indicios de conflicto intergrupal (Kelly, 1995; Fry, 2013).

una adaptación ideal, sino porque son el resultado de una adaptación ideal en la infancia».[27] Para comprender la prosocialidad humana, tenemos que remontarnos más atrás en el desarrollo, tanto en el tiempo ontogenético como en el evolutivo, debemos considerar los contextos sociales, claramente diferentes a los de los simios, en los que crecían los infantes de esta inusual línea de homininos.

Antes del hombre está el niño

Otros simios, como los chimpancés, utilizan herramientas y en la naturaleza se coordinan ocasionalmente con sus congéneres. Los simios cautivos que llegan a depender de cuidadores humanos de confianza son aún más propensos a hacerlo, incluso a señalar un objeto que desean. Estos simios criados en colonias utilizan incluso la «ayuda selectiva» para entregar justo la herramienta que otro necesita en la resolución de una tarea concreta. También se puede entrenar específicamente a chimpancés criados por humanos para que recuerden y marquen números secuenciales que aparecen brevemente en la pantalla de un ordenador,[28] con un rendimiento muy superior al de un profesor emérito de Antropología (yo misma), cuando visité el centro de investigación de chimpancés de Tetsuro Matsuzawa, cerca de Kioto. Sin embargo, la capacidad de recordar el orden de los números es algo que los chimpancés no han tenido ocasión de desarrollar previamente.

Los chimpancés «genios» de Matsuzawa nacen presumiblemente con los mismos genotipos e inteligencia innata que los chimpancés en libertad, pero crecen en un contexto social diferente en el que emergen potenciales conductuales que de otro modo habrían permanecido latentes. A lo largo del desarrollo, el

[27] Konner sugirió ya en 1972 que necesitábamos prestar más atención a las presiones selectivas en la infancia (véase p. 302). Sin embargo, pasarían años antes de que otros, como yo, aceptáramos su desafío (Hrdy, 1999, 2005, 2009; Hawkes, 2014; Tomasello y González-Cabrera, 2017), y Michael Tomasello propondría que la cognición sapiente «se origina [...] cuando los niños comienzan a interactuar con otros en [...] actividades intencionales conjuntas» (2019, p. 190).

[28] Matsuzawa, 2010.

mismo genotipo se convierte en un individuo ligeramente distinto, con comportamientos notablemente diferentes. Esta generación de resultados conductuales diferentes, o fenotipos, proporciona el terreno para la selección darwiniana, a lo que los teóricos como West-Eberhard se refieren como «variación seleccionable».[29] Así que consideremos la variación seleccionable generada por los contextos de desarrollo inusuales en los que crecieron los pequeños homininos.

Nacidos para conectar

Al igual que otros simios, los homininos de ambos sexos habrían llegado al mundo totalmente dependientes de otra persona. Los recién nacidos habrían escrutado soñolientos su entorno, buscando dos ojos y el rostro de alguien cercano de forma muy parecida a como lo hacen los bebés de chimpancé, que tantean espasmódicamente para agarrarse a otro con el fin de mantenerse calientes y seguros. Pero mientras que en otros simios distintos a nosotros el rostro que encontraban era invariablemente el de su madre, la mirada de un hominino recién nacido probablemente se encontraría con un público más numeroso.

Si los *Homo erectus* y los primeros *Homo sapiens* del Pleistoceno tardío reaccionaban como sus sucesores cazadores-recolectores del siglo XX, otros miembros del grupo se habrían sentido atraídos por el pequeño recién llegado, y las abuelas, las tías, muy probablemente el padre, pero también otras personas cercanas, habrían estado en el círculo de los que se acercaran para acariciarlo. Una madre debía poder confiar en los que estaban cerca para permitirles sostener, o incluso estar al lado de su bebé.[30] Si

[29] Una vez más, me baso en los argumentos de West-Eberhard sobre la plasticidad fenotípica y la evolución (2003).

[30] Véase Ivey, 2000; Hewlett y Lamb, 2005; Hrdy, 2009; Meehan y Crittenden, 2016; Konner, 2016. También es de interés el hermoso trabajo que está realizando Alessandra Cassar, economista conductual de la Universidad de San Francisco, quien junto con colegas ha estado combinando evidencia experimental de una población de las Islas Salomón con datos transculturales utilizando la Standard Cross-Cultural

estaba en periodo de lactancia, una de las mujeres allí reunidas podría ofrecerle su pecho, proporcionando al recién nacido un dulce primer sorbo de leche horas antes de que le subiera a su propia madre.[31] Este sería el preludio de una concatenación de sensaciones gratificantes que condicionarían al bebé en desarrollo a seguir buscando el contacto con los demás.[32] Puesto que hay pocos indicios de prejuicios de género en el trato que recibían las hijas y los hijos pequeños entre los cazadores-recolectores africanos, supongo que por lo menos de bebés se los trataba más o menos igual.[33]

Otros simios nacen prácticamente con la garantía de tener una dedicación exclusiva por parte de su madre,[34] que los amamantará durante los siguientes cuatro años, probablemente más. Para cuando nazca su siguiente cría, lo más probable es que ese joven mayor haya aprendido a alimentarse por sí solo y a ser autosuficiente desde el punto de vista nutricional. Pero los pequeños homininos no disfrutaban de tal lujo. Al igual que en otras especies de cría cooperativa, los bebés homininos maduraban lentamente y, una vez destetados, seguían dependiendo durante años de los suplementos nutricionales que les daban los otros

---

Sample para documentar asociaciones entre el cuidado alomaterno y niveles más altos de confianza en los demás (Cassar *et al.*, 2023).

[31] Es importante señalar que en el posparto la leche de una madre primate puede tardar hasta veinticuatro horas en comenzar a producirse. Véase Hewlett y Winn, 2014 para una visión transcultural del amamantamiento alomaterno.

[32] Véase Katz y Konner, 1981; Konner, 2005, 2010.

[33] En otras partes del mundo los sesgos de género son relevantes desde el nacimiento. En regiones como el Ártico y las áreas de las tierras altas de Nueva Guinea y Sudamérica los bebés considerados «del sexo equivocado» pueden ser abandonados o asesinados por la madre justo después del nacimiento. La incidencia de infanticidio entre los cazadores-recolectores africanos es mucho menor y, cuando ocurre, es probable que se deba a problemas con el espaciamiento entre nacimientos (un nuevo bebé que nace demasiado cerca de un hermano mayor que aún depende de la madre), o algún defecto físico percibido. Sin embargo, en lo que respecta al género, niños y niñas parecen ser igualmente bien recibidos (Hrdy, 1999, esp. cap. 13).

[34] Hay que tener en cuenta que esta garantía casi asegurada se aplica principalmente a las madres de simios que ya han parido. Una marcada falta de experiencia en las madres primerizas e inexpertas contribuye a una alta tasa de mortalidad entre los primeros hijos, especialmente aquellos nacidos de madres en cautiverio (Hrdy, 1999, véase especialmente el cap. 13).

miembros del grupo.[35] Como sus madres tenían que depender de la ayuda alomaterna para este aprovisionamiento, evolucionaron para ser inusualmente sensibles en el momento del nacimiento al apoyo social de los otros de su grupo, incluido el padre.[36] (Dejo para el próximo capítulo el tema de cómo influyen la presencia y la vigilancia de las madres y los otros miembros de la comunidad en el trato que los padres dan a sus hijos). Nadie sabe exactamente cuándo los bebés homininos adquirieron la capacidad de aprovisionarse por sí solos y, en cualquier caso, el momento habría variado de un hábitat a otro. Pero lo que sí sabemos es que a finales del Pleistoceno las crías maduraban más lentamente que los australopitecos, los chimpancés u otros simios. Por eso parecía tan contraintuitivo que los antropólogos descubrieran que los bebés de las sociedades cazadoras-recolectoras suelan destetarse antes que los de otros simios, no después. Lo que resulta aún más extraño es que la expresión máxima de los genes relacionados con la formación de sinapsis en los cerebros inusualmente costosos de estos pequeños humanos se produzca después de esto, después de que los humanos en desarrollo hayan perdido el acceso garantizado a la nutritiva leche de su madre. Para entonces, las crías dependían del aprovisionamiento de las alomadres y de las madres.[37] En los niños de hoy, las demandas de energía para el desarrollo cerebral (medidas por la absorción de glucosa) alcanzan su punto máximo alrededor de los cinco años.[38] Sin embargo, ciertas encuestas realizadas entre sociedades de cazadores-recolectores del siglo XX informaron que los bebés generalmente eran destetados alrededor de los dos años y medio, considerablemente

[35] Hrdy, 2009, cap. 6.

[36] En ausencia de apoyo social, el compromiso de una madre humana con su bebé puede tambalearse, interfiriendo en el vínculo en el periodo posparto (Hrdy, 1999, 2016b).

[37] Smaers *et al.*, 2017.

[38] Debemos estas estimaciones sobre el momento en que el cerebro humano en desarrollo demanda más energía a una colaboración llevada a cabo por los antropólogos evolutivos Christopher Kuzawa, Chet Sherwood y otros, junto con el neurocientífico H. T. Chugani, utilizando imágenes por resonancia magnética y tomografías por emisión de positrones (PET) para medir la captación de glucosa cerebral desde el nacimiento hasta la adultez (Kuzawa *et al.*, 2014).

antes que en otros grandes simios, y en un momento en el que su madre bien podría estar esperando o ya amamantando a otro bebé.[39] El aprovisionamiento de las alomadres habría sido esencial para satisfacer las demandas energéticas de ese pico de crecimiento sináptico.

No sabemos exactamente cuándo los homininos del Pleistoceno adelantaron la edad del destete, pero una revisión reciente de las pruebas procedentes de una pequeña muestra de dientes fosilizados de bebés y niños homininos ha llevado al paleontólogo Jeremy DeSilva a concluir que es improbable que el destete tan temprano como a los dos años y medio sea un hecho reciente.[40] Si tiene razón, los bebés más costosos habrían estado coevolucionando con un destete más temprano. Dado que, a lo largo de la evolución, las madres no suelen abocarse al fracaso produciendo crías demasiado costosas para sobrevivir, la discordancia en este caso sería difícil de explicar *a menos que* las madres tuvieran alguna expectativa de que alguien les ayudara a alimentar a sus crías destetadas. Esto es un recordatorio más de lo fundamental que debe haber sido nuestro modo no simiesco de cuidar a los niños para la evolución de los cerebros sapientes.

Incluso sin saber quién exactamente proveía a estos bebés, debió de ser alguien más que su madre. Esto no significa que las madres carezcan de importancia, que evidentemente la tienen, pero tenemos que dejar atrás los modelos matricéntricos y reconocer que los bebés humanos evolucionaron para depender de más de un único cuidador atento.[41] En uno de los primeros estudios de este tipo los etnógrafos Courtney Meehan y Sean Hawks informan de que los bebés akas centroafricanos aprenden a confiar y pueden apegarse a unas cinco personas conocidas y atentas, además de a su propia madre. En doce de diecinueve casos en los que el padre del bebé estaba presente en el grupo, él era una de estas «figuras de apego» favoritas.[42]

---

[39] Sellen, 2001.
[40] DeSilva, 2022, p. 75.
[41] Quinn y Mageo, 2013.
[42] Meehan y Hawks, 2013.

Está claro que los padres pigmeos akas desempeñan un papel importante. Pero igual de claro es que no están programados para hacer del cuidado de los bebés su máxima prioridad, ni para atenderlos instintivamente como hacen los padres ratones californianos o los monos tití. El papel del padre era más parecido al de una alomadre servicial que al de un coprogenitor especialmente designado por la madre. Incluso los famosos padres akas «cercanos» y afectuosos, que Hewlett describió como al alcance de la mano de los bebés la mitad de cada periodo de veinticuatro horas —hombres que limpiaban con delicadeza las heces de un bebé sin pañal, hombres bien sintonizados con las señales emocionales de sus bebés—, solo cogían en brazos a sus bebés de entre seis y doce meses un 9 por ciento del tiempo diurno. A los bebés más jóvenes los sostuvieron incluso menos tiempo.[43] El resto, el bebé estaba en brazos de la madre y de otras mujeres.

Lo importante es que la cantidad de ayuda que un padre brinda no solo depende de si sigue residiendo en el mismo grupo y está expuesto al bebé. También depende de quién más esté disponible y dispuesto, o incluso ansioso por ayudar. En una muestra de cuarenta y dos niños hadzas menores de cuatro años, veintisiete tenían un padre viviendo en el mismo campamento. En su caso, los padres fueron responsables de más de una cuarta parte de todo el cuidado alomaterno (medido por el tiempo de sostener al niño). Pero en quince casos donde el padre estaba ausente, los aloparientes tendieron a compensar. Cuando estaban presentes, las abuelas eran especialmente propensas a responder. De ahí que el porcentaje de tiempo que el padre tenía al bebé en brazos resultara estar inversamente correlacionado con el tiempo que la abuela pasaba haciéndolo.[44]

---

[43] En su libro clásico *Intimate Fathers* (1992, pp. 77 y ss.) Hewlett informa de que un bebé aka de entre seis y doce meses de edad es sostenido por la madre alrededor del 40 por ciento del tiempo, y por una variedad de alomadres, tanto femeninas como masculinas, el otro 60 por ciento, incluyendo el 9 por ciento del tiempo en que es sostenido por el padre. El relato sobre limpiar las heces aparece en la p. 111.

[44] Marlowe, 2005, p. 184 y fig. 8.2.

La lista de tareas de un pequeño hominino

Esto nos lleva a los nuevos retos a los que se enfrentan los pequeños simios que crecen dependiendo de los cuidados tanto maternos como de los aloparientes. Lo primero en la lista de tareas del recién nacido hominino será aparentar que está a término, sano y vigoroso, listo para convencer a su madre y a los demás, incluido su padre, de que es lo bastante robusto como para sobrevivir, una buena apuesta, un ser en el que vale la pena invertir. Sospecho que esta es una de las razones por las que los pequeños humanos acumulan grasa durante el último trimestre del embarazo de su madre y salen de su vientre mucho más rollizos que otros simios.[45] Emitir gritos de placer que impacten en las personas cercanas ayuda a sellar el trato.

Una vez que el recién nacido llega a los pezones de su madre y empieza a mamar, ya la «tiene en el bolsillo». La prolactina, la oxitocina y otras hormonas se encargan de fomentar su vinculación emocional con ese bebé. Una vez más o menos asegurada esta fuente vital de cuidados y nutrición por parte de su figura de apego principal, el bebé empieza a buscar la atención de otras personas. Ya a los tres meses de edad los bebés humanos modernos observan las intenciones de los que están cerca,[46] y aprenden a preferir a los que pueden serles útiles.[47] Es más o menos en esta época cuando las fugaces «sonrisas de hada» se transforman mágicamente en sonrisas sociales más cautivadoras, dirigidas a personas concretas, quizá con una risita añadida, a medida que los bebés aumentan su capacidad de seducción. Alrededor de los seis meses, más o menos cuando los «dientes de leche» empiezan a asomar por las encías (suponiendo un calendario como el de los humanos modernos), el éxito del pequeño hominino a la hora de atraer a los demás podría

[45] El papel termorregulador de la grasa y las necesidades metabólicas de los cerebros en desarrollo seguramente también formaban parte de la ecuación, pero una vez que las madres notaron que los neonatos gorditos y nacidos a término tenían más probabilidades de sobrevivir e invirtieron en consecuencia, se habría producido una selección social acelerada a su favor (Hrdy, 1999).

[46] Hamlin, Wynn y Bloom, 2010.

[47] Hamlin *et al.*, 2007; Hamlin y Wynn, 2011.

haber sido recompensado con bocados deliciosos, como trozos de carne premasticada para chupar, o tal vez saliva endulzada con miel o baobab molido, compartidos mediante besos.

Investigaciones recientes realizadas por psicólogos del desarrollo del MIT revelan que a esta edad los bebés humanos prestan mucha atención no solo a quién es más probable que sea receptivo y quién no, sino a quién comparte saliva con quién, ya sea a través de la alimentación con besos, compartiendo la misma cuchara o lamiendo el mismo cucurucho de helado. Resulta que los bebés modernos (los occidentales, al menos) se fijan más en esas personas cercanas y es más probable que esperen ayuda de ellas.[48] Se trata de pequeños simios diseñados para conectar con los demás de forma selectiva y estratégica, centrándose en las mejores opciones. Hacia la segunda mitad de su primer año de vida, los bebés (al menos los de hoy en día) empiezan a emitir espontáneamente las cadenas de sílabas sin sentido para llamar la atención que llamamos «balbuceo». Aunque durante mucho tiempo se supuso que se trataba de una preparación y una práctica para el lenguaje, estas vocalizaciones para llamar la atención se activaron al aparecer el cuidado compartido a principios del Pleistoceno, quizá incluso antes; en cualquier caso, mucho mucho antes del lenguaje hablado.[49] De hecho, una de las razones por las que la vida tiende a ser mucho más ruidosa entre los criadores cooperativos es que los bebés que más atraen la atención son los que serán mejor atendidos. Los humanos cercanos encuentran que sus travesuras vocales no solo llaman la atención, sino que son enternecedoras. Mientras escribo esto acaba de hacerse viral un vídeo de YouTube de un bebé de unas semanas que pronuncia sílabas que suenan como «te quiero».[50]

Por mucho que los pequeños humanos necesiten la ayuda de otros, estos mismos seres suplicantes que parecen indefensos,

---

48 Thomas *et al.*, 2022.

49 Entre los tities pigmeos de cría cooperativa los bebés también comienzan a emitir una serie de vocalizaciones para llamar la atención de sus congéneres alrededor del inicio del destete (Ellowson *et al.*, 1998). Esto ocurriría justo cuando el cuidado alomaterno y el suministro de alimento son más importantes (Hrdy, 2009; Hrdy y Burkart, 2020).

50 Por ejemplo, véase https://www.youtube.com/watch?v=m3tSs-UN5SM.

Figura 9.3. Ya sea entre los jóvenes himbas de Sudáfrica (a) o entre los pequeños californianos como mi nieta de apenas dos años (b), los bebés se deleitan metiendo comida en la boca de otros, o incluso en la boca de un hombre adulto como su padre (c) que, según la hipótesis del hombre cazador, supuestamente evolucionó para aprovisionarlos. ¿Por qué los bebés de todo el mundo hacen esto de manera espontánea? ([a] Irenäeus Eibl-Eibesfeldt; [b] N. Hrdy; [c] S. B. Hrdy).

también pueden mostrar una conmovedora disposición a empatizar con los demás o a ofrecer su ayuda. Un bebé moderno de nueve meses recogerá voluntariamente algo que se le haya caído a alguien o se apresurará a entregarle algún objeto que necesite.[51] A los dos años los bebés que siguen dependiendo totalmente de los demás para mantenerse bien alimentados se muestran curiosamente ansiosos por *darles de comer* (figura 9.3). A pesar de estar

[51] Warneken y Tomasello, 2006. Este tipo de «ayuda dirigida» rara vez se observa entre los simios en estado salvaje, pero los simios en cautiverio acostumbrados a los cuidadores humanos pueden llevarla a cabo (Yamamoto *et al.*, 2012).

muy lejos de ser capaces de procurarse alimento por sí mismos, si tienen comida en la mano puede que la ofrezcan instintivamente a otra persona. Es poco probable que se trate solo de que estén imitando lo que ven hacer a otros, puesto que si se les da a elegir qué ofrecer, se decidirán galantemente por lo que creen que le gustará más al destinatario, por ejemplo, un ramito de brócoli a un amante de las verduras, aunque ellos prefieran galletas.[52] Si nos guiamos por su carácter, los bebés humanos parecen disfrutar de realizar actos generosos o de ayuda. «Dar produce felicidad en los niños pequeños» es el título de uno de mis artículos favoritos de la psicóloga del desarrollo Kiley Hamlin, de la Universidad de Columbia Británica.[53]

Aunque no pueda viajar en el tiempo al Pleistoceno para comprobarlo por mí misma, creo que es seguro suponer que ese ímpetu por congraciarse con los demás, como el deleite que parece experimentar un niño al dar algo a otra persona, se remonta a una época especialmente difícil en la que granjearse la simpatía de los otros era esencial para la supervivencia. Con el tiempo creo que tales impulsos se convirtieron en parte integrante de los seres humanos que crecían preocupándose por lo que los demás pensaban de ellos, su reputación. Esto ayudaría a explicar por qué niños de tan solo cinco años son más generosos si otros los observan o son conscientes de lo que ocurre.[54] A los chimpancés no parece importarles quién les ve hacer qué, pero a los niños está claro que sí.[55]

Los primeros homininos del Pleistoceno nacieron prácticamente con el mismo equipamiento neuronal que otros simios, pero en respuesta a unas condiciones de crianza nuevas surgieron potenciales que, de otro modo, habrían permanecido latentes. Tal y como yo lo veo, cuando los bebés empezaron a criarse en contextos ecológicos y sociales en los que las madres necesitaban ayuda para criar a sus hijos y consideraban seguro permitir que otros accedieran a ellos, quedaron condicionados para aprender lo que

---

[52] Repacholi y Gopnik, 1997.

[53] Aknin *et al.*, 2012.

[54] Leimgruber *et al.*, 2012; Engelmann *et al.*, 2012.

[55] Engelmann *et al.* 2012, 2018.

Figura 9.4. Consideremos el siguiente experimento mental. Coge un simio bípedo, inusualmente inteligente, que utilice herramientas y que ya posea una teoría rudimentaria de la mente, y crialo desde la infancia en un contexto social en el que tenga que depender y competir por los cuidados de otros, además de los de su madre.

A ese pequeño primate en proceso de maduración se le recompensaría con atención y premios en forma de alimento cuando tuviera éxito, y así se le condicionaría para que vigilara y gustara a los demás. En el proceso se expresarían potenciales antes latentes. A medida que surgiera un nuevo fenotipo de simio, los rasgos orientados hacia los demás empezarían a poderse seleccionar evolutivamente. A lo largo de generaciones la selección social direccional favorecería a las crías inclinadas a ganarse la simpatía de los demás. (Dibujo de Lore Ruttan).

atrae a los demás. Cuando lo conseguían, eran recompensados con atención y quizás con premios comestibles. Los bebés homininos con genotipos casi idénticos a los de sus antepasados simios prehumanos habrían desarrollado fenotipos que tenían más en cuenta a los demás.

Pensemos en el capítulo 5, en la flexibilidad fenotípica que, dadas las circunstancias propicias, conduce a lo largo del desarrollo a una nueva «variación seleccionable», variantes que la selección darwiniana puede rechazar o favorecer. Una vez expresadas, las tendencias que de otro modo podrían haber permanecido invisibles a la selección se vuelven totalmente visibles, sobre todo si, como en este caso, la supervivencia infantil dependía de ello. Esto proporcionó nuevas oportunidades para la selección social direccional y, con ella, el cambio evolutivo (figura 9.4).

Dada la competencia entre los bebés por la atención de los aloparientes y las altas tasas de mortalidad infantil, los jóvenes del Pleistoceno nacidos un poco más inclinados a vigilar a los demás y a discernir sus intenciones y preferencias, y por tanto mejores para congraciarse con los demás, habrían sido los que más probabilidades tendrían de hacerse mayores. He aquí, pues, la materia prima de los niños que crecerían siendo sensibles a lo que los demás pensaran de ellos, pequeños homininos preadaptados para convertirse en hombres hábiles para coordinarse con los demás y muy preocupados por su reputación.

Cerebros sensibles a los demás

Los chimpancés y otros simios no humanos pueden agarrarse al pelaje de su madre y colocarse ellos mismos en la posición deseada desde que nacen. Acrobáticos por naturaleza, los otros simios son mucho más ágiles a una edad mucho más temprana que los bebés humanos. A los seis meses de edad los pequeños chimpancés pueden literalmente saltar, correr y balancearse en círculos alrededor de sus homólogos humanos, menos móviles y mucho más torpes. Pero por muy indefensos que estén físicamente los bebés humanos, su desarrollo en ámbitos relacionados con el discernimiento de las intenciones y preferencias psicológicas de los demás es extraordinariamente precoz. En estos aspectos los pequeños humanos son excelentes, ya que comprenden los pensamientos y emociones de los demás mucho antes que los demás simios. Con el tiempo, cada vez se interesan más por hacerlo y lo hacen mejor.

Los resultados preliminares de neurocientíficos comparativos de la Universidad de Kioto, que escanearon los cerebros en desarrollo de chimpancés y humanos, revelaron que a los seis meses de edad la materia blanca del córtex prefrontal se desarrollaba más rápidamente en los pequeños humanos.[56] Dado que en la edad adulta esta zona del cerebro será mayor en un humano que en un chimpancé, esto no es sorprendente.[57] Pero ¿por qué desviar la energía tan pronto del crecimiento y de habilidades clave para la supervivencia como aprender a moverse?

Mientras los psicólogos veían a los bebés humanos como receptores relativamente pasivos del cuidado de una madre dedicada, los neurocientíficos tenían pocas razones para buscar capacidades cerebrales sofisticadas a tan temprana edad. Tampoco tenían muchas ganas de meter a inquietos bebés humanos en tubos metálicos estrechos, ruidosos, con sonidos agudos y posiblemente traumatizantes para escanear sus cerebros mediante resonancia magnética. Simplemente se daba por hecho que las funciones corporales del bebé eran mantenidas en su mayoría por su sistema límbico más primitivo. Las conexiones con regiones cerebrales más nuevas solo se forjaban más tarde, o eso se pensaba entonces. Pero con nuevas tecnologías como la espectroscopia funcional de infrarrojo cercano, las respuestas hemodinámicas (flujo sanguíneo) del cerebro pueden medirse mediante imágenes ópticas mientras el bebé se acurruca con seguridad en el regazo de su madre. Estas nuevas mediciones cuentan una historia muy distinta.

Cuando el neurocientífico de la Universidad de Virginia Tobias Grossmann comparó la capacidad de respuesta en el córtex prefrontal medial de adultos y bebés, descubrió que esta zona cerebral se activaba ya a los cuatro meses de edad. A medida que los bebés evaluaban los rostros y las intenciones de personas familiares, la sangre fluía hacia estas regiones cerebrales evolutivamente más nuevas. A los nueve meses de edad el córtex prefrontal medial se activa cuando los bebés interpretan la información afectiva comunicada por el tono de voz, la sonrisa, la dirección de la mirada o la expresión facial general de un cuidador, así como cuando los bebés participan en interacciones triádicas, solicitando a otra persona

---

[56] Sakai *et al.*, 2011; véase esp. fig. 3. Cabe destacar que, incluso cuando los investigadores controlaron el tamaño absoluto, el desarrollo de la corteza frontal era más rápido en los humanos que en los chimpancés, equilibrándose solo alrededor de los tres años. Tema tratado en Hublin *et al.*, 2015; Hrdy, 2016, pp. 39 y ss.

[57] Cinco veces más grande, según Kass, 2013.

que atienda algo de forma conjunta. A medida que los cerebros maduran, los vínculos entre las partes antiguas del cerebro y estas regiones que han evolucionado más recientemente se vuelven cada vez más importantes para la capacidad del bebé de evaluar sus propios comportamientos y cómo podrían afectarlo a él y a los demás,[58] promoviendo así su propio «sentido del yo».[59]

En los humanos estos procesos comienzan en una fase temprana del desarrollo y en ambos sexos, a medida que los bebés observan a las personas de su entorno. Tanto si la sonrisa procede de su propia madre como de algún otro cuidador, incluso un extraño, el córtex prefrontal medial del bebé se ilumina, sobre todo si va acompañada de un contacto visual directo. A los cinco años los niños en edad preescolar participan activamente en el «manejo de la impresión», comportándose de forma diferente cuando otros los observan (a diferencia de los chimpancés jóvenes), pero los rudimentos de este «actuar para la audiencia» ya están presentes en los bebés a los cinco meses.[60] Si miramos y sonreímos a un bebé, al percibir la aprobación se le iluminará el rostro de placer y buscará la mirada de un adulto para intercambiar más sonrisas.[61] Al año de edad exhiben orgullo cuando se los elogia y parecen avergonzados, incluso apenados, cuando se los desaprueba.[62] Tales respuestas son parte integral de los niños muy pequeños que comienzan a preocuparse por lo que otros piensan de ellos y aprenden a amoldarse a las normas de su comunidad.

Aquí tenemos a un futuro miembro del grupo al que probablemente se le dará bien acatar normas locales relevantes para ser aceptado, incluso respetado. Estos jóvenes no solo tenían motivos para sentirse satisfechos consigo mismos, sino que también tenían más probabilidades de sobrevivir. Por eso, cuando el neurocientífico

---

58 Grossmann, 2020; Raz y Saxe, 2020; Saxe, 2022; Zoh *et al.*, 2022.

59 Grossmann (2013) llega a especular que una de las razones por las que la corteza prefrontal medial se vuelve importante tan temprano en el desarrollo es porque actúa como una «base poderosa para el desarrollo del sentido de uno mismo», al permitir que los bebés experimenten por sí mismos que alguien se dirija a ellos.

60 Engelmann *et al.*, 2012.

61 Grossmann, 2013, 2020.

62 Reddy, 2003; Trevarthen y Aitken, 2001.

Grossmann especula con la posibilidad de que el córtex prefrontal medial sea más relevante al principio del desarrollo que más tarde,[63] me veo tentada como antropóloga evolutiva a añadir: «¡Sí, tenía que ser así!». Después de un millón de años de nacer en mundos en los que los bebés tenían que suscitar en otros congéneres cuidados alomaternos además de maternos, ¿por qué no iban a seleccionarse cerebros que tuvieran más en cuenta a los demás? Aunque la evolución no anticipa cómo ciertas habilidades serán útiles en el futuro, las características que hacen que los bebés sean más conscientes de los demás se habrían seleccionado porque eran ventajosas en ese momento.

No se trata solo de que los bebés más complacientes crecieran y se convirtieran en adultos mejor equipados para coordinar sus acciones con las de los demás, sino que los bebés varones con redes neuronales sensibles a la estimación de los demás maduraron hasta convertirse en adolescentes y hombres adultos preadaptados para preocuparse por lo que pensaban sus congéneres. Sospecho que esta fue una de las vías por las que los hombres llegaron a preocuparse tanto, a veces angustiosamente, por su reputación a los ojos de los demás. El estatus no era una mera cuestión de poder dominar a los otros, sino que afectaba a la reputación de un hombre en una serie de ámbitos relevantes.

Preadaptados para ser elegidos, comunicarse y cumplir las normas

Esto resulta muy diferente al escenario que me enseñaron en la escuela de posgrado. Ya no son solo las hembras, destinadas a ser madres, las que tenían que ser sensibles a las necesidades y emociones de los demás. Para sobrevivir también los varones desde sus comienzos habrían sido socialmente seleccionados para desarrollar regiones cerebrales corticales ricas en neuronas que les ayudaran a controlar y amoldarse a las preferencias y expectativas de quienes les rodeaban. Los niños que crecían ansiosos por congraciarse con

[63] Grossmann, 2020, pp. 75-77.

los demás habrían madurado hasta convertirse en adolescentes ávidos por demostrar su valía. No solo buscaban la consideración de las hembras que podrían elegirlos (el viejo escenario de la selección sexual), sino también la buena opinión de sus «colegas», suegros y compañeros de grupo.[64]

Otros simios ayudan a veces a los demás, pero ninguno lo hace de forma tan automática o rutinaria como los humanos. En el último cuarto del Pleistoceno, quizá antes, los humanos ya iban en camino de convertirse en uno de los mamíferos más cooperativos del planeta, dispuestos a ayudar tanto a los no parientes como a los allegados. Ningún otro mamífero terrestre se acerca siquiera a los humanos en cuanto a su afán por demostrar y hacer propaganda de su generosidad y disponibilidad para ayudar a los demás. ¿Qué otra criatura invita hospitalariamente a extraños no solo a compartir una comida, sino a participar de lo mejor que los anfitriones pueden ofrecer?[65]

En la actualidad el mejor marco teórico que tenemos para comprender cómo podrían evolucionar esos impulsos de congraciarnos con los demás es ese importantísimo subtipo de selección darwiniana, la «selección social». La generosidad y servicialidad reflejas que muestran los humanos son difíciles de entender sin tener en cuenta *la opinión de los demás*. Como dice el psiquiatra evolucionista Randolph Nesse, «la selección social ayuda a explicar la evolución precisamente de aquellos rasgos humanos que de otro modo son difíciles de comprender». La única manera en que podemos aspirar a explicar rasgos peculiarmente humanos como las «demostraciones costosas de generosidad y conformidad con las normas sociales»[66] es reconociendo el papel clave que jugaron en la supervivencia y el éxito reproductivo de nuestros

---

[64] Para profundizar en los orígenes de la preocupación de los hombres por la opinión de sus semejantes, véase Rodseth, 2012. Aquí se encuentran ecos de la hipótesis del «exhibicionista» de Kristen Hawkes (1991), que más tarde fue revisada por ella para reconocer una audiencia más amplia que únicamente mujeres con las que un hombre podría aspirar a tener relaciones sexuales (Hawkes, 2014b).

[65] Para más información sobre la evolución de las preferencias sociales «altruistas», véanse Silk y House, 2016 y las referencias allí citadas.

[66] Nesse, 2009, pp. 145-146. Como lo expresa Nesse, «el papel de la elección de pareja pone de relieve los efectos en la aptitud de las decisiones tomadas por otras

antepasados las aptitudes para discernir los pensamientos y las preferencias psicológicas de los demás, indagar en sus sentimientos y luego moldear nuestro comportamiento para ser preferidos o elegidos por ellos.

No es que otros simios no tengan convenciones sociales. Tienen formas específicas de saludar o doblegarse ante los demás, basadas en alianzas y normas de rango social que a menudo difieren entre poblaciones locales de la misma especie. Pero los humanos somos inusualmente puntillosos con las nuestras, por arbitrarias o poco prácticas que sean. Los individuos influyentes se esfuerzan por fomentar y regular la aceptación de las normas locales, y los miembros del grupo anuncian ostentosamente su adhesión a ellas.[67] Incluso los inconformistas y forajidos que ganan estatus desafiando las normas sociales suelen tener sus propios signos y códigos de conducta. Las redes neuronales y los hábitos mentales que sustentan la conformidad con las normas del grupo se han desarrollado a lo largo de muchas generaciones. Pero el proceso empezó con jóvenes que buscaban impresionar y atraer a los demás, los que tenían más probabilidades de sobrevivir y los que al madurar se convirtieron en adultos preadaptados para atender a lo que los demás pensaran de su comportamiento.[68]

Con una mayor dependencia mutua y una crianza comunitaria de la descendencia, la selección social se había convertido en un factor cada vez más importante en la formación de capacidades distintivamente humanas, incluido nuestro impulso de «comprender

---

personas y, por lo tanto, los beneficios en términos de aptitud de intentar entender qué quieren los demás y cómo lograr que te prefieran como pareja» (2009, p. 137).

[67] Véanse especialmente Hill, 2009 para una mayor elaboración, y Wiessner, 2020 para un estudio de caso detallado sobre cómo las leyes consuetudinarias y los tribunales locales se utilizan en la actualidad para resolver conflictos y regular el cumplimiento de las normas entre los engas de las tierras altas de Nueva Guinea.

[68] El antropólogo Edvard Westermarck fue uno de los primeros evolucionistas en examinar el papel tanto de la selección social positiva como de la punitiva en *The Origin and Development of the Moral Ideas* a principios de 1906-1908. Sin embargo, Boehm, 2012 se centró en el papel de la selección social punitiva como catalizador para el surgimiento de la «voz interior» o conciencia del hombre, advirtiéndoles que no se comporten de maneras que serían desaprobadas. Véase Gavrilets y Richerson, 2017 para una discusión más detallada sobre cómo la internalización de normas puede facilitar la acción colectiva, con todos los beneficios que ello implica.

lo que quieren los demás y cómo conseguir que nos prefieran como pareja».[69] Estas son las sensibilidades que Darwin tenía en mente cuando relacionó «el desarrollo de las virtudes sociales» en la forma en que los hombres responden a «la alabanza y la culpa de nuestros semejantes. El amor a la aprobación y el temor a la infamia, así como el hecho de alabar o culpar, se deben principalmente [...] al instinto de simpatía; y no cabe duda de que este instinto se adquirió originalmente, como todos los demás, por medio de la selección natural».[70] Sin embargo, ese proceso de selección operaba en una fase del ciclo vital de aquellos organismos ancestrales anterior a lo que Darwin había imaginado —en la infancia y la niñez—, y la expansión de las áreas cerebrales relevantes coincidió con la aparición de la reproducción cooperativa en el Pleistoceno. Fue un periodo caracterizado por la selección social tanto en los bebés como en las alomadres; los bebés para atraer la atención de los demás, y las alomadres para responder con cierto grado de ayuda.[71]

Eran los inicios en el estudio comparativo de los cerebros primates, y huelga decir que nada de esto ocurría de forma aislada. La selección social que favorecía las capacidades de mentalización orientadas a cultivar la buena opinión de los demás coincidió con ese trascendental último cuarto del Pleistoceno, cuando los centros de procesamiento de información en la corteza cerebral se expandían, con innumerables conexiones formándose entre millones de neuronas. También fue aproximadamente el periodo de tiempo en el que (¿quién sabe cuándo exactamente?) surgió el lenguaje hablado sofisticado. Los modos inteligentes de transmitir conocimiento, pensamientos y planes resultarían ser un factor decisivo aún mayor que el aprovisionamiento compartido, un catalizador que amplificaba el alcance y el impacto de otros rasgos seleccionados socialmente que las personas valoraban y sobre los que ahora podían hablar y cotillear. Entre los muchos ámbitos de la vida que transformó, el lenguaje resultaría

[69] Nesse, 2009, p. 140, según West-Eberhard, 1979.

[70] Darwin, 1981 (1871), p. 164.

[71] Burkart *et al.*, 2009.

ser un motor principal en la formación de la reputación de las personas. En los diálogos interiores consigo mismo el lenguaje también proporcionaría al hombre nuevas formas de evaluar y articular su propia actuación y «sentido del yo».[72]

Lenguaje y «humanidad»

A pesar de un consenso general de que el origen del lenguaje representó un «salto cuántico» en las potencialidades humanas,[73] ningún tema sigue siendo tan debatido por tantos especialistas en campos tan diferentes —lingüistas, neurocientíficos, psicoanalistas, psiquiatras, antropólogos y filósofos— como la forma en que evolucionó el lenguaje, o incluso si lo hizo. Hay multitud de opiniones y diferentes hipótesis. Algunos, como el famoso lingüista Noam Chomsky, destacan cómo «parece que no cambió mucho durante cientos de miles de años, y luego, de repente, hubo una gran explosión [...] un estallido de energía creativa», que dio lugar a una proliferación de modos novedosos e infinitamente recursivos de comunicación hablada, que denominó «gramática universal».[74] ¿Hubo alguna mutación genética aún por descubrir? Si no, ¿cómo ocurrió? No es fácil saberlo. No es de extrañar que ya en 1866 la Academia de Ciencias francesa prohibiera la publicación de más artículos sobre el origen del lenguaje. Un siglo y medio después, el periodista gonzo Tom Wolfe publicaría su hilarante (aunque no siempre justa) crítica a los participantes en los interminables debates sobre la evolución del habla, *El reino del lenguaje*.[75]

No estoy cualificada (¡ni con ganas!) para meterme en esta pelea, más allá de confesar mi convicción personal de que *tuvo que haber precursores relevantes*. Siguiendo al psicoanalista Peter Hobson y a su colega antropólogo y especialista en Chomsky, Chris Knight, estoy convencida de que las predisposiciones de la

[72] Nesse, 2009, pp. 143-145.
[73] Por ejemplo, Wilson, 1975.
[74] Chomsky, 2012; discutido y analizado en Knight, 2016.
[75] Számadó y Szathmáry, 2004; Wolfe, 2016.

humanidad a tener en cuenta a los demás, lo que yo considero nuestra «modernidad emocional», deben haber precedido a la evolución de los «humanos anatómicamente modernos» de cerebro grande y surgieron mucho antes que los «humanos conductualmente modernos» con su sofisticado lenguaje. Estas inclinaciones hacia los demás fueron prerrequisitos esenciales para la eventual aparición de este modo de comunicación, único en su matiz y amplitud.[76]

En cuanto a los primeros usos del lenguaje hablado, yo apostaría por nombres e indicadores simbólicos que designaran animales relevantes, lugares importantes como pozos de agua y, por supuesto, personas. Las palabras que designan a conocidos concretos (a menudo agrupando bajo el mismo término a parientes y allegados, igual que hoy usamos términos como «hermano») son comunes y sirven como prácticos mecanismos para compartir información y mantener contactos sociales. Tales términos serían útiles para establecer redes de intercambio que amortiguaran el riesgo o para concertar lo que fuera que pasara por «matrimonios», ya que los contactos sociales debían mantenerse dentro de los grupos y entre ellos, a lo largo del tiempo y de las distancias.[77] Luego, por supuesto, estaría esa actividad humana tan antigua, el cotilleo.[78] Los cotilleos no solo son una forma agradable de seguir la pista a los demás y establecer vínculos con ellos, de saber en quién confiar o no y de ayudar a establecer (o dañar) reputaciones.[79] También son una herramienta inestimable (aunque a veces despiadada) para mantener el cumplimiento de las normas del grupo.

No es de extrañar que a los hombres les importe tanto la opinión y la consideración de los demás, que inviertan un tiempo y

---

[76] Sobre el origen del lenguaje, véase Pinker, 1994; Christiansen y Kirby, 2003, y esp. Hauser, Chomsky y Fitch, 2004. En cuanto a mi convicción de que la selección a favor de las sensibilidades orientadas hacia los demás en los bebés debió preceder a la evolución del lenguaje, véase Zuberbühler, 2011; Hrdy y Burkart, 2019; y esp. cap. 22, «Antes del lenguaje», en el libro *Decoding Chomsky*, de Chris Knight (2016).

[77] Wiessner, 1982 y comunicación personal, 2007; Rodseth y Wrangham, 2004; Chapais, 2008.

[78] Dunbar, 1996; Wiessner, 2014.

[79] Wiessner, 2014.

una energía desorbitados en cultivarlas. Un término como *mansplaining* puede ser de origen reciente, pero las motivaciones subyacentes de los hombres para tratar de impresionar a los demás probablemente no lo sean. Mucho antes de la edad adulta, a ambos sexos (¿especialmente a los hombres?) les resulta intrínsecamente gratificante hablar de sí mismos, eligiendo normalmente palabras que transmiten la «presentación del yo» preferida por un hombre, moldeada a su vez por lo que la gente de su tribu admire. Hacerlo estimula las mismas regiones neuronales que anticipar algo delicioso para comer.[80]

Estas eran algunas de las motivaciones y aptitudes peculiarmente humanas para comunicarse con los demás, compartir estados mentales y emocionales, coordinar comportamientos y cooperar; mentalidades que, con el tiempo, permitirían a los humanos cultivar y almacenar alimentos en épocas de escasez, acumular conocimientos y educar a sus jóvenes,[81] «desarrollar mercados y redes comerciales, hacer la guerra, construir obras públicas y crear instituciones sociales»,[82] por no hablar de difundir propaganda en Internet y gastar ingentes recursos para que el primer hombre pisara la Luna.

Sin embargo, a los efectos de mi búsqueda, debo dejar de lado las espectaculares capacidades de los humanos modernos, dotados de lenguaje y comportamiento, y centrarme en cambio en las

---

80 Tamir y Mitchell, 2012.

81 Se omiten muchas cosas. En particular, el espacio no permite discutir los correlatos del desarrollo relacionados con todo ese suministro compartido. Esto ayudó a proteger a los jóvenes del hambre mientras crecían, permitiendo que los costos energéticos de construir y mantener cerebros extremadamente costosos se distribuyeran a lo largo del tiempo. El crecimiento podía fluctuar, acelerándose o desacelerándose, en función de la disponibilidad de recursos. Mientras tanto, psicólogos del desarrollo como Alison Gopnik destacan las oportunidades resultantes para que los niños participen en más aprendizaje por ensayo y error con múltiples mentores (Gopnik, 2016; Gopnik *et al.*, 2020). Los niños podían aprender de otros y transmitir ese conocimiento a las generaciones futuras, acumulando sabiduría con el tiempo. Aun así, sin la perspectiva de recibir ayuda de otros, las madres no habrían podido permitirse la producción de crías que maduraran tan lentamente y estuvieran tan bien aculturadas desde el principio. La cría cooperativa vino primero (Hrdy, 1999, p. 287).

82 Silk y House, 2006.

formas altamente variables y cambiantes en que los hombres son evaluados por los demás, así como en las circunstancias fluctuantes, de una cultura a otra y de una época a otra, que han dado forma a cómo los hombres señalan su valor a los demás y lo articulan para sí mismos. Es hora de considerar las normas comunitarias y los estándares interiorizados que dictan lo que significa ser «un hombre» o «un padre». ¿Quién cumple con esos criterios?

10

La construcción cultural de la paternidad

«El mundo entero es un teatro [...] y un hombre en su tiempo representa muchos papeles [...]».

WILLIAM SHAKESPEARE, hacia 1599[1]

La paradoja de la paternidad facultativa

Al margen de la necesidad que tiene cualquier bebé de una madre que lo amamante, nunca ha existido un modelo de paternidad entre los primates que sirva para todos, no existe el primate típico.[2] Sin embargo, hay algunos aspectos en los que el comportamiento de los primates macho no humanos hacia los bebés es bastante predecible. Un cuidador de zoo experimentado, por ejemplo, sabe que no debe meter en una jaula a un chimpancé, gorila o mono langur macho con una hembra desconocida y su cría, puesto que es muy probable que el nuevo mate a esta última.

Pero si se introduce a un macho de mono nocturno en una jaula con una madre que acaba de perder a su pareja, lo más probable es que este «padrastro» se ponga a transportar al bebé como lo haría su padre genético, pues los impulsos de crianza de un macho *Aotus* se han perfeccionado a lo largo de millones de años

[1] Este famoso soliloquio de *Como gustéis* traza el recorrido de un hombre a lo largo de las etapas de la vida, desde cuando fue encontrado «gimiendo y vomitando en los brazos de su niñera», hasta cuando de joven amante suspiraba «con el ardor de una fragua», o de soldado «celoso del honor, presto y vehemente en la disputa, persiguiendo la efímera burbuja de la reputación». No trata realmente sobre cómo actúa un hombre en diferentes contextos culturales. Tampoco ninguna de las etapas de la vida que tenía en mente el bardo inglés del siglo XVI incluye a un hombre cuidando a un niño pequeño. Sin embargo, lo que transmite maravillosamente es lo variables que son los papeles que este actor asume.

[2] Strier, 2007, 2016.

de emparejamiento obligatorio. No es solo que su ayuda sea fundamental para la supervivencia del bebé, sino que sus antepasados rara vez se habrían encontrado cerca de un bebé que no fuera *suyo.*[3] Sin embargo, en nuestra propia especie las reglas no son tan claras, aunque por suerte atacar de forma automática a los bebés de hembras desconocidas está descartado.

Aunque algunos padres se mantienen distantes o apenas ven a sus hijos, muchos otros son afectuosos por naturaleza y pasan mucho tiempo con ellos, especialmente a medida que los niños crecen. Otros —incluso hombres seguros de su paternidad— se comportan como si ni siquiera supieran que tienen hijos. Algunos ayudan de buen grado a criar al hijo de otro hombre, otros se escandalizan ante la idea. Dentro y entre los grupos humanos, hay una enorme variación en el contacto de los hombres con sus hijos.

No sorprende que también varíe el estilo de la relación entre parejas, así como la duración y la exclusividad de los vínculos. En una especie como la nuestra, que ocupa una gran diversidad de hábitats con oportunidades y costes asociados diferentes, ambos sexos ajustan su comportamiento reproductivo en función de las circunstancias económicas y sociales, así como de las normas culturales. Las tasas de falsa paternidad, por ejemplo, resultan ser muy dependientes de la situación.[4] Entre los humanos de quienes tenemos registros genealógicos y evidencia de ADN, se puede demostrar que las tasas de paternidad fuera de la pareja varían según las condiciones demográficas, sociales y, quizás especialmente, socioeconómicas (por ejemplo, la incidencia de paternidad fuera de la pareja suele ser mayor en áreas caracterizadas por la escasez de recursos).[5] Dadas tantas contingencias y la rapidez

[3] Aparte de los humanos que tienen acceso a la medicina moderna, los monos nocturnos tienen la tasa de supervivencia infantil más alta (hasta un 91 por ciento) jamás registrada para primates salvajes (Fernández-Duque, 2021).

[4] Hrdy, 2000; Anderson *et al.*, 2007; Gray y Anderson, 2010; Starkweather y Hames, 2012; Larmuseau *et al.*, 2016.

[5] Véase especialmente el reciente análisis genético basado en registros genealógicos, socioeconómicos y demográficos que abarcan los últimos quinientos años en los «Países Bajos» de Europa, realizado por Larmuseau *et al.*, 2019. Las tasas generales de paternidad extramarital eran bajas, entre el 1 por ciento y el 5 por ciento de paternidad mal atribuida, aumentando hasta el 12 por ciento en las ciudades belgas

con la que pueden cambiar las condiciones económicas y culturales, no es sorprendente que los hombres hayan mantenido su flexibilidad. En cuanto al cuidado masculino y la inversión paterna en los jóvenes, existe más variación dentro de nuestra única especie, *Homo sapiens*, que en todas las más de trescientas especies de primates juntas.

Pensemos en algo tan importante como la supervivencia infantil. Un estudio reciente realizado en cuarenta y tres sociedades humanas tradicionales reveló que la muerte de una madre antes de que su bebé cumpliera dos años casi siempre resultaba devastadora. Después de ese momento, una vez destetado con seguridad de la leche materna, la desaparición de la madre importaba menos, presumiblemente porque el padre o, más probablemente, una abuela, hermana mayor u otros miembros del grupo intervenían. Pero en aproximadamente la mitad de las sociedades la presencia o no del padre no tenía ningún efecto detectable sobre la supervivencia infantil. En otras, no obstante, la presencia del padre resultó crítica, sobre todo en situaciones en las que los hombres eran los principales responsables de la subsistencia y la caza proporcionaba la mayor parte de las calorías, lo que a menudo se asociaba con una menor influencia de las madres en la provisión de recursos. En esas circunstancias, los bebés que carecían de un proveedor masculino designado tenían pocas probabilidades de sobrevivir.[6]

Entre los pueblos fuertemente dependientes de la carne, como los huaoranis de las tierras bajas de la Amazonia, un bebé nacido sin padre se consideraba un bebé «no deseado». La etnógrafa Laura Rival relata que en la época en que vivió con los huaoranis se creía que un «niño no deseado no puede convertirse en persona», por lo que un recién nacido sin padre debía ser «asesinado y enterrado con la placenta».[7] En esta parte del mundo asolada por las luchas, el cuerpo de un padre que había fallecido en un conflicto intergrupal era llevado de vuelta por sus parientes para

---

y neerlandesas del siglo XIX, y aún más (hasta el 36 por ciento) entre sirvientes y trabajadores jornaleros en Bruselas.

[6] Sear y Mace, 2008.

[7] Rival, 1997, p. 626.

que su esposa pudiera enterrar a su hijo menor junto a su difunto esposo. Un niño aún vivo podía incluso ser enterrado junto a un padre mortalmente herido y agonizante.[8] La justificación culturalmente aceptada para este sacrificio infantil era evitar que el padre se sintiera solo en el más allá. Sin embargo, las razones reales podrían haber tenido más que ver con la posibilidad de que un bebé a su cargo redujera las opciones de la madre para volverse a casar.

A diferencia de la bien documentada tolerancia de los padrastros entre los cazadores-recolectores africanos, como los ju/'hoansis o los hadzas, un padrastro de esta cultura sería mucho menos tolerante con el bebé de un marido anterior. Es posible que la madre lactante asumiera que su bebé estaba condenado de todos modos.[9] Sin embargo, mi interés aquí no es por qué ocurre esto, sino cómo algo tan potencialmente crucial como es un padre u otro hombre que cuiden del bebé puede ser tan variable.

Para resolver esta paradoja de la paternidad facultativa, es útil tener presente el largo legado pleistocénico de la humanidad en materia de reproducción cooperativa, los cientos de miles de años durante los que tanto los aloparientes como los padres ayudaron a cuidar y proveer a la descendencia (capítulo 8). En las sociedades donde las madres se mueven libremente entre grupos, alejándose de la adversidad y acercándose a las oportunidades —incluyendo de manera importante la ayuda de otros—, el cuidado era intercambiable. Dependiendo de quién estuviera disponible

---

[8] *Ibid.*, p. 627.

[9] *Ibid.* para el caso de los huaoranis; véase Hill y Hurtado, 1996 para un caso de infanticidio en los aches por parte de un nuevo padrastro. La discriminación contra los hijastros, que va desde lo sutil hasta lo letal, también se documenta en sociedades occidentales como Estados Unidos: véase Daly y Wilson, 1988; Case y Paxton, 2000. Aunque los bebés nacidos en el Estados Unidos del siglo XX tenían tasas de supervivencia mucho más altas que los de los cazadores-recolectores amazónicos del mismo siglo, tan recientemente como en 1999, los datos que vinculaban la mortalidad con los certificados de nacimiento en el estado sureño de Georgia mostraron que los hijos de mujeres solteras (presumiblemente también pobres) sin un padre identificado tenían el doble de probabilidades de morir en la infancia en comparación con los bebés nacidos de una madre soltera que sí incluía al padre en el registro (Gray y Anderson, 2010, p. 122).

y dispuesto a ayudar, los padres también ajustaban la cantidad de ayuda que brindaban sin necesariamente comprometer la supervivencia de sus descendientes. Ambos progenitores evolucionaron para ajustar su inversión según el contexto presente.[10] Bajo condiciones como estas, un compromiso paterno facultativo resultaría más ventajoso evolutivamente para un hombre que comprometerse de manera automática con cualquier bebé que acompañe a su pareja, como lo hace un macho de mono nocturno.

Pero siendo humano, el comportamiento de este hombre hacia los bebés no solo depende de la fidelidad de su pareja y de las circunstancias ecológicas o sociales locales. Sus respuestas también están moldeadas por las expectativas de otros miembros de su comunidad. El antropólogo biológico Jonathan Marks, impresionado por tanta variación influida culturalmente, ha empezado a referirse a los humanos como «ex simios bioculturales».[11] Y tiene razón, los humanos siguen siendo simios, pero están inusualmente expuestos a lo que los demás piensen de ellos. Las normas locales se imponen. Las expectativas transmitidas culturalmente sobre lo que significa «ser un hombre» y cómo «deberían» comportarse los hombres se filtran en sus mentes a medida que crecen, influyendo en cómo interactúan con los demás e invierten en

[10] Esto es lo que la etnógrafa Courtney Meehan (2005) encontró entre los cazadores-recolectores akas. En este pueblo de África Central ambos sexos se desplazan entre grupos, a menudo varias veces a lo largo de sus vidas. Cuando una pareja reside cerca de los padres de la esposa, como suele ser el caso cuando una joven esposa da a luz por primera vez, el cuidado alomaterno es proporcionado mayoritariamente por parientes femeninas de la madre. Aunque (como se mencionó en el capítulo 1) los akas muestran las tasas más altas de cuidado paterno jamás registradas, los padres en realidad solo sostienen a los bebés durante el 3 por ciento del tiempo en que los aloparientes los sostienen. Sin embargo, cuando la pareja se trasladaba más cerca de los parientes del padre, con sus hijos mayores mudándose con ellos y ayudando, pero con menos parientes matrilineales disponibles, el padre aumentaba su participación exponencialmente, sosteniendo al bebé un sorprendente 61 por ciento del tiempo en que el bebé era sostenido por alguien que no era la madre. Véase también Marlowe, 2010. Un cuidado masculino facultativo similar también se encuentra entre otros primates de cría cooperativa, como los tamarinos león dorado salvajes que Bales *et al.* (2002) estudiaron en Brasil. Los padres ayudaban más o menos dependiendo de cuánta ayuda alomaterna alternativa estuviera disponible. Esto fue discutido en detalle anteriormente en Hrdy, 2009.

[11] Marks, 2015.

otros, incluida la descendencia.[12] Este capítulo ofrece una muestra de lo variables que pueden ser estas expectativas culturalmente construidas sobre el cuidado masculino. Pero antes ofreceré un breve recordatorio de por qué las expectativas de los demás son tan importantes.

Un simio sumamente adoctrinable

Fue el cuidado aloparental, además del cuidado y la provisión parental, lo que permitió a las madres humanas superar su capacidad para mantener a sus crías, que se volvían cada vez más costosas y también más cercanas en el tiempo entre sí. Fue en el proceso de crecer dependiendo de los cuidados de los demás, aparte de los de las madres, cuando los pequeños humanos empezaron a desarrollar su extraordinaria sensibilidad hacia sus semejantes. Una vez que estos potenciales, que de otro modo habrían permanecido ocultos, se expresaron a lo largo del desarrollo, la madre naturaleza tuvo la oportunidad de favorecer a aquellos jóvenes más interesados y sintonizados con los pensamientos y preferencias de los demás. A su vez, crecerían para ser adultos singularmente atentos a los otros y, como sucedió, mejor equipados para coordinar acciones y cooperar con ellos (capítulo 9).

Ningún otro simio existente está tan ansioso por comprender los estados mentales de los demás, y por copiar o ajustarse a sus preocupaciones y prejuicios, como hacen habitualmente incluso los niños muy pequeños. Tampoco los demás simios están dotados de un neocórtex tan bien adaptado para evaluar cómo su comportamiento impactará en la forma en que los demás los perciben, y ajustarse en consecuencia. Decir que los humanos son propensos a la socialización es quedarse corto. Como dijo el sociobiólogo Edward O. Wilson, «la buscan».[13]

---

[12] «Ex simios bioculturales», sí, en cierto sentido. Pero para equilibrar, véase también Trumble *et al.*, 2015 para más información sobre los fundamentos neurofisiológicos de estos resultados moldeados culturalmente. ¡Es complicado!

[13] Wilson, 1975, p. 562.

Estos simios altamente adoctrinables se socializan fácilmente. Encajan en una variedad de sistemas sociales que varían dependiendo del hábitat, la familia y el tiempo histórico. Siempre ha habido muchas vías diferentes para que un hombre se convirtiese en padre y actuase como tal. Los homínidos del Pleistoceno se centraban en la supervivencia, en conseguir lo suficiente para comer, en cómo ayudar a los parientes y comportarse con los demás miembros del grupo para dejar descendencia. Para ello necesitaban un grupo cohesionado y viable. Por necesidad las suyas eran sociedades inusualmente centradas en los niños, pero no todas las sociedades humanas permanecieron así.

A medida que las personas se esparcían por el mundo, adaptándose a diferentes hábitats y atravesando diferentes historias, los hombres adoptaron distintos roles como padres y miembros de la comunidad para encajar en sus grupos y ser respetados. Los cazadores-recolectores móviles en el África del Pleistoceno vivían principalmente en densidades bajas. Los costes de combatir solían superar los posibles beneficios (capítulo 9). Después de todo, cuando estaban bajo presión las personas simplemente podían irse.[14] Sin embargo, hace doce mil años, unas condiciones climáticas más favorables, la intensificación del uso de los recursos y la disponibilidad de la leche y las papillas de cereales como alimentos durante el destete hicieron que los intervalos entre nacimientos fueran aún más cortos, y con ellos que las poblaciones se expandieran más rápidamente.[15] Mientras tanto, la domesticación de animales y el cultivo de cosechas hicieron que las poblaciones necesitaran proteger su ganado productor de carne y leche, así como las tierras productivas, de los vecinos invasores. Aunque los patrones de residencia patrilocal no se originaron con la ganadería o la agricultura, la necesidad de proteger los recursos a menudo llevó a las personas a vivir de esa manera.

---

[14] Johnson y Earle, 2000, p. 43; Fry y Soderberg, 2013; Fry, 2013.

[15] Las poblaciones humanas modernas comenzaron a expandirse en el Pleistoceno tardío, con un colapso quizás hace cuarenta mil años, seguido por un aumento constante (Marth *et al.*, 2003). Los primeros humanos modernos habían llegado a Europa al menos hace 54.000 años, a Australia hace 40.000 años, y a las Américas hace 20.000, quizás mucho antes.

Los hombres que necesitaban ayuda de aliados fiables tenían más probabilidades de permanecer cerca de sus padres, hermanos y sus «casi hermanos», sus compañeros de clan. Mientras los hijos permanecían en las comunidades patrilocales, las hijas se iban para evitar reproducirse con parientes cercanos. Alejarse significaba perder el apoyo matrilineal y, con ello, reducir la influencia materna. En las sociedades con mayor dominio masculino, los padres y hermanos podían canjear a las hijas para establecer alianzas con otros grupos. En bastantes sociedades, al pasar a segundo plano las prioridades maternas, el bienestar de los niños se vio perjudicado. Es hora de considerar algunas de las formas en que los intereses patrilineales consiguieron prevalecer.

Nuevas dimensiones de los roles sexuales

Cuando las sociedades comenzaron a practicar la residencia patrilocal pasando preferentemente la propiedad a los hijos varones, mejor preparados que las hijas para conservarla, se prestó más atención a las relaciones entre hombres.[16] La herencia de los recursos se transmitía a través de la línea masculina. Las condiciones, instituciones y otras fuentes de influencia se inclinaban cada vez más a favor de los intereses patrilineales. El lenguaje no hizo sino intensificar tales procesos.

Como en todos los primates, el grado de parentesco era importante, pero con la aparición del lenguaje empezó a adquirir nuevas dimensiones y significados. La familiaridad dejó de ser la señal principal (aunque probabilística e inexacta) para indicar el parentesco genético en los hombres. En todo el mundo los humanos desarrollaron sistemas elaborados y, a menudo, increíblemente complejos para nombrar y clasificar a los parientes, designando frecuentemente a personas con parentesco distante con los mismos

[16] Así como la residencia matrilocal es casi siempre una condición previa para el surgimiento de sistemas de descendencia matrilineal (donde el estatus y la propiedad se transmiten a través de la línea materna), los patrones de residencia patrilocal generalmente (aunque no siempre) son seguidos por sistemas de herencia patrilineal (Aberle, 1961).

términos, como «madre», «tía» o «padre». Los sistemas de clasificación de parentesco especifican con quién se puede tener relaciones sexuales o casarse, y con quién está absolutamente prohibido casarse… aunque estas prohibiciones resultan ser sorprendentemente negociables mediante elaboradas maniobras pseudológicas que harían sonrojar al litigante más astuto de hoy en día.

Excepto donde existen tabúes específicos contra la presencia de hombres cerca de mujeres durante el parto o el contacto con fluidos relacionados con el nacimiento, pocas reglas dictan que los hombres deban evitar a los bebés. Pero dado que estos tienden a estar con las madres, la segregación de los sexos equivale a lo mismo. Es en las sociedades con residencia patrilocal e instituciones que refuerzan la influencia patrilineal donde las costumbres que prescriben la segregación de los sexos se aplican de manera más rígida. Esto contrasta tanto con los cazadores-recolectores africanos como con las sociedades más matrilineales, donde las normas de residencia son más flexibles y los sexos se mezclan habitualmente.

Las mujeres de las sociedades más patriarcales ignoran los roles sexuales prescritos bajo su propio riesgo. Ambos sexos están sujetos al castigo en la otra vida o de temibles demonios sobrenaturales en el aquí y ahora, pero las mujeres consideradas insuficientemente sumisas o castas están sujetas a castigos aterradores a manos de individuos muy reales —a menudo el propio marido, sus parientes o la comunidad en general— administrados de formas tremendamente dramáticas. Pensemos en lo que ocurrió entre los selknams patrilineales y patrilocales, que emigraron a las duras regiones subpolares de Tierra del Fuego hace unos diez mil años, donde se ganaban la vida cazando guanacos y otros animales.[17]

A pesar de lo inhóspito de su mundo, los selknams consiguieron inventarse alegres realidades alternativas antes de que los colonos y mineros europeos los erradicaran casi por completo. La suya era una cultura repleta de criaturas míticas y acontecimientos centrados en las tensiones entre hombres y mujeres. Como en bastantes culturas tradicionales, creían que las mujeres habían tenido demasiado poder, por lo que, por el bien de la sociedad, ya

---

[17] Chapman, 1982; McEwan *et al.*, 1997.

Figura 10.1. Entre los primeros selknams, una vez al año los hombres personificaban a demonios míticos llamados *shoorts*. Ataviados con disfraces muy imaginativos que los hacían parecer demonios con cuernos y penes bípedos, los *shoorts* se dedicaban a hacer cumplir las normas sobre los roles sexuales apropiados. (Gusinde, 1931, lámina 85).

no «merecían» estar al mando y debían ser derrocadas. Para recordarlo, una vez al año hombres disfrazados de demonios manchados de pintura, conocidos como *shoorts*, hacían estragos en el campamento (figura 10.1). Cualquier esposa que no se considerara suficientemente sumisa se convertía en un objetivo. Los *shoorts* saqueaban su choza y, si se atrevía a asomarse, la apuñalaban con palos afilados.[18]

Cuando estudiaba el antiguo demonio-murciélago Camazotz evocado por los mayas contemporáneos del sur de México (capítulo 2), me enteré de que también allí una vez al año los hombres se disfrazaban de este legendario castigador de las indiscreciones sexuales. Estos guardianes de las normas llamaban y humillaban a cualquier mujer cuya conducta se considerara fuera de lugar, pinchándola lascivamente con palos. Los paralelismos contemporáneos más cercanos podrían ser los hombres furiosos que acosan

[18] McEwan *et al.*, 1997; Gusinde, 1931.

a las pacientes y al personal fuera de las clínicas de planificación familiar estadounidenses, o los talibanes que acosan a las mujeres que no llevan velo en Afganistán.

A medida que crecen, estas son las visiones del mundo que los niños absorben, junto con las expectativas implícitas sobre cómo deben comportarse los hombres. Reciben el mensaje de que «es bueno relacionarse con madres y niños» o «eso no es lo que hacen los hombres de verdad». Como decía la antropóloga Mary Douglas «la colonización de las mentes de los demás es el precio que pagamos por el pensamiento». Estas expectativas sobre los hombres varían mucho, e incluso se contradicen, de una cultura a otra. En algunas sociedades tradicionales solo los hombres de cierta edad o estatus se consideran aptos para casarse; en otras, es *al convertirse* en padre cuando un hombre pasa a ser considerado plenamente adulto y digno de respeto. En la mayoría de las sociedades humanas, incluida la nuestra hasta la década de 1950, los hombres rara vez estaban presentes en los nacimientos. No obstante, en aproximadamente una cuarta parte de las culturas del mundo, los hombres se esfuerzan por estar presentes. Esto a menudo tiene más que ver con ser reconocido públicamente como padre que con querer ayudar a cuidar del bebé. Cuando crezca, ese niño le deberá lealtad a ese hombre. Esté o no genéticamente emparentado, un niño que un hombre haya ayudado a criar puede aumentar su prestigio o proporcionarle un valioso apoyo político.[19] Todo esto plantea la cuestión de ¿a quién se considera «padre» de un niño concreto?

Ideas sobre la concepción

La mayoría de las personas que lean este libro probablemente asuman que la paternidad se atribuye al hombre que depositó el esperma que fecundó el óvulo de la madre. Pero incluso la conceptualización de la paternidad es reciente (¿presumiblemente posterior a la evolución del lenguaje?), y el consenso sobre cómo

[19] Véase Gray y Anderson, 2010, pp. 35, 203 y ss.; Wiessner, 2002 y comunicación personal, 14 de marzo de 2023.

se hacen los bebés lo es aún más.[20] De cultura a cultura las ideas sobre esto variaban junto con otras interpretaciones muy variables, a veces bastante arbitrarias, de la «paternidad».

Entre los agricultores de la etnia na (también llamados mosuos), que se organizan matrilinealmente y viven cerca de la frontera de China con el Tíbet, los hombres no residen con sus esposas, ni siquiera se casan con ellas. Más bien, un hombre visita a una mujer en casa de su madre y disfruta allí de sus encuentros. Sus hijos se crían en casa de su madre con la ayuda de su hermano y otros parientes maternos. Entre los nas, a veces designados como «una sociedad sin padres ni esposos», la contribución del padre genético a la concepción se ve como la de un jardinero que «riega» una semilla previamente plantada dentro de la madre por un espíritu.[21] Sin embargo, en las sociedades más centradas en el padre las ideas sobre la concepción son muy diferentes.

Los artífices del Próximo Oriente que escribieron el libro del Génesis suponían que Dios creó al primer hombre a su imagen y semejanza y que, más tarde, utilizó una de sus costillas para crear una mujer. De manera similar, los mayas tradicionales creían que los dioses (en plural) moldearon a los humanos a partir de masa de maíz, y luego les infundieron vida. Según el proletariado de la Atenas del siglo v, un humano diminuto estaba completamente formado cuando un hombre lo inyectaba en la mujer, pero necesitaba madurar en su útero hasta el momento de nacer.[22] Probablemente fue con ideas preconcebidas similares como el fabricante de lentes neerlandés Nicolaas Hartsoeker examinó su propio semen con un primitivo microscopio a finales del siglo XVII. Supuso que en su interior debía de haber un diminuto «homúnculo» ya formado.

---

[20] Dunsworth, 2017.

[21] Hua, 2001, pp. 118-119.

[22] Curiosamente, en la Grecia del siglo v circulaba más de una teoría sobre la concepción. Esta visión popular de la concepción coincidía con lo que Esquilo asumió en *Las Euménides*, donde Apolo comparece en un tribunal ateniense para defender a Orestes contra el cargo de haber asesinado a su madre, alegando que ella no era realmente un progenitor. Sin embargo, en esa época, los griegos entrenados en la medicina hipocrática ya se habían dado cuenta de que ambos padres estaban involucrados. Consideraban que durante el sexo el esperma del hombre se mezclaba con el «esperma» de la mujer (Skinner, 2013).

Figura 10.2. En 1695 el fabricante de lentes Nicolaas Hartsoeker, una de las primeras personas que observaron los espermatozoides al microscopio, dibujó lo que imaginaba que podría ser la inserción paterna en miniatura, u «homúnculo», acurrucada dentro de una célula espermática. (N. Hartsoeker / Wikimedia).

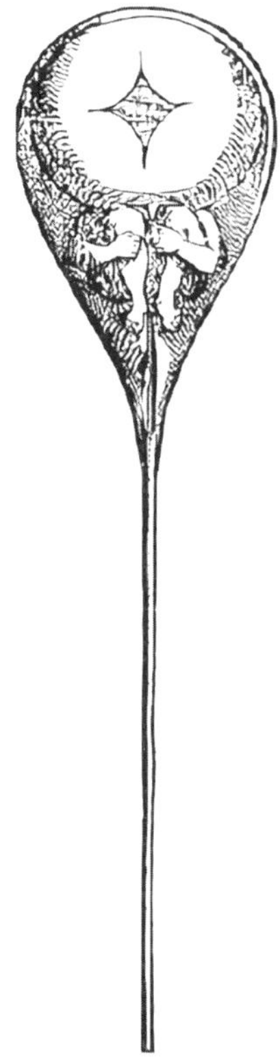

En consecuencia, esbozó el aspecto que creía que podía tener el hombrecillo (figura 10.2).

No todo el mundo piensa en la paternidad como lo hacen hoy los biólogos. Personas en partes del mundo muy separadas, desde el Desierto Occidental de Australia hasta las islas Trobriand en el Pacífico Sur, pasando por África Central y Sudamérica, a menudo se refieren a la creación de un bebé como «un proceso» que requiere «trabajo duro» y múltiples actos sexuales.[23] En una vasta franja de la Amazonia tribal, la gente estaba (y muchos siguen estando) convencida de que las eyaculaciones sucesivas se acumulan como las capas de nácar que construyen una perla, pero con una vuelta de tuerca. Se asumía que la paternidad era «divisible», compartida entre todos los hombres con los que la madre había tenido relaciones sexuales durante los aproximadamente diez meses antes de dar a luz.[24] En áreas del mundo donde el suministro de recursos por parte de un padre es crucial pero especialmente incierto debido a los riesgos de lesión o muerte prematura, tiene sentido asignar a un bebé más de un «padre».[25]

Entre los matis de Perú, los wayanos de la Guayana Francesa, los takanas de Bolivia, los yanomamis y los baris de Venezuela, los aches de Paraguay, los huaoranis de Ecuador, los curripacos que viven en la frontera entre Colombia y Brasil, y los kulinas y los

---

[23] Berndt y Berndt, 1999, p. 151; Pollock, 2002, p. 52; Weiner, 1988; con respecto a los akas, Barry Hewlett, comunicación personal.

[24] Hill y Hurtado, 1996; Beckerman y Valentine, 2002; Walker *et al.*, 2010.

[25] Véase Starkweather y Hames, 2012 sobre el papel de la mortalidad masculina y las proporciones sexuales adultas sesgadas hacia las mujeres en la promoción de familias con múltiples hombres (poliándricas).

canelas de Brasil, por mencionar solo algunos de estos grupos geográfica y lingüísticamente separados, la gente daba por sentado que más de un hombre podía ser el padre de un mismo niño. Según una encuesta realizada entre ciento veintiocho tribus de esta zona de la Amazonia, las creencias en la paternidad divisible eran dos veces más comunes que pensar en el embarazo de la forma en que probablemente lo hacen la mayoría de los lectores de este libro: que una sola relación sexual en el momento adecuado del mes es suficiente.[26] En cambio, los aches tienen un término específico para referirse al hombre que tuvo más relaciones sexuales con la madre en los meses anteriores al parto (*apa miare*), y otro para padres que también tuvieron relaciones sexuales con ella (*apa peroare* o *apa momboare*).[27]

En muchas sociedades no solo estaba culturalmente sancionado, sino que *se esperaba* que un marido permitiera que «hermanos» reales o ceremoniales ficticios mantuvieran relaciones sexuales con su mujer.[28] Entre grupos como los kulinas y los canelas de Brasil las uniones sexuales podían tener lugar en público durante ceremonias que involucraban a toda la comunidad.[29] Dada la poderosa emoción que generan los celos sexuales, estas costumbres son arriesgadas. Pero la escasez crónica de alimentos recuerda a los maridos que los padres suplementarios pueden ser útiles.[30] Además, hay otra razón. Mientras que los conflictos intergrupales entre los hadzas o ju/'hoansis del África tropical eran poco frecuentes, la guerra en esa otra parte del mundo ha sido durante mucho tiempo más común. Esto hace que resulten especialmente ventajosas las costumbres que reducen la competencia dentro del grupo por las mujeres y aumentan la solidaridad entre «hermanos». También es relevante que estas creencias en la paternidad divisible surgieran en un contexto de patrones de residencia principalmente

[26] Beckerman y Valentine, 2002; Walker *et al.*, 2010, 2015; Ellsworth *et al.*, 2014; para relatos anteriores véanse Henry, 1941; Crocker y Crocker, 1994; Hill y Hurtado, 1996; y Carneiro, sin fecha.

[27] Hill y Hurtado, 1996, pp. 274-275.

[28] Crocker y Crocker, 1994; Crocker, 2002; Hrdy, 1999, cap. 10.

[29] Crocker y Crocker, 1994; Pollock, 2002.

[30] Por ejemplo, Pollock, 2002; Beckerman *et al.*, 1998.

matrilocal. Las mujeres jóvenes generalmente tenían a su madre u otros parientes cercanos cuando daban a luz por primera vez. Su apoyo garantizaba que se respetaran las prioridades de la madre en cuanto a la seguridad y el bienestar de sus hijos.[31]

Cubrirse las espaldas añadiendo más padres

En vísperas de su matrimonio un novio canela recibirá los consejos (probablemente por parte de un tío materno) para que tolere a los amantes que pueda tener su mujer.[32] Dada la cohabitación marital, el marido sigue teniendo más posibilidades de ser el progenitor; se espera que estos padres «secundarios» proporcionen a la mujer sabrosos bocados de carne o pescado durante su embarazo, y que sigan haciéndolo después de que nazca su hijo. Entre los baris una madre puede señalar con el dedo a un antiguo amante y decirle a su hijo: «Ese hombre también es tu padre, te dará pescado, te dará carne».[33] Tanto entre los aches como entre los baris, los niños con un padre «secundario» además de uno «primario» tenían muchas más posibilidades de sobrevivir. Sin embargo, demasiados posibles padres pueden hacer que los beneficios se reduzcan o desaparezcan por completo. El número óptimo de padres es, por término medio, dos.[34] Alrededor del momento del parto la mujer enumera a todos los hombres con los que ha mantenido relaciones sexuales en los diez meses anteriores. Se espera que todos estos padres «potenciales» sigan unas reglas respecto a sus restricciones alimentarias similares a las del esposo, aunque este lo haga de manera más notoria.[35]

---

31 Véase Walker *et al.*, 2010, esp. fig. 1; discutido con mayor profundidad en Ellsworth *et al.*, 2014.

32 Crocker y Crocker, 1994.

33 Beckerman *et al.*, 1998, pp. 32-33.

34 Hill y Hurtado, 1996; Beckerman *et al.*, 1998; Beckerman y Valentine, 2002; Beckerman *et al.*, 2002a también informan que las mujeres que nombraban a varios padres tenían menos probabilidades de sufrir un aborto espontáneo.

35 Por ejemplo, al ayunar de manera visible, un hombre curripaco deja que todos sepan que «está mística y físicamente conectado con el bebé» (Valentine, 2002, p. 188).

Entre los huaoranis el marido puede ayudar a su suegra durante el parto, masajear la espalda de su mujer e incluso ayudar a extraer al bebé cortando el cordón umbilical con un trozo afilado de bambú (lo que me parece un poco peligroso). Después envuelve la placenta en hojas para enterrarla en el bosque.[36] A pesar de estas atenciones íntimas, hay pocos ejemplos de hombres de estas culturas que sostengan o lleven en brazos a los recién nacidos. De hecho, «si un hombre ache llevara a un bebé de tres meses en un portabebés», le dijo en privado un antropólogo a otro, «los demás le tacharían de homosexual».[37] A diferencia de otros mamíferos poco corrientes cuyos progenitores varones se involucran como «parteros» (recordemos a los hámsteres enanos de Katherine Wynne-Edwards en el capítulo 2), la participación de estos padres en el parto no va seguida de grandes cantidades de cuidados directos al bebé. Mi opinión es que esta práctica masculina de asistir en el parto tenía más que ver con publicitar el estatus de un hombre como «el padre» y obtener los beneficios políticos que eso conllevaba.

Los beneficiarios directos de los proveedores adicionales son las madres y los hijos, aunque los maridos también se benefician. Sin embargo, los amantes a los que los hombres toleran a regañadientes que mantengan relaciones sexuales con su mujer proporcionan un seguro en caso de que un posible hijo suyo quede huérfano. Suelen ser aliados, quizá hermanos o hermanastros. En una parte del mundo donde el tamaño del grupo y la solidaridad pueden determinar la supervivencia frente a vecinos hostiles, tanto el clan de un hombre como los miembros del grupo en general se benefician de la reducción de la competencia interna.[38] Incluso los hombres sin ninguna probabilidad de ser los padres se benefician de «vecindarios más seguros» si tienen parientes criando niños allí.

Nadie sabe cómo surgió la noción de paternidad divisible. Pero como Ingrid Bergman explicó en cierta ocasión acerca del estatus de culto de *Casablanca*, la película «parece haber llenado

---

[36] Rival, 1997, pp. 622 y ss.

[37] Reportado por Hewlett (1992), basado en una conversación con su colega antropólogo Hillard Kaplan, que estudió a los aches.

[38] Pollock, 2002; Beckerman y Valentine, 2002; Walker *et al.*, 2010; y discutido en Hrdy, 1999, pp. 153 y ss., 2000.

una necesidad, una necesidad que ya existía antes del filme». La paternidad compartida llenaba una necesidad social. No puedo evitar fantasear con una abuela de cabellos blancos balanceándose en su hamaca en algún lugar de la selva amazónica, riéndose para sí misma mientras inventa este «cuento de viejas» tan trascendental. Probablemente, su fabulación tenía menos que ver con posibilidades eróticas que con la reducción de la competencia sexual selectiva entre hombres y mujeres, contribuyendo así a mantener a los niños alimentados y seguros.

Los conceptos culturalmente transmitidos sobre la paternidad divisible promovieron la persistencia en el tiempo de los propios grupos que los promovían. En este sentido, pueblos como los baris o los canelas se apoyaron en la cultura para producir soluciones a los desafíos de la posteridad que convergían con soluciones que surgieron a través de la selección darwiniana en otros animales, como parece haber ocurrido en algunos primates. Después de que las sequías y los incendios diezmaran su hábitat forestal de Sumatra, los siamang macho, de entre estos simios menores normalmente monógamos, empezaron a tolerar la presencia de más machos. Cuando una hembra los invitaba a copular, su pareja podía mostrarse extrañamente tolerante. Mientras tanto, la cría mayor de la pareja solicitaba voluntariamente los cuidados de los intrusos. La primatóloga Susan Lappan especula que el mayor tamaño del grupo mejoró la capacidad de la pareja para defender un territorio viable en un momento en que las presiones externas eran intensas.[39]

También entre las aves, como las gallinas autóctonas de Tasmania (*Gallinula mortierii*) y los calamones pukeko (*Porphyrio porphyrio*), aquellas que viven en grupos poliándricos con una competencia reducida entre los machos por el apareamiento pueden mejorar su situación. Los individuos en esos grupos logran ocupar territorios de mayor calidad. La dispersión de la paternidad, iniciada por las hembras entre los machos locales, también está documentada en

[39] Lappan, 2009. Sospecho que ocurre algo similar entre los langures, donde un macho residente bajo presión recurrente de forasteros puede tolerar a otros machos (Hrdy, 1977b).

los papamoscas cerrojillos (*Ficedula hypoleuca*). Los polluelos de estas aves socialmente monógamas a menudo son engendrados por machos vecinos y, cuando los depredadores amenazan el nido, los amantes de la madre se unen a la pareja que anida para defender a los polluelos, que podrían ser suyos. Todos emiten llamadas de alarma y acosan a los invasores.[40] Como se expone en el capítulo 6, la paternidad compartida también puede contribuir a unas relaciones curiosamente cooperativas entre los grupos de bonobos.

Dejando a un lado estas comparaciones, solo en unas pocas sociedades humanas estas ideologías —que en su día promovieron la paternidad compartida en franjas de la Australia aborigen, América del Norte y del Sur, Asia interior y África— han perdurado lo suficiente como para ser estudiadas.[41] Es momento de examinar algunos de estos casos, demasiado a menudo pasados por alto, y considerar cómo las expectativas culturales sobre quién es «un padre» y lo que se espera de él afectan tanto al bienestar de los niños como a la exposición de los hombres a los bebés.

Niños con muchos padres

Cuando en el siglo XVII los comerciantes de pieles europeos llegaron al valle del río San Lorenzo, en el actual Quebec, en busca de pieles de animales, la zona estaba ocupada por recolectores innus (montagnais y naskapis). Los misioneros siguieron la estela de los comerciantes. Al llegar el sacerdote jesuita Paul Le Jeune quedó impresionado tanto por la extraordinaria influencia que ejercían las mujeres en las decisiones del grupo, como por el «excesivo amor que los salvajes profesan a sus hijos».[42] Cuando Le Jeune explicó a un hombre montagnais «que no era honorable que una mujer

---

[40] Eliassen y Jørgensen, 2014; Krams *et al.*, 2022.

[41] Véase Starkweather y Hames, 2012 para una visión general autorizada de cómo de comunes eran las uniones poliándricas en los humanos, desde los raros casos de matrimonios «oficialmente» poliándricos entre comerciantes tibetanos, los nayares de la India, etc., hasta las mucho más comunes unidades poliándricas «informales» que se discuten aquí.

[42] Leacock, 1980.

amara a nadie más que a su esposo, y que este mal entre ellos impedía que los hombres estuvieran seguros de qué niños eran suyos», el sacerdote se quedó sorprendido por la respuesta: «No tiene sentido lo que dice, los franceses solo amáis a vuestros propios hijos; pero nosotros amamos a todos los niños de nuestra tribu».[43]

Tres siglos más tarde, en África Central, donde se encuentran algunas de las raíces más profundas de la humanidad, una joven antropóloga británica se encontró con una respuesta similar al preguntar a un hombre cuya esposa había mantenido relaciones sexuales con múltiples parejas, quién era el padre de su hijo. «Todos lo somos», fue la respuesta.[44] ¿Qué podía querer decir?, se preguntó ella.

Corría el año 1949 y la antropóloga Mary Tew (más tarde conocida como la señora Mary Douglas, famosa por explicar cómo los humanos utilizan el pensamiento simbólico para dar sentido a sus mundos, y mi heroína personal) decidió estudiar a las personas para las que el parentesco por línea femenina era culturalmente más significativo que aquel por línea masculina. Tew era consciente de que los patrones de residencia más flexibles, a menudo matrilocales, junto con las tradiciones matrilineales asociadas, estaban desapareciendo, socavados por la colonización, el proselitismo religioso y las instituciones legales impuestas desde fuera, así como por los conflictos políticos, la guerra y los nuevos modos de subsistencia que presionaban a los hombres para que permaneciesen cerca de los parientes masculinos para defender la propiedad del clan. Si añadimos el trabajo asalariado que favorecía a los hombres y las leyes impuestas por el colonialismo que exigían que la propiedad se transmitiera a través de la línea paterna, los patrones de residencia multilocal y la herencia matrilineal —antes muy extendidos en las sociedades tradicionales de África, Asia Central, gran parte de Austronesia y América del Norte y del Sur— desaparecieron rápidamente.[45]

---

43 *Ibid.*, p. 31.

44 Tew, 1951, p. 4.

45 Schneider y Gough, 1961 para una visión general. La entrada de Wikipedia sobre «matrilineal o matrilocal» (https://en.wikipedia.org/wiki/List_of_matrilineal_or_matrilocal_societies) proporciona una lista bastante exhaustiva. Especialmente

A mediados del siglo XX solo el 17 por ciento de las culturas del mundo seguían practicando la sucesión matrilineal. Rechazando el consejo de que estudiar una sociedad patrilineal sería mejor para su carrera, la señorita Tew siguió empeñada en encontrar una matrilineal y vendió el abrigo de piel de su madre para conseguir dinero, marchándose de Londres para asistir a un congreso etnográfico en Bruselas. Allí estableció contactos que la llevaron a trabajar sobre el terreno en el entonces Congo Belga (actual República Democrática del Congo) entre los leles de Kasai.[46] Pero, como Mary Douglas me escribiría casi al final de su ilustre carrera, «por desgracia, asistí al declive final de la cultura [lele]».[47]

Incluso entonces los leles seguían teniendo dos tipos de matrimonio. Un hombre mayor solía estar casado monógama o polígamamente con una o más «esposas privadas», mientras que los hombres jóvenes estaban casados conjuntamente con una esposa comunal o «esposa del pueblo» especialmente admirada, conocida como *hohombe*.[48] Una esposa de aldea podía ser capturada o, más a menudo, negociada con los padres de una aldea cercana. Se hacían regalos a su madre y a su padre, así como a ella misma. Se la instalaba en una choza propia, se la liberaba de sus tareas, se la atendía y se le daban regalos en forma de carne, vino de palma y telas de rafia tejidas por los jóvenes.

Aunque tanto los misioneros como las autoridades belgas condenaban (y en 1947 habían suprimido) unas costumbres que les parecían similares a la prostitución, en realidad la *hohombe* conservaba una considerable capacidad de decisión, seleccionando a cuatro o cinco camaradas de la misma edad para que fueran sus

---

informativo es el cuidadoso análisis de Holden y Mace en 2003 sobre cómo la expansión del ganado llevó a la pérdida de la descendencia matrilineal en África, y los recientes esfuerzos de Jordan *et al.*, 2009 para usar análisis filogenéticos sofisticados con el fin de reconstruir patrones ancestrales de residencia; véase también Liu *et al.*, 2022 para los patrones de residencia matrilocal entre los primeros navegantes que colonizaron Micronesia hace tres mil años.

[46] Fardon, 1999, pp. 47-49.

[47] Mary Douglas, comunicación personal, 26 de septiembre del 2000.

[48] Tew, 1951; Douglas, 1963. Aunque estas uniones poliándricas se practicaban ampliamente, la costumbre dependía de la situación o de la historia, ya que algunos pueblos leles la practicaban, mientras que otros no (Vansina, 1990, p. 20).

«maridos en el hogar» a largo plazo.[49] Los regalos a la *hohombe* se exhibían públicamente. Ansiosos por ser elegidos, los hombres rivalizaban entre sí para ser los más generosos y ganar esta posición que aumentaba su prestigio.[50] A partir de entonces, los maridos seguían llevando pequeños pájaros, ardillas y otros regalos a la *hohombe*, junto con comida para su madre.[51] El sexo a cambio de bienes materiales no tenía entre los leles el estigma que tenía para los funcionarios coloniales y para los misioneros que pretendían erradicar esta práctica.[52] En cuanto a los hombres que se unían a estas uniones poliándricas, no se trataba solo de sexo, sino también de prestigio.

Como en muchas sociedades tradicionales, un hombre lele soltero o sin hijos era considerado todavía un «muchacho». Solo con una esposa podía ofrecer hospitalidad o invitar a los huéspedes a compartir la comida. Tampoco se le consideraba un «hombre de verdad» hasta que tenía hijos.[53] Un niño nacido de la esposa de la aldea era conocido como *mwanababola*, «hijo de la aldea». Eso fue lo que le dijeron a Mary Tew cuando preguntó quién era el padre de uno de esos niños, «todos nosotros, lo engendramos todos los hombres de la aldea».[54] Las tradiciones en las que se animaba a varios hombres a considerarse padres implicaban que todos ayudaban a criar a este «niño de la aldea». Pero, de nuevo, no estoy segura de cuántos cuidados directos proporcionaban estos «padres».

Cuando una *hohombe* daba a luz, su madre o su tía materna solían quedarse en su casa y ayudar a cuidar al recién nacido. Cuando la abuela volvía a casa, la madre y su bebé de meses a veces se iban con ella a vivir durante un tiempo entre parientes de la línea materna que proporcionaban cuidados alomaternales. Supongo que en un entorno de escasez recurrente la principal contribución de los padres era el aprovisionamiento o la ayuda económica

---

[49] Tew, 1951; Douglas, 1963.

[50] Douglas, 1963, p. 132.

[51] Tew, 1951, p. 3.

[52] Véase Jo Helle-Valle, 1999 para un análisis detallado de estos valores opuestos en un artículo sobre la «prostitución» en Botsuana.

[53] Tew, 1951, pp. 4-8.

[54] *Ibid.*, pp. 4-8.

en casos de emergencia médica o de otro tipo. Otros miembros del clan del «padre» también podían ayudar, sobre todo cuando llegaba el momento de que un «hijo de la aldea» reuniera la dote para poder casarse con la novia.

Estos *mwanababolas* no solo se benefician de haber nacido en una red de relaciones de apoyo, sino que también se forjan vínculos que fomentan la solidaridad entre las aldeas y dentro de ellas. En particular, la práctica atenúa las tensiones dentro del grupo entre los hombres con y sin esposa, especialmente entre los hombres más jóvenes con carencias sexuales y los mayores casados poligínicamente. Al igual que la paternidad partible, la costumbre de la *hohombe* contribuye a las «vecindades más agradables» al estilo bonobo que prefieren las madres y sus parientes, y de las que también se benefician los padres. Sin embargo, se desconoce cuánta paternidad genética se comparte realmente. Las respuestas a esta pregunta están empezando a desvelarse ahora.

Conceptos de paternidad comunales frente a nepotistas

La antropóloga Brooke Scelza, de la Universidad de California en Los Ángeles (UCLA), viajó a Namibia para estudiar a los himbas con el fin de conocer mejor una sociedad en la que la paternidad genética y la social no coinciden necesariamente.[55] Los himbas, tradicionalmente recolectores-horticultores, también crían ganado vacuno y caprino en la actualidad. Mientras los maridos están fuera pastoreando, las mujeres casadas aceptan amantes discretamente. Tras amplias consultas a la comunidad y protocolos de investigación específicamente diseñados para enmascarar las identidades personales, Scelza pudo recoger miles de muestras de ADN, descubriendo que el 48,6 por ciento de todos los niños del grupo habían sido engendrados por un hombre que no era el marido oficial de la mujer, la tasa más alta de «paternidad mal atribuida» jamás registrada. En alrededor del 70 por ciento de las

[55] Scelza *et al.*, 2019.

familias al menos un niño, conocido como *omoka*, había sido engendrado por otro hombre.

Las esposas himbas intentan ser discretas y sus amantes cuidadosos, pero si un marido llega a casa en el momento inoportuno y se encuentra a un amante, podría ponerse celoso. En la mayoría de los casos, sin embargo, los maridos toleran la situación. Incluso cuando adivinan (normalmente de manera correcta) la identidad del padre de un *omoka*, tratan a este como si fuera su propio hijo. En una sociedad en la que la tolerancia y la generosidad son admiradas tanto por las mujeres como por la comunidad en general hacer lo contrario dañaría la reputación de un hombre.[56] Además, como me recuerda la etnógrafa Polly Wiessner, los hijos atribuidos a un hombre concreto, genéticamente suyos o no, pueden aumentar la influencia de su bando político.

Incluso cuando surgen impulsos nepotistas, que conducen a la violación de las normas sobre el trato igualitario de los *omokas*, tienen lugar por lo general en privado. Públicamente, como cuando se está reuniendo la dote de la novia, los hombres contribuyen tanto al arreglo matrimonial de un *omoka* como al de sus propios hijos, e incluso compiten por ser los más generosos. La igualdad de trato también prevalece cuando los hombres hacen regalos individuales de los que otros probablemente tienen conocimiento. Los *omokas* tampoco parecen estar peor alimentados.

Dentro del hogar de un hombre himba, donde duerme en esteras junto a su esposa y los hijos de ella, un hombre puede tener oportunidades privadas para mostrar favoritismo. En ese entorno los padres pueden ser más afectuosos con sus hijos genéticos. Cuando le pregunté al colega de Scelza, Sean Prall, sobre las fotografías que había visto de hombres himbas sosteniendo a niños pequeños, su primera respuesta fue que debían de haber posado para las imágenes. «No estoy seguro de haberlo visto nunca», dijo. Luego, tras una pausa, agregó que excepto «una vez, cuando la hija de un hombre se sentó en su regazo alrededor de la fogata».[57]

---

[56] Scelza *et al.*, 2019; Prall y Scelza, 2020; Prall, 2022.

[57] Entrevista telefónica con Prall, 8 de marzo de 2022. Cuando el etólogo Irenäus Eibl-Eibesfeldt visitó a los himbas a mediados del siglo pasado, quedó impresionado

Además, en una sociedad donde algunos niños son habitualmente enviados en acogida, los *omokas* eran seleccionados con mayor frecuencia para ir a vivir con los parientes de la madre.[58] Cuando Scelza y Prall mostraron a los hombres ilustraciones en forma de viñetas de diferentes configuraciones sociales, en igualdad de condiciones los hombres preferían parejas fieles.[59] Prall sospecha que las uniones que resultaban en muchos *omokas* también tienen más probabilidades de acabar en divorcio.[60]

Al parecer, los tiempos están cambiando. Cuando surgieron las costumbres relacionadas con los *omokas*, los himbas todavía practicaban la herencia matrilineal. Después de adoptar la ganadería, esta nueva fuente de riqueza (ganado y cabras) continuó pasando mayormente a través de la línea matrilineal, de un hombre a los hijos de su hermana, al menos por un tiempo. Sin embargo, el patrón actual de doble descendencia en la herencia sugiere que se están produciendo cambios a medida que las influencias matricéntricas van dando paso a las patrilineales.[61] Los pastores cercanos, como los herreros, que también practicaban el intercambio de esposas, casi han abandonado esta práctica.

Cuando los intereses patrilineales ganan terreno

Con la acumulación de recursos que se pueden proteger, el aumento de la desigualdad y la patrilocalidad aumenta el interés por conservar la riqueza dentro de las líneas patrilineales. Mientras tanto, la permanencia de los hombres en sus grupos natales significa que, para evitar la endogamia, las mujeres tienen que marcharse. En este

---

por las afectuosas interacciones entre los hombres y los niños (Eibl-Eibesfeldt, 1989, pp. 224 y ss. y fig. 4.42a).

58 Prall y Scelza, 2020. Cabe destacar que enviar a los niños a vivir con otras personas es común en toda África. Un niño podría ser enviado a vivir con una abuela, una mujer sin hijos, o bien con parientes que vivan en una ciudad con mejores oportunidades educativas.

59 Scelza, Prall y Starkweather, 2020.

60 Prall, 2022, entrevista telefónica.

61 Prall, 2022, entrevista telefónica; Wiessner, comunicación personal, 2023.

proceso, las madres a menudo pierden la compañía y el apoyo de sus parientes por línea materna. Ambos son reveses para la influencia materna, la autonomía y el bienestar de los hijos. A la hora de elegir a su pareja la mujer también se ve obligada a prestar atención a los recursos que controlan los posibles compañeros y sus clanes por línea paterna, y es menos capaz de dar prioridad a criterios como la «generosidad», la «tolerancia» o la «sensatez». La selección ya no depende solo de lo servicial que sea un hombre con sus hijos.

Como resumió el teórico social Friedrich Engels hace siglo y medio, la propiedad y la herencia patrilineal cambian también las prioridades de los hombres. Su objetivo primordial pasó a ser producir hijos de «paternidad irrefutable», en gran número.[62] Más que nunca para los hombres era importante controlar, si podían, los movimientos y las posibles relaciones de sus esposas, al tiempo que mantenían estrechos vínculos con «hermanos» o compañeros del clan. Esto a menudo resulta ser una forma de segregar a los sexos y, al mismo tiempo, mantiene a los hombres alejados de los bebés.

Para ayudar a contrarrestar el inconveniente legado sexual de las hembras de primate, capaces de mantener relaciones sexuales en cualquier momento de su ciclo y que además suelen estar motivadas para ello (véase el capítulo 7), surgieron nuevas ideologías que enfatizaban lo peligrosas que podían ser las mujeres y su sexualidad. Desde la antigua Grecia hasta Oriente Medio y más allá se exigía a las mujeres que se mantuvieran dentro de los confines de los patios, que se cubrieran el rostro con un velo o que llevaran burkas que disimularan su cuerpo de la cabeza a los pies, un extraño código de vestimenta para un «simio desnudo». Nada de esto mejora la contribución de la mujer a la manutención de su familia, ni su eficacia en el cuidado de los demás. En los niveles más altos de las sociedades jerárquicas, harenes enteros pueden estar enclaustrados en serrallos de altos muros, custodiados por mujeres mayores o eunucos.

La obsesión patrilineal por la castidad de la mujer dio lugar a costumbres tan atroces como la clitoridectomía o la sutura de la

[62] De Engels, 1942 (1884), pp. 54-55 (trad. al inglés: *The Origin of the Family, Private Property and the State*).

vagina (infibulación), que aún se practican en algunas sociedades musulmanas. Las infecciones y complicaciones del parto resultantes no solo son perjudiciales para las madres, sino también para los propios bebés. Pero eso no era lo que más importaba al padre. La infibulación era una forma más de realzar la castidad femenina, asegurando al esposo la paternidad y lo que a corto plazo más le importaba: su honor.[63]

Debido a los tabúes sobre los fluidos corporales femeninos, las mujeres que menstrúan entre los dogones de África occidental o en las remotas aldeas nepalíes se ven obligadas a permanecer en cuarentena en «chozas menstruales» míseras, a menudo antihigiénicas o peligrosas por otros motivos, hasta que cesa la hemorragia. Como, al igual que muchos otros primates, las mujeres ya no muestran señales visibles o fiables cuando ovulan, las chozas menstruales proporcionan a los futuros maridos información sobre el estado del ciclo femenino, y pueden así estar seguros de que la mujer no está embarazada.[64]

A largo plazo, tales costumbres que refuerzan la castidad, ya sea de manera directa o indirecta, socavan el bienestar de las madres y los niños, al igual que otras prácticas dirigidas a reforzar el control masculino. Por ejemplo, un hombre dogón casado en poliginia con varias esposas tratará conscientemente de desalentar la cooperación entre ellas, esforzándose por no casarse con dos hermanas que puedan apoyarse mutuamente en contra de sus intereses. Dado que los dogones son musulmanes, y los derechos sobre la tierra (cada vez más escasos) se transmiten por la línea paterna, puede surgir una feroz, e incluso mortal, competencia entre esposas no emparentadas que tienen hijos varones. Según la antropóloga de la Universidad de Míchigan Beverly Strassmann, esta hostilidad contribuye a las altas tasas de mortalidad infantil entre los dogones, afectando a los hijos engendrados por el propio patriarca.[65]

---

63 Para resúmenes recientes de lo que se ha convertido en una vasta literatura sobre «circuncisión femenina», infibulación, etc., véase Hudson *et al.*, 2012; Goldberg, 2009, cap. 5.

64 Strassmann, 1991.

65 Las tasas de mortalidad infantil pueden llegar hasta un 47 por ciento (Strassmann, 1991).

Otras costumbres que dan prioridad a los intereses patrilineales a expensas de las mujeres y del bienestar de los niños son los «crímenes de honor» musulmanes, en los que un hombre asesina a su propia hermana, esposa o hija antes que permitir que su conducta deshonre a su familia patrilineal, dejando a los niños sin madre o sin valiosas alomadres. Otra es la antigua costumbre hindú del *suttee*. Cuando moría un hombre de élite, se esperaba que su viuda se arrojara a la pira funeraria y, si no lo hacía, se la humillaba. El *suttee* evitaba que la familia del marido mantuviera a la viuda y, al mismo tiempo, eliminaba el riesgo de que se liara con otro hombre, mancillando así la pureza del «linaje» del clan. Por supuesto, la inmolación de una viuda también privaba a los niños de una madre, una abuela u otra alomadre potencialmente valiosa.

En mi libro *Mother Nature* intenté explicar cómo se socializa, convence, avergüenza, amenaza o directamente se intimida a las mujeres para que acepten estas condiciones desventajosas.[66] A largo plazo me sorprende lo perjudiciales que suelen ser las prácticas patriarcales —destinadas a proteger el honor de un hombre, mantener su superioridad, estatus o patrimonio junto con la pureza de su linaje— para el bienestar de los propios descendientes de ese hombre. Estos no son, ni de lejos, vecindarios más seguros o «agradables» para nadie.

Cuando las madres priorizan el bienestar infantil

En lo que respecta a los niños y, especialmente, a los bebés, los padres, sobre todo en las sociedades con mayor influencia patrilineal, suelen tener prioridades y preferencias muy diferentes a las de las madres. Mientras que ellas tienden a interesarse más por el bienestar de cada bebé que nace, los hombres suelen preferir tener más hijos.[67] No es de extrañar que esto ocurra con mayor frecuencia en

[66] Hrdy, 1999, pp. 257-265.

[67] Discutido en Hrdy, 1999, cap. 10; véase también Borgerhoff Mulder, 2009 para un estudio de caso contemporáneo en África que ilustra las complejidades de tales generalizaciones.

las sociedades en las que la carga del cuidado de los hijos recae en mayor medida sobre las madres. Mientras que la madre tiende a centrarse en las señales de bienestar del bebé, como el aumento o la pérdida de peso, los cólicos o la fiebre,[68] es probable que su pareja preste más atención a las señales de parentesco. Cuanto más patriarcal sea el sistema de valores, más pronunciadas serán estas diferencias.

Según un reciente informe de Naciones Unidas, la salud, la nutrición y la educación de los niños están inextricablemente vinculadas al poder que las mujeres ejercen dentro de la familia.[69] Las agencias de desarrollo informan de que los niños están mejor en las sociedades en las que las madres tienen más influencia y cuando la ayuda se les entrega directamente a ellas. Se teme que los padres malgasten la ayuda en socializar con sus amigos entre copas y cigarrillos, o en adquirir prestigio.[70] El modo en que esta dinámica de género influye en el bienestar infantil en las sociedades organizadas matrilinealmente frente a las organizadas patrilinealmente queda perfectamente ilustrado en la comparación que hace la antropóloga Donna Leonetti de dos sociedades cercanas del noreste de la India.

Entre los khasis matrilocales y matrilineales las mujeres heredan las tierras agrícolas a través de sus madres. Tradicionalmente, el marido se iba a vivir con la familia de su mujer y la ayudaba a ella, a su madre, a sus hermanos y hermanas a trabajar la tierra. Como consecuencia, las madres gozaban de más apoyo político local y mayor autonomía.[71] Las mujeres eran libres de desplazarse,

---

[68] Franklin y Volk, 2018.

[69] Unicef, 2006, https://www.unicef.org/montenegro/media/8196/file/MNE-media-MNEpublication408.pdf; véase también Brinda, 2015.

[70] Bruce *et al.*, 1995; Hudson *et al.*, 2012. Para Gran Bretaña y Estados Unidos, véase Miller, 2021.

[71] Resulta que existe una asociación casi generalizada en los primates entre la matrilocalidad («filopatría femenina») y la autonomía femenina, algo que noté por primera vez hace unos cuarenta años mientras investigaba para *The Woman That Never Evolved* (1981). En ese momento me sorprendieron las marcadas diferencias entre las especies de babuinos de la sabana en las que las hembras permanecen en sus grupos natales y mantienen el control sobre con quién se asocian y dónde buscan alimento, y las hembras de babuino *Hamadryas*, que son «secuestradas» de los brazos

comprar y vender en el mercado y, al igual que entre los cazadores-recolectores africanos descritos en el capítulo 8, conservaban una considerable autonomía reproductiva. A la hora de elegir pareja, las mujeres podían dar prioridad a rasgos como la fiabilidad o la «servicialidad». Y los hombres khasis eran tradicionalmente serviciales, asegurándose de que los niños no quedaran desatendidos. Cuando le pregunté a Leonetti si los hombres khasis se ocupaban alguna vez de los bebés muy pequeños, mencionó lo «maravillada» que se había quedado la primera vez que vio a un padre khasi paseando por el pueblo con un bebé recién nacido envuelto en su espalda (figura 10.3).[72]

La autonomía y la asistencia alomaterna tienen consecuencias. Tanto las madres como los niños estaban más sanos entre los khasis que entre los de una aldea bengalí cercana. Entre los bengalíes patrilocales la mujer se traslada a vivir al pueblo de su marido y debe depender de él y de su familia para subsistir; los padres bengalíes eran más distantes de sus esposas, claramente subordinadas,

---

de sus madres y criadas por un macho, de cuyo «harén» formarán parte, siendo pastoreadas y dominadas por él. A lo largo de los años, la evidencia de la asociación entre la matrilocalidad, la autonomía femenina y el apoyo social, incluido el acceso al cuidado alomaterno, se ha vuelto cada vez más fuerte (Smuts, 1992; Silk, 2007; Meehan, 2016; Mattison *et al.*, 2019; Seabright *et al.*, 2022). En 2010 Walker y otros llevaron a cabo un magistral análisis «filogenético» sobre la paternidad divisible en tribus de la Amazonia, incorporando evidencia geográfica y lingüística. Demostraron cómo la prevalencia de los patrones de residencia matrilocal (lo que ellos llaman residencia «uxorilocal») puede cambiar el equilibrio de poder a favor de una «mayor autonomía reproductiva femenina» (2010, pp. 191-195 y fig. 1). Con un trabajo iniciado en 2014, Hudson y otros (2014-2018) pudieron documentar una asociación entre los patrones de residencia y el empoderamiento femenino, y vincularlo con la seguridad del estado.

[72] Los estudios de Donna Leonetti abarcaron el periodo entre 1980 y el 2000, y en ese momento ella sospechaba que la mayor implicación de los hombres khasis con los niños, en comparación con la mayor «distancia» de los hombres bengalíes, estaba relacionada con los diferentes niveles de nutrición y supervivencia de los niños en estas sociedades (comunicación personal, julio de 2022). Sin embargo, como ocurre en todo el mundo, hay cambios en marcha y hoy en día muchos hombres khasis pueden estar abandonando las costumbres matrilineales tradicionales para unirse a la economía monetaria. Basándose en su estudio de campo en curso, la economista conductual Alessandra Cassar me advierte que no asuma que los hombres khasis siguen siendo tan atentos como cuando Leonetti investigaba sobre ellos (comunicación personal, agosto de 2022).

Figura 10.3. La antropóloga Donna Leonetti se sorprendió, en la década de 1980, la primera vez que vio a un hombre khasi paseando con un bebé recién nacido a la espalda envuelto en un fular, algo que no recordaba haber visto nunca entre los bengalíes patrilineales. (Dinodia Photos/Alamy Stock Photo).

y también más fríos con los bebés. Aunque ambas comunidades eran pobres, con antecedentes étnicos similares, los niños khasis tenían más probabilidades de sobrevivir hasta los cinco años que los bengalíes. ¿Y por qué no? Las madres khasis también estaban más sanas, mejor alimentadas, eran más altas y pesaban más que las madres de la comunidad patrilineal.[73]

Las expectativas y normas comunales tienen mucho que ver con la ayuda que las madres pueden esperar de los padres. Los minangkabaus, o minang, uno de los grupos etnográficos más grandes de Sumatra, tradicionalmente matrilineales, remontan su ascendencia a una reina mítica llamada Bundo Kanduang, que promovía la reverencia a la Naturaleza con sus capacidades regenerativas y aleccionaba a la humanidad sobre las penas que trae consigo la guerra. En consecuencia, «el amor maternal no solo lo dan las

[73] Leonetti *et al.*, 2005, 2007, y comunicación personal, 19 de julio de 2022. Véase también Mesoudi y Laland, 2007.

madres, sino también los padres, los amantes, los cónyuges y los hijos», prácticas que promueven la sensibilidad maternal en ambos sexos.[74] Los hombres ejercen regularmente el poder, pero como los derechos a supervisar y utilizar objetos y tierras se heredan por línea materna, las mujeres mayores conservan una influencia y una autoridad considerables en los asuntos de la vida cotidiana, de modo que, incluso sin gobernar, pueden prevalecer los intereses maternos que promueven la armonía dentro del grupo.[75]

Entre los famosos isleños matrilineales trobriand, de Papúa Nueva Guinea, las mujeres que están a punto de dar a luz regresan a la casa cercana de su madre, donde permanecen recluidas y son atendidas con esmero por sus parientes femeninas durante varios meses después del nacimiento. Pero una vez que los bebés hacen su debut en público, «reciben abundante atención, los besan, los abrazan, bromean con ellos, los acarician [...] sus padres y otros integrantes de la aldea los acunan constantemente en brazos», y forman un vínculo con sus padres. Los hombres «pasean por el pueblo con un bebé o un niño pequeño a horcajadas sobre sus caderas».[76] Cualquier padre que no se comportara de esta manera, o que no se ocupara adecuadamente de su hijo, sufriría daños en su reputación pública, daños que probablemente tendrían «consecuencias políticas».[77]

En las sociedades en las que predominan los hombres las expectativas son muy diferentes.

Hombres separados de las mujeres significa separados de los bebés

Los sistemas sociales patriarcales han demostrado ser un medio eficaz para que los hombres compitan con grupos rivales y lleguen a dominarlos. Esto puede ayudar a explicar cómo los horticultores

---

[74] Sanday, 2002, p. 169.
[75] *Ibid.*, p. 116.
[76] Weiner, 1988, p. 58.
[77] *Ibid.*, p. 58.

melanesios, organizados patriarcalmente, fueron capaces de reemplazar a las sociedades de forrajeo que antes recorrían las boscosas laderas de las montañas de Papúa Nueva Guinea. Entre estos invasores, como las actuales tribus enga, iatmul y sambia, las mujeres cultivaban batatas y criaban cerdos, mientras que los hombres labraban la tierra, construían casas y, lo que es más importante, se reservaban el prestigioso trabajo de resolver disputas políticas, ocuparse de la vida ceremonial y hacer la guerra. Excluir a las mujeres de los asuntos masculinos fomentaba la unión entre hombres y resultó especialmente adecuado para grupos que estaban en perpetuo conflicto con sus vecinos.[78]

Para ser respetado un hombre necesitaba que le inculcaran valores hipermasculinos y parecer feroz. Los hombres sambias que querían convertirse en «líderes de guerra» evitaban cualquier atisbo de «feminidad», para no ser tachados de «hombres basura» o «afeminados». Por encima de todo, se esforzaban por ser vistos como «grandes hombres» que controlaban a varias esposas.[79] Estas mujeres subordinadas eran vistas como peligrosas y «muy contaminantes», especialmente cuando daban a luz. Demasiado contacto con los niños era un hecho potencialmente impuro.

Aunque a veces se percibían destellos de calidez paterna, relacionarse con una madre y su hijo se consideraba «poco masculino».[80] Los sambias creían que «si un hombre carga con un niño su piel se aflojará, se debilitará, envejecerá rápidamente» y se volverá impotente.[81] Los sambias tradicionales se situaban en el extremo de las sociedades en las que los hombres viven en gran medida segregados de las mujeres y los bebés. Están demasiado ocupados relacionándose con otros hombres en «casas de hombres» en las que las mujeres tienen prohibida la entrada. Allí los hombres comen, cotillean, celebran elaboradas ceremonias (a menudo secretas), debaten asuntos importantes y a menudo se acuestan con otros hombres.

---

[78] Mead, 1968; Herdt, 1987; Wiessner (en colaboración con Akii Tumu y Nitze Pupu), 2016; y esp. Wiessner y Tumu, 1998.

[79] Herdt, 1987, p. 36.

[80] *Ibid.*, p. 89.

[81] *Ibid.*, p. 90.

Cuando Polly Wiessner, la misma antropóloga que había estudiado a los cazadores-recolectores en África, empezó a observar a los habitantes de las tierras altas de Nueva Guinea, descubrió que algunos padres, como los engas, eran mucho más atentos que otros, aunque entre ellos los bebés no estuvieran tan integrados en el tejido de la vida comunitaria desde su nacimiento como lo estaban los pequeños ju/'hoansis, akas o hadzas. Los padres engas podían pasar las primeras horas de la tarde jugando afectuosamente con los bebés en la casa de las mujeres donde residía su madre. Los hombres sambias, en cambio, interactuaban aún menos con los bebés más pequeños. Cuando Wiessner pidió a un hombre sambia que conocía que describiera su infancia, recordó que pasaron años antes de que tuviera mucho contacto íntimo con su padre. «Cuando nací del vientre de mi madre —le dijo el hombre—, mi madre me cuidó con ternura y se ocupó de todas mis necesidades hasta que tuve edad suficiente para comprender cuál debía ser el papel de un niño pequeño. Me mantuve cerca de mi madre y viví con ella en la casa de las mujeres hasta que cumplí unos cuatro o cinco años. Entonces, un día, mi padre vino y me dijo: "Sigues a tu madre a todas partes y duermes en la casa de las mujeres, pero eso no es bueno para un chico joven". [Mi padre dijo] que yo era un enclenque flacucho y sucio, y que ya era hora de que durmiera en la casa de los hombres para hacerme grande y fuerte».[82] Los niños permanecen con las mujeres hasta unos años después del destete, cuando se los insta a mudarse y dormir con sus padres y otros miembros del clan en las casas de los hombres.

Es en la «casa de los hombres» donde los niños absorben la historia del clan, participan en elaborados rituales y sirven como aprendices de los hombres mayores. La transición a la madurez estaba marcada por elaboradas ceremonias, en las que un joven soltero se transformaba en un miembro leal del clan y se convertía en casadero.[83] La última vez que un niño enga o sambia habría pasado algún tiempo con bebés sería durante ese interludio en el que aún vivía con su madre y otras mujeres. Era entonces cuando, como

[82] Wiessner, 2016, p. 86; Wiessner, comunicación personal, 2014.

[83] Wiessner, 2016.

señaló Margaret Mead para los iatmules de Nueva Guinea, «los niños pequeños cuidan de los bebés casi tanto como las niñas».[84]

En el caso de los sambias la integración de los niños en el mundo de los hombres implica una cierta cantidad de sexo ritualizado, que suele consistir en que los niños y los jóvenes hagan una felación a los hombres mayores, cuyo semen se cree que fortalece a los jóvenes iniciados como lo hizo en su día la leche materna.[85] Lo más probable es que ese contacto físico íntimo, sobre todo si va acompañado de orgasmos y subidas de oxitocina, refuerce aún más los lazos entre los compañeros de clan. La misma molécula polifacética que hace magia entre una madre u otro cuidador y un bebé fue reutilizada a través de estas prácticas culturales para promover vínculos entre los hombres. Pero no debemos olvidar que la oxitocina no solo facilita los lazos sociales con los que están cerca, sino que también aumenta las respuestas protectoras y defensivas contra los forasteros, es decir, las personas que viven en el valle vecino.[86]

Ya sea debido a la naturaleza, a la crianza o, muy probablemente, a la interacción entre ambas, el aumento de la cohesión entre los miembros del clan resultaba adaptativo para los guerreros que necesitaban presentar un frente unido contra los enemigos. Sería difícil que un grupo renunciara a las ventajas de dicha unidad a menos que otros grupos también lo hicieran. Pero aunque la cohesión dentro del grupo ayudara a mantenerlos a salvo, la unión entre hombres disminuía sus oportunidades de forjar vínculos íntimos con sus esposas o bebés, o de dar prioridad a su bienestar. Los bebés no eran una parte importante de su mundo.

---

84 Herdt, 1987; Wiessner, 2016; Mead, 1968, p. 195.

85 Herdt, 1987, pp. 164-167.

86 De Dreu, 2012. Dejando de lado la elaboración cultural, se pueden encontrar lazos sexuales similares entre machos antes de conflictos intergrupales arriesgados en otros primates. Véase especialmente Lemoine *et al.*, 2022, quienes especulan que la cooptación del sistema oxitocinérgico desempeña un papel en la cooperación dentro del grupo y en el «altruismo parroquial» cuando los machos de chimpancé deben mantenerse unidos para enfrentarse a forasteros.

Ideales de masculinidad en mundos con pocos bebés, «el efecto Whiting»

Hace medio siglo los antropólogos del comportamiento John y Beatrice Whiting se dieron cuenta de que eran las sociedades en las que los hombres se mantenían más «distantes» de sus esposas donde los hombres valoraban más la ferocidad y la «gloria militar», y donde los niños crecían para ser «hiperagresivos». Sociedades como la iatmul o enga de Nueva Guinea y la masái de África Oriental, famosas por la fiereza de sus guerreros, eran aquellas en las que los hombres solían dormir juntos con otros, apartados de las mujeres, en las «casas de hombres» en Nueva Guinea, o entre otros jóvenes guerreros o *morans* en las *manyattas* masáis.[87]

Tras examinar una muestra de 186 culturas representativas de todo el mundo, el matrimonio Whiting descubrió que en la mayoría de las culturas de las que tenían información sobre este tipo de arreglos para dormir (en el 57 por ciento de su muestra), los hombres dormían en la misma habitación que las esposas, conversaban y comían con sus familias, y ayudaban a las esposas en el parto. Pero en aproximadamente una cuarta parte de las sociedades los maridos se mantenían «distantes», a menudo durmiendo y comiendo separados de sus familias, y pasaban su tiempo estableciendo vínculos con otros hombres.

La manera en que la segregación de los sexos también separa a los hombres de los bebés se ilustra en uno de los estudios que citaron los Whiting, que resume datos de encuestas realizadas a pastores-horticultores de África Occidental, hombres que aún viven de manera patrilocal siguiendo las costumbres tradicionales de los yorubas. Los hombres casados poligínicamente y con varias esposas construían habitaciones separadas para cada una, y evitaban acostarse con esposas que tuvieran bebés recién nacidos, acatando más o menos los «tabúes sexuales posparto». Rara vez comían con sus familias, solo dos de diez habían cambiado alguna vez un pañal y a ninguno le parecía buena idea que el padre estuviera presente en el nacimiento de su hijo.[88]

---

[87] Whiting y Whiting, 1975, p. 193.

[88] LeVine, Klein y Owen, 1967, citado en Whiting y Whiting, 1975; y reconstruido a partir de conversaciones que tuve con John Whiting en esa época.

Los Whiting habían comenzado su estudio antes de que supiéramos mucho sobre las transformaciones neuroendocrinológicas en los hombres íntimamente expuestos a los bebés, cambios como la disminución de los niveles de testosterona o el aumento de la oxitocina.[89] En aquella época recurrieron a la teoría freudiana y a los desafíos de la «identidad intersexual» para explicar sus resultados.

Plantearon la hipótesis de que la identificación con las madres en una etapa temprana de la vida obligaba a los niños a compensarla volviéndose hiperagresivos más adelante.[90] Mi sospecha es que estaban implicados los efectos transformadores de los bebés, una suposición reforzada por un estudio que la colega de los Whiting, Carol Ember, emprendió por aquella época. Ember estudiaba la asignación de tareas a los niños entre los luos, un pueblo de África Oriental con una división sexual del trabajo bien definida. Tareas como recoger verduras, ir a buscar agua o leña, moler la harina, encender el fuego, cocinar o servir la comida, así como atender a los niños más pequeños, se consideraban «femeninas» y se asignaban a las hijas. Pero una madre luo sin hijas empezó a asignar tareas femeninas a su hijo varón, lo que proporcionó a Ember la posibilidad de investigar un experimento natural.

¿Es posible que realizar tareas femeninas socializara a los chicos de modo que crecieran menos agresivos? No exactamente. Como en la mayoría de las culturas, todos los niños luos son más agresivos que las niñas, y el hecho de asignarles tareas femeninas fuera del hogar no supuso ninguna diferencia. Lo que sí influyó fue que se les asignaran tareas femeninas dentro de casa. Estar dentro, por supuesto, aumentaba la exposición de los niños a los bebés, probablemente una de las razones por las que Ember descubrió que el hecho de ocuparse de los bebés «estaba negativamente relacionado con la agresión egocéntrica».[91] Parece un ciclo que se refuerza a sí mismo, en el que los niños menos expuestos

---

89 Muller *et al.*, 2009, discutido en el cap. 4; Gettler *et al.*, 2011; también Gettler, 2016; Mascaro *et al.*, 2014; véase especialmente Bribiescas, 2021 para un análisis reflexivo sobre «masculinidad y guerra» y una revisión de la literatura relevante.

90 Véanse Ember, 1973 sobre socialización, y Whiting y Whiting, 1975 sobre crisis de identidad entre sexos.

91 Ember, 1973, p. 436.

a los bebés crecen siendo más agresivos y propensos a participar en conflictos, a la vez que las sociedades belicosas son más propensas a segregar los sexos y mantener a los hombres alejados del contacto potencialmente calmante de los bebés.

La propagación de la mentalidad patriarcal

Miles de años después de que los grandes felinos y los climas erráticos del Pleistoceno dejaran de ser la amenaza más inmediata para la supervivencia, los sustituyeron los vecinos hostiles que competían por los mismos recursos. Los hombres agresivos y los guerreros pasaron a ser venerados en lugar de desaprobados o rechazados.[92] La promoción de vínculos más estrechos entre los hombres y sistemas sociales más segregados por sexos llegaron como algo natural, y la potente combinación de una organización social vinculada a los hombres, unos ideales belicosos y unas mujeres serviles equipó a los grupos organizados de este modo para prevalecer sobre otros. Al percibir la ventaja, muchos la aprovecharon. Esta es una de las razones por las que las sociedades con organizaciones sociales patriarcales lograron expandirse tanto. Los grupos vecinos se vieron presionados a volverse más agresivos a su vez o a sucumbir. Mientras tanto, estar sometidos a la violencia producto de los conflictos solo hizo que las comunidades se unieran más entre sí, volviéndose más recelosas con los forasteros.[93]

Las sociedades patriarcales como los sambias, engas o diversas sociedades musulmanas en el norte de África y el Medio Oriente se sitúan en un extremo de los muchos modelos posibles para la humanidad, en un extremo del continuo de posibilidades entre

[92] Johnson y Earle, 2000, partes 1 y 2.

[93] Por ejemplo, cuando unos economistas que trabajaban en Sierra Leona usaron un juego experimental para comparar a personas afectadas por la guerra cuando eran jóvenes (es decir, que habían sido desplazadas o visto a alguien cercano ser herido o asesinado) con aquellas que habían sido menos afectadas, encontraron que las primeras eran más generosas con los miembros de su grupo y menos dispuestas a compartir con miembros de otros grupos. Las personas menos directamente afectadas por la guerra no mostraban tales diferencias (Bauer, Cassar *et al.*, 2014).

los primates. Otros grupos vivían de manera muy distinta antes de estar expuestos a los «valores familiares» patriarcales, ya fueran los naskapis, que criaban a sus hijos comunitariamente antes de la llegada de los misioneros franceses; los ju/'hoansis, reacios a la violencia antes de ser desplazados y sometidos por los vecinos afrikáners y los granjeros bantúes; los leles, que compartían esposa antes de sucumbir a los sistemas legales impuestos por la colonia; los cheroquis, kikapúes, caddos y chitimachas de Texas, matrilineales antes de la llegada de europeos como mis propios antepasados. En muchas zonas del mundo la residencia patrilocal y la defensa patrilineal de la propiedad se convirtieron en la nueva norma, y la castidad femenina y la producción de hijos de «paternidad irrefutable» en las principales prioridades.[94]

Los valores familiares cambiaron con el tiempo, dependiendo de los intereses y preferencias psicológicas de quién prevalecieran cuando se formularon. Las preferencias de emparejamiento también cambiaron tanto a lo largo del tiempo evolutivo como del histórico. Un ejemplo claro son los cambios en las preferencias de pareja masculina. Entre los simios no humanos, como los chimpancés, y presumiblemente entre nuestros antepasados también, los machos que pueden elegir entre dos hembras fértiles que solicitan sexo, una hembra joven nulípara y otra mayor multípara que ha criado varios bebés, prefieren a la más experimentada de las dos. Esta elección tiene sentido evolutivo, dadas las mayores tasas de mortalidad infantil entre las madres primerizas e inexpertas de monos y simios.[95] Pero a medida que la selección empezó a favorecer la supervivencia después de la menopausia en la línea de los homininos, y quizá también a medida que los vínculos de pareja fueron durando más allá de la fertilidad de la mujer, la selección empezó a favorecer las preferencias masculinas por las hembras con rasgos núbiles. Razón de más para que las madres primerizas tuvieran cerca a parientes matrilineales experimentadas al dar a luz por primera vez, para que las guiaran y ayudaran.

[94] Como Friedrich Engels lo expresó en 1884 en su tratado sobre *El origen de la familia, la propiedad privada y el Estado*; para una actualización, véase Evans, 2022.

[95] Tutin, 1975; Hrdy, 1997.

Pero con el creciente énfasis en la residencia patrilocal, esto se hizo casi imposible.

Con el surgimiento de sociedades más jerárquicas y compartimentadas, las disposiciones reglamentarias que favorecían las prioridades masculinas se volvieron cada vez más codificadas y se convirtieron en leyes. Existían reglas específicas sobre con quién podía casarse un hombre, cuántas esposas podía tener y lo que debía a los hijos de cada una. Hace casi cuatro mil años, esas reglas comenzaron a ser grabadas en piedra, literalmente. Según el Código de Hammurabi una esposa babilónica que no tuviera hijos podía divorciarse, pero su esposo debía devolverle la dote que ella había traído de la casa de su padre. Si la esposa le daba hijos, podía divorciarse de ella, pero ella conservaba la custodia y él tenía que pagar la pensión alimenticia y la manutención de los hijos hasta que crecieran.[96]

Avancemos rápidamente en el tiempo hasta las sociedades patriarcales de Europa, a punto de convertirse en las sociedades occidentales, educadas, industrializadas, ricas y democráticas que el antropólogo cultural Joseph Henrich personificaría con el acrónimo WEIRD.[97] Las asunciones occidentales sobre la superioridad masculina permanecieron intactas y se vieron reforzadas por varios siglos más de guerras recurrentes. Según Henrich, los Estados europeos estuvieron involucrados en guerras durante el 80 por ciento al 90 por ciento de los años comprendidos entre 1500 y 1800.[98] Sin embargo, crónicas como la suya apenas mencionaban lo que ocurría entre hombres y bebés. Probablemente porque no ocurría gran cosa, al menos en las sociedades dominadas por los hombres que celebraban guerras y cruzadas, y se caracterizaban

---

96 El Código de Hammurabi y la ley babilónica, adaptado del sitio web de la Facultad de Derecho de Yale, https://avalon.law.yale.edu/ancient/hamframe.asp.

97 Véanse el vasto panorama descrito en Henrich, 2020 y el importante punto adicional planteado por Wendy Wood y Alice Eagly en su análisis transcultural de 2002 sobre el origen de las diferencias sexuales. Respaldaron el punto de Henrich sobre la «WEIRDness», pero añadieron la importancia de tener en cuenta cómo las «relaciones de género patriarcales» afectan la forma en que lo que Henrich llama «WEIRDness» se manifiesta en sociedades socioeconómicamente desarrolladas (2002, p. 720).

98 Henrich, 2020, citando al sociólogo histórico Charles Tilly y otros.

por la segregación de sexos promovida por los papas. Como te dirá cualquier buen darwinista, la guerra invita a una selección sexual desbocada que favorece la beligerancia masculina.[99]

Aun así, de vez en cuando se atisban indicios de ternura paterna, como en el caso del padre del siglo XIV de la Italia urbana de clase media que dejó reflejada su alegría en un escrito cuando su mujer le invitó a sentir las patadas de su bebé en el útero, o de la euforia que experimentó cuando nació un hijo «varón, sano, bien proporcionado».[100] Otros padres medievales y renacentistas, sin embargo, tenían una disposición menos afectuosa. Los historiadores los describen como propensos a «ignorar, descuidar y olvidar a sus vástagos», tratando a los bebés como «si no existieran». Cientos de miles de bebés eran literalmente invisibles, raramente vistos por los padres antes y casi nunca después de que las madres desesperadas (normalmente pobres o solteras) los depositaran en las casas de acogida que surgieron por toda Europa. Al poco tiempo, muchos de estos hogares de expósitos se convirtieron en trampas mortales, lo que provocó «consecuencias imprevisibles a gran escala»: ninguno de los padres volvería a ver a sus hijos.[101]

Entre las élites que podían permitirse pagar los cuidados, a menudo eran los padres quienes enviaban a su bebé recién nacido a una nodriza a sueldo para que lo amamantara.[102] En una descripción de primera mano se decía que el padre tenía «mucha prisa de que terminara la ceremonia del bautismo para poder enviar a la pequeña criatura a la aldea» y ponerla al cuidado de una ama de leche que supuestamente esperaba allí con los brazos abiertos y los

---

99 Low, 2000, cap. 13; Konner, 2015, p. 172.

100 He tratado este terreno en *Mother Nature*, mayormente desde la perspectiva de madres presionadas para abandonar a sus bebés o para asignarlos a nodrizas (Hrdy, 1999, cap. 14); las memorias del siglo XIV de Giovanni Morelli se discuten en el cap. 12, p. 312. Véase Haas, 1998, p. 5 para una cita sobre la invisibilidad de los bebés entre los padres florentinos tempranos.

101 Revisado en otros lugares (Hrdy, 1999, caps. 12-14).

102 Véase Hrdy, 1999, caps. 12 y 14 para una revisión y descripciones de este gran tráfico de bebés, acompañado por un «distanciamiento discrecional» en el que los maridos mantenían a las madres alejadas de sus nuevos bebés hasta que llegaba el *meneur* que transportaba a los bebés a las nodrizas rurales. El objetivo parecía ser evitar que la madre se encariñara demasiado con ellos.

Figura 10.4. Un padre parisino del siglo XIX lleva a su recién nacido a Le Bureau des Nourrices (La Oficina de las Nodrizas) para consultar a una *recommanderesse*, una profesional que, por una tarifa acordada, le procuraba una ama de leche del campo para amamantar a su hijo, preferiblemente una madre primeriza (se prefería la leche «más fresca»). Poco se sabe sobre el trato real que recibían estos bebés cedidos, o qué ocurría con los propios recién nacidos de las nodrizas, que, si eran «amamantados en seco» (alimentados con papilla), a menudo estaban condenados a una muerte prematura. Después, este adinerado habitante de la ciudad ya no se preocupaba del cuidado de ninguno de los bebés. (Wellcome Collection, Londres).

pechos llenos, aunque, naturalmente, la mayoría de las veces no fuera el caso.[103]

Un marido tenía poderosos incentivos para evitar que su mujer amamantara: su deseo de seguir manteniendo relaciones sexuales con ella, además de su ansia de tener más hijos. El matrimonio monógamo era obligatorio, el adulterio se consideraba un pecado capital, mientras que la doctrina católica también proscribía las relaciones sexuales mientras la esposa estuviera amamantando. Delegar la lactancia en otra persona no solo significaba que el marido podía seguir satisfaciendo sus impulsos sexuales, sino que su mujer se quedaría embarazada de nuevo antes, produciendo más descendencia (figura 10.4).

En el «apogeo de la nodriza» en Europa, en el siglo XVIII, la externalización de la lactancia había pasado de las élites a «la burguesía», extendiéndose entre artesanos, tenderos y comerciantes de zonas urbanas para quienes el trabajo de la esposa era vital. De los veintiún mil nacimientos registrados en París en 1780, solo el 5 por ciento de los infantes fueron amamantados por su propia madre o pasaron algún tiempo cerca de su padre.[104] Las tasas de mortalidad infantil, ya de por sí elevadas, se dispararon hasta alcanzar el 80 por ciento en los orfanatos que surgieron en Francia, Italia, Rusia y otros lugares. Se desconoce el destino de los propios bebés de las nodrizas (a menudo desplazados), el trauma psicológico que sufrieron, enviados lejos y luego acogidos por unos padres que eran esencialmente unos extraños.[105]

Está bastante claro, sin embargo, que el bienestar de los niños no era la máxima prioridad para quienes (en su mayoría progenitores varones) tomaban estas decisiones. Aun así, algunos de los primeros movimientos «progresistas» del mundo occidental incluyeron a reformistas de ambos sexos que querían que las madres amamantaran a sus propios bebés. Entre los evangelistas que más abiertamente querían la abolición de la nodriza comercial estaba Carolus Linnaeus o Linneo, zoólogo cuyo *Systema naturae* señalaba

---

[103] Sussman, 1982, pp. 80 y ss.

[104] Sussman, 1982; Hrdy, 1999, p. 351.

[105] Hrdy, 1999, pp. 297-311, 356-370.

las glándulas mamarias (en lugar de, por ejemplo, el pelo o los peculiares huesos del oído) como rasgos distintivos de nuestra propia clase *Mammalia*.

Huelga decir que la clasificación de Linneo de 1758, centrada en las hembras como el sexo criador por naturaleza, fue la que adoptó Darwin.[106] En su época la oposición pública a la nodriza y al abandono de bebés estaba muy arraigada en Gran Bretaña. Pero junto con la advertencia a las madres de que cuidaran de sus propios bebés, se hacía poca (o ninguna) mención a la necesidad de una mayor implicación de los padres en su cuidado. Tal era la mentalidad que impregnaba el mundo patriarcal victoriano de Darwin durante su crecimiento.

Darwinismo y patriarcado

La historia europea se ha caracterizado por siglos de guerras endémicas —políticas, religiosas, territoriales y de lucha por los recursos— que han dado forma, junto con los rápidos cambios económicos y la creciente desigualdad, a muchos de los sesgos psicológicos peculiares de las sociedades WEIRD. Según la memorable frase de Joseph Henrich, «los europeos hicieron la guerra y esta los hizo WEIRDer».[107] El parentesco seguía siendo importante, pero los intereses individuales de un padre estaban cada vez más alejados de los de su clan patrilineal y vinculados a los de otros hombres que compartían su misma identidad nacional y estatus de clase. Las suposiciones occidentales sobre la superioridad masculina permanecían intactas y se veían reforzadas por siglos y siglos de guerras recurrentes.[108]

Pero a medida que los hombres dejaban de llevar a sus esposas a vivir en el hogar paterno o cerca de él, la residencia neolocal se hacía más común. Los sirvientes domésticos sustituían a los parientes

[106] Schiebinger, 1994.

[107] Heinrich, 2020.

[108] Citando al sociólogo histórico Charles Tilly, Henrich (2020, p. 332) señala que los Estados europeos estuvieron involucrados en guerras entre el 80 por ciento y el 90 por ciento de los años entre 1500 y 1800.

en el frente alomaterno. Un hombre de clase media alta como Darwin tenía libertad para dedicarse a sus intereses en el mundo exterior. La esposa de Darwin, Emma, se ocupaba del hogar, planificaba las comidas y cuidaba de los niños, mientras él se ocupaba de las cuantiosas inversiones de la familia y mantenía correspondencia con otros hombres de ciencia. Mucho después de que Darwin se convirtiera en un declarado inválido y trabajara desde casa, fue él quien siguió ocupándose de las relaciones con el resto del mundo.

El mayor potencial de los hombres para acumular recursos y otras prerrogativas se vio reforzado por instituciones que glorificaban los derechos de propiedad de los hombres. Las leyes británicas garantizaban la preferencia por los herederos varones. Hubo que esperar hasta 1882, año de la muerte de Darwin, para que las mujeres de su círculo pudieran poseer bienes por derecho propio. Antes de estas «Leyes de Propiedad de las Mujeres Casadas», y en realidad a efectos prácticos mucho después, una mujer estaba, en las mordaces palabras de una feminista darwiniana del siglo XIX, «obligada a cautivar al hombre para asegurar su sustento».[109] En aquella época, esta era una «verdad universalmente reconocida» por cualquiera lo bastante instruido como para leer las novelas de Jane Austen.

Tal era la visión del mundo de los prósperos victorianos entre los que creció Darwin. Fue un padre inusualmente afectuoso, que quedó devastado por la muerte de Annie, su segunda hija y la mayor. Sin embargo, eran Emma y los criados de la casa los que cuidaban de los bebés, aunque al trabajar desde casa, probablemente interactuó más con sus diez hijos (siete de los cuales sobrevivieron a la infancia) que la mayoría de los hombres de su clase y época, llegando incluso a solicitar su ayuda en sus experimentos científicos y a observarlos como objetos de estudio. Su primogénito, William, se convirtió en el tema principal de su bellamente plasmado *Bosquejo biográfico de un bebé*.

Darwin condenaba con vehemencia la esclavitud y era un liberal que desaprobaba la práctica victoriana de dejar las propiedades

---

[109] De la economista Eliza Burt Gamble, 1894.

al heredero varón de mayor edad. «Oh, menudo sistema es la primogenitura para destruir la selección natural», se lamentaba. Como ponía en práctica lo que predicaba, en su testamento dividió a partes *iguales* su gran patrimonio entre sus cinco hijos. Pero estas inclinaciones liberales no se extendieron a la igualdad de trato entre los sexos. Sus dos hijas solo recibieron modestas pagas.[110]

Un siglo después, las presunciones victorianas sobre el dominio y la superioridad masculinos persistían, reforzadas por la propia eminencia de Darwin. Los estereotipos se vieron aún más afianzados por informes del siglo XX sobre la dominancia masculina, patrones de residencia patrilocal, grupos sociales unidos por hombres y la hostilidad genocida iniciada por machos hacia vecinos en *Pan troglodytes*. Al fin y al cabo, los chimpancés eran cómodos sustitutos de los simios africanos extintos que Darwin había identificado con tanta clarividencia como los antepasados humanos más cercanos. Según uno de los tópicos más citados, «solo se conocen dos especies animales que vivan en grupos patrilocales, unidos por machos, con un sistema de intensa agresión territorial iniciada por los machos, que incluye incursiones letales en comunidades vecinas en busca de enemigos vulnerables a los que atacar». Por supuesto, los chimpancés comunes y nosotros.[111]

A mediados del siglo XX, cuando los antropólogos las contabilizaron, más del 70 por ciento de las culturas del mundo eran patrilocales. Esta prevalencia de la residencia patrilocal, a menudo acompañada de la herencia patrilineal, reforzó la convicción de que las disposiciones patriarcales debían ser casi universales.[112] Así, sigue siendo un dogma de libro de texto que «en las sociedades tradicionales los hijos permanecen cerca de sus familias y las hijas se

---

[110] La cita proviene de una carta del 28 de mayo de 1864 a Alfred Russel Wallace. A su muerte, la gran y bien invertida herencia de Darwin, que sumaba 331.000 libras, fue dividida equitativamente entre sus cinco hijos varones, excepto por medallas y recuerdos familiares que dejó a su hijo mayor. Las hijas solo recibieron asignaciones equivalentes a lo que él y Emma habían tenido para vivir cuando recién se casaron antes de formar una familia (Hrdy y Judge, 1993).

[111] Wrangham y Peterson, 1996, p. 24. En 2009 asistí a una conferencia sobre la evolución de la agresión humana durante la cual se transmitió una grabación que incluía esta cita durante los intermedios.

[112] Service, 1962; Lévi-Strauss, 1949; Goldberg, 1973.

van lejos».[113] Pero, por supuesto, eso no ha sido siempre ni en todas partes cierto. No obstante, la organización social patriarcal llegó a considerarse «natural» y un rasgo típico de la especie humana.

La moderación del hombre darwiniano

Muchos expertos todavía parten de la asunción de que «el patriarcado es universal y ha existido a lo largo de la historia, y sus orígenes son detectables en la vida social de los chimpancés» desde hace seis millones de años.[114] En consecuencia, se suponía que las madres que producían crías muy costosas (como sin duda hacen los humanos) tenían que elegir al «mejor» (lo que suele significar «dominante») macho y aparearse solo con él, ya que la certeza de la paternidad era la única forma de convencer a un hombre (considerado esencial para la supervivencia de las crías) de que ayudara a mantenerlas. Supuestamente, un hombre no cuidaría de un bebé de cuya paternidad no estuviera seguro. Esto llevó a psicólogos evolucionistas del siglo XX, como Donald Symons, autor de *The Evolution of Human Sexuality*, a considerar «dudoso» que una mujer pudiera optar por mantener relaciones sexuales con más de una pareja, sobre todo porque «no hay evidencia de que en ningún lugar las mujeres aseguren múltiples inversiones paternas masculinas confundiendo el tema de la paternidad».[115]

Al parecer, estos psicólogos de mentalidad evolucionista no recibieron el mensaje de los etnógrafos que habían vivido entre aborígenes australianos, pasado tiempo en Micronesia o entre tribus tradicionales de las tierras bajas de la Amazonia, o estudiado grupos como los leles o los himbas. Solo haciendo caso omiso de tales pruebas pueden los expertos seguir afirmando que «algunas mujeres comparten fácilmente un marido, pero en ninguna sociedad los hombres comparten fácilmente una esposa»,[116] supuestamente

[113] Pinker, 1997, p. 477.
[114] Wrangham y Peterson, 1996, p. 125.
[115] Symons, 1982, pp. 297-300.
[116] Pinker, 1997, p. 488, siguiendo a Symons (1979, pp. 297-300) y otros.

porque «(una) mujer que tiene relaciones sexuales con otro hombre es siempre una amenaza para los intereses genéticos del hombre».[117] Tales generalizaciones además de erróneas son lamentablemente incompletas, plagadas de excepciones que las promueven y desmienten. No obstante, si se repiten estas obviedades con la suficiente frecuencia, discrepar se convierte en una herejía.[118]

Décadas después del en gran parte olvidado estudio de los Whiting, Valerie Hudson y un equipo de investigadores sobre seguridad internacional notaron las mismas asociaciones que los Whiting entre la residencia patrilocal, la supresión de las prioridades maternas y la probabilidad de conflicto.[119] Recopilando el mayor conjunto de datos mundiales de la historia sobre el trato a las mujeres, demostraron de forma convincente una asociación entre los patrones de residencia, las estructuras matrimoniales, el estatus de las mujeres, el bienestar materno e infantil y la estabilidad social. El esfuerzo fue considerado lo suficientemente importante como para que el Departamento de Defensa de Estados Unidos contribuyera a financiarlo.[120] Incluso este sofisticado equipo de investigación, decididamente feminista, empeñado en demostrar cómo el menoscabo de la autonomía y la condición de la mujer pone en peligro la paz (y, con ella, los entornos seguros en los que pueden crecer los hijos), no fue inmune a las proyecciones patriarcales que permean nuestro legado.

El libro de Hudson y su equipo, *Sex and World Peace* (2012), parte del supuesto básico de que los seres humanos siempre han vivido en sociedades organizadas patriarcalmente. Su punto de partida es la evaluación ofrecida por psicólogos de mentalidad evolucionista de que la naturaleza básica del hombre se entiende mejor reconociendo que «a lo largo del tiempo, la selección natural ha recompensado con más descendencia a los hombres que tienen ciertas características; entre estos hombres con éxito reproductivo

---

117 Pinker, 1997, p. 488.

118 Para ser completamente honesta, en más de una ocasión me he encontrado siendo objeto de tales acusaciones, como en una memorable reseña de *The Woman That Never Evolved* titulada «Another woman who never existed» (Symons, 1982).

119 Caprioli, 2003; Hudson *et al.*, 2012; véanse también Hand, 2006, 2014.

120 Hudson *et al.*, 2014-2018.

se encuentran los que forman vínculos estrechos con otros hombres, los que recurren a la fuerza física para conseguir lo que quieren, los que carecen de empatía, los muy motivados para obtener recursos con el mínimo esfuerzo, los dispuestos a asumir riesgos, los que consiguen convertir a mujeres o a extraños en subordinados [...] cooperan con otros hombres en "grupos internos" para arrebatar recursos a los "otros" [...] debido a nuestro legado evolutivo. Así es como el 1 por ciento de la población mundial acabó siendo descendiente de Kan».[121]

«Kan» es aquí el patriarca mongol Gengis Kan, y la referencia es al hallazgo de que un grupo de genes, alrededor del 8 por ciento de los cromosomas muestreados de una amplia zona de Asia Central, el 0,5 por ciento de la población mundial, puede remontarse a sus conquistas del siglo XIII en esta región.[122] Ya sea que el revelador cromosoma Y provenga de Gengis Kan (a quien se le atribuyen al menos veinte mil descendientes) o de algún miembro del clan Kan, está claro que los patriarcas exitosos en los primeros imperios estaban en posición de dejar una cantidad desproporcionada de descendencia.[123] Aquellos lo suficientemente organizados y poderosos como para recluir grandes harenes dentro de serrallos amurallados, custodiados por mujeres mayores y eunucos, podían incluso estar seguros de la paternidad.[124] Pero aunque la historia registra sus laboriosos esfuerzos para proteger el acceso sexual a estas consortes, se dice muy poco sobre lo que estos potentados hacían para promover el bienestar o la supervivencia de los hijos engendrados. Tales hombres estaban, en efecto, en condiciones de aparearse con muchas mujeres y engendrar numerosa prole, pero las preocupaciones maternas por el bienestar de los niños parecían ocupar un lugar muy bajo en su lista de prioridades.

---

[121] Hudson et al, 2012, pp. 45-46.

[122] Jobling y Tyler-Smith, 2003.

[123] Gengis Kan no es el único caso. El genetista David Reich señala que entre el 20 por ciento y el 40 por ciento de los hombres indios y entre el 30 por ciento y el 50 por ciento de los hombres de Europa del Este descienden de un solo hombre que vivió entre hace 6.800 y 4.800 años, con casos similares documentados en la antigua Gran Bretaña (citado en Shaw, 2022, p. 49).

[124] Véanse ejemplos en Dickemann, 1981; Betzig, 1986.

A primera vista, los hallazgos genéticos sobre el éxito reproductivo de los potentados solo hacen que las expectativas trogloditas parezcan aún más plausibles y clarividentes, prácticamente inevitables, haciendo que la memorable frase de Herbert Spencer «la supervivencia del más apto» resulte de lo más acertada. Esta es una de las razones por las que es importante conocer todas las excepciones, las muchas sociedades humanas que no se organizaban de esta manera. A lo largo del Pleistoceno y durante miles de años después, como ilustran algunas de las sociedades descritas en este capítulo, los humanos se organizaron de maneras muy distintas. En el proceso, las personas desarrollaron diferentes prioridades, algunas mucho más centradas en el bienestar infantil que otras.

La información censal, junto con la evidencia genética, confirma la larga historia de la humanidad con patrones de residencia variables, dependiendo de las circunstancias, caracterizados por dos tendencias notables. Mientras que los patrones de residencia entre los cazadores-recolectores tropicales tendían a ser flexibles y relativamente multilocales, con una inclinación de las mujeres a agruparse cerca de sus parientes y buscar conservar influencia y autonomía reproductiva, una vez que se adoptaba la agricultura o la ganadería (trayendo consigo mayores oportunidades para acumular propiedades y generar desigualdad), los hombres tenían más probabilidades de permanecer cerca de padres y hermanos, residiendo de forma patrilocal para proteger mejor los bienes.[125]

Sin duda, los hombres de todo el mundo siguen luchando por el respeto y el estatus. Aquellos capaces de acaparar múltiples parejas fértiles pueden engendrar más descendencia, aunque hacerlo se haya vuelto cada vez menos práctico. En todas las sociedades humanas las poderosas fuerzas motivadoras de la selección sexual

---

[125] Véanse Alvarez, 2004; Hill *et al.*, 2011; Power *et al.*, 2017 sobre cazadores-recolectores multilocales, y Liu *et al.*, 2022 para un análisis de ADN antiguo que sugiere fuertemente una estricta matrilocalidad entre los primeros migrantes hacia Micronesia. Para análisis genéticos que indican relativamente poca poliginia y patrilocalidad, y patrones de residencia más inclinados hacia la matrilocalidad entre cazadores-recolectores subtropicales, y mayores tendencias hacia la patrilocalidad entre pastores y horticultores productores de alimentos, véanse Destro-Bisol *et al.*, 2004; Wilkins y Marlowe, 2006.

se han visto atenuadas por limitaciones ecológicas y sociales, como la gran inversión que requiere la crianza de los pequeños humanos, tanto por parte de las madres como de los demás, y en sociedades como la mía por normas culturales que promueven la monogamia. Tanto entre los cazadores-recolectores como en la mayoría de las sociedades modernas, persiste la variación entre el éxito reproductivo de los hombres menos prolíficos y los que tienen más éxito reproductivo, pero esta es mínima en comparación con la de los primates no humanos y los mamíferos en general.[126]

Tampoco es cierto que la gente haya vivido siempre y en todas partes en grupos sociales patrilocales, organizados patriarcalmente y en perpetuo conflicto con los grupos vecinos. Ni, como hemos visto, sentir la certeza de la paternidad ha sido siempre y en todo lugar una condición *sine qua non* para cuidar de los hijos.

La paternidad consolidada

A lo largo de decenas de millones de años, la probabilidad estadística de parentesco genético influyó en cómo los primates macho respondían a los bebés. Factores como las relaciones sexuales pasadas del macho con la madre, el contexto creado por la madre y la familiaridad fueron circunstancias importantes. Los rasgos fenotípicos, como el olor u otros distintivos de pertenencia al grupo, podrían proporcionar otros indicios e influir en las respuestas neuroendocrinológicas de los machos. Pero, aun así, el parentesco era probabilístico y se infería principalmente del contexto. Con la aparición de la cultura el «parentesco» entre los humanos se complica aún más. Las señales de parentesco pueden ser manipuladas por madres calculadoras o anuladas por tradiciones comunitarias (capítulos 7 y 8). En algunas sociedades el mero hecho de alimentar a un niño puede convertir al donante en «pariente» y al hombre en padre.

Lo que se considera «parentesco» siempre ha sido lábil y negociable. Pero con la domesticación de animales y cosechas, y la

---

[126] Von Rueden y Jaeggi, 2016.

abundancia de oportunidades para observar las consecuencias de la paternidad, la gente empezó a ser consciente de sus aspectos básicos. En algunos círculos ser el progenitor de muchos hijos se elevó incluso a un estatus al que los hombres aspiraban conscientemente. Sin embargo, el conocimiento sobre la paternidad seguía estando sujeto a interpretación, susceptible de presunciones culturales.[127] Con la expansión de los sistemas patriarcales la paternidad se transformó en algo más que un empujón de la madre naturaleza para promover la tolerancia. En un simio adoctrinable, sensible a conceptos como el «honor», las ideas sobre la paternidad condujeron a una serie de consecuencias vitales restrictivas e incluso letales, impuestas a las esposas, los hijastros, los «bastardos» y la propia progenie del hombre.

El *concepto* de paternidad adquirió vida propia. Se convirtió en algo concreto, se discutió y se convirtió en un componente integral del «sentido del yo» de algunos hombres. Luego, a mediados del siglo XX, con el descubrimiento de los genes, seguido de las pruebas de ADN, la paternidad —que durante tanto tiempo había estado basada sobre todo en inferencias— pasó a ser realmente cognoscible, con consecuencias desiguales.

Este debate nos acerca al mundo en el que yo crecí, un Texas del siglo XX en el que hombres blancos adinerados, casados monogámicamente, vivían con madres, pero debido a que se dedicaban a actividades «masculinas» rara vez cuidaban de los niños, y mucho menos de los bebés. Sin embargo, por muy patriarcal que fuera, la mía fue también una época de rápidos cambios sociales, económicos y tecnológicos, así como de fluctuantes opiniones personales y jurídicas muy relevantes para los roles de género. En el siglo XXI estas tendencias transformaron las condiciones en las que los hombres interactúan con los bebés.

---

127 Véase Dunsworth, 2016 para una discusión particularmente profunda.

11

Opiniones cambiantes de camino hacia el presente

«Un Forsyte no es un animal raro. […] Sabe lo que es valioso, sabe lo que es seguro y su apego a la propiedad […] ya sea esposas, dinero o reputación […] es su sello distintivo».

JOHN GALSWORTHY, «Diagnóstico de un Forsyte», *El propietario*, 1906[1]

Las viejas tensiones avanzan en el Nuevo Mundo

Junto con sus acentos franceses, británicos, neerlandeses y alemanes, personas como mis antepasados trajeron consigo a América presunciones e instituciones patriarcales. Estos colonos desplazaron directa o indirectamente a los nativos americanos que poseían sistemas familiares muy diferentes, como las costumbres matrilineales de pueblos como los wampanoags, recolectores-horticultores que vivían en lo que hoy es el sureste de Massachusetts y Rhode Island.[2] Al casarse, un hombre wampanoag iba a vivir con la familia de su esposa. Normalmente, la madre daba a luz por primera vez entre su propia familia y de ellos su hijo heredaba la identidad, estatus y una comunidad. Pero los colonos, un variopinto conjunto de aventureros, hijos menores de familias acomodadas, disidentes religiosos y trabajadores no remunerados, en su mayoría procedentes de Europa, llegaron a menudo uno a uno con

[1] Hay traducción en castellano en *La saga de los Forsyte*, Madrid: Reino de Cordelia, 2014. (*N. de la T.*).

[2] Por ejemplo, entre el 30 por ciento y el 50 por ciento de los grupos de habla algonquina, así como los wampanoags, practicaban la herencia matrilineal (Guédon, 2020). Familias como las de los cheroquis, caddos, kikapús y seminolas, que mis antepasados habrían encontrado en Texas en el siglo XIX, también eran matrilineales.

familias más bien truncadas que extensas y multigeneracionales. En ese sentido, estas familias empezaban de cero, pero no en cuanto a costumbres. Los colonos trajeron consigo mentalidades patriarcales con sus sistemas jurídicos correspondientes.

En Nueva Inglaterra esto se tradujo en el derecho consuetudinario británico. Las leyes no revelan mucho sobre las emociones, pero pueden arrojar luz sobre las prioridades de aquellos que las redactaron (normalmente hombres, a menudo padres), promulgaron e impusieron. Estas leyes ponen de relieve las marcadas diferencias entre un niño nacido en una comunidad naskapi o lele, que se considera de «todos», un pequeño wampanoag, que al nacer tiene garantizado un lugar entre la parentela de su madre, y un niño nacido de colonos de Nueva Inglaterra. Como si fuera por derecho divino, ese niño se asumía automáticamente propiedad del esposo de la madre, a menos, por supuesto, que la madre fuera soltera, en cuyo caso el bebé era considerado *filius nullius*, un niño sin padres que inmediatamente después del destete el funcionario municipal encargado de administrar las leyes de pobres alquilaba a una familia local, un destino nada envidiable.[3]

Este contraste refleja una lucha familiar entre las prioridades paternas y las más maternas, donde las inclinaciones de las mujeres que han dado a luz y creado vínculos con los bebés prevalecen. Como vimos en el capítulo anterior, las sociedades patriarcales tienden a estar organizadas de manera que reducen, en lugar de fomentar, el contacto de los hombres con los niños pequeños y, al hacerlo, desalientan la inclinación a cuidar en los hombres. Estas tradiciones se transmiten a lo largo del tiempo y sus efectos suelen seguir siendo detectables generaciones más tarde. A pesar de más de un siglo de cambios en los modos de subsistencia, transporte,

---

[3] Me baso aquí en la historia de los casos de custodia infantil en Estados Unidos de Mary Ann Mason, *From Father's Property to Children's Rights* (1994), que abarca desde el siglo XVII hasta finales del siglo XX. Cabe destacar que, en otros lugares, la *common law* inglesa aún consideraba a la madre como la progenitora de un hijo ilegítimo (profesora Tracy Thomas, comunicación personal, 2022). No fue sino hasta principios de la década de 1960 cuando la Corte Suprema emitió una serie de opiniones que sostenían que la discriminación contra los hijos no matrimoniales era inconstitucional (Jacobs, 2004, p. 206 y n. 61).

patrones de residencia y vida diaria, las presunciones patriarcales que mis antepasados trajeron del Viejo Mundo siguen siendo reconocibles para mí. Me acordé de esto no hace mucho, cuando por fin leí la saga de John Galsworthy, ganadora del premio Nobel, que narra la vida de la ficticia familia Forsyte de la Gran Bretaña del siglo XIX.

Al igual que mis antepasados Campbell, los Forsyte comenzaron como agricultores de subsistencia. Después de mudarse a Londres, sus descendientes se convirtieron en prósperos comerciantes y profesionales victorianos. Un vástago de esa familia, el abogado Soames Forsyte, se convirtió en el epónimo «propietario» de Galsworthy. Al igual que sus bienes inmuebles o sus obras de arte, Soames Forsyte consideraba a «su» mujer y a su hijo como de su propiedad, una condición que me resultaba demasiado familiar. Aquella novela me trajo a la memoria algo que mi propio padre me confió en su lecho de muerte. Su mayor pesar no era que al morir trágicamente joven (a los sesenta años) dejaría a su hijo, un preadolescente emocionalmente necesitado, huérfano, lo cual, como madre, habría sido mi principal preocupación. En su lugar, mi padre temía que «algún otro hombre pudiera dormir con mi esposa». El cuidado de su hijo era secundario.

Lo que me interesa aquí no es lo que la organización social patriarcal supone para las relaciones entre los sexos. Hay muchos libros que tratan de eso.[4] Más bien, quiero rastrear los cambios legales y económicos, los movimientos sociales y las innovaciones tecnológicas que prepararon el escenario para que en el siglo XXI se diera una aproximación entre los hombres y los bebés. Quiero entender cómo algunos hombres, como mi yerno, llegaron a encontrarse en contacto prolongado e íntimo con bebés.

---

[4] Algunas obras recientes de interés son *War of the Sexes* (2012), de Paul Seabright, que describe cómo convertirse en un actor verdaderamente racional superando los sesgos neuronales seleccionados sexualmente; *Hombres justos. Del patriarcado a las nuevas masculinidades* (2020), de Ivan Jablonka, que describe cómo la lucha por la igualdad de derechos puede beneficiar a los hombres contemporáneos; y *Sex and World Power* (2012), de Valerie Hudson *et al.*, que analiza cómo las políticas que contrarrestan viejos impulsos seleccionados sexualmente pueden ayudar a las naciones a construir un mundo más seguro para todos. Véase también la visión de Melvin Konner sobre «el fin de la supremacía masculina», en *Women After All* (2015).

Lo que no podemos saber

Como he descrito en el último capítulo, el auge y el declive de las construcciones patriarcales sobre la paternidad han tenido repercusiones significativas sobre el tiempo que los hombres pasaban cerca de los bebés (por ejemplo, en la misma habitación) o separados de ellos. En las sociedades WEIRD como la mía, las doctrinas cristianas que datan de la época medieval promovían la monogamia (algo positivo para fomentar el contacto), al mismo tiempo que prescribían dominios diferentes para hombres y mujeres. Si las interacciones íntimas entre hombres y bebés son rara vez mencionadas por los historiadores que escriben sobre la familia occidental, sospecho que es porque ese contacto era infrecuente.

Sin embargo, como la organización social patriarcal y los roles de género se consideraban normales, pocos historiadores se detuvieron a analizar las lagunas de los registros disponibles. Quién sabe, por ejemplo, si un padre de la América colonial alguna vez acarició tiernamente o se despidió con un beso de su *filius nullius* antes de que se llevaran a su hijo «ilegítimo» y lo colocaran quién sabe dónde. Tampoco conozco diarios o cartas que hayan sobrevivido y que recojan lo que sintió ese padre. Además de las últimas voluntades y testamentos dejados por hombres con propiedades, la mayoría de lo que tenemos son actas de disputas por la custodia de los hijos.[5]

Si las parejas que se divorciaban no llegaban a un acuerdo sobre la custodia, los que tenían los medios económicos y sociales suficientes recurrían a los tribunales. Las actas de estos litigios recogen las opiniones judiciales sobre qué intereses debían prevalecer, los

---

[5] Los divorcios en la América colonial eran raros y requerían una «causa», con la posibilidad de recurrir legalmente solo para aquellos que podían permitírselo. Esto excluía a los pobres, junto con el 20 por ciento aproximadamente de colonos esclavizados, así como a la mayoría de los contratados por servidumbre, cuyo trato hacia los hijos es aún menos mencionado. La información sobre los roles de los padres y el tratamiento de los hijos de estas personas, así como el cuidado de los hijos nacidos de indígenas convertidos atrapados en el sistema colonial, apenas comienza a desvelarse. A pesar de clásicos como *The Black Family in Slavery and Freedom, 1750-1925*, de Robert Gutman, y *Fatherhood in America*, de Robert Griswold, aún persisten enormes lagunas.

del padre y su familia, o los de la madre. Desde mediados hasta finales del siglo XIX se prestó cada vez más atención a la supuesta necesidad de los niños pequeños de recibir cuidados femeninos en sus «tiernos años», antes de los seis aproximadamente, lo que aumentaba las posibilidades de que la madre obtuviera la custodia al menos hasta la edad en que se suponía que necesitaban de verdad la «disciplina» de su padre.[6] A lo largo del siglo XX, con la relajación de las restricciones patriarcales, los tribunales se centraron cada vez más en los supuestos «intereses supremos del niño». Sin embargo, las opiniones variaban en cuanto a cuáles podían ser esos «intereses».

Los persistentes efectos del patriarcado

En la época colonial, con el derecho consuetudinario inglés en vigor, el padre era considerado cabeza indiscutible de su familia. Era dueño de su mujer, así como de su trabajo y su potencial reproductivo. Los hijos que daba a luz, mano de obra potencialmente valiosa en las granjas familiares, eran tan propiedad suya como lo era su casa. A lo largo de los siglos XVIII y XIX la opinión judicial osciló entre el derecho supremo del patriarca sobre sus hijos y una preocupación creciente por los derechos de la mujer y el bienestar de los niños. La balanza en los casos de custodia se inclinó a veces hacia las madres consideradas «criadoras por naturaleza», incluso «moralmente superiores», y lo que se conoció como la «doctrina de los años tiernos». En la década de 1870 la aprobación de las versiones estadounidenses de las leyes sobre la propiedad de la mujer casada puso a las madres en una posición (algo) mejor para ganarse la vida y mantener a sus hijos. Con el tiempo llegarían el derecho al voto y otros derechos.

Mientras tanto, la gente se organizaba de forma oportunista y en cada lugar se adaptaban como podían. Las pautas de residencia se transformaron en función de las circunstancias cambiantes, y

---

[6] Agradecimientos aquí a la profesora de Derecho de la Universidad de Akron Tracy Thomas.

con ellas las prácticas de herencia patriarcal se activaron y desactivaron dependiendo del país de origen de los inmigrantes y de sus situaciones económicas y demográficas locales. Antiguos modelos como la «unigenitura» (traspasar la propiedad a un solo hijo) y la primogenitura (preferir al primogénito), ampliamente practicados por las familias terratenientes de Inglaterra, se abandonaron cuando los colonos se trasladaron a nuevas zonas con más tierra disponible, solo para reactivarse cuando los abundantes bosques pasaron a cultivarse, haciendo que la tierra de labranza escaseara o resultara antieconómico dividirla. Fue entonces cuando los padres que se tomaban la molestia de redactar testamentos a veces reinstauraban la unigenitura, señalando a un único heredero, casi siempre varón.[7] Legar una propiedad a un descendiente no era, por supuesto, lo mismo que cuidar directamente de un hijo.

Con el crecimiento de las economías de mercado y la urbanización, el papel del marido pasó de señor y gestor del trabajo familiar a proveedor de la familia. Pero criar bebés no estaba dentro de su cometido.[8] A medida que la disponibilidad de empleos y las oportunidades profesionales para el sostén de la familia tomaron prioridad sobre estar cerca de la familia extendida, se lanzó la «edad dorada del matrimonio», junto con el énfasis en la residencia neolocal, donde ninguno de los cónyuges se muda a vivir con o cerca de los parientes del otro. Las nuevas generaciones tenían más probabilidades de vivir en familias nucleares en las que los padres salían a trabajar y las madres se quedaban en casa cuidando a los hijos.[9] Aun así, bastantes personas seguían siendo reacias a mudarse lejos de sus parientes o carecían de oportunidades de ganarse la vida en otros lugares. Muchos estadounidenses negros, asiáticos e hispanos, acostumbrados desde hacía tiempo a los hogares multifamiliares, a menudo matrifocales, siguieron viviendo de ese modo.

Debido a la promesa de ayuda, casi en todas partes la proximidad de aloparientes parece aumentar la disposición materna a tener más hijos, beneficiando así mismo a los hijos que las madres

[7] Véanse De Tocqueville, 1835-1840; Greven, 1970; Hrdy y Judge, 1993.

[8] Coontz, 2005.

[9] Oláh *et al.*, 2018.

ya tienen.[10] Sin embargo, si la convivencia aumenta o no los contactos entre hombres y bebés depende de las circunstancias. ¿Hasta qué punto está ocupado el padre ganándose la vida como puede? ¿Cuántos trabajos tiene que mantener? ¿Está siquiera presente el padre, padrastro, tío o abuelo? En las poblaciones desfavorecidas las desigualdades arraigadas y los males sociales pueden provocar que un número desmesurado de padres fallezcan prematuramente o que, como en Estados Unidos, sean encarcelados.

En su crónica sobre la «paternidad en el centro de la ciudad», acertadamente titulada *Doing the Best I Can* (Haciéndolo lo mejor que puedo), Kathryn Edin y Timothy Nelson detallan cuánto esfuerzo ponen algunos hombres solteros, o que ya no están casados, en mantener el contacto con sus hijos, junto con las muchas barreras a las que se enfrentan.[11] Pero, inevitablemente, hay una diferencia entre las visitas y los regalos de fin de semana, los padres que lo hacen «lo mejor» que pueden y alguien que está en el domicilio proporcionando cuidados de primera mano, sobre todo en la primera infancia.

Biberones, anticonceptivos y otros puntos de inflexión

Seiscientas generaciones después del Pleistoceno, con la atención médica moderna disponible y las poblaciones de los países desarrollados protegidas de la inanición por las ayudas del Gobierno y las tiendas de comestibles, la supervivencia dejó de ser la principal preocupación de los padres. Hoy en día, más del 98 por ciento de los bebés nacidos en los países occidentales modernos sobreviven

[10] Véanse Konner, 2010, pp. 250 y ss., y Sear, 2017 para un resumen general; Willführ *et al.*, 2022 para un estudio de caso sueco de principios del siglo XX; en cuanto a los beneficios sociocognitivos específicos para los niños, véase también Cassar *et al.*, 2023.

[11] Véase especialmente Edin y Nelson, 2012 sobre las intenciones de los padres de las «ciudades interiores» y los desafíos que enfrentan. Para 1921 (y nuevamente tras la pandemia) unos sesenta millones de estadounidenses vivían en hogares que incluían al menos dos generaciones adultas (Cohn *et al.*, 2021), y muchos decidieron que preferían vivir de esa manera (Shulevitz, 2021).

hasta la edad adulta. Los sistemas de creencias y el control de la natalidad, más que la mortalidad, determinan con más frecuencia el tamaño de la familia. Estar alimentado ya no depende del reclutamiento de miembros productivos del grupo dispuestos a compartir. La valía de un hombre suele demostrarse de otras maneras. Mientras tanto, en muchas partes del mundo tecnológicamente avanzado, las innovaciones han transformado las funciones de crianza que pueden desempeñar los hombres.

Las jarras con boquilla para alimentar a los bebés con leche datan de hace miles de años, pero la introducción de biberones con tetina de goma en el siglo XIX facilitó la alimentación alomaternal de los bebés, mientras que la pasteurización de la leche, seguida por fórmulas infantiles equilibradas y digestibles, la hizo más segura. Las cuidadoras lactantes (ya fueran madres o nodrizas) dejaron de ser sinónimo de la supervivencia infantil.[12] Aunque los pediatras siguen recomendando la leche materna, los sacaleches y los congeladores permiten a las madres almacenar leche materna para que otra persona la suministre.[13] Tampoco es necesario procesar laboriosamente, premasticar y dar a los bebés con la boca los alimentos. Cualquiera puede utilizar una batidora para prepararlos. Dado que ahora un alopariente de cualquier sexo puede alimentar a un bebé, este le devuelve el favor apegándose más a esa persona, llegando a sentir hacia ella lo mismo que sentiría hacia un «pariente», esté o no genéticamente emparentado.[14]

---

[12] Yo soy desde hace tiempo una defensora de la lactancia materna y una promotora de políticas que la fomenten. Sin embargo, está claro que en países desarrollados con suministros de agua segura y demás, los bebés alimentados con biberón sobreviven perfectamente bien con fórmulas de buena calidad, y puede haber circunstancias que hagan que la alimentación con biberón sea preferible, especialmente cuando se combina con el contacto físico íntimo prolongado, normalmente asociado con la lactancia materna.

[13] La primera patente para un extractor de leche se registró en 1854, pero no fue hasta la segunda mitad del siglo XX que se diseñaron máquinas menos aparatosas, principalmente para uso hospitalario con bebés prematuros. En 1999 una empresa suiza creó una versión más conveniente para el uso en el hogar, seguida de versiones cada vez más portátiles que las mujeres pueden llevar consigo al trabajo.

[14] Aunque Bowlby y otros teóricos del apego temprano inicialmente minimizaron el papel de la alimentación, ahora está claro que sí juega un papel en la formación del apego (Schmidt *et al.*, 2023).

De todas las innovaciones tecnológicas modernas, pocas han favorecido más el bienestar de los bebés que los métodos anticonceptivos fiables y seguros (píldoras, parches y diafragmas) y los abortos. Estos aumentan las probabilidades de que los bebés nacidos sean deseados, con padres que probablemente estén en una mejor posición para cuidar de ellos. Las madres, por ejemplo, pueden retrasar el parto de forma que mejoren sus perspectivas educativas y laborales, o hasta que tengan establecidas sus redes de apoyo, con beneficios evidentes para las perspectivas futuras de sus hijos. Tanto entre las mujeres de clase media alta de los países desarrollados como entre las que luchan diariamente en las economías emergentes, poder votar con los ovarios ha sido incluso más importante que hacerlo en las urnas, por eso son tan graves las amenazas actuales al control de las mujeres sobre su propia reproducción, especialmente en las sociedades con tradiciones de cuidados matricéntricos. Pasemos al mundo posindustrial moderno y veamos algunas de ellas.

Más cambios en marcha

En todo el mundo las mujeres de las sociedades modernas aprovechan las nuevas oportunidades educativas y laborales. En China, Japón, Indonesia, Alemania, Estados Unidos y, cada vez más, también en zonas del África tropical, las mujeres retrasan el parto o deciden no tener hijos.[15] Para 2022, en promedio una mujer en Corea del Sur tendrá menos de un hijo a lo largo de su vida, con una tasa de 0,81 hijos por mujer, muy por debajo del nivel de reemplazo (2,1 hijos por mujer) en esta población que envejece rápidamente.[16] Mientras tanto, «no puedo quedarme embarazada [...] tengo una carrera y un trabajo»[17] se ha convertido en un estribillo habitual en Estados Unidos. Tampoco son las madres los únicos progenitores que se enfrentan a estas disyuntivas. Un sitio de citas aparecido

[15] Julian, 2018; Barbaro, 2021; Tavernise *et al.*, 2021; Wang, 2021.

[16] Bae y Yeung, 2022.

[17] Tavernise *et al.*, 2021.

recientemente en China se llama DINK por «double income no kids» (doble ingreso, sin hijos). «Si me casara y tuviera un hijo —dijo a sus entrevistadores un hombre que acababa de optar por la vasectomía—, seguiría perteneciendo a la clase baja».[18]

Como los costes de los hijos siempre son altos y siguen aumentando, también lo hacen los costos de oportunidad de criarlos.[19] En Estados Unidos las tasas de natalidad disminuyen de forma más pronunciada en zonas donde las mujeres tienen mejores perspectivas laborales, y siguen siendo altas en las zonas económicamente estancadas.[20] También siguen siendo altas (y el bienestar infantil peor) en las comunidades más patriarcales, donde los hombres valoran la cantidad de descendencia (sobre todo de hijos varones) por encima del bienestar de cada niño y se oponen al control de la natalidad.[21] Mientras tanto, a medida que la supervivencia infantil deja de ser la principal preocupación de los padres (aunque, por supuesto, nos sigue preocupando), lo que se vuelve cada vez más importante (además de encontrar y pagar guarderías) es mantener o impulsar las perspectivas educativas, profesionales y económicas de los hijos.

Incluso los padres capaces de pagar la compra, la gasolina y el alquiler se preocupan por lo que Barbara Ehrenreich denominó «miedo a fracasar». Estos padres son demasiado conscientes de que, para evitar el descenso de clase, sus hijos tendrán que competir por espacios limitados, guarderías, las mejores escuelas, empleos bien remunerados o cualquier empleo. Los costos financieros de criar hijos ya están llevando a los hombres a replantearse la conveniencia de un segundo ingreso, y algunos comienzan a valorarlo tanto como lo hacen sus ambiciosas esposas. Ya sea entre familias trabajadoras con aspiraciones o parejas adineradas, los padres casados con esposas que trabajan están cada vez más

[18] Wee y Chen, 2021.

[19] Según un estudio de la Brookings Institution, una pareja casada de ingresos medios en Estados Unidos con dos hijos gastará un promedio de 18.221 dólares al año para criar a su hijo menor; 301.221 dólares al final de la escuela secundaria, sin contar la universidad (Torchinsky, 2022).

[20] Tavernise *et al.*, 2021.

[21] Véase Borgerhoff Mulder, 2009 para el África subsahariana y Hudson *et al.*, 2012 para las sociedades patriarcales en el Medio Oriente y otros lugares.

incentivados a ayudar en casa, compensando parcialmente la falta de apoyo alomaternal disponible en las familias nucleares.[22]

Transformaciones sociales como estas, que afectaban a los roles que los padres desempeñaban dentro de la familia, no pasaron desapercibidas para los jueces que presidían disputas legales; los cambios en los roles influían en las decisiones y se reflejaban en las opiniones judiciales. Sin embargo, en Estados Unidos las opiniones legales a menudo diferían de un estado a otro. Ya en 1973 un juez en Nueva York revocó precedentes recientes al otorgar la custodia a un padre en lugar de a la madre, considerada más «cuidadora por naturaleza». Al hacerlo, ese juez citó nada menos que la afirmación de Margaret Mead sobre cómo la custodia preferente hacia las madres representaba una «sutil forma de antifeminismo mediante la cual los hombres —bajo la apariencia de exaltar la importancia de la maternidad— atan más estrechamente a las mujeres a sus hijos de lo que se consideraba necesario desde la invención del biberón y los cochecitos de bebé».[23] Mead articulaba aquí su versión de «igualdad de oportunidades» del feminismo. Según ella, el papel de la mujer no debía definirse por las expectativas tradicionales sobre su función de cuidadora. La de Mead era solo una de las muchas versiones del feminismo que circularon durante la larga lucha por los derechos de la mujer que comenzó en el siglo XIX y cobró fuerza a lo largo del XX.[24]

En esta época de cambios sociales asombrosamente rápidos los derechos de los padres también aparecieron en la agenda. Esta vez no se trataba tanto de la propiedad del padre sobre sus hijos, sino de si estaba capacitado para criarlos. En el drama jurídico de 1979 *Kramer contra Kramer* Dustin Hoffman interpreta a un padre adicto al trabajo cuya esposa, harta, se va de casa y le deja como único cuidador. En el desenlace el padre, transformado por haber aprendido a responder con sensibilidad a las necesidades de su hijo, confiesa al juez que había «muchas cosas que no había entendido»,

---

[22] Para una revisión reciente de lo que los antropólogos tienen que decir sobre «la familia nuclear», véase Sear, 2017.

[23] De un artículo que Mead escribió en 1954, citado por el juez que dictó sentencia en un caso de custodia en Nueva York en 1973, discutido por Mason, 1994, p. 123.

[24] Coontz, 2005; Hamlin, 2014.

hasta ahora. Así, exige saber «¿qué ley dice que una mujer es mejor madre simplemente en virtud de su sexo?». La buena paternidad tiene que ver «con la paciencia [...] con el amor», y los hombres también son capaces de proporcionar eso. Las luchas por la paternidad homosexual no tardaron en llegar.

En 2005 los jueces del Tribunal Supremo de Estados Unidos se negaron a admitir a trámite una impugnación de una ley de Florida que prohibía la adopción de niños por dos hombres homosexuales. Se remitieron a una decisión anterior de un tribunal de tres jueces del Tribunal de Apelación del Undécimo Circuito de Estados Unidos, quienes habían decidido que «la sabiduría acumulada de varios milenios de experiencia humana» demuestra que «la estructura familiar óptima para criar a los hijos era la formada por una madre y un padre casados entre sí».[25] Su idealización de la familia nuclear «tradicional» posindustrial coincidía con las antiguas suposiciones de los psicólogos evolucionistas de que los hombres solo estarían dispuestos a invertir en niños de cuya paternidad estuvieran seguros. Así pues, argumentaban, las mujeres evolucionaron para buscar una relación estable con un hombre capaz de mantener a su descendencia. A cambio, su mujer le garantizaría la certeza de la paternidad, una versión actualizada del paradigma padre-cazador-proveedor.[26] Al igual que en otros animales la certeza de la paternidad se alzaría como un «obstáculo que dificulta la evolución del cuidado paterno y la inversión en la pareja».[27]

No importan las numerosas excepciones que indican que la paternidad genética no es la única razón por la que los machos, sobre todo los humanos, cuidan de las crías. Se ha pasado por alto a menudo el papel que el cuidado paterno facultativo desempeñó durante el Pleistoceno (capítulo 8), y en varias sociedades posneolíticas después (capítulo 10). Aunque la disposición a cuidar de una descendencia distinta de la propia fue en su día fundamental para la

[25] *Lofton v. Secretary of Florida Department of Children and Families*, n.º 04-478, discutido en Greenhouse, 2005.

[26] Symons, 1979, 1982. Véanse también Alexander y Noonan, 1979; Lovejoy, 1981.

[27] En esta cita Bribiescas *et al.* (2012) identifican «el costo más importante de la plasticidad en el esfuerzo reproductivo masculino» como «la evaluación errónea de la certeza de la paternidad y el engaño conyugal».

aceptación y la supervivencia entre nuestros antepasados, llegó a considerarse evolutivamente improbable y antinatural. Algunos hombres incluso lo consideran indeseable.

La identificación genética en América

Hoy en día otra innovación del siglo XX, las pruebas de ADN, permite a los hombres saber con certeza si son o no el progenitor genético. En las últimas décadas del siglo XX por primera vez en la historia de los mamíferos los hombres que se tomaban la molestia de averiguarlo podían estar *absolutamente seguros* de su paternidad biológica, ¡más todavía que los caballitos de mar! En la década de 1990 en un solo hospital estadounidense se encargaron 120.000 pruebas de ADN al año. Pronto, los kits para pruebas de paternidad caseras se anunciaron en televisión y se podían comprar en las farmacias del barrio.[28]

Sin embargo, para que los resultados de las pruebas fueran admisibles ante un tribunal, tenían que proceder de laboratorios expresamente autorizados, que eran más caros y solo se utilizaban cuando la paternidad era motivo de preocupación. Sus resultados solían arrojar tasas mucho más altas de paternidad mal atribuida que los «kits de farmacia» disponibles para la población en general.[29] Un tercio de las 280.000 pruebas de paternidad realizadas en el año 2000 por uno de estos laboratorios especiales, la Asociación Americana de Bancos de Sangre, excluyó al presunto padre como el progenitor genético,[30] un resultado que puede tener consecuencias que cambian la vida de todas las partes involucradas.

Era una época en la que los biólogos evolucionistas estaban investigando sobre el papel central de la regla de Hamilton o «selección de parentesco» en la evolución del comportamiento social en primates y otros animales.[31] Argumentar que la paternidad

[28] Gray y Anderson, 2010.
[29] Discutido en Gray y Anderson, 2010, cap. 5.
[30] Jacobs, 2004, p. 201 y n. 41; véase también Anderson *et al.*, 2007.
[31] Hamilton, 1964; Trivers, 1972; Wilson, 1975; Alexander y Noonan, 1979.

genética era «una fuerza selectiva crítica que favorecía la evolución del cuidado paterno en los humanos» parecía una extensión lógica de este nuevo conocimiento.[32] En el proceso los prejuicios patriarcales preexistentes se vieron reforzados por lo que parecía una validación científica. Mis ideas previas sobre la importancia de la paternidad facilitaron que aceptara rápidamente los estudios que sugerían que el cuidado masculino estaba impulsado por la certeza de parentesco genético, sin considerar suficientemente las numerosas excepciones que contradecían esta noción. Nuestra tendencia, demasiado humana, a ver lo que esperamos ver, nos llevó a pasar por alto cuántas excepciones a este supuesto «universal humano» se producían felizmente a diario.

Otros factores además de la paternidad, e incluso al margen de ella, conforman el cuidado paterno en los animales, especialmente en criaturas tan adoctrinables como los humanos, pero han recibido menos atención. ¿Ha influido la probabilidad de paternidad en la evolución de la inversión paterna en la descendencia y el cuidado paterno? Sí, sin duda. Pero ¿es la certeza de la paternidad la *conditio sine qua non* para el cuidado paterno, y la única razón por la que los hombres cuidan a los niños en nuestra propia especie? Si has leído hasta aquí, sabrás que ya no lo creo, sobre todo en los humanos. El contexto, el tiempo en íntima proximidad y la estrategia maternal que lo promueve, junto con las normas culturales, importan mucho, sobre todo cuando los hombres buscan el respeto y la aceptación de otros miembros del grupo. De hecho, algunos hombres anuncian deliberadamente sus inclinaciones afectuosas para parecer no solo buenos compañeros, sino «buenos ciudadanos», hombres que probablemente contribuyan a crear barrios más seguros y sostenibles en los que puedan crecer los jóvenes. Además, como se explica en el capítulo 6, los propios bebés tienen mucho que decir en este asunto.

Pero no importa. En algunos tribunales modernos de Occidente si un progenitor «biológico» impugna la custodia de dos padres

[32] Smuts y Gubernick, 1992, p. 20, resumiendo un consenso general entre los sociobiólogos y citando a Lovejoy, 1981; Symons, 1979, 1982; Franklin y Volke, 2017; véase Hames, 2015 para un resumen actualizado.

adoptivos que hayan criado al niño desde su nacimiento podrían perder su custodia por muy fuerte que sea el vínculo que hayan desarrollado con el menor. A un hombre que ni siquiera haya cohabitado con el bebé se le podría conceder la custodia exclusiva, siempre que el ADN le identifique como progenitor.[33] No importa que, después de un largo periodo de convivencia íntima, las respuestas neuroendocrinológicas del padre adoptivo hacia el bebé se hayan convertido por completo en biológicas.

Llegados al siglo XXI, en Estados Unidos nos encontramos con una mezcolanza caótica de precedentes legales. Los tribunales en algunos estados se esfuerzan al máximo por tener en cuenta los lazos emocionales y proteger «el interés superior del niño». En otros, los jueces protegen al hombre para que no se vea obligado a mantener a hijos que no son suyos. Para asegurarse de ello, algunos senadores estatales presentaron en 2011 el Proyecto de Ley n.º 785 del Senado de Texas. Una vez aprobado, un hombre divorciado que aportara pruebas de ADN de que no había engendrado a los hijos que se le atribuían, podría dejar de pagar la manutención infantil y cortar el contacto con los niños.[34] En cuanto a qué intereses prevalecen exactamente en estos tira y afloja tan habituales entre hombres y madres —¿los del marido?, ¿los del progenitor?, ¿los de la madre?, ¿los del niño?—, en este caso eran claramente los del esposo agraviado, junto con sus «derechos naturales», su ego y los antiguos impulsos de selección sexual en los primates macho para controlar el acceso reproductivo a las hembras. Se dio poca importancia a los vínculos emocionales que el supuesto padre, o los niños en cuestión, pudieron haber desarrollado durante los años que vivieron juntos.

No sé con qué frecuencia se invocan estas leyes, ni cómo eran las relaciones entre los exmaridos agraviados y los hijos con los que convivieron antes de rechazarlos. Lo que sí sé es que cuanto más tiempo haya convivido un hombre con un hijo, más probabilidades hay de que haya forjado una relación estrecha.[35]

---

[33] Véase Santillo, 2003; Jacobs, 2004 para estudios de casos.

[34] *Dallasnews* Administrator, 2012.

[35] Véanse Rotkirch, 2018; Pettay *et al.*, 2023.

Adaptación a las nuevas circunstancias y tecnologías

En la época en que las pruebas de ADN permitían tanto determinar como «desvincular» la paternidad en estados como Texas, en otros lugares las evaluaciones judiciales sobre la «paternidad» y la relevancia de la paternidad genética se desarrollaban de forma diferente. En 2008 dos parejas homosexuales lograron impugnar una enmienda a la Constitución de California que prohibía el matrimonio entre personas del mismo sexo. En el juicio, Michael Lamb, el psicólogo que décadas antes había contribuido a que la investigación sobre el cuidado paterno entrara en la corriente principal de las ciencias sociales, prestó declaración como experto. Resumió múltiples estudios que demostraban que los niños criados por padres del mismo sexo crecen igual de bien adaptados que los criados por padres genéticos del sexo opuesto, aunque ambos padres sean hombres, y no necesariamente progenitores biológicos. Por entonces, las investigaciones indicaban que «los padres homosexuales mostraban mayores niveles de afecto, mayor cantidad de interacción y niveles más bajos de agresión disciplinaria, según lo evaluado en entrevistas, así como mayores niveles de capacidad de respuesta según observaciones directas, en comparación con los padres heterosexuales».[36] Al margen de la lactancia, estos hombres demostraron estar tan bien equipados como las mujeres para criar a un niño, incluso a uno con el que no estuviesen genéticamente emparentados.

Se necesitan evaluaciones más flexibles de nuestra especie, inusualmente adaptable, para hacer frente a la proliferación de nuevas tecnologías reproductivas y las nuevas posibilidades disponibles para aquellos que pueden permitírselas. Dependiendo de dónde sean legales, estas opciones incluyen la fertilización *in vitro* (FIV); la inseminación de donante (bebé relacionado con la madre pero no con su pareja); la donación de óvulos (bebé relacionado

[36] Golombok *et al.*, 2013. Estudios posteriores también mostrarían que, en promedio, los padres del mismo sexo dedican más tiempo a sus hijos (Prickett *et al.*, 2015), que crecen con un vínculo más seguro (McConnachie *et al.*, 2020); véase también Egelko, 2010.

con el padre pero no con la madre); o la donación tanto de óvulos como de esperma (o de un embrión), con el bebé genéticamente no relacionado con ninguno de los padres, siendo en este sentido similar a un niño adoptado, excepto que los padres experimentan el embarazo y desarrollan una relación con el niño desde su nacimiento. Luego, por supuesto, está la gestación subrogada, en cuyo caso el bebé puede estar genéticamente relacionado con ambos padres, solo con uno, o con ninguno.[37]

En 2021 al menos seis estados de Estados Unidos (California, Delaware, Maine, Vermont, Washington y, más recientemente, Connecticut) habían promulgado leyes que permitían expresamente el reconocimiento de más de dos padres por niño. Por esa época tres hombres en una relación comprometida a largo plazo contrataron a una madre sustituta para llevar a cabo la adopción de «embriones adicionales» producidos por fecundación *in vitro*, que les fueron proporcionados por otra pareja. Cuando nació el bebé, los nombres de los tres aparecieron en el certificado de nacimiento oficial del bebé.[38] Esta fue quizás la primera «trieja» oficialmente designada en el mundo. Pero para los hombres baris y aches, y sus vecinos amazónicos, esa paternidad conjunta no era nada nuevo. Otros miembros del orden de los primates, como los tities, llevan cientos de miles de años produciendo crías con progenitores múltiples, crías quiméricas que no son solo ficciones consuetudinarias o legales, sino realidades genéticas altamente adaptativas (capítulo 7). Los tities lo hicieron de forma lenta, por medio de la evolución. En cualquier caso, las crías quiméricas podrían estar cerca, ya que la investigación (aún cuestionable desde el punto de vista ético) sobre la seguridad y viabilidad de las técnicas de edición genética CRISPR de «tres personas» avanza rápidamente en China.[39]

Mucho después de haber pasado por el crisol del Pleistoceno, cuando los hombres empezaron a proveer alimentos a una serie

---

[37] Las restricciones de espacio no permiten una discusión sobre los pros y contras ni las innumerables cuestiones éticas que rodean a la subrogación.

[38] Feldman, 2020.

[39] Ye, 2022.

de miembros del grupo, no todos parientes cercanos o siquiera parientes, y los jóvenes crecían considerando como familia a diversos aloparientes además de a sus propios padres, nos encontramos en contextos del siglo XXI donde un bebé puede volver a tener múltiples «padres» asignados. Además del creciente número de familias reconstituidas, hoy en día podría haber una donante de óvulos, un donante de esperma, una madre biológica y dos (o más, en algunos estados) padres sociales, sumando hasta cinco padres en total.[40] Sin embargo, en lo que respecta a los bebés, lo que más importa sigue siendo la *capacidad de respuesta* y la *fiabilidad* de sus cuidadores. Reconocen quién es cercano y atento, no quién comparte el mismo ADN.[41]

En la actualidad los niños nacidos mediante reproducción asistida suelen ser muy deseados y con frecuencia nacen de padres mayores. Se dice que sus cuidados son, si cabe, superiores a los de las familias con bebés concebidos de forma natural.[42] A este respecto la flexibilidad humana parece hallarse en la etimología de nuestra palabra *familia*. Deriva del latín *famulus*, que significa «sirvientes que *viven en el mismo hogar*». Dada la gran flexibilidad en los roles de cuidado en nuestra especie, las opiniones de las personas, ya sean legales, personales o políticas, importan. Y, por supuesto, también importa el elefante en la habitación: las necesidades emocionales de un bebé humano.

Los elefantitos vulnerables

En la actualidad están proliferando con más rapidez que nunca las innovaciones tecnológicas que controlan el momento de la

[40] Golombok *et al.*, 1995, p. 285.

[41] Los tribunales también están comenzando a reconocer lo traumáticos que pueden ser los cambios de custodia para los niños (Joslin y NeJaime, 2022). Cuando se necesita la colocación o reubicación en hogares de acogida, tanto los jueces como las agencias de bienestar social están empezando a esforzarse más por encontrar padres de acogida con lazos previos, ya sean familiares biológicos o personas conocidas de la misma comunidad (Perry *et al.*, 2012).

[42] Golombok *et al.*, 1995, p. 285.

concepción, junto con nuevos modos de recogida o almacenamiento de esperma y de implantación de embriones, sin mencionar las vías que ofrece Internet para moldear y difundir opiniones sobre los roles de género. Es perfectamente posible que algún aspirante a Gengis Kan del siglo XXI almacene su esperma para utilizarlo posteriormente, engendrando un montón de descendientes destinados a convertirse en bebés que nunca conocerá, ni mucho menos cuidará. Un hombre ya ni siquiera necesita estar vivo para engendrar un bebé, puesto que en algunos países es legal extraer esperma de un hombre muerto. El Ejército israelí, por ejemplo, paga mil dólares por el procedimiento, con un extra por el almacenamiento hasta que una esposa, novia u otra persona se ofrezca voluntaria para servir de madre al hijo de un soldado fallecido.[43]

Con demasiada frecuencia se pasa por alto, por las prisas en aprovechar las nuevas posibilidades tecnológicas, cuánto esfuerzo es necesario para transformar un grupo de células en crecimiento en un organismo viable. Entre el 20 y el 30 por ciento de las concepciones acaban en aborto espontáneo. Incluso si es viable, y el embarazo da lugar a un ser vivo, ese neonato necesitará una enorme cantidad de atención adecuada (la IA no bastará) para desarrollarse y llegar a ser un ser humano completo. Históricamente esos cuidados neonatales han sido proporcionados por la madre y otras mujeres. La mera presencia del padre, y mucho menos su participación, no estaba en absoluto garantizada. Sin embargo, en varias partes del mundo algunos grupos de hombres están comenzando a replantearse qué significa ser padre. Nuevas condiciones económicas, normas culturales, tecnologías, opiniones legales y decisiones de custodia están reconfigurando la interacción de los hombres con los bebés, con consecuencias sorprendentes.

Como siempre, la experiencia pasada, la mentalidad y el contexto importan. Después de todo, en algunas circunstancias un hombre encerrado con niños pequeños durante un largo periodo, como durante la reciente cuarentena de COVID, podría llevar al abuso en lugar de a cuidados.[44] Pero en otros casos ese mismo

---

[43] Bronner y Shalita, 2022.

[44] Karbasi *et al.*, 2022.

aislamiento puede generar una mayor conciencia sobre lo mucho que necesitan los bebés. Muchos hombres se encontraron más involucrados en el cuidado infantil de lo que jamás imaginaron. Estas experiencias están contribuyendo a una transformación del siglo XXI en las actitudes sobre lo que significa ser hombre y padre.

Masculinidades en transición (primera parte)

A mediados del siglo XX se estaba produciendo una reconsideración de los roles de género. Los movimientos sociales que abogaban por los derechos civiles, los derechos de la mujer, los derechos humanos, el bienestar animal y el bienestar infantil fomentaron concepciones más moderadas de la «hombría». En el siglo XXI los individuos de ambos sexos, así como las instituciones, han defendido visiones más «maternales» de la masculinidad, y estos debates han empezado a incluir una mayor participación paterna en el cuidado directo.

En 2019 Duncan Fisher, galardonado con la Orden del Imperio Británico en reconocimiento a su labor de promoción de la participación paterna en la crianza de los hijos, junto con Michael Lamb y otros psicólogos del desarrollo, se inspiraron para publicar una «Carta global sobre la paternidad». En ella se subraya lo «inherentemente cariñosos y cuidadosos» que pueden ser los hombres, haciendo hincapié en que «todos los padres, biológicos y no biológicos, tienen una capacidad innata para establecer vínculos con sus bebés desde los primeros días». Describe cómo «el cerebro de un padre cambia cuando cuida de su hijo, generando una mayor capacidad de atención y empatía».[45] Por su parte, en Canadá el programa «Raíces de la empatía» promueve que se lleve a bebés a las aulas para que personas de ambos sexos y todos los géneros aprendan a reconocer y responder a las necesidades de los infantes.[46] En México, un país que durante mucho tiempo se ha considerado sinónimo de machismo, un hombre cuyo abuelo nunca había cambiado un pañal le confesó al etnógrafo Matthew Gutmann que

[45] Lamb *et al.*, 2019, https://childandfamilyblog.com/global-fatherhood-charter/.
[46] https://rootsofempathy.org/.

ahora sabía cómo hacerlo gracias a un programa al que asistió en su iglesia.[47]

En 2019 el historiador francés Ivan Jablonka analizó sistemáticamente las definiciones de hombría y las «masculinidades de dominación» que exigen que un hombre «demuestre constantemente que lo es». Aunque reclamaba una mayor igualdad entre los sexos y proponía un nuevo orden moral en el que prevaleciesen las «masculinidades de la igualdad», su libro *Hombres justos. Del patriarcado a las nuevas masculinidades* se convirtió igualmente en un éxito de ventas en el mismo país donde la *egalité* se ha equiparado durante mucho tiempo a la *fraternité*, la hermandad de los hombres. Los hombres verdaderamente democráticos, insiste Jablonka, deben buscar la igualdad de participación en actividades como el cuidado de los hijos.

Las palabras de Jablonka recuerdan a las de mi yerno *millennial*, quien cambia pañales y alimenta a su hijo a medianoche, y cuyas tiernas atenciones me conmovieron profundamente. «Si de verdad creo que las mujeres son iguales —me preguntó David—, ¿por qué voy a delegar en ellas tareas que yo no haría?». Llamamientos similares en favor de la justicia de género resuenan en toda Europa y más allá. Unos mil quinientos organismos territoriales han suscrito la «Carta Europea para la igualdad de mujeres y de hombres en la vida local». A menudo los programas asociados se dirigen específicamente a la «integración de la perspectiva de género», creando zonas de juego abiertas en las guarderías, donde se enseña a las niñas a construir rascacielos, mientras los niños aprenden a cambiar pañales.[48]

A finales del siglo XX el sociólogo estadounidense Michael Kimmel había enumerado una miríada de decisiones específicas que los hombres pueden tomar para ayudar a sus esposas trabajadoras en casa y promover la «virilidad democrática». Aún en la tercera edición de su texto clásico *Manhood in America*, el propio Kimmel tenía poco que decir sobre el cuidado de los bebés. Hubo que esperar al siglo XXI para que los autores empezaran realmente

[47] Gutmann, 2007, p. 169.

[48] Jablonka, 2022, pp. 388-389.

a centrarse en ello. Los artículos de opinión plantean preguntas como «¿estamos preparados para el padre amamantador?» o «¿por qué los padres no se cogen el permiso de paternidad?». Propuestas que antes habrían sonado absurdas no solo se debaten abiertamente, sino que se ponen en práctica. Consideremos el caso de un transexual gay llamado Freddy que decidió revertir sus tratamientos hormonales, quedarse embarazado, dar a luz a su propio bebé y hacer un documental ampliamente difundido sobre el proceso, titulado *Caballito de mar, el padre que dio a luz*.

El Día del Padre de 2022 se vio inundado de entradas de blog y columnas de medios de comunicación en reconocimiento a los padres que se quedaban en casa criando a recién nacidos y a las parejas homosexuales que crían con amor a bebés adoptados o nacidos por gestación subrogada. Una larga lista de manuales de instrucciones incluía *The Pregnancy Book for Men: From Dude to Dad in 40 Short Week*; *The Caveman's Pregnancy Companion: A Survival Guide for Expectant Fathers*; *Becoming Dad: Black Men and the Journey to Fatherhood*, de Leonard Pitts; y mi favorito en este género, *Expecting: One Man's Uncensored Memoir of Pregnancy*, de Gordon Churchill.

Mientras las mujeres entran en ámbitos que solían ser exclusivamente masculinos, lo que antes se consideraba «trabajo de mujeres» se está expandiendo para incluir a los hombres. Una campaña de reclutamiento de 2022 para candidatos a escuelas de enfermería presenta a hombres con chaqueta de motociclista y pregunta «¿eres lo suficientemente hombre como para ser enfermero?».[49] Ese mismo año el rapero estadounidense Kendrick Lamar publicó una crítica de la masculinidad obligatoria que se hacía eco de los análisis de Kimmel y Jablonka sobre lo que ocurre cuando los hombres «se bloquean frente a las mujeres» y sus propias emociones «maternales».[50] Lamar describe cómo el culto a ser fuerte y estar al mando atrapa a hombres como él en el miedo de demostrar que podrían ser «indignos» de su estatus como hombres o de la aprobación de sus propios padres.

[49] Miller, 2018.

[50] Jablonka, 2022, p. 178; Kimmel, 2012, pp. 269 y ss.

Recordando sus primeros años de vida en las peligrosas calles de Compton, California, controladas por bandas, el rapero detalla cómo el hecho de disfrazar la debilidad y reprimir sus emociones condena a los hombres a tener un «ego inseguro» y «atrofiado» y, «para colmo, una esperanza de vida reducida».[51] Lamar se lamenta por aquel niño incapaz de llorar o mostrar emoción cuando se raspaba la rodilla, no fuera que su padre, curtido en la calle, le dijera «no seas débil». Millones de personas escucharon y asimilaron su *cri de coeur*, mientras relataba cómo aprendió a ser sensible, a empatizar y cuidar de los demás, incluida su mujer y sus hijos.[52] Su rap se tituló «Father Time», calificativo apto para esta nueva era.

¿Cuánto tiempo dedican los padres?

En el siglo XXI sorprendentemente nueve de cada diez padres estadounidenses que convivían con uno o más niños menores de cinco años decían a los entrevistadores del Departamento de Salud y Servicios Humanos de Estados Unidos que habían ayudado a bañarlos, cambiarles los pañales, vestirlos o a ir al baño, al menos varias veces a la semana, si no todos los días. La cohabitación con el bebé era clave. Prácticamente todos los hombres que convivían con bebés declararon haber jugado con ellos.[53] Incluso si algunos de ellos exageraron su grado de implicación (y confieso estar entre los sorprendidos por los datos estadísticos), el mero hecho de que quisieran decir que ayudaban tanto en el cuidado de los bebés marca un cambio radical respecto al mundo de mediados del siglo XX en el que crecí. Igualmente digno de mención es el hecho de

[51] Jablonka, 2022, pp. 177-178, 194 y 191.

[52] Kendrick Lamar, «Father Time», https://genius.com/Kendrick-lamar-father-time-lyrics.

[53] Este estudio de los Centros para el Control y la Prevención de Enfermedades incluyó a 10.403 padres entre 2006 y 2010, aplicándose el término *padre* tanto a los padrastros y padres adoptivos como a los progenitores. De los entrevistados, 2.200 eran hombres de entre 15 y 44 años que vivían con niños menores de 5 años (Jones y Mosher, 2013).

que los investigadores pregunten por fin a los hombres sobre el cuidado de los bebés.[54]

En todo el mundo hombres de distintos países, con diferente identidad étnica y estatus socioeconómico, están respondiendo a las nuevas oportunidades educativas y laborales de las mujeres, a una relajación general de los roles de género y a sus nuevas posibilidades de autoexpresión dedicándose más al cuidado activo de los bebés. Muchos cuidan de bebés con los que *saben* que no están emparentados. ¿Significa esto que los antiguos sesgos nepotistas han desaparecido por completo?

¿Quién puede olvidar las inquietantes estadísticas norteamericanas recopiladas por psicólogos evolucionistas en las décadas de 1970 y 1980? El bebé de una madre con un novio o padrastro que se quedara con ella tenía siete veces más probabilidades de sufrir malos tratos que uno que viviera con dos padres genéticos. Un bebé menor de tres años tenía cien veces más probabilidades de ser asesinado.[55] Sin duda, con un hombre al que no le une ningún parentesco en el hogar los riesgos para un bebé son asombrosamente elevados. Sin embargo, ahora también hay un esfuerzo por contextualizar estos hallazgos.

En su revisión de 2018 la investigadora finlandesa Anna Rotkirch señala que «la sociología familiar evolutiva contemporánea trata las familias reconstituidas con menos alarma que en sus inicios».[56] Más de un tercio de todos los niños de Estados Unidos crecen en familias mixtas, y sin embargo la incidencia del infanticidio por parte de varones es baja (y solo una pequeña parte de lo que sería ¡en cualquier otro simio!). Estamos ante personas, señala Rotkirch, entre las que el riesgo de «tener muy pocas personas que aportan sustento en la familia puede ser en algunos casos más fatídico que

[54] Fue en 1995, cerca del final del siglo xx, cuando un creciente cuerpo de investigación que documentaba asociaciones positivas entre la presencia y la participación de los padres y los resultados para los niños impulsó al presidente de Estados Unidos, Bill Clinton, a emitir un memorando en 1995 para que las agencias gubernamentales que estudian a familias estadounidenses incorporaran los roles de los padres en sus investigaciones (Jones y Mosher, 2013).

[55] Daly y Wilson, 1984, 1988.

[56] Rotkirch, 2018.

estar expuesto a padrastros». La economía, la clase social y la dinámica familiar también desempeñan un papel importante,[57] al igual que la cantidad de tiempo que el hombre ha pasado en íntima proximidad con el niño.

Por lo que respecta a las madres, la íntima proximidad con un bebé recién nacido es casi una garantía de parentesco. Pero también resulta ser un indicador bastante bueno, aunque imperfecto, para un hombre. Incluso a edades más avanzadas la familiaridad con un hijo a lo largo del tiempo puede actuar como un indicador indirecto del parentesco. Esto significa que, además de la calidad de la relación con la madre, es probable que también importe la duración de la cohabitación. De hecho, según un estudio reciente sobre familias alemanas, la magnitud de la inversión de un padrastro que vive en el mismo hogar se aproxima a la inversión realizada por un padre genético que ya no cohabita con el niño.[58]

Como vimos en el capítulo 8, no hay nada especialmente nuevo en que los niños vivan con aloparientes varones, aunque en las sociedades modernas entran en juego distintos factores, como las nuevas circunstancias económicas relacionadas con el capitalismo, las exigencias laborales y la globalización (un ejemplo sería el caso de los padres filipinos «abandonados en casa» del capítulo 1).

En situaciones como esa la necesidad se impone. Sin embargo, algunos de los cambios generacionales mejor documentados sobre el tiempo que los hombres desean dedicar a la familia se dan entre los hombres con mayores ingresos y con un mayor control sobre el equilibrio entre trabajo y vida privada. También está cambiando la disposición de estos hombres económicamente privilegiados a dar prioridad al cuidado de los hijos.

Consideremos los resultados de una encuesta realizada en 2014 a veinticinco mil licenciados de la Harvard Business School. La mayor parte de estos hombres comenzaron con ventajas y casi todos esperaban tener ingresos lucrativos. Al reflexionar sobre sus carreras, la mayoría mencionó la importancia de las «relaciones

[57] *Ibid.*

[58] Pettay *et al.*, 2023. Respecto a la relación con la madre, véanse Anderson *et al.*, 1999; Gray y Anderson, 2010, cap. 7.

personales y familiares». Sin embargo, los más jóvenes de la generación *millennial* eran menos propensos a definir el éxito en base a títulos laborales y puestos ejecutivos y desde el principio aspiraban a un mayor «equilibrio entre trabajo y vida personal», y a implicarse más en la crianza de los hijos.[59] Entre los graduados de más edad, los *baby-boomers* que en ese momento tenían edades de entre cuarenta y nueve y sesenta y siete años, solo el 16 por ciento de los casados pensaba que la carrera de sus esposas tendría la misma importancia que las suyas. La mayoría asumía que sus esposas serían las principales responsables del cuidado de los hijos. Entre los hombres de la «generación X», que entonces tenían entre treinta y dos y cuarenta y ocho años, el 22 por ciento de los licenciados esperaba que las carreras de sus esposas tuvieran la misma importancia que las suyas. Sin embargo, entre los *millennials* de entre veintiséis y treinta y un años, casi un tercio esperaba que las carreras de sus esposas tuvieran la misma relevancia que las suyas. Este aumento, que se ha duplicado entre los *boomers* y los *millennials*, es indicativo de los cambios en marcha. Una vez más, al igual que con la covivienda (capítulo 10), los hombres de color iban un paso por delante. Desde siempre los licenciados negros habían sido más propensos que los blancos a esperar que las carreras de sus esposas tuvieran la misma importancia que las suyas, un hallazgo coherente con una mayor igualdad en las tareas del hogar en las familias negras en general.[60] Este hallazgo es consistente con las estadísticas de un gran estudio nacional, en el que siempre que residieran en el mismo hogar los padres negros participaban en más tareas de cuidado infantil que los blancos o hispanos.[61]

Ni que decir tiene que me habría gustado que estos estudios anteriores sobre la paternidad hubieran revelado algo más sobre la implicación de los hombres en el cuidado de los bebés. Pero, como señala la socióloga Kathleen Gerson, por aquel entonces

---

[59] Ely *et al.*, 2014.

[60] *Ibid.* para los hallazgos de la Harvard Business School; Kimmel, 2012, p. 295 para las familias negras en Estados Unidos en general.

[61] Jones y Mosher, 2013, p. 6; véase también St. Julien, 2021.

«las personas, incluidos los investigadores, simplemente asumían que los hombres no se ocupaban del cuidado infantil».[62] Fue a finales del siglo XX cuando las investigaciones que documentaban asociaciones positivas entre la participación del padre y los resultados beneficiosos para los niños convencieron a los científicos de que debían prestar más atención a los padres.[63] Aun reconociendo las enormes lagunas en lo que sabemos sobre el cuidado paterno de los bebés en épocas anteriores, está claro que en el siglo XXI los padres estadounidenses dedican mucho más tiempo a las tareas domésticas, del orden de diez horas semanales frente a cuatro en la década de 1960. Entre 1965 y 2011 el tiempo dedicado a los niños casi se triplicó, de 2,5 horas semanales a 7,3 horas.[64] Es importante señalar que cuando aumenta el tiempo que se pasa con los hijos, también lo hace la exposición a los bebés. Además, estos hombres les decían a los entrevistadores que deseaban poder pasar aún más tiempo con ellos.[65]

La ventaja del útero

¿Hasta qué punto la mayor disposición de los hombres para cuidar a los hijos era principalmente una cuestión práctica? ¿Cuánto se debía a la transformación de las definiciones de masculinidad? ¿Y cuánto a padres ilustrados que luchaban conscientemente por cumplir los ideales de Jablonka de «justicia de género»? ¿Hasta

[62] Gerson, citado en Tracy, 2013; véase también la referencia del etnógrafo Matthew Gutmann a las «prácticas domésticas de los hombres» como «en gran parte no estudiadas y no reportadas en las ciencias sociales» (2007, p. 147).

[63] Véase p. 2 del informe de Jones y Mosher de 2013. Para estudios de seguimiento, véase especialmente Opundo *et al.*, 2016.

[64] Parker y Wang, 2013.

[65] Livingston, 2014. Una encuesta de uso del tiempo realizada en 2013 con 2.511 adultos en Estados Unidos reportó que el doble de padres en comparación con madres (el 46 por ciento frente al 23 por ciento de la muestra) sintieron que no pasaban suficiente tiempo con sus hijos (Parker y Wang, 2013). Los hombres mencionaron específicamente que «mejorar las relaciones o priorizar más a la familia» superaría los riesgos de desacelerar sus carreras. (Véase McKinsey & Company, 2021, «Fresh look at paternity leave: Why the benefits extend beyond the personal»).

qué punto se debe a la presión de las nuevas parejas empoderadas? Recuerdo aquí al agotado padre de tres niños menores de cuatro años que me confesó: «Es más fácil hacerlo sin más. No tengo que vivir con recriminaciones después».

Es demasiado pronto para decir exactamente qué combinación de razones es la más responsable. Tampoco podemos ignorar la elección femenina, ese clásico componente darwiniano de la selección sexual. Me acordé de esto hace poco, cuando la radio pública nacional emitió un reportaje sobre un grupo de hombres jóvenes a los que no les importaba que los llamaran «niños de mamá», un apelativo que un joven de Sambia o un adolescente estadounidense de mediados del siglo xx quizá hubiera temido. Sin embargo, para estos jóvenes había dejado de ser un insulto.[66] Una de las asesoras científicas del sitio de citas Match.com (Helen Fisher) llevó a cabo una rápida comprobación de su base de datos en la que se dio cuenta de la existencia de un aumento del 26 por ciento en el número (todavía diminuto) de hombres autoidentificados como «niños de mamá» que, poco después, encontraron pareja estable y dejaron de buscar. Al menos entre algunas personas «niño de mamá» ha pasado de ser un insulto a ser un indicativo de «ser humano receptivo», exactamente lo que algunos individuos buscaban, al parecer, en una pareja.[67]

Con el mayor potencial reproductivo y de ingresos de las mujeres, ya no están «obligadas a cautivar» (como dijo Charlotte Perkins Gilman) a un marido adinerado para mantener a su familia.[68] Mientras tanto, el patriarcado ha ido perdiendo parte de su control. Incluso una mujer sin apoyo de parientes cercanos dispone de recursos legales. Puede recurrir a la versión del siglo xx de un «Gran Hermano» para que la proteja de los malos tratos conyugales o le garantice su derecho a un empleo o a la propiedad de los bienes que le corresponden. Algunas mujeres, por supuesto,

---

[66] Neda Ulaby en la edición de fin de semana de NPR, 7 de mayo de 2022; véase Kimmel, 2012, pp. 269 y ss. sobre cómo se consideraba «degradante» este apelativo.

[67] Cabe señalar que solo el 1,4 por ciento de los hombres realmente se identificaron de esta manera. El argumento de Fisher era que les estaba yendo mejor que nunca, citado por Ulaby, 2022.

[68] Gilman, 1898. Véase también Wood y Eagly, 2002, p. 721.

siguen optando por casarse para obtener recursos y seguridad (a la antigua usanza), o por amor (también a la manera tradicional). Pero otras eligen no casarse y, aun así, se convierten en madres.

Las mujeres con aspiraciones profesionales —y con la suerte de vivir en una sociedad en la que una mujer puede hacer una carrera y tener opción a buenos empleos— pueden lograr cumplirlas aprovechando las nuevas tecnologías para decidir si se quedan embarazadas o no, o cuándo. En caso de que falle la contracepción, las mujeres de la mayoría de los países desarrollados (y de Estados Unidos en los estados donde sigue siendo legal) pueden interrumpir un embarazo no deseado de forma segura. Por el momento, una mujer puede incluso aprovechar las nuevas (aunque ciertamente arriesgadas) tecnologías para congelar óvulos aún viables y utilizarlos después de la menopausia.[69] Es un panorama reproductivo totalmente nuevo en el que las mujeres para ser madres no necesitan estar casadas, ni siquiera tener contacto o mantener relaciones sexuales heterosexuales en absoluto.

Fue en 1982 cuando se abrió el primer banco de esperma en Estados Unidos.[70] Al reunir los recursos necesarios y gastar unos pocos cientos de dólares, una mujer puede (con permiso de Jane Austen) elegir sin ser elegida. Sola, o con una pareja de cualquier sexo, tiene la opción de revisar los perfiles de los donantes y estudiar sus fotografías y seleccionar en la privacidad de su sala de estar al donante —vivo, o ya fallecido— del esperma que desee, «embotellado, examinado, clasificado por motilidad, congelado, catalogado y transportado» para que ella lo seleccione según su criterio.[71]

Ya en 1949 Simone de Beauvoir dudaba que por sí solo el término *útero* fuese «suficiente para definir (a una mujer)». Pero los úteros de hoy han pasado de ser propiedad o «derecho natural»

[69] Las tasas de éxito se sitúan en torno al 39 por ciento, mejores o peores en función de la edad de la donante en el momento en que se extrajeron los óvulos y del número de óvulos extraídos (Kolata, 2022).

[70] Rudolph, 2017.

[71] Pridmore Brown, 2019, en una reseña de *Romancing the Sperm*, de Diane Tober. Para ser completamente transparente, antes de tomar una decisión que cambia tanto la vida, personalmente creo que es aconsejable que las mujeres sepan más sobre el progenitor de sus hijos que lo que pueden averiguar por sí mismas.

del marido o del poseedor del harén a ser premios por los que los aspirantes a padre no solo deben competir, sino *negociar*. Ahora que las mujeres pueden utilizar su nueva autonomía social, tecnológica y legal para insistir en mejores condiciones de paternidad, incluso después de haber sido cortejadas, conquistadas o haber recibido el pago de una dote, la paternidad es algo que el hombre tiene que ganarse. Mantener relaciones sexuales con él es una cosa, y tener un hijo suyo, algo muy distinto.

Adaptándose a las crecientes opciones de las mujeres

Un mejor trato hoy en día puede incluir tener un bebé exclusivamente con un hombre (o una mujer) que sea capaz de garantizar no solo su presencia y apoyo continuados, sino que esté dispuesto a implicarse directamente en el cuidado. Demostrar ese nivel de compromiso resulta ser algo que no pocos hombres del siglo XXI están cada vez más motivados a ofrecer. Este empeño de los hombres en demostrarlo puede explicar algunas variantes peculiares del siglo XXI del síndrome de *couvade*, como hombres de ciudades tan distantes como Pekín y Brístol que se colocan incómodas «almohadas de embarazo», o pagan (treinta euros en el Reino Unido) para que les coloquen electrodos en el estómago que emiten descargas secuenciales simulando el dolor creciente de las contracciones del parto de su pareja.[72]

Tradicionalmente, las prácticas de *couvade* solían concentrarse en sociedades en las que las mujeres gozaban de una influencia considerable, como en las matrilocales. La *couvade* era prácticamente inexistente en los círculos de Darwin o en Texas cuando yo

---

[72] Una mención del 19 de diciembre de 2014 en el *Wall Street Journal* va acompañada de un enlace que invita a los lectores a «Ver cómo hombres chinos se retuercen de dolor durante un parto simulado». Este tipo de exhibiciones, desde Pekín hasta Brístol (donde cuesta veinticinco libras), están publicadas en YouTube. «The Try Guys» filman a un amigo sometiéndose a catorce horas de simulación de dolores de parto: https://www.youtube.com/watch?v=UkUskA-stM8. Véase también https://www.goodto.com/family/men-can-now-experience-pain-childbirth-425985.

era niña.[73] Pero estos adeptos del siglo XXI fingen, o a veces realmente experimentan, contracciones de parto insoportables. Sus actuaciones son sintomáticas de cambios más amplios que se están produciendo en la forma en que se define la hombría y los criterios a los que deben ajustarse los padres. La *couvade* puede ser una manera en la que un hombre demuestra lo que está dispuesto a sufrir. Cuando la pareja ya está casada y tiene un hijo, si el hombre desea otro las posibilidades de que su pareja acepte aumentan si él ya ha demostrado ser realmente útil durante las tomas de las 2:00 a. m.

De hecho, algunas mujeres empoderadas del siglo XXI definen los criterios de elección de pareja con antelación, como recuerda la novelista Claire Messud en una entrevista reciente. Durante su infancia Messud vio cómo su propia madre renunciaba a su sueño de ser abogada para casarse y tener una familia. Tal como Messud lo describió, «no quería que ese fuera mi destino. Tenía la sensación de que era mejor que no aprendiera a cocinar, por lo que nunca lo hice. Y también de que tenías que ser implacable». Al elegir a su pareja, buscó conscientemente a alguien que compartiera al menos el 50 por ciento de las tareas domésticas. Fue, añadió, una «selección darwiniana subconsciente muy cuidadosa».[74]

Messud ilustraba así la versión de la teoría de la elección femenina de Darwin para la mujer con poder económico y reproductivo. En lugar de elegir a un hombre que «presumiera» de la forma habitual —por ejemplo, echándose un antílope al hombro, luciendo un Rolex o conduciendo un cochazo, un hombre que claramente estuviera en camino de «tenerlo todo»—, ella buscaba indicios de la disposición de su pareja a «compartirlo todo a medias». Estas preferencias femeninas por los buenos cuidadores podrían conducir a una selección sexual desbocada por la utilidad, al estilo de lo que ocurre entre los sapos parteros o las chinches gigantes. Olvídate de la cola extravagantemente llamativa del pavo real. Al transportar docenas y docenas de huevos, los machos anuncian lo buenos que son manteniendo los huevos a salvo

[73] Gray y Anderson, 2010, p. 39, citando la descripción de Paige y Paige de 1981 en *The Politics of Reproductive Ritual.*

[74] Franklin, 2017.

Figura 11.1. Los machos de la chinche acuática gigante nadan con docenas y docenas de huevos amontonados en la espalda, incluidos algunos fecundados por otros machos, que toleran en vez de quitárselos de encima. ¿Por qué hacen esto? Presumiblemente porque, a lo largo de la evolución, las hembras han llegado a preferir a los machos que anuncian su aptitud para el cuidado llevando una gran cantidad de huevos. (Christine L. Goforth).

e hidratados (figura 11.1).[75] Pero lo que la bióloga Suzanne Alonzo denomina «el proceso de selección sexual del buen padre» requiere unas circunstancias muy especiales. No es de extrañar, pues, que hasta ahora solo se haya documentado entre insectos, anfibios, peces y aves.[76]

Solo tenemos buenas pruebas cuantitativas de que la selección favorece este tipo de cuidados hipergenerosos por parte de los machos en especies distantes taxonómicamente. Tomemos como

[75] Largo tiempo sospechada, tal preferencia femenina por machos que portan huevos ha sido confirmada experimentalmente por Shin-ya Ohba *et al.*, 2016.

[76] Alonzo, 2012. Para quienes se pregunten si especies como los monos nocturnos monógamos representan casos de elección femenina por machos cuidadores, la respuesta probablemente sea no. Estudios a gran escala en mamíferos sugieren que el cuidado masculino típicamente evoluciona como consecuencia de la monogamia, más que como causa (Lukas y Clutton-Brock, 2013, p. 527).

ejemplo las observaciones de Patricia Brennan sobre el gran tinamú (*Tinamus major*) de Costa Rica. Tras aparearse con varias parejas, las hembras de tinamú que casi no vuelan recorren los territorios de los machos, poniendo sus huevos en nidos que les parecen lugares seguros, preferiblemente aquellos que ya contienen muchos huevos. Para aumentar las posibilidades de que los huevos dejados por su promiscua visitante sean realmente fecundados por él, la madre naturaleza ha dotado al macho de tinamú de un extravagante pene que, una vez dentro de la hembra, se extiende como una larga y flexible hebra con forma de espagueti. Su asombrosa protuberancia es aún más sorprendente si se tiene en cuenta que las aves rara vez tienen pene. La mayoría de las aves confían en los «besos cloacales» para la fecundación, el breve roce de estos dos orificios multiusos. Aun así, superdotadas o no, las gallinas poliándricas y la competencia espermática garantizan que aproximadamente una cuarta parte de los huevos dejados en el nido de un macho de tinamú haya sido fertilizada por otro macho. Pero no importa. Dado que debe proteger el nido de todos modos, unos huevos extra no suponen mucho más trabajo y además proporcionan la versión de tinamú del cebo para pollitos. En cualquier caso, los tolera.[77]

En casos como el del tinamú, la selección basada en criterios de elección femenina ha favorecido la evolución de machos mejores empolladores. Pero se requieren circunstancias específicas. Para que la elección femenina de machos criadores se vea favorecida por la selección darwiniana, los cuidados paternos tienen que repercutir significativamente en la supervivencia infantil; las hembras tienen que ser capaces de identificar qué machos se los proporcionarán; y las madres deben gozar de suficiente autonomía reproductiva para elegirlos. Los rasgos relevantes no solo tienen que ser heredables, sino que las condiciones propicias tienen que persistir el tiempo suficiente para que los genes relevantes aumenten en frecuencia.[78] ¡Un reto considerable!

---

[77] Brennan, 2012; véase el maravilloso relato en Cooke, 2022 que describe las circunstancias del asombroso descubrimiento de Brennan sobre esa protrusión en forma de espagueti. Brennan ha colgado una fotografía de ello en la pared de su oficina.

[78] Alonzo, 2012; Price y Hosken, 2012; Griffin *et al.*, 2013.

En otras palabras, los tinamúes ilustran lo que es posible, no lo que es probable. Que los criterios de ayuda mutua como los de Claire Messud se extiendan y persistan lo suficiente como para influir en qué preferencias de pareja humanas se heredan dependerá de cuántas generaciones de mujeres que quieran ser madres puedan aplicar sus criterios de discernimiento a los futuros padres, conservar la suficiente autonomía reproductiva para hacerlo y, además, tener hijos que sobrevivan mejor como consecuencia de ello. Dado que son pocos los mamíferos cuyos machos se ocupan de cuidar a las crías, y dado que en los humanos modernos no hay ninguna prueba de que el cuidado directo de los bebés por parte de los varones afecte a la supervivencia, y mucho menos a las trayectorias evolutivas, esto parece poco probable. Sin embargo, si se dieran las condiciones pertinentes y persistieran durante suficientes generaciones, no sería la primera vez que se produjera en la naturaleza una transferencia entre sexos de una tendencia a proporcionar cuidados (capítulo 5).

Por ahora, lo único que sabemos con certeza es que hay una inesperada convergencia de factores sociales, económicos, tecnológicos y culturales que están preparando el escenario del siglo XXI para que algunos hombres pasen más tiempo con los bebés y se ocupen de ellos. En algunos casos, este cuidado de los hijos se produce por necesidad, en otros debido a la insistencia de la pareja o porque los padres o aloparientes varones están motivados para proporcionarlo. Sin embargo, aunque cada vez más hombres, ya sean padres biológicos, padrastros o padres adoptivos, adoptan roles de cuidadores, la permanencia de estas tendencias está lejos de estar garantizada. No todo el mundo está conforme con la desaparición de las ventajas patriarcales y los cambios en la dinámica de poder. La resistencia lleva mucho tiempo gestándose, y en algunos países está ganando fuerza.

Contraofensiva

Para el siglo XXI los roles de género se habían vuelto, como tantas veces en el pasado, puntos críticos en las guerras culturales en curso y en los conflictos intergeneracionales. Incluso dentro de la misma familia los padres, sorprendidos al ver a sus hijos abandonar los roles masculinos tradicionales, expresan su alarma preguntándose (como la madre mencionada en el capítulo 1) «¿quién protegerá a la comunidad?».[79] Su preocupación fue recientemente compartida por una congresista de Georgia (y madre) que en la Cumbre de Acción Estudiantil de 2022 en Florida, patrocinada por la organización conservadora Turning Point USA, opinó que lo que el Ejército de Estados Unidos necesita son guerreros que exhiban «más masculinidad tóxica», no menos.[80]

Otros simplemente se sienten disgustados por actitudes que consideran antinaturales, como el padre cuyo hijo angustiado escribió al *Washington Post* después de haber sido reprendido por querer asistir a un «*baby shower* de chicas» en lugar de comportarse como un «hombre de verdad». El padre había despotricado sobre cómo la generación de hombres de su hijo permite que sus esposas los «feminicen» y, por ende, «arruinen la sociedad».[81]

Las tensiones sobre la «feminización» de los hombres pueden ser difíciles de separar de las actitudes sobre la homosexualidad, las feministas o «feminazis» que odian a los hombres, las cuestiones trans, «la guerra cultural» y la «wokidad» en general. Al mismo tiempo, la creciente influencia de las mujeres en la familia, en el trabajo y en el gobierno provoca la resistencia de los hombres que se sienten agraviados, que se quejan de la pérdida de los beneficios patriarcales, de la disminución de su estatus y de la desaparición de los derechos a los que se sentían con derecho por naturaleza. Después de todo, para aquellos acostumbrados al privilegio, una mayor igualdad puede sentirse como opresión.

Algunos hombres se enfadan porque «esa mujer me ha quitado el trabajo» o no «sabe cuál es su lugar», que equivale a estar en casa, tener hijos, cuidarlos y, por supuesto, realizar una gran cantidad

---

[79] De Carlo, 2018.

[80] La congresista no era otra que Marjorie Taylor Greene, a veces referida como la «notoria M. T. G.» de la derecha. Su llamado a los «guerreros» dotados de «masculinidad tóxica» puede escucharse en Colin Martin, WBBM *News Radio*, el 28 de julio de 2022.

[81] Hax, 2022.

de trabajo no remunerado. La suposición de que los hombres comprometidos son de algún modo «antinaturales» es pasto de la propaganda de quienes explotan las ansiedades y convicciones religiosas que circulan actualmente para obtener beneficios ideológicos, políticos o financieros. El retroceso abarca desde desacuerdos en la mesa, hasta campañas bien financiadas y cuidadosamente orquestadas, destinadas a atraer adeptos y cambiar (léase «invertir») el panorama social, político y jurídico, retrotrayéndonos a preceptos más parecidos al derecho colonial del siglo XVII o al Oriente Próximo del siglo X. Las versiones distorsionadas de la evolución de la naturaleza humana contribuyen a los esfuerzos por erradicar formas alternativas de pensar sobre la hombría, los roles de género y la autoestima.

Lo primero en la lista de tareas para políticos, predicadores y comentaristas que promueven esta reacción es prescribir cómo deberían comportarse los «hombres de verdad». Los hombres deben ser fuertes, dominantes y estar al mando, guerreros listos para defenderse de invasiones inminentes u otras amenazas. Esta descripción del trabajo del «hombre de verdad» se centra en proteger o proveer para su familia, con un fuerte énfasis en imponer disciplina, pero es escasa en empatía. El cuidado infantil nunca se menciona. Mientras tanto, para reforzar este avance hacia la «masculinidad militante», se enuncian vivamente las amenazas «comunistas»; la guerra nuclear; los musulmanes; los inmigrantes; negros; los demócratas radicales e impíos; China; violadores; pederastas y «ciberengaño pederasta»; o médicos que «arrancarían a un bebé del vientre de la madre». Nada activa más rápido las amígdalas y apaga las cortezas prefrontales (conseguidas con tanto esfuerzo) de la humanidad.

Existen circuitos de retroalimentación bien documentados que vinculan la amenaza o la experiencia de la guerra a la susceptibilidad religiosa, con un aumento de la religiosidad que fomenta una mayor solidaridad dentro del grupo contra los forasteros. Es un tipo de lealtad tribal que cataliza nuevos ciclos de violencia. Estos circuitos de retroalimentación que se refuerzan a sí mismos son una de las razones por las que la propaganda sobre la «carnicería inminente» y la necesidad de proteger a la familia, predicada desde púlpitos y podios o difundida por Internet, resulta tan eficaz.[82] Un mensaje central de los demagogos del siglo XXI es la necesidad que tiene la sociedad de hombres «varoniles» y líderes poderosos. Cuanto más miedo puedan inspirar, mayor será la percepción de que los necesitamos. Los propagandistas han descubierto qué botones pulsar para volver a despertar viejas tensiones sexuales, tensiones comunes a todos los primates y más antiguas que el propio «patriarcado». Como vimos en el último capítulo, idealizar a guerreros fuertes y belicosos casi siempre amplía la separación entre sexos y estigmatiza a los hombres que pasan tiempo cerca de bebés o cuidándolos. En el proceso este bucle de retroalimentación que se refuerza a sí mismo reduce las perspectivas de paz, hace más probables las respuestas beligerantes y los conflictos intergrupales (capítulo 9). Irónicamente, este ensalzamiento de la masculinidad militante para que los hombres puedan proteger supuestamente a las mujeres y niños raras veces ha llevado al mundo a un lugar más seguro, sobre todo para los niños.

Los adeptos a este nuevo «cristianismo musculoso» están sustituyendo el cristianismo del Nuevo Testamento por una particular versión armada norteamericana del «patriarcado bíblico» del Antiguo Testamento.[83] Olvídense de lo de proteger a los vulnerables o «dejar que los niños vengan a mí». Su «Jesús no es Míster Rogers»,[84] observa el sociólogo Michael Kimmel.[85] Esta versión del cristianismo ensalza a los hombres fuertes y dominantes, capaces de imponerse a los antagonistas; los agentes del poder patriarcal, una vez más, hacen a un lado a los cuidadores más matricéntricos. El «paz en la tierra» queda al margen, y en todas partes los niños pagan el precio, junto con el futuro de la humanidad.

De entre todos los lugares, este cambio de prioridades está pasando a primer plano en la más rígida de las instituciones estadounidenses,

---

[82] Henrich *et al.*, 2019; véase también Atran, 2016; Bauer *et al.*, 2016; Turchin, 2016.

[83] Kimmel, 2012, pp. 242 y ss., y detallado por la historiadora estadounidense Kristen Du Mez en su libro de 2020 *Jesús y John Wayne* [Madrid: Capitán Swing, 2023].

[84] *Mister Rogers' Neighborhood* (El vecindario del Señor Rogers o Míster Rogers) fue una serie infantil educativa estadounidense creada y presentada por Fred Rogers. Es la serie más duradera de la Public Broadcasting Service (PBS). (*N. de la T.*).

[85] Kimmel, 2012, p. 242.

el Tribunal Supremo de Estados Unidos, donde influyentes juristas del siglo XXI están revisando las leyes del país para que se ajusten más a las admoniciones del Antiguo Testamento que recuerdan a las mujeres que «tu esposo [...] te dominará» y aconsejan a los hombres «sed fecundos y multiplicaos».[86] Estas opiniones remiten a una época en la que la ley natural de inspiración divina obligaba a los hombres a ejercer el dominio sobre sus esposas e hijos. El cómo se cuidaran esos hijos tras el nacimiento era, y en estos círculos sigue siendo hoy, una prioridad menor. Es un desajuste que me hace preguntarme si el control de la natalidad seguiría siendo un tema tan polémico en caso de que los hombres fueran considerados igual o completamente responsables de cuidar a los bebés que engendran.

La sentencia del Tribunal Supremo de 2022 que anuló el derecho constitucional al aborto de las mujeres estadounidenses, vigente desde hace mucho tiempo, contenía ocho referencias al jurista del siglo XVII *sir* Matthew Hale. Puritano de línea dura, famoso por su honradez, Hale hizo cumplir la Common Law británica en una época en la que las esposas y los hijos aún se consideraban propiedad absoluta de los maridos.[87] Para Hale la violación era un delito tan «atroz» como la brujería o abortar un feto, *a menos* que un hombre violara a su propia esposa, en cuyo caso el patriarca designado simplemente utilizaba su propiedad para el fin al que estaba destinada.[88]

Lejos de demostrar el «excepcionalismo» estadounidense, también en otros lugares se están produciendo retrocesos contra la

---

[86] Génesis 1, 28; 3, 16.

[87] Antes de la sentencia de Alito, Hale probablemente era más conocido por sus opiniones legales que llevaron a la ejecución de brujas y a exonerar a los esposos de violación conyugal argumentando que, al casarse, la esposa se obligaba contractualmente a tener relaciones sexuales con su marido. Para más información sobre la visión propietaria que los hombres tienen hacia sus parejas, véase el clásico ensayo de 1992 de Margo Wilson y Martin Daly, «The man who mistook his wife for a chattel».

[88] Sin duda, también es relevante que seis de los nueve jueces de la Corte Suprema fueran católicos —siete si se cuenta al juez Gorsuch, que fue criado como católico y asistió a la misma prestigiosa escuela de niños jesuitas que el juez Kavanaugh antes de convertirse en episcopaliano—. Varios jueces habían sido deliberadamente nombrados en base a su probable o demostrada oposición al aborto.

autonomía reproductiva de las mujeres. Ese mismo año, 2022, en la India, los jueces del Tribunal Superior de Deli dictaminaron que si un hombre violaba a su propia esposa, difícilmente podía constituir un delito. Al igual que sus homólogos estadounidenses, esos jueces también se basaron en el precedente de Hale del siglo XVII.[89]

Las definiciones cambiantes de los roles de género se desarrollan en un contexto de antigua tensión entre los intereses patriarcales y los matricéntricos más afectivos. Las viejas tensiones están resurgiendo con fuerza, y nadie puede decir cómo se resolverán. Lo único claro es que, una vez más, el cambio está en marcha. Pero esta vez, los conflictos de intereses se están desarrollando en un contexto del siglo XXI, donde los roles asumidos por todos los géneros, junto con las oportunidades disponibles para ellos, están en constante evolución. La última palabra sobre «Masculinidades en transición (segunda parte)» aún está por escribirse, pero las apuestas no podrían ser más altas.

En este capítulo he resumido algunos de los cambios jurídicos, políticos, ideológicos, sociales, económicos y tecnológicos que han preparado el terreno para la convergencia contra todo pronóstico de hombres y bebés que se está produciendo hoy en día en muchos ámbitos. Pero comprender por qué pasar tiempo en íntima proximidad con bebés produce las profundas consecuencias neurofisiológicas y emocionales que los científicos están documentando requiere viajar más atrás en el tiempo, antes de los primates, antes de la aparición de los mamíferos, hasta los primeros vertebrados que nadaban en sus mundos acuosos. En el capítulo 5 he analizado las sospechas del propio Charles Darwin sobre este sorprendente «legado de la humanidad», y en el último capítulo profundizaré sobre la luz que la neurociencia moderna está arrojando sobre los orígenes del cuidado parental entre los primeros protectores y cuidadores masculinos de la naturaleza. Antes de volver a esta historia realmente antigua, comencemos con algunos breves ejemplos de hasta qué punto han cambiado las ideas preconcebidas de las personas sobre la capacidad de los hombres para cuidar desde la época de Darwin.

---

[89] Taub, 2022.

12

Encuentro entre hombres y bebés en el siglo XXI

«Parece que basta con pulsar la tecla adecuada en el cerebro de machos y hembras para que los animales sepan cuidar de sus crías».

CATHERINE DULAC, 2015

Por fin aparecen los papás cuidadores

Así que aquí estamos en el siglo XXI, con bastantes hombres comportándose más como los tities o los monos nocturnos que como los chimpancés o los padres con los que crecí. Se dedican al cuidado continuado de los niños. Mientras para mí, y probablemente para la mayoría de mi generación, nuestra respuesta inicial ha sido de asombro, es posible que los lectores más jóvenes tiendan a dar por sentado que los hombres cambian pañales y cuidan bebés. La forma en que se ha representado la devoción paterna en el arte occidental ofrece una vívida ilustración de algunos de los modos en que las actitudes hacia el potencial de los hombres para cuidar a los niños han cambiado en el transcurso de los últimos siglos.

Empecemos en el siglo XVII con la famosa obra *Alegoría de la caridad*, del artista francés Pierre Daret de Cazeneuve.[1] Presenta a una mujer con aspecto de madona que nutre serenamente a unos cuantos bebés acurrucados contra su pecho, la misma pose que William-Adolphe Bouguereau elegiría para personificar la devoción desinteresada en su versión de *La Charité* dos siglos más

[1] Para una discusión más amplia sobre la prolongada identificación en Occidente de la «maternidad» con el autosacrificio y la «caridad», véase Hrdy, 1999, pp. 10 y ss. y fig. 1.1.

tarde. Expuesto por primera vez en 1878, más o menos cuando Darwin estaba terminando *El origen del hombre y la selección en relación al sexo*, el cuadro de Bouguereau transmite un claro mensaje sobre lo que la gente pensaba en ese momento respecto a qué sexo estaba destinado a dedicar su vida al cuidado de los bebés (figura 12.1).

A finales del siglo XX, sin embargo, la gente empezaba a preguntarse si eran realmente las mujeres el *único* sexo preparado para cuidar bebés. Para entonces los padres en disputas por la custodia podían obtener derechos de custodia iguales, o incluso exclusivos, aunque los niños en cuestión solían ser mayores, ya no bebés. Todavía en 2021 el comentarista político conservador Matt Walsh seguía haciéndose eco de la sentencia de que el momento para que un hombre se vincule con sus hijos es más adelante, porque «los bebés dirigen su atención casi exclusivamente a mamá, es biológico».[2]

Las últimas décadas del siglo XX vieron a más padres estadounidenses interesarse en el cuidado infantil, algunos incluso cuidando a bebés pequeños, como el padre de Pasadena citado en un artículo de 1986 sobre los derechos de los hombres. «Mi padre siempre ha dicho con orgullo que nunca cambió un pañal [...] —le dijo el californiano al reportero—, pero yo estoy igualmente orgulloso de haber cambiado cientos».[3] Sin embargo, muchos hombres estadounidenses de mentalidad liberal seguían sintiéndose incómodos con el cuidado de los bebés. Pensemos en el artista de finales del siglo XX Wes Hempel, que se describe a sí mismo como un pintor gay empeñado en reimaginar cómo se representa la masculinidad en el arte occidental. En la madurez, en un momento de su vida en el que intentaba decidir si quería o no ser padre, este talentoso artista realizó su propia versión de *La Charité* de Bouguereau.[4]

---

[2] Publicado el 25 de octubre de 2021 en la cuenta de Twitter de Matt Walsh, citado por Chelsea Conaboy, 2022, p. 249; véase cita completa en pp. 331-332, n. 249.

[3] Griswold, 1993, p. 243 citando el artículo de John Leo de 1986, «Men Have Rights Too».

[4] Página principal de Wes Hempel, www.WesHempel.com, citando el comunicado de prensa de 2011 de la Galería Lew Allen; véase también la entrevista con Wes Hempel publicada en YouTube, https://www.youtube.com/watch?v=JBpC2ujJ9Uc.

La tituló *Fatherhood*, pero tenía claramente sus dudas cuando se trataba de cuidar a bebés pequeños, dudas que se reflejan en la expresión atónita del rostro del hombre del cuadro (figura 12.2).

Sin embargo, llegado el siglo XXI, con el patriarcado desapareciendo en algunos lugares, la flexibilización de las restricciones binarias, los cambios en los marcos legales, las nuevas tecnologías reproductivas disponibles y más madres trabajando, ha habido un cambio radical en las expectativas sobre lo que harán los padres. En los hospitales se insta a los hombres a establecer vínculos con los bebés desde el nacimiento, y con los sacaleches y biberones disponibles incluso a alimentarlos. Algunos están actuando como cuidadores principales, aunque persistan las viejas idealizaciones sobre el cuidado materno exclusivo de los bebés.

Recordemos la foto de portada de la revista *Time* del 12 de mayo de 2012, en la que aparece una madre amamantando a lo que parece ser un niño de cuatro o cinco años, que se encuentra de pie en una silla para poder alcanzar sus pechos. Acompañaba a un reportaje sobre la «crianza con apego», la filosofía que defiende el contacto corporal continuo entre la madre y su bebé. Este punto de vista extremo persiste incluso cuando los psicólogos del desarrollo, posiblemente siguiendo el ejemplo de los antropólogos evolutivos, son cada vez más conscientes de que los bebés evolucionaron para apegarse a múltiples cuidadores receptivos, incluidos los varones (capítulo 8). La gente se ha dado cuenta de que los hombres también pueden cuidar de los bebés, incluso de los que no son suyos.

No disponemos de cifras exactas, pero hoy en día existen más hombres que nunca en la historia conocida de nuestra especie cuidando de bebés pequeños. Algunos, como en las familias que dependen de los ingresos de la madre, tienen pocas opciones. Otros se toman voluntariamente considerables molestias y gastos para hacerlo. Los hombres lo bastante afortunados como para tener un permiso de paternidad remunerado, o que trabajan desde casa, pueden aprovechar la oportunidad de ejercer de cuidadores en igualdad de condiciones o únicos de los bebés. En otros casos «simplemente comienza a suceder». Recordemos la encuesta del Departamento de Salud y Servicios Humanos de Estados Unidos

Figura 12.1. Siguiendo una larga tradición occidental, el artista francés William-Adolphe Bouguereau eligió a una mujer con aspecto de madona que cuida serenamente a un grupo de bebés para personificar la devoción desinteresada y a una mujer que cumple su papel natural en la vida. (William-Adolphe Bouguereau/Wikimedia).

Figura 12.2. El cuidador masculino del cuadro de Wes Hempel de finales del siglo XX titulado *Fatherhood*, un juego con anteriores personificaciones de *La Charité*, parece más aturdido que competente. (Wes Hempel, *Fatherhood*, 1997. Colección del Museo de Arte de Denver: Fondos de Mark y Polly Addison, Suzanne Farver, Jim Robischon, Jennifer Doran y el artista, 1998. Fotografía cortesía del Museo de Arte de Denver).

de principios del siglo XXI, según la cual nueve de cada diez hombres estadounidenses realizaban al menos algún tipo de cuidado directo del bebé, pero solo si convivían con él, lo cual es un requisito fundamental (capítulo 11). Sin embargo, una vez que empiezan, muchos se adaptan bien a su nuevo rol.

Recordemos la imagen de 2021 tuiteada por Pete Buttigieg, el primer secretario del gabinete estadounidense de la historia que se tomó un permiso de paternidad (figura 1.4 del capítulo 1). Allí estaba con su pareja, abrazando a recién nacidos adoptados. En las entrevistas ambos hombres detallaban alegremente, casi con regocijo, las tareas diarias de cuidado del bebé, encantados de su creciente competencia y comprometidos a convertirse en padres consumados. En una carta de 2022 al *New York Times* otro padre gay describe cómo sostener a su hija recién nacida junto a su pecho desnudo le provoca una sensación de «amor paternal feroz e inexplicable». Impresionado por la facilidad con que él y su pareja aprendieron a manejar a su retoño, no pudo evitar señalar que a menudo hacen un mejor trabajo de crianza que las madres. Cuando el periodista británico Paul Morgan-Bentley me entrevistó para *The Equal Parent*, su libro de 2023 sobre sus experiencias y las de su pareja criando a su hijo, mencionó que él también se había despertado sobresaltado con el primer gemido nocturno de su recién nacido, igual que yo con mis propios bebés. En lugar de quedarse perplejos, estos cuidadores masculinos del siglo XXI asumen con entusiasmo su papel, aunque sin duda se sientan cansados y privados de sueño en el proceso. Los retratos de estos hombres también merecen añadirse a la galería de cuidadores (figura 12.3).

Así que ahora que estos hombres cuidadores han entrado en escena, ¿cómo explicamos sus respuestas singularmente «maternales»? No son simples alomadres que *deciden* ayudar, es evidente que intervienen procesos tanto biológicos como culturales. Progenitores genéticos o no, esos padres se convierten en criadores que responden de manera refleja, priorizando el bienestar de la pequeña criatura que tienen a su cargo. Son transformados neuroendocrinológicamente por la experiencia. Sin duda, las expectativas modificadas de los que están cerca, junto con las predisposiciones aloparentales de su córtex frontal, contribuyeron a preparar el terreno.

Figura 12.3. Se ha producido un cambio radical en las expectativas del siglo XXI sobre lo que los padres están dispuestos a hacer y se creen capaces de hacer. Resulta que el padre de este retrato trabaja desde casa. Con la ayuda de un sacaleches, biberones y varios aloparientes (¡nunca suficientes!), él y su mujer han hecho malabarismos para criar por igual a tres bebés amamantados desde el nacimiento. (Catherine S. Hrdy).

Pero algo más profundo debía estar sucediendo para impulsar a los hombres, que no habían sido preparados previamente por el embarazo, el parto o la lactancia, a pasar el punto crítico donde se activan también las redes subcorticales más antiguas en sus cerebros.

Se necesita estimulación en los recovecos más antiguos del sistema límbico del cerebro de un hombre para que se active su plena cuota de vigilancia y compromiso, gritando «mantendrás a salvo a este bebé por encima de todo».[5] Al investigar para este libro me propuse aprender cómo los hombres del siglo XXI podían

[5] Mucho antes de que se me ocurriera reconsiderar las emociones paternales, una frase de *Tito Andrónico* de Shakespeare, «este niño es mi único tesoro en el mundo [...] Lo guardaré y lo protegeré», seguía resonando en mis oídos. Capturaba perfectamente cómo me sentía cuando me despertaba bruscamente por la noche para correr a comprobar que mi recién nacido se encontraba bien. Fue mientras escribía este libro que las palabras regresaron a mí y pude comprenderlas en su contexto, con la intención que Shakespeare había querido darles, y comprender lo que Virginia Woolf quiso decir sobre la imaginación «andrógina» de Shakespeare, que podía transferir tan vívidamente las emociones maternales a un padre como Aarón el moro. Aquí estaba un hombre que, después de comparar a su bebé con una «hermosa flor»,

llegar a un lugar donde esto sucediera. Pero también necesitaba entender cómo adquirieron los circuitos neuronales y las capacidades relevantes desde el principio. Capítulo por capítulo, me esforcé por averiguarlo.

Mi búsqueda me exigió reconstruir una larga concatenación de acontecimientos climáticos, adaptaciones evolutivas, preadaptaciones fortuitas, acontecimientos históricos, transformaciones económicas y cambios sociales impulsados culturalmente, sin mencionar las innovaciones humanas y muchas decisiones conscientes tomadas en el camino que prepararon el escenario. Por improbable que fuera que todo esto sucediera, solo fue a través de esta conjunción de circunstancias dispares que algunos hombres, habilitados por el apoyo alomaternal, se encontraron en situaciones que les exigían o les invitaban a mantener un contacto íntimo y prolongado con bebés, un contacto suficiente para empujarlos más allá del punto de inflexión y transformarlos neurofisiológicamente.

Estos hombres no solo optan por permanecer cerca de las mujeres para protegerlas tras el apareamiento, como hacían sus antepasados primates. Sus prioridades se han desplazado hacia el bienestar del bebé a su cargo, un bebé al que están psicológicamente preparados para entregar su vida. Pero tendrían que darse unas circunstancias evolutivas, históricas y culturales muy especiales para que se pulsara en sus cerebros lo que la neurocientífica de Harvard Catherine Dulac denominó «la tecla adecuada»,[6] activando en los hombres instintos protectores latentes pero profundamente arraigados, liberando esa cuota de ternura que tanto me asombró al ver a mi yerno cuidar de mi nieto recién nacido.

Viaje al punto de inflexión: breve repaso

Durante más de doscientos millones de años la crianza de los jóvenes mamíferos ha sido una tarea casi exclusiva de las madres.

---

cogió a su *filius nullius* y huyó lejos para mantener a toda costa a su bastardo recién nacido a salvo.

[6] Entrevista con Dulac, en O'Donnell, 2015.

La fecundación interna implicaba que la hembra presente en el momento del nacimiento tenía prácticamente garantizado ser la madre de ese recién nacido. También estaba excepcionalmente equipada para proporcionar el precioso, costoso y absolutamente esencial oro blanco que las crías de mamífero necesitaban para sobrevivir (capítulo 2). No es de extrañar que fueran las madres mamíferas, y no los padres, las que evolucionaran para cuidar de los bebés. Cuando los padres se dedicaban al cuidado de los bebés era en especies con vínculos de pareja en las que las madres monándricas prácticamente garantizaban la paternidad de sus compañeros, un nivel de confianza que, por razones explicadas en el capítulo 7, los primates macho rara vez pueden tener.

Han transcurrido más de setenta millones de años desde aquellas tardes en que los machos solitarios, más parecidos a roedores o musarañas que a prosimios, vagaban por los bosques en busca de insectos para comer y hembras con las que aparearse. Al encontrarse con una madre y su cría, estos merodeadores eran más propensos a matarla que a cuidarla. ¿Qué posibilidades tenía un ogro infanticida de sucumbir al poder transformador de los bebés? Qué irónico resulta que lo que empezó como machos que maltrataban a los bebés pusiera en marcha el proceso para que algunos primates macho los cuidaran. He aquí lo que considero tesituras críticas.

Los primates macho que empezaron a permanecer cerca de las madres tras el apareamiento no lo hacían para ayudar a cuidar o suministrar alimento a los bebés. Se quedaban para evitar que algún otro macho que merodeara por allí dañara a las crías posiblemente suyas. Con el tiempo, estos defensores de la pareja evolucionaron para ser más sociables, sintiéndose más seguros cerca de otros congéneres y empezando a disfrutar de algunos contactos, como de acicalarse unos a otros. El gregarismo obligó a los machos a ser aún más tolerantes con los demás que estaban cerca, incluidas las crías, y esta íntima proximidad tuvo sus propias consecuencias tranquilizadoras. Sin embargo, solo en casos excepcionales, entre algunos prosimios lejanos y monos del Nuevo Mundo, los primates macho se dedicaban al cuidado directo de los bebés.

Entre los primates catarrinos, los monos y simios del Viejo Mundo con los que los humanos tienen más genes en común, la mayoría de los machos se mantenían bastante alejados de las crías. Como autoproclamados defensores de su grupo, a veces tomaban la iniciativa de rescatar a un bebé lo bastante mayor como para separarse de su madre y dar señales de angustia. La madre era la que tomaba la iniciativa más a menudo, facilitando el contacto y fomentando la familiaridad entre su bebé y los machos dispuestos a defenderlo.

Antes del nacimiento, las hembras de primate podían reducir la probabilidad de infanticidio solicitando y apareándose con múltiples usurpadores potenciales. Tras el nacimiento, los machos que se encontraran con su cría y recordaran haberse apareado con ella podrían ser más solícitos. La madre también actuaba como guardiana estratégica, aunque cautelosa, fomentando un sentimiento de parentesco entre su cría y los machos dispuestos a protegerla. Se comportaba de forma muy parecida a la diligente madre gorila, que tras el parto intenta permanecer lo más cerca posible del macho en mejor posición para defender a su cría. Otras, como las madres de los monos del Viejo Mundo que se encuentran en hábitats estacionalmente duros, entregan a sus crías casi destetadas a antiguos compañeros para que las transporten cuando las condiciones empeoran. Incluso entre los grandes simios se dan casos ocasionales de machos que adoptan huérfanos mayores (capítulo 7).

Al reexaminar los estudios de campo sobre primates, me di cuenta de que había mucha más materia prima para las respuestas de cuidado en los machos de monos y simios de lo que había supuesto en un principio. Aun así, estadísticamente hablando, lo más cerca que la mayoría de los machos de grandes simios habría estado de un bebé recién nacido era cuando lo atacaban o lo canibalizaban, no cuando lo acariciaban. ¿Cómo explicar entonces que los descendientes del siglo XXI de estos mismos simios cambien hoy pañales rutinariamente y utilicen biberones con tetina de goma para alimentar a los bebés desde su nacimiento (capítulos 1 y 11)? Al reconstruir cómo se llegó a esto, es bueno recordar ¡cuán cerca estuvo de no ocurrir!

Con la llegada del Pleistoceno, lo que una vez fue una edad dorada para los simios quedó eclipsado por condiciones climáticas inhóspitas. Al reducirse su mundo habitable, algunos simios se vieron obligados a abandonar la selva y refugiarse en la sabana, un lugar mucho menos hospitalario en el que estos refugiados cada vez más bípedos escaparían a duras penas de la extinción y evolucionarían hasta convertirse en el género *Homo*. Para subsistir, estos primeros homínidos se unieron a esa fracción poco común de aves y mamíferos que dependen de aloparientes además de los padres para mantener a sus costosas crías bien cuidadas y alimentadas (capítulo 8). No estoy segura de cuándo empezó a surgir la reproducción cooperativa, quizá hace dos millones de años o antes aún. En cualquier caso, los adultos de ambos sexos de distintas generaciones se vieron cada vez más unidos en redes de dependencia mutua.[7] La competencia sexualmente seleccionada entre machos nunca desapareció entre estos criadores cooperativos, pero se revisaron los términos en los que operaba la selección darwiniana, especialmente entre los homínidos que crecieron dependiendo de otros. Los impulsos trogloditas de apalear a los competidores dieron paso más frecuentemente a impulsos socialmente seleccionados en los hombres que se esforzaban por ser aceptados, respetados y valorados por los demás, así como dispuestos para coordinar comportamientos y cooperar con ellos (capítulo 9).

Compartir la comida se convertiría en un rasgo central de este nuevo estilo de vida. Los machos de otros simios comparten la comida ocasionalmente, aunque a regañadientes. Pero estos homínidos estaban en transición hacia un modo de vida distintivamente humano centrado en las comidas compartidas. La caza, muy apreciada y rica en proteínas, aunque disponible esporádicamente, conseguida sobre todo por los hombres, se complementaba con alimentos vegetales recogidos y procesados por las mujeres. Era probable que cantidades significativas de comida, sobre todo de productos muy preciados como la carne y la miel, acabaran en los estómagos de miembros del grupo que no siempre eran parientes

[7] La hipótesis sociobiológica de que los humanos deben haber evolucionado como criadores cooperativos (Emlen, 1995; Hrdy, 1999, 2005, 2009) es cada vez más aceptada tanto por antropólogos evolutivos como culturales (Mace y Sear, 2005; Bentley y Mace, 2009; Quinn y Mageo, 2013; Lancy, 2022), sociólogos (revisado en Rotkirch, 2018); y un nuevo grupo emergente de economistas conductuales (Cassar *et al.*, 2023).

cercanos del proveedor (capítulo 8). La reducción de las posibilidades de morir de hambre cuando un cazador fracasaba, junto con la admiración que los hombres despertaban en los receptores de su generosidad, hacían que compartir mereciera la pena. Todos estaban más o menos igual de hambrientos e igual de bien alimentados. En los bonobos se ha observado el reparto ocasional de carne entre adultos de grupos adyacentes, pero en ningún otro primate además de los humanos se espera que los machos provean a otros adultos (capítulos 7 y 8).

Aunque siguiera existiendo la competencia entre machos por el estatus y el acceso a las parejas, el énfasis en compartir implicaba que la variación en el éxito reproductivo de los distintos machos no era como debió de ser entre los primeros antepasados simios, o como volvería a ser después de que los humanos empezaran a pastorear ganado y a acumular propiedades y poder. Entre los cazadores-recolectores móviles que vivían al día y a duras penas, la reputación de generosidad de un macho y su disposición a ayudar a otros era importante para que sus congéneres quisieran tenerlo como compañero o miembro del grupo. También influía en la supervivencia de la descendencia o de otros parientes. No cabe duda de que merecía la pena competir por la estima de los demás, pero para que eso fuera posible había que reorientar las prioridades psicológicas de los machos. Por casualidad, también se estaban produciendo cambios en este frente (capítulo 9).

En comparación con las madres, cuya capacidad de respuesta refleja a las señales del bebé se ve estimulada por las hormonas durante la gestación, el parto y el inicio de la lactancia, los alopadres masculinos *decidían* ayudar. Al hacerlo, podrían estar teniendo en cuenta su relación con la madre y su familiaridad con el bebé, un indicador común entre primates de la existencia de parentesco. Sin duda, tenían en cuenta su propio estado, el grado de necesidad del bebé, el coste de la ayuda y quién más podía estar disponible para ayudar. Pero los homininos macho no solo se habían vuelto más tolerantes con los demás (incluidos los bebés), sino que, más importante aún, estaban cada vez más atentos a quién podía darse cuenta, preocuparse y recordar las acciones prosociales y valorarlas en consecuencia.

Cualquiera que se pregunte cómo un macho tan egoísta como la mayoría de los simios pudo volverse tan atento a los demás debe tener en cuenta lo temprano que empezaban los pequeños prehumanos. Casi desde el nacimiento necesitaban monitorear las intenciones de los demás, diseñando estrategias para obtener cuidados de las alomadres, así como de sus propias madres. Sus cerebros no solo se volvían cada vez más hábiles en el uso de herramientas y la recolección, sino también en la capacidad de interpretar los pensamientos y preferencias de los demás (capítulo 9). La selección social darwiniana estaba favoreciendo a los bebés que mejor sabían leer las preferencias de los congéneres, atraer la atención de los que los rodeaban y obtener sus cuidados. Eran las crías con más probabilidades de recibir cuidados, ser alimentadas, sobrevivir y crecer equipadas para leer las intenciones y preferencias de los otros.

Necesidad, azar y más necesidad

El duro e impredecible clima del Pleistoceno que llevó a la extinción a varias líneas de simios bípedos fue simplemente mala suerte, lo que el gran biólogo francés Jacques Monod podría llamar «azar». Pero lo que ocurrió durante ese fatídico intervalo fue impulsado por lo que Monod denominó «necesidad». No hubo un único punto de partida para la hipersocial disposición de los humanos a cooperar con otros. Sin embargo, si tuviera que señalar un precursor clave, sería la desesperada búsqueda de los pequeños homínidos dependientes, generalmente hambrientos, por obtener auxilio de los otros, agudizando su sensibilidad social durante el proceso.

Todos los grandes simios actuales muestran capacidades rudimentarias para teorizar sobre lo que piensan los demás, y es de suponer que los antepasados comunes que compartimos con ellos también podían hacerlo. Pero a medida que se acortaban los intervalos entre nacimientos en algunos simios del género *Homo*, los pequeños que ya no podían depender del cuidado exclusivo de madres con ciclos reproductivos más rápidos necesitaban mejorar su capacidad para leer la mente. Los candidatos que competían por atraer cuidados tenían que aprender a captar y descifrar las intenciones y preferencias psicológicas de los demás. Si fallaban, corrían el riesgo de ser ignorados; en cambio, cuando tenían éxito, eran recompensados, lo que los condicionaba a seguir esforzándose por ganarse la atención y el apoyo de los otros. En el proceso las aptitudes para monitorear a los demás se fueron desarrollando plenamente. Una vez que estas habilidades se volvieron visibles para la selección natural, las redes neuronales que ayudaban a sus poseedores a evaluar expresiones, descifrar intenciones y planificar respuestas acordes fueron favorecidas por la selección social. Las áreas clave para estas habilidades de discriminación se encontraban en la corteza frontal (en proceso de expansión), especialmente en la corteza prefrontal medial (capítulo 9).

De este modo, la casualidad y la necesidad pusieron en marcha un bucle de retroalimentación autorreforzante de grandes consecuencias. Los pequeños homínidos más capaces de leer las intenciones de los demás maduraron y se convirtieron en adultos respetuosos con sus congéneres, preadaptados para colaborar con ellos de forma mutuamente ventajosa (capítulo 9). Si tuviera que adivinar cuándo comenzó realmente la evolución de los «sustratos aloparentales» documentados en el laboratorio de Ruth Feldman en Israel (capítulo 4), diría que el momento coincidió con la rápida expansión y desarrollo del córtex frontal durante el Pleistoceno tardío, pero los procesos subyacentes seguramente ya estaban en marcha mucho antes.

En su forma actual, estos son los circuitos neuronales que se activan cuando las alomadres de ambos sexos deciden ayudar a las madres a cuidar de sus bebés. No puedo evitar preguntarme si la activación de estas redes podría ayudar a explicar por qué la materia gris del córtex cingulado anterior de los hombres modernos que se convierten en padres crece y permanece notablemente más gruesa que la materia gris del cerebro de los hombres que nunca han sido padres (capítulo 4).

Durante demasiado tiempo la investigación sobre el cerebro paternal, ya fuera en roedores o en humanos, se centró casi exclusivamente en las madres. Hubo que esperar al siglo XXI para que se pusieran en marcha los estudios sobre el cerebro del padre. Incluso ahora, apenas se han empezado a realizar neuroimágenes comparables de los cerebros de los alopariientes, incluidos abuelos, hermanos mayores, niñeras abnegadas y «tías» de toda clase. Mi predicción es que cuando lleguen los resultados, mostrarán que las mismas redes que se iluminan en el córtex frontal de los padres que ayudan a las madres también se activan en los aloparientes. Esta activación irá acompañada de cambios neuroendocrinos similares a los aumentos de oxitocina que Dan y yo experimentamos tras tener en brazos a nuestro primer nieto (capítulo 6). Permanezcan atentos a las novedades.

Volviendo a mi relato evolutivo, toda esta actividad en la corteza frontal habría coincidido con el aumento del «techo gris» de la energía disponible para el crecimiento y el desarrollo del cerebro (capítulo 8). «Azar» una vez más, salvo que la mejora de la calidad y fiabilidad de los alimentos es un efecto previsible del aprovisionamiento comunal. Fortuito, sí, pero quizá no fuera del todo azaroso, puesto que el córtex prefrontal medial —la parte del cerebro que los humanos anatómicamente modernos utilizamos para evaluar cómo nuestro comportamiento puede afectar a los demás y qué piensan de nosotros— se expandió al mismo tiempo que aumentaban los cuidados alomaternales. En retrospectiva, parece que se formó un ciclo virtuoso: los simios que desarrollaban cortezas frontales más complejas estaban especialmente preadaptados para comprenderse mutuamente y coordinarse con los demás; esto mejoró su capacidad para aprovechar los beneficios de colaboraciones a gran escala, lo que liberó más energía para un mayor desarrollo cerebral (capítulo 9).

A finales del Pleistoceno los primeros humanos se reunían en puntos centrales como la cueva de Qesem, procesaban y cocinaban alimentos, compartían comida y dormían con la familia extensa (capítulo 8). Las madres podían confiar en los que estaban cerca, y es casi seguro que los hombres pasaban mucho tiempo en proximidad con ellas, lo que también significaba estar cerca de los bebés, tanto de sus propios hijos como de los de otros hombres. Cuando las circunstancias lo requerían, esos hombres podían participar en el cuidado facultativo de los bebés, con consecuencias neuroendocrinas predecibles (y a menudo bastante placenteras) (capítulos 4 y 6). Basándonos en lo que sabemos hasta ahora, creo que es seguro asumir este tipo de respuestas inmediatas a nivel neurofisiológico. Pero el grado en que estos cambios neuroendocrinos, como el aumento de la liberación de neuropéptidos como la oxitocina y la vasopresina, u otros neurotransmisores como la dopamina o la serotonina, podrían llevar a cambios epigenéticos y, en última instancia, genéticos, es algo que recién comienza a ser investigado por neurocientíficos como James Rilling (capítulo 9). De nuevo, estaremos al tanto de las novedades que se vayan descubriendo.

Nadie sabe con exactitud cuándo «la burbuja de aire de la reputación», como la llamó Shakespeare, empezó a ocupar su descomunal papel en los asuntos de los hombres. La aparición de un lenguaje sofisticado fue sin duda un factor importante, junto con nuevos criterios para evaluar la valía de cada hombre. Recordemos también que estos simios emocionalmente modernos, condicionados como estaban a prestar atención a las intenciones y preferencias de los demás, también se estaban volviendo altamente adoctrinables. La preocupación por la opinión de sus semejantes habría contribuido a que la selección social favoreciera a los hombres aún más cooperativos. El escenario estaba preparado para que los hombres se coordinaran con otros cazadores, proveedores, constructores o guerreros. Sin embargo, por muy orgullosos que los humanos deban estar de estos impulsos orientados hacia los demás, vale la pena recordar que la chispa inicial para la evolución de estos dones que facilitan la cooperación se encendió primero en los cerebros en desarrollo de los dependientes indefensos de ambos sexos, bebés desesperados por captar la atención de alomadres, además de la de sus propias madres. Fueron sus imperiosas necesidades nutricionales y emocionales las que iniciaron la precuela de la película humana protagonizada por nuestra especie hipersocial, dotada de lenguaje, transmisora de cultura y dominadora del planeta. El hecho de recordar el papel, a menudo ignorado, que desempeñan los indefensos seres inmaduros que aún no tienen edad suficiente para ayudar a abatir a grandes animales o luchar contra los saqueadores, nos ofrece una valiosa advertencia. Para emerger en toda su plenitud los llamados «mejores ángeles»[8] de la naturaleza humana necesitaban ser nutridos, y siguen necesitándolo.

Las prioridades de los hombres

Con la estabilización de los climas posteriores al Pleistoceno, la domesticación de animales y cultivos en marcha, y la invención de nuevos medios para almacenar y procesar alimentos (incluidos nuevos alimentos para el destete), las personas estaban mejor protegidas contra la escasez estacional y se volvieron más sedentarias. Los intervalos entre nacimientos se acortaron aún más. Con la acumulación de propiedades y unos modos de producción más intensivos, se preparó el terreno para que algunos hombres tuvieran mucho más éxito reproductivo que otros, con la correspondiente repercusión en sus prioridades.[9] Otro resultado del aumento de los nacimientos y la expansión de la población fue que el estatus del clan de un hombre y la invasión por parte de sus vecinos se convirtieron en su mayor preocupación, más importante que el bienestar de cada uno de sus hijos.

---

[8] La expresión «better angels» hace referencia a los aspectos más nobles y virtuosos del carácter humano. Este término fue popularizado por Abraham Lincoln en su primer discurso inaugural de 1861, cuando instó a sus compatriotas a recurrir a «los mejores ángeles de nuestra naturaleza» para superar la división y el conflicto que amenazaban con destruir la Unión en la víspera de la guerra civil estadounidense. La autora está sugiriendo que para que estos aspectos virtuosos de los hombres —como la compasión, el cuidado y la cooperación— puedan desarrollarse plenamente, necesitan ser fomentados y nutridos desde una edad temprana. (*N. de la T.*).

[9] La antropóloga evolutiva Laura Betzig ha dedicado su vida a documentar las correlaciones entre *Despotism and Differential Reproduction* (Despotismo y reproducción diferencial), el título de su clásico de 1986. Pero en su visión comparativa de 2012, que abarca sociedades tradicionales, incluidos forrajeadores móviles, horticultores, pastores y agricultores, documenta una tendencia mundial que muestra un aumento de la variabilidad en el éxito reproductivo masculino con modos de producción más intensivos. No sería hasta la aparición de las personas «WEIRD» en nuestra era moderna cuando la varianza en el éxito reproductivo masculino y femenino se volvería casi equivalente, aunque no de manera perfecta, como habría sido entre los cazadores-recolectores nómadas del Pleistoceno en África.

A pesar del aumento de la competencia entre hombres después del Pleistoceno, no tengo conocimiento de ninguna evidencia de cambios genéticos que hayan impactado en el comportamiento paterno. No es que los humanos dejaran de evolucionar. Después de todo, hay cambios bien documentados en las frecuencias genéticas posteriores al Pleistoceno. Pero hasta ahora la mayoría de esos cambios implican adaptaciones a diferentes altitudes, temperaturas y niveles de exposición al sol; resistencia a enfermedades nuevas; o la digestión de nuevos alimentos. Los análisis genómicos revelan indicios de migraciones pasadas que diferencian a las poblaciones matrilocales de las patrilocales, pero hasta la fecha ninguna parece especialmente relevante para el cuidado paterno a nivel genético.

Esto tiene sentido si tenemos en cuenta que los cambios son mucho más rápidos a nivel cultural que a nivel genético, y a menudo impredecibles. La flexibilidad de la composición de la familia humana y la rapidez con la que los roles de género construidos culturalmente pueden ajustarse a las nuevas oportunidades y limitaciones, implica que los cambios a nivel genético resultarían ser tan maladaptativos como adaptativos. Por muy ventajosa que pudiera haber sido la asistencia paterna en algunas circunstancias, no es sorprendente que los padres humanos nunca evolucionaran para proporcionarla de manera automática. Mi suposición es que los humanos emergieron del Pleistoceno con una predisposición para la capacidad de respuesta alomaternal y el cuidado paterno facultativo, pero con normas sobre el papel del padre transmitidas culturalmente.

Así fue como las personas se dispersaron por todo el mundo, en un mosaico variado de estructuras sociales más o menos filopátricas por parte de los hombres o las mujeres, más o menos jerárquicas, más o menos matricéntricas o patriarcales, y más o menos propensas a la agresión, con las costumbres que las acompañaban. La cantidad de contacto que los hombres tenían con los bebés, y cuánto valoraban o invertían en cada niño, dependía del contexto (capítulo 10). En palabras de las psicólogas sociales Wendy Wood y Alice Eagly, las respuestas de los hombres a los bebés y a los niños mayores se consideran mejor como propiedades «emergentes», de acuerdo con «las características evolutivas de los sexos, sus experiencias de desarrollo y su actividad en la sociedad». En cualquier momento o lugar, el cuidado paterno probablemente se desarrollaba de acuerdo con «potenciales biológicos», pero se moldeaba y desarrollaba de acuerdo con «circunstancias ecológicas, tradiciones y mucho más».[10]

A medida que cada hombre evaluaba sus propias compensaciones costo-beneficio, dependientes del contexto, sobre cuándo ayudar en el cuidado y cuándo no molestarse, los cálculos relevantes tenían lugar en las regiones corticales recién evolucionadas de su cerebro. Mucho después del Pleistoceno estos procesos subyacentes fueron detectados cuando se escanearon los cerebros de padres que ejercían cuidados secundarios en el laboratorio de Ruth Feldman. Pero ¿qué ocurre con esos hombres inusuales, los hombres que son los cuidadores principales, cuyos cerebros también fueron escaneados en ese mismo laboratorio? Se trataba de hombres que pasaban un tiempo prolongado en asociación íntima con bebés de los que eran en gran medida responsables. También en sus cerebros se iluminaron antiguas zonas del cerebro que normalmente se activan en las madres mamíferas. No se trataba solo de su neocórtex, sino de las mismas regiones límbicas primigenias que me despertaban al menor gemido de mi recién nacido por la noche (capítulo 1), diciéndome a gritos: «Debo mantener a salvo a este bebé ante todo». Es entonces cuando la vigilancia materna y la preocupación refleja por el bienestar de ese bebé anulan cualquier otra prioridad.

Fueron transformaciones como estas las que llevaron a Catherine Dulac a destacar lo similares que son los cerebros de los animales macho y hembra. Sin embargo, al reflexionar sobre las respuestas inesperadas de los hombres que se ocupan de los cuidados principales de los bebés, me acuerdo de otra cosa que dijo Dulac: «La mayoría de los neurocientíficos trabajan en el córtex». Se centran en las regiones neuronales específicamente humanas, las zonas del cerebro de las que los humanos estamos enormemente orgullosos, las regiones neuronales que evolucionaron en el Pleistoceno junto con muchas otras cosas: el reparto habitual de la comida, el cuidado

[10] Wood y Eagly, 2002, pp. 699 y ss.

aloparental, imaginar las intenciones de los demás. Pero «evolutivamente hablando —continúa Dulac— seguimos siendo animales; comer, dormir, aparearnos, criar a los hijos... son cosas que tenemos que hacer. Estos comportamientos no residen en el córtex. Todos provienen del hipotálamo y los circuitos correspondientes suelen haber permanecido inalterados evolutivamente en todas las especies animales».[11]

En todo el reino animal, donde el cuidado parental es esencial para asegurar la supervivencia de la próxima generación, responder a las señales de los bebés resulta tan básico como la termorregulación, la respiración, la alimentación o la evitación del peligro. Proteger o atender las necesidades de la descendencia vulnerable se convierte en otra función esencial de los vertebrados. Como nosotros mismos somos mamíferos, condicionados a responder a nivel emocional a criaturas cálidas y confusas, claramente indefensas, nos resulta difícil imaginar los orígenes del cuidado parental entre seres escamosos y de sangre fría como los peces, especialmente los machos. Pero para comprender las respuestas neuronales en estos cuidadores primarios, esto es precisamente lo que tenemos que hacer. Al fin y al cabo, los primeros vertebrados que cuidaban crías no eran mamíferos, sino peces. Y entre los peces donde existe el cuidado parental lo más probable es que lo proporcionaran los machos (capítulo 2). Las moléculas y los circuitos cerebrales implicados en el cuidado parental probablemente evolucionaron primero en los machos.[12] De ser así, los componentes relevantes para el cuidado de las crías permanecieron ahí, en la despensa de la madre naturaleza, latentes a la espera de que se les diera un uso.

Dejemos a un lado las nociones antropocéntricas de un «progreso» evolutivo constante y secuencial desde los organismos simples hasta el «orden superior» de los primates, que culmina en el

---

[11] Entrevista con Dulac para la *Harvard Gazette* (Radsken, 2020). Véase Tachikawa *et al.*, 2013; Kuroda y Numan, 2014; Autry *et al.*, 2021; Wu *et al.*, 2021 para más información sobre la investigación relevante.

[12] Se informa de la existencia de cuidado parental en aproximadamente el 30 por ciento de las familias de peces, y cuando uno o ambos padres brindan cuidado, en el 78 por ciento de los casos es el padre (Balshine y Sloman, 2011, p. 672).

amo del universo, el *Homo sapiens*. Para comprender cómo un macho mamífero, y además simio, pudo empezar a mostrar de forma refleja inclinaciones tan antiguas, tenemos que viajar mucho más atrás en el tiempo de lo que suelen viajar los antropólogos evolutivos. Tenemos que viajar a *antes* del Pleistoceno, cuando los simios de la línea que conduce al género *Homo* se volvieron aloparentales; viajar incluso a antes de que los machos de algunos precursores primates empezaran a permanecer cerca de las hembras después del apareamiento; retroceder aún más allá de cuando las madres mamíferas empezaron a extender las emociones maternales para abarcar también otras. Aquí es donde ayuda tomar como pista las abandonadas reflexiones de Charles Darwin sobre los primeros vertebrados en su mundo acuático. Recordemos aquella posdata de 1860 a su amigo Lyell (descrita en el capítulo 5), en la que Darwin anotó: «P. D.: ¡*Nuestro* antepasado fue un animal que respiraba agua, tenía vejiga natatoria, una gran cola nadadora, un cráneo imperfecto y, sin duda, era hermafrodita!». A esto se refería Darwin con su «linaje placentero para la humanidad», aunque posteriormente lo abandonara.[13]

Como pez en el agua

Para ayudar a nuestros cerebros mamíferos a asimilar este escenario aparentemente improbable, considera lo que sabemos sobre los peces e imagina los retos a los que se habrían enfrentado aquellos primeros machos. Ten en cuenta los ingredientes y procesos que la madre naturaleza habría tenido a mano. Para sobrevivir, los peces necesitaban regular el equilibrio interno de agua. Dependían de los potenciales osmorreguladores de hormonas como la prolactina y neuropéptidos como la isotocina y la vasotocina para hacerlo. La vasotocina y la isotocina (homólogos de la vasopresina y la oxitocina en los mamíferos) también desempeñan un papel en la regulación del esfuerzo de apareamiento, lo que en el caso de los peces a menudo significaba establecer un

[13] Darwin, 1897, p. 60.

territorio y excluir a machos rivales (o intentarlo). Aquí es donde empezó el «hombre propietario» original (capítulo 11), mucho tiempo atrás entre los peces que defendían su territorio, esperando a que llegara una hembra a poner huevos que él pudiera fertilizar en la propiedad que controlaba. Mientras tanto, las hembras estaban ocupadas en sus propios asuntos: alimentándose y creciendo más para poder producir más huevos.

Pero, un momento: para mantenerse alimentados, los machos también necesitaban circuitos neuronales que les ayudaran a identificar objetos comestibles, y hay pocos manjares más deliciosos, vulnerables y ricos en nutrientes que las huevas. Además, comerse a alguien más pequeño es el modo por defecto de un pez más grande. ¿Qué impide, entonces, que el dueño de un territorio ingiera huevos que él mismo puede haber fecundado? Probablemente la siguiente regla práctica: «No consumas los huevos que se encuentren en la propiedad que defiendes». En su lugar, protégelos y airéalos, a menos que estés desesperadamente hambriento, en cuyo caso, ingiere solo unos pocos. Por extraño que parezca, aquí es donde sospecho que empezó el cuidado paterno.

Lo más probable es que la devoción parental en este antepasado piscívoro estuviera moldeada por presiones evolutivas bien conocidas. Al igual que otros vertebrados, aves y mamíferos, estos primitivos machos vertebrados se ajustaban a las líneas maestras de la hipótesis de Wingfield (capítulo 4). Esto es lo que sabemos de peces como los actuales espinosos, las tilapias y muchos otros teleósteos (peces óseos): la vasotocina aumenta cuando los machos compiten con machos rivales por los territorios.[14] Una vez establecido este, en lugar de vagar y buscar hembras con las que aparearse, los machos acechan en él, tal vez excavando o construyendo un nido, para lanzar un mensaje convincente a una hembra que pase por allí: «Este es el lugar para poner tus huevos». Cuantos más huevos esté cuidando el dueño del territorio, más seguro y atractivo parecerá ese lugar a las hembras fecundas que pasen por allí. Recordemos

[14] Además de los espinosos y la tilapia de mentón negro, este es el patrón reportado para los peces damisela, garibaldis, peces sol, peces sapo, entre otros (Balshine y Sloman, 2011).

al macho gigante de la chinche acuática (figura 11.1), que cuantos más huevos llevara en la espalda, más atractivo resultaba su caparazón a las hembras como lugar para depositar sus huevos. En cuanto al macho, los huevos adicionales, ya sean fertilizados por él o no, apenas aumentan los costos energéticos de llevarlos.

Para entender cómo las hormonas, conocidas principalmente por su función en la regulación osmótica en organismos acuáticos, llegaron a desempeñar roles fundamentales en la reproducción de los mamíferos, debemos tener en cuenta la frugalidad inherente a la madre naturaleza. En lugar de esperar a que surja una nueva mutación específica para su «receta», la madre naturaleza prefiere reutilizar los recursos que ya tiene a su disposición. Esto es lo que Darwin intuyó al describir la selección natural como «pródiga en variedad, aunque tacaña en innovación».[15] No mucho después de observar por primera vez a un capón empollando huevos (capítulo 5), Darwin sugirió que las respuestas de crianza podrían «permanecer latentes o dormidas en ambos progenitores durante una larga sucesión de generaciones».[16]Allí permanecen, «listas para evolucionar en circunstancias particulares».[17] O, como en el caso de las ranas venenosas de dardo de Lauren O'Connell, para ser despertadas con un beso de alguno de los renacuajos que se retuercen en la espalda del macho.

Pero volvamos a nuestro antepasado con aletas, que delimita su territorio y espera a que se pongan huevos en él. Lo más probable es que llegue a fecundar unos cuantos y, al protegerlos, defienda sobre todo a sus propios alevines. Esto podría explicar por qué los circuitos neuronales vinculados a neuropéptidos como la isotocina y la vasotocina llegaron a ser reasignados para funciones que iban más allá de proteger su territorio de los rivales y se ampliaron para incluir la protección de los huevos o alevines dentro de él.[18] En

[15] Darwin, 1859.

[16] Darwin, 1998 (1868), *Variation in Plants and Animals under Domestication*, vol. 2, p. 25.

[17] *Ibid.*, p. 27.

[18] Véase Young y Alexander para un escenario similar con un giro provocador que abarca la vigilancia de la pareja y los vínculos de pareja humanos. Sugieren que «a nivel cerebral» una pareja masculina es percibida como una extensión de su territorio (Young y Alexander, 2012, p. 184).

algunos peces los impulsos de cuidado incluso llegan al punto de proveer alimento.

Los padres de los peces disco, por ejemplo, permanecen juntos, y ambos sexos segregan moco nutritivo que los alevines pueden mordisquear de sus escamas. La misma hormona versátil, la prolactina, que la madre naturaleza reutilizaría para estimular la producción de leche en las madres mamíferas, trabaja en la producción de esta baba nutritiva.[19] Lo mismo ocurre en el caso de los fluidos «placentarios» que nutren a los embriones de los caballitos de mar y peces pipa dentro de los vientres hinchados de los machos. También en este caso, este mismo neuropéptido polivalente, la prolactina, ha sido incorporado para esta tarea (capítulo 2).[20]

Pero no olvidemos que los antepasados de nuestros antecesores acuáticos fueron caníbales mucho antes de ser cuidadores. Nadie sabe aún cómo hicieron ese importantísimo «cambio a tiempo que salva a los míos», bien documentado en el caso de los ratones macho que dejan de atacar a las crías que van encontrando y se dedican a cuidarlas (capítulo 5). En el caso de nuestro pez protagonista, el dueño de un territorio necesitaba pasar de comer huevos o alevines a proteger a los que se encontraba dentro de su propio territorio. En algunos peces, como los cíclidos incubadores bucales descritos en el capítulo 2, el pez macho deja de alimentarse y de tragar comida por completo durante días, permitiendo que las crías que se refugian en su cavidad bucal se desarrollen allí. Mientras los machos se privan de comer, aumenta en el área preóptica y otras partes del hipotálamo un neuropéptido asociado con el apetito y la alimentación conocido como galanina.[21] Resulta que este mismo neuropéptido, que se ha mantenido prácticamente sin cambios a lo largo de la evolución, está revelándose como otro regulador neuroendocrino del cuidado parental, y no solo en los peces.[22]

¿Os acordáis de los renacuajos de rana venenosa de dardo que necesitan ser transportados a lugares nuevos (y más húmedos)

---

[19] Sobre el papel de la prolactina en la provisión biparental por parte del pez disco (*Symphysodon discus*), véase Balshine y Sloman, 2011, p. 676.

[20] Vincent, 1990.

[21] Butler *et al.*, 2020; Culbert *et al.*, 2022.

[22] Fischer y O'Connell, 2017; Culbert *et al.*, 2022.

(capítulo 4)? También en ellos la galanina aumenta en el hipotálamo del progenitor del sexo que se ofrece a llevarlos a cuestas.[23] Mientras tanto en el mundo de los mamíferos hay un notable aumento de galanina en el cerebro de los ratones que dejan de matar o devorar a las crías y pasan a cuidarlas.[24] Mientras escribo este libro están empezando a aparecer pruebas de que algo parecido ocurre también en los primates, entre los tities de cría cooperativa. En el área preóptica medial del cerebro de los tities alomadres, incluidos los padres, existen circuitos neuronales antagónicos que median entre las respuestas aversivas y las de crianza.[25] Aún queda mucho por averiguar sobre los fundamentos de las motivaciones de crianza, pero está claro que, cuando los machos cuidan a los pequeños, intervienen circuitos neuronales muy antiguos.[26]

No importa cuán diferentes sean los peces escamosos de sangre fría de los mamíferos peludos de sangre caliente. Inserta un gen de isotocina de un pez globo en una rata, y las neuronas productoras de oxitocina de la rata se ponen a trabajar, pero con un inconveniente. En lugar de producir oxitocina, la rata fabrica la versión de los peces de ese neuropéptido, ¡la isotocina![27] Es este mismo homólogo piscícola de la oxitocina, la isotocina, el que desencadena las contracciones musculares que expulsan a los diminutos potrillos marinos del vientre del padre caballito de mar cuando «da a luz» (figura 2.1). Pero si se bloquean experimentalmente los receptores de la isotocina en una especie con cuidado biparental, como los cíclidos convictos, el mismo macho que normalmente participaría en el cuidado se echa atrás.[28] La vasotocina, otra de esas hormonas involucradas en el equilibrio hídrico, probablemente ya estaba

[23] Fischer *et al.*, 2019.

[24] Dulac, O'Connell y Wu, 2014.

[25] Shinasuka *et al.*, 2022; véase también Kuroda y Numan, 2014.

[26] Para más información sobre esta área en rápido desarrollo de la neurociencia social, véase especialmente Dulac, O'Connell y Wu, 2014; Kuroda y Numan, 2014; Wu *et al.*, 2014; Fischer y O'Connell, 2017; Ringler *et al.*, 2017; Fischer *et al.*, 2019; Numan e Insel, 2003; Numan, 2020, esp. cap. 7.

[27] Gruber 2014, p. 57; discutido en Young y Alexander, 2012.

[28] Véase O'Connell *et al.*, 2012 para el papel que desempeña la isotocina en una especie de peces teleósteos con cuidado biparental, el cíclido convicto (*Amatitlania nigrofasciata*).

presente en los vertebrados acuáticos, lista para ser reutilizada cuando las condiciones locales hicieron que el cuidado de los huevos por parte de los machos fuera ventajoso. La isotocina también lo estaba. El neurocientífico Larry Young sugiere que puede haber desempeñado un papel a la hora de disuadir a un pez padre de consumir los huevos puestos en su territorio. Es muy posible que la señal consistiera en que el propio orín del dueño del territorio se liberara y quedara a la deriva, un recordatorio de que «esta es tu propiedad, esos huevos probablemente sean tuyos».[29]

Todo esto es muy especulativo, pero la cuestión es que, sin ningún objetivo a largo plazo en vista, la madre naturaleza ha estado buscando en su despensa a lo largo de eones cualquier molécula que pudiera ser adecuada para la tarea en cuestión. En el mundo de los vertebrados la isotocina y sus homólogas polivalentes (mesotocina en las ranas, anepresina en los gusanos anélidos, conopresina en las sanguijuelas y moluscos, oxitocina y vasopresina en los mamíferos) se han utilizado para modular el comportamiento, incluida la protección masculina y el cuidado de las crías.[30]

El cuidado paterno ha evolucionado muchas veces en respuesta a diferentes limitaciones ecológicas y presiones selectivas, con las mismas moléculas antiguas y circuitos neuronales reconvertidos para la tarea de resolver un conjunto siempre fluctuante de equilibrios costes-beneficios.[31] Durante más de setecientos millones de años, desde que los mamíferos compartieron por última vez un ancestro común con los peces, las mismas moléculas sumamente conservadas han sido reclutadas para nuevas funciones. En el caso de los mamíferos ayudaron a regular el cuidado, los recuerdos de interacciones pasadas y la confianza entre individuos, junto con las emociones implicadas en el apego entre el bebé y la madre, los vínculos de pareja, la ayuda y el compartir.[32] Lo que cambió durante

[29] Young y Alexander, 2012.

[30] Donaldson y Young, 2008, fig. 1; Young y Alexander, 2012, cap. 6; Numan, 2020, cap. 7.

[31] Véase una buena visión general en O'Connell *et al.*, 2012, citando a Shubin *et al.*, 2009.

[32] Carter, 1998; Numan, 2015; Numan e Insel, 2003; Donaldson y Young, 2008; Dulac *et al.*, 2014; Rogers y Bales, 2019a.

todo este tiempo fueron las circunstancias en las que se suscitaban las respuestas masculinas de cuidado.

Cuando un hombre establece un vínculo con un bebé, su exposición prolongada a los estímulos sensoriales de ese bebé libera antiguos neuropéptidos y activa circuitos neuronales en lo más profundo de su cerebro. Al igual que el padre cuidador principal del bebé se despierta sobresaltado por su amígdala al percibir el primer gemido, este varón ha estado inmerso en estímulos infantiles, sobrepasando ampliamente su umbral de respuesta. Tales son las transformaciones neuroendocrinológicas que se producen en los machos de muchas especies tras una proximidad íntima y prolongada con los bebés (descritas en los capítulos 4 a 6). Sin que haya estado nunca embarazado, ni haya dado a luz, el contacto íntimo prolongado con este recién nacido despierta a su madre interior, transformándolo de un macho alomadre que echa una mano en un protector y cuidador totalmente comprometido, esté o no genéticamente emparentado. Las prioridades conscientes (como «necesito dormir») ya no importan y quedan anuladas. En tales condiciones las respuestas de un padre no son las que decidió dar utilizando su cerebro sapiente, cognitivamente capacitado y socialmente discriminador. Sus respuestas son más bien reflejas, casi instintivas. Esto me recuerda a algo que dijo Lauren O'Connell: «Se pueden hacer muchas cosas sin córtex [...] mis ranas son la prueba de ello».[33]

Se refería a las ranas venenosas de dardo macho y hembra que responden a los cambios en sus circunstancias asumiendo los roles parentales del otro, manteniendo a salvo a los renacuajos, transportándolos o alimentándolos. Sus ranas se han convertido en vivos ejemplos de las «transferencias entre sexos» de las funciones de cuidado de los padres en la naturaleza (capítulo 4). Estímulos como los renacuajos retorciéndose en la espalda de un macho actúan como un detonante, activando antiguos circuitos subcorticales. Los hombres del siglo XXI están proporcionando un experimento natural en tiempo real sobre cómo pueden iniciarse estas transferencias

[33] O'Connell 2019 en una conferencia para el Grupo de Graduados en Comportamiento Animal en la Universidad de California en Davis.

de roles entre sexos, incluso en los candidatos más improbables. Sin embargo, en el caso de estos simios macho, el resultado de este experimento es incierto. Nadie sabe cómo terminará.

Activar el padre que los hombres llevan dentro

Aún estamos lejos de entender exactamente lo que sucede en el cerebro de un hombre que se vuelve tan generoso como una madre, exhibiendo prioridades comparables. La mayor parte de lo que sabemos sobre las bases neurofisiológicas del cuidado parental en los mamíferos procede de la investigación en roedores. Fue a partir de estudios en topillos, ratas y ratones como aprendimos la importancia que tienen hormonas como la oxitocina y la vasopresina en funciones reproductivas que van desde la erección del pene y la eyaculación en los machos, hasta el parto y la lactancia en las hembras. Fue entre ratones donde hace años los científicos descubrieron el fenómeno conocido como «sensibilización»: tras la exposición a una cría tras otra los ratones macho infanticidas dejaron de matar y posiblemente canibalizar a los cachorros, y en su lugar los cuidaron. Más tarde, Fred vom Saal y Glen Perrigo descubrirían que en algunas cepas de ratones, simplemente eyacular era suficiente para apagar el comportamiento agresivo y activar el cuidado, siempre y cuando el tiempo entre la eyaculación y el encuentro con las crías coincidiera con el número de ciclos de luz/día equivalente al periodo de gestación de un ratón. Dado que las crías nacidas entonces podrían ser suyas, tenía sentido adaptativo que las neuronas que generaban aversión en el cerebro del macho se apagaran. En su lugar, se activaban respuestas más afiliativas.[34] El neurocientífico pionero Michael Numan, que ha dedicado décadas a estudiar el cuidado parental en ratones y ratas, plantea la hipótesis de que este tipo de circuitos neuronales duales, aparentemente antagónicos, están presentes en ambos sexos

[34] Descripción de Dulac en una entrevista para la *Harvard Gazette* (Silezar, 2020), refiriéndose a los hallazgos de Perrigo y Vom Saal, 1994.

y controlan las respuestas a los bebés. Un circuito regula los impulsos de evitación, aversión o posiblemente canibalismo; el otro regula los de protección o cuidado. En el mamífero hembra típico los acontecimientos fisiológicos cercanos al final del embarazo inhiben el circuito aversivo y activan las respuestas de cuidado. Los circuitos defensivos u hostiles prevalecen en el caso de las hembras vírgenes y la mayoría de los machos adultos, a menos que, como ya se ha dicho, experiencias específicas (como que el ratón macho se haya apareado hace aproximadamente un periodo de gestación) los desactiven. En ese caso, el ratón coge con ternura una cría en la boca y la lleva al nido en vez de comérsela.[35]

Evidentemente, hace falta mucho más que un ratón macho eyaculando el día adecuado o un macho de rana venenosa detectando renacuajos en su espalda para desencadenar respuestas de crianza en un hombre. Pero el punto básico que enfatizan Michael Numan, Catherine Dulac, Lauren O'Connell y otros neurocientíficos comparativos es que los planes estructurales para ignorar o cuidar a inmaduros vulnerables han existido durante cientos de millones de años. De una especie a otra, el cuidado parental ha evolucionado a lo largo del tiempo mediante la mezcla, el ajuste y las yuxtaposiciones fortuitas, adoptando muchas formas diferentes. Pero siempre, ya sea que el cuidado implique atender huevos, crías, renacuajos, cachorros o bebés, la expresión más antigua de este cuidado se remonta a los machos.

En cuanto al derecho evolutivo del hombre, proteger y cuidar a la descendencia es tan parte de él como lo son competir o luchar contra rivales, o el infanticidio. El inconveniente, por supuesto, es que para que este derecho se exprese en los mamíferos se requieren circunstancias especiales, circunstancias que, hasta hace poco, los hombres rara vez encontraban. Los acontecimientos fortuitos a lo largo de la evolución de los primates, la necesidad de los homínidos, las circunstancias históricas y las innovaciones culturales clave de los humanos modernos tuvieron que realinear

---

[35] Numan, 2015, pp. 211, 2017, 2020; véase también Kuroda y Numan, 2014; Wu *et al.*, 2014, y en uno de los primeros estudios de su tipo, una búsqueda de procesos similares en tities, Shinosuka *et al.*, 2022.

primero el terreno de juego. La realización de este aspecto concreto del legado del hombre requiere que se prepare el escenario y se alineen las estrellas.

Un hombre del siglo XXI como mi yerno David que, junto con su mujer, optó por entregar su vida al cuidado de su hijo, podría haber tomado decisiones muy distintas si no hubiera estado expuesto a ciertas ideas sobre la igualdad de género, o si hubiera trabajado para una institución en la que no fuera posible el generoso permiso de paternidad que negoció. En bastantes sociedades con oportunidades, normas e ideas muy diferentes sobre la «masculinidad», otros padres podrían evitar conscientemente cuidar de los bebés. Algunos ni siquiera entran en contacto con los recién nacidos y es posible que nunca tengan la oportunidad de descubrir todo el alcance de su legado, ni de imaginar sus potencialidades. Teniendo esto en cuenta, decidí preguntar a David cómo creía que le habían cambiado los días (y las noches) de cuidado activo de su hijo.

La respuesta de David fue clara. «Creo que el hecho de tomarme tiempo libre y cuidar de mi hijo me hizo sentirme más seguro de mí mismo como cuidador principal. Eso se tradujo en un sentido de igualdad en la relación de crianza. Mi padre fue, y mi padrastro es, un gran padre. Pero estoy bastante seguro de que ellos creían que había una división del trabajo en cuanto a lo que estaba bajo su jurisdicción, particularmente cuando se trataba del cuidado directo de un bebé». Toda la experiencia, me dijo, «ha aumentado mi paciencia, mi necesidad y mi capacidad de no pensar en mí primero. [...] Pero nada de esto se basó en divisiones por sexo o género, tenía que ver con la experiencia de cuidar».[36]

Este hombre no había nacido para ser un padre que cuidara recién nacidos; sin embargo, al encontrarse con las circunstancias propicias, se convirtió en uno. Este padre del siglo XXI había redescubierto un legado mucho más antiguo, que probablemente ni siquiera sabía que poseía, y con él un nuevo sentido del deber.

[36] Conversación por teléfono y correo electrónico con David Joffe, 13 de noviembre de 2022; puntuación y redacción editadas para mayor claridad.

Epílogo

«Podría pensarse que si hay algo en el mundo en lo que todos estemos de acuerdo es en que la felicidad y la salud de los niños constituyen un bien indiscutible, un absoluto moral, un fin en sí mismo».

Alison Gopnik, 2010

Han tenido que transcurrir millones de años para que los primates macho pasaran más tiempo cerca de las madres y crías, cientos de miles más para que los homininos ayudaran a proporcionar alimentos y proteger a otros, decenas de miles de años para que los padres desempeñaran papeles importantes, no solo protegiendo y jugando con los niños, sino también enseñándoles a prepararse para la vida adulta. Sin embargo, llegado el siglo XXI, un número cada vez mayor de estos hombres también han empezado directamente a transportar, lavar y alimentar a los más pequeños, incluso a atender a bebés a veces desde el momento de nacer. Estos hombres no fueron educados para convertirse en cuidadores, no tenían modelos de conducta ni experiencia previa en el cuidado de bebés. Sin embargo, una vez asumido el compromiso, han descubierto que se les da bien. Los científicos solo están empezando a estudiar lo que ocurre en los hombres cuando cuidan bebés, pero ya sabemos que experimentan diversos cambios neurofisiológicos y que muchos encuentran la experiencia satisfactoria y profundamente positiva.

Cuando se relajan lo suficiente las normas sociales por las que se juzga a los hombres, se los respeta por su diligente cuidado y, en el caso del propio bebé al que cuidan, este les devuelve el favor con una adoración embriagadora, los hombres se sienten motivados para cuidar todavía más. Las consideraciones económicas, los ideales igualitarios y las nuevas definiciones de hombría ayudan a preparar el terreno. Pero también interviene la biología. Cuando los hombres superan su punto crítico, se activan los circuitos neuronales en los recovecos más antiguos del sistema límbico de su cerebro. Al encontrar esta nueva fuente de satisfacción y propósito, descubren un legado del que ni siquiera eran conscientes.

No soy la primera persona en pensar que este legado natural es importante. En todo el mundo, quizá sobre todo en los países posindustriales que atraviesan la actual «crisis del cuidado de los hijos», están surgiendo movimientos de base para animar a los hombres a comprometerse más con sus hijos. Recordemos la «Declaración mundial sobre la paternidad» de 2019. Fue publicada por un consorcio internacional de activistas e investigadores del Reino Unido, Brasil, Australia, Canadá y Estados Unidos. Instaba a los padres a responder a esta enorme necesidad de cuidadores y a las instituciones a introducir políticas más favorables a la familia. También las empresas están publicando informes como el realizado recientemente por McKinsey and Company, en el que se documenta cómo las ventajas del permiso de paternidad «van más allá de lo personal», beneficiando no solo a padres e hijos, sino también al balance final de las empresas.

Claramente, hay un vasto recurso sin explotar ahí fuera, tan oportuno como valioso. Pero como abuela, conservacionista y académica, mis razones para pensar que los potenciales de cuidado de los hombres son importantes van más allá de la crónica escasez de cuidadores o de las tragedias en la vida de madres agobiadas, niños desatendidos u hombres solitarios y «desconectados» que se sienten «inútiles», infortunios que contribuyen a las «muertes por desesperación» con sesgo masculino en Estados Unidos.[1] Mis razones derivan de una permanente frustración por la falta de preocupación de los responsables políticos sobre el mundo que heredarán nuestros descendientes.

Actualmente vivo en una zona rural del norte de California y veo de cerca los efectos del cambio climático: sequías que se alternan con inundaciones cada vez más intensas, aumento de las temperaturas e incendios forestales cada vez más violentos. ¿No se

---

[1] Case y Deaton, 2022.

dan cuenta quienes están en posición de marcar la diferencia de que las tasas de extinción han aumentado exponencialmente en el Antropoceno, la era en que los humanos hemos ejercido un mayor impacto? ¿No se dan cuenta los responsables políticos de lo improbable que sería que las presiones climáticas, como las que generaron una mayor cooperación en el Pleistoceno, volvieran a producir los mismos resultados prosociales en un mundo con 8.000 millones de habitantes humanos?

A cierto nivel la indiferencia de los gobernantes parece inexplicable. ¿Por qué el bienestar del planeta, y con él su propia posteridad genética, parece no importarles tanto como a mí a los hombres que ostentan el poder? ¿No ha tratado siempre de eso la evolución de la vida? Teniendo en cuenta lo que está en juego, ¿por qué no les importa tanto como a mí? ¿Por qué no iba a ser la sostenibilidad del mundo natural, y con ello el bienestar infantil, la máxima prioridad en la agenda de todos? Sin embargo, en lugar de centrarse en su legado y en el mundo que habitarán las generaciones futuras, demasiados dirigentes, con frecuencia los mismos que hablan de valores familiares o de la necesidad de «proteger a las mujeres y a los niños», que se muestran sosteniendo y besando bebés en sus mítines, parecen demasiado preocupados mirando por encima del hombro a sus rivales como para dar prioridad a un mundo más seguro. En lugar de aplicar políticas para paliar amenazas existenciales como la guerra nuclear o el cambio climático, se centran en conservar el poder.

Mientras tanto, las rivalidades y las amenazas desvían la atención de las soluciones sostenibles, que a largo plazo tendrían más probabilidades de resultar adaptativas. Su miopía sexualmente seleccionada me recuerda bastante a una sucesión de langures macho victoriosos que expulsan a sus rivales, se apoderan de sus hembras y, temporada tras temporada, eliminan cohorte tras cohorte de crías hasta que, finalmente, sus inclinaciones sexualmente seleccionadas conducen a la extinción de esa tropa. Salvo que en nuestro caso las poblaciones en cuestión son más globales.[2]

---

[2] Pocos informes paleontológicos me han impresionado tanto como un estudio reciente de Martins *et al.* (2020) que detalla los destinos evolutivos de diferentes

Dadas las travesuras sexualmente seleccionadas de los tipos varoniles que se aferran al poder a toda costa, no es de extrañar que los expertos y escritores de artículos de opinión se pregunten hoy en día: «¿Pueden salvar el mundo las mujeres?».[3] Incluso antes de que Darwin opinara sobre la «mayor ternura y menor egoísmo» del sexo que evolucionó para cuidar a los jóvenes, las feministas del siglo XIX ya instaban a incluir «el conocimiento de la mujer en los asuntos nacionales para conseguir un gobierno seguro y estable».[4]

En todo el mundo se pide que haya más mujeres en el gobierno. Países como Ruanda, Sudáfrica, Namibia, México, Costa Rica y Suecia están abriendo camino.[5] Los psicólogos evolutivos, los economistas conductuales, los antropólogos, los politólogos, los encuestadores y los asesores en inversiones están aportando pruebas que refuerzan la tesis de que las mujeres son el sexo más atento, empático y reacio al riesgo. *Women After All* (Las mujeres ante todo; título del libro de Melvin Konner en el que se revisan estas pruebas) son más propensas que los hombres a dar prioridad a la educación, el bienestar infantil y la protección del medio ambiente sobre el gasto en defensa.[6] Si se da el voto a las mujeres en un país democrático, se instaura una «paz sufragista».[7]

---

especies de ostrácodos. Estos diminutos crustáceos están encerrados en conchas similares a almejas que no solo son propensas a preservarse en el registro fósil, sino que brindan información reveladora sobre el dimorfismo sexual —las conchas de los machos son más alargadas— y también sobre la influencia de la selección sexual en esas especies. Cuanto mayor es la disparidad en la forma entre las conchas de machos y hembras de una especie, mayor es la predominancia de la selección sexual en su evolución. Y aquellas especies de ostrácodos más influenciadas por la selección sexual son también las más propensas a la extinción. «En un ambiente que cambia rápidamente —escriben Martins *et al.*— la asignación de recursos a rasgos relacionados con la reproducción a expensas de aquellos relacionados con la supervivencia puede elevar el riesgo de extinción».

[3] Véase, por ejemplo, Brown, 2019.

[4] Darwin, 1871, parte 2, p. 326, y línea del discurso de Elizabeth Cady Stanton del 19 de enero de 1869 en la Convención Nacional por el Sufragio Femenino, citada en el epígrafe del libro *Women After All* de Konner.

[5] Thornton, 2019.

[6] Edsall, 2022. Tuve muy presente el libro de Konner de 2015 mientras escribía este epílogo.

[7] Barnhart *et al.*, 2018.

Algo así debió ocurrir también en las sociedades tradicionales. Recordemos cómo las sociedades en las que los hombres pasan más tiempo con sus esposas y sus bebés, durmiendo cerca de ellos, son también aquellas en las que la belicosidad es menor, «el efecto Whiting». O los matrilineales minang de las tierras altas de Sumatra, reacios a la guerra, cuya antepasada sagrada les exhortaba a vivir en armonía entre sí y con el mundo natural (capítulo 10).[8] ¿Y qué hay de otros pueblos matrilineales, como los wampanoags de los que hablamos en el capítulo 11, en los que ambos sexos cuidan de todos los niños de la tribu? Mucho después de que su tierra natal de Massachusetts fuera colonizada por una cultura más patriarcal, siguen estando motivados para plantar laboriosamente carrizos para evitar la erosión de su costa ancestral.[9]

No es raro que los «defensores de árboles» y otros protectores o restauradores del mundo natural invoquen explícitamente sentimientos maternales. Me recuerda a la india Tulsi Gowda, que habla a cada plantón «como una madre hablaría a sus hijos pequeños»,[10] mientras trabaja para restaurar los bosques de Karnataka, algo que yo misma hago al plantar setos y robles autóctonos en mi California adoptiva.

Sentimientos maternales como estos debieron de estar en la mente de Tsutomu Yamaguchi y sus compañeros activistas por la paz cuando elaboraron su famoso consejo para proteger a la raza humana. A su muerte, en 2010, este abuelo de noventa y tres años fue recordado como una «rareza marcada por la desgracia», uno de los 165 supervivientes de la primera explosión atómica en Hiroshima que, milagrosamente, también sobrevivió a la segunda tras regresar a Nagasaki para reunirse con su familia. Para evitar que algo tan terrible volviera a ocurrir, Yamaguchi y sus compañeros instaron a que nadie que no fuera «una madre en periodo de lactancia» estuviera nunca al mando de un país armado con armas nucleares.[11]

---

[8] Sanday, 2002.
[9] Zuckoff, 2022.
[10] Yasir, 2022.
[11] Garner, 2010; Pellegrino, 2012, p. 202.

Pero ¿y si las madres no son las únicas que desarrollan tales necesidades de cuidado? Me acordé de esto mientras escuchaba el discurso de despedida de la ex primera ministra de Nueva Zelanda, Jacinda Ardern, una dirigente admirada en todo el mundo por su compasiva respuesta a otra horrible masacre, la de la mezquita de Christchurch, aunque de escala mucho menor. Al retirarse esta madre se despidió pidiendo al Parlamento neozelandés (formado en un 48 por ciento por hombres) que actuara sobre el cambio climático. Ella veía su potencial para cuidar.

Un optimismo como el suyo, junto con lo que la ciencia está revelando, me da esperanza. Ahora que por fin nos estamos fijando, cada vez está más claro que no solo las «madres lactantes», sino también los hombres están preparados para desarrollar la capacidad de cuidar. Pero para llegar ahí, para que las normas sociales y las imágenes de uno mismo se muevan en la dirección necesaria, ha hecho falta que las estrellas se alineen en el momento adecuado. La constelación resultante es frágil. Si no se aprovecha el escenario que se ha creado, quién sabe si tendremos otra oportunidad.

Es hora de dejar a un lado las nociones erróneas de que las respuestas de crianza son patrimonio exclusivo de las madres, pues en cada hombre se encuentran latentes restos de varones de antaño que fueron protectores antes de ser cuidadores, cuidadores antes de ser sostenes para la familia o patriarcas, con cuerpos y cerebros sensibles al poder transformador de los bebés.

AGRADECI-MIENTOS

La ciencia tardó mucho más de lo que debería en reconocer y enfocarse en el potencial de crianza de los hombres. También a mí me llevó más tiempo del esperado completar lo que, a medida que pasaban los años, empecé a llamar «este libraco». Comencé a escribirlo en 2014, mientras contemplaba el nacimiento de mi primer nieto con impaciencia primero y luego con deleite. Observé con asombro a mi yerno cuidándolo desde los primeros días. En aquel momento me sentía animada por las tendencias sociales que favorecían una mayor autonomía reproductiva de las mujeres y más oportunidades profesionales, junto con la aparición de definiciones más abiertas de lo que significa ser un hombre. Redacté la introducción durante ese periodo optimista, antes de que tuviera que dejar el libro aparcado cuando a mi marido le diagnosticaron un cáncer y tuvo que someterse a cirugía y a sesiones de radiación. Para cuando volví al libro, los retrocesos que intentaban reimponer restricciones a ambos sexos y a todos los géneros estaban ganando fuerza. Me resultaba difícil sentirme tan esperanzada como cuando comencé. Sin embargo, reconocer los potenciales de cuidado de los hombres y promover su práctica me parecía más urgente que nunca.

Durante estos años he tenido la suerte de contar con mucha ayuda. Como hace más de medio siglo, mi marido, Dan, sigue siendo «la decisión más sabia que este primate hembra haya tomado jamás». Me proporcionó un firme apoyo logístico y moral, así como sabias sugerencias en cada capítulo. Junto con Guadalupe de la Concha, alomadre durante mucho tiempo de nuestros tres hijos, ahora coabuela de cinco nietos y gerente de Citrona Farms

Online Walnuts, hicieron posible la escritura de este libro. También lo hizo el apoyo técnico y de otro tipo de Ari Hoover, brillantemente eficiente y siempre alegre, de la oficina de Citrona Farms, junto con la hábil ayuda de June-el Piper, redactora de *Human Nature* desde hace mucho tiempo, que simplificó y dio forma a una bibliografía desbordante y obtuvo los permisos para las ilustraciones, y Annie Gottlieb, cuya sensibilidad y habilidades de corrección de textos mejoraron enormemente la versión final. No hay palabras para agradecer lo suficiente a este pequeño grupo.

A lo largo de estos años colegas apreciados como Karen Bales, Sue Carter, Kristen Hawkes, Andy Thomson, Mary Jane West-Eberhard y Polly Wiessner me han proporcionado inspiración, ánimo y lecturas críticas. Elizabeth Knoll, antigua editora y ahora vicerrectora de Harvard, me proporcionó consejos sabios y fraternales. También estoy agradecida a Peter Ginsberg, de Curtis Brown, que ofreció sus habituales y juiciosos comentarios, y a Alison Kalett, de Princeton University Press, por su hábil edición. Por su parte, los artistas Viktor Deak, Victoria Dimitrakopoulos y la inimitable Isabella Kirkland me abrieron los ojos a nuevas formas de ver, al igual que las realizadoras de documentales Jacqueline Farmer y Alexandra Ternant, que actualmente filman temas tratados en este libro.

También debo un agradecimiento especial a Michael Numan, autor de *The Parental Brain: Mechanisms, Development, and Evolution*, el libro clásico sobre el tema, siempre al alcance de la mano en la estantería de mi escritorio. Quien desee una introducción a este tema, ¡que empiece por ahí! Conversaciones y correspondencia con viejos y nuevos amigos, como la escritora Mary Batten, la medievalista Joan Cadden, el primatólogo Eduardo Fernández-Duque, los psicobiólogos Alison Fleming y Forrest Rogers, el etnógrafo Ray Hames, los clasicistas Ralph Hexter y Sarah Pomeroy, los expertos en paternidad Lee Gettler, Barry Hewlett y Michael Lamb, los expertos en chimpancés y bonobos Liran Samuni, Elizabeth Lonsdorf y Amy Parish, el paleontólogo Owen Lovejoy, los neurocientíficos James Rilling y Larry Young, la neurocientífica comparativa Lauren O'Connell, los antropólogos Holly Dunsworth, Sean Prall y Brooke Scelza, la arqueóloga Mary Stiner, las biólogas Anne Storey y Katherine Wynne-Edwards, junto con el memorialista

Paul Morgan-Bentley, el activista del cuidado paterno Duncan Fisher y la bióloga marina Jane Lubchenco, que generosamente dedicó su tiempo a describir los primeros retos de «reducirlo todo a la mitad», el memorable término de Francine Deutsch. Todos ellos enriquecieron mi comprensión de sus áreas de especialización. También me benefició asistir a conferencias en la School for Advanced Research de Santa Fe; participar en el taller de 2022-2023 sobre la «ciencia social del cuidado», organizado en el Center for Advanced Study in the Behavioral Sciences de la Universidad de Stanford por Margaret Levi, Alison Gopnik y Zachary Ugolnik, y participar en la «inverosímil empresa» de profundizar en los orígenes primates de la naturaleza humana que se está llevando a cabo en el Center for Academic Research and Training in Anthropogeny del Instituto Salk de La Jolla. También fue revelador mantener correspondencia con el cineasta Francis Ford Coppola, que comparte —y reforzó— mi interés por las sociedades del pasado que quizá no fueran tan patriarcales como gran parte del mundo actual.

Gracias también a mi nuera, Catherine, y a mis hijas, Camilla y Katrinka, por su paciencia y sus útiles sugerencias, y gracias especialmente a mi yerno, David Joffe, y a mi hijo, Niko, por proporcionarme un asiento de primera fila desde el que observar a los padres del siglo XXI en acción.

BIBLIOGRAFÍA

Aberle, David F., 1961, «Matrilineal descent in cross-cultural perspective», en *Matrilineal Kinship*, ed. de D. M. Schneider y K. Gough, Berkeley: University of California Press, pp. 661-727.

Abraham, Eyal, 2016, «Fathers' active caring of infants changes their brains to be more like mothers'», *Fatherhood Global*, 12 de noviembre.

Abraham, Eyal y Ruth Feldman, 2017, «Oxytocin and fathering», *Fatherhood Global*, 4 de enero.

–, 2018, «The many faces of human caregiving», en *Routledge International Handbook of Social Neuroendocrinology*, ed. de Oliver C. Schultheiss y Pranjal H. Mehta, Abingdon (Reino Unido): Routledge.

Abraham, Eyal, Talma Handler, Irit Shapira-Lichter, Yaniv Kanat-Maymon, Oma Zagoory-Sharon y Ruth Feldman, 2014, «Father's brain is sensitive to childcare experiences», *PNAS* 111, pp. 9792-9797.

Agoramoorthy, G., S. M. Mohnot, V. Sommer y A. Srivastava, 1988, «Abortions in free-ranging Hanuman langurs (*Presbytis entellus*) —a male-induced strategy?», *Human Evolution* 3, pp. 297-308.

Agrell, Jep, Jerry O. Wolff y Hannu Ylönen, 1998, «Counter-strategies to infanticide in mammals: Costs and consequences», *Oikos* 83, pp. 507-517.

Ahern, Todd H. y Larry J. Young, 2009, «The impact of early life family structure on adult social attachment, alloparental behavior, and the neuropeptide system regulating affiliative behaviors in the monogamous prairie vole (*Microtus ochrogaster*)», *Frontiers in Behavioral Neuroscience* 3, https://doi.org/10.3389/neuro.08.017.2009.

Ah-King, Malin y Patricia Adair Gowaty, 2015, «Reaction norms of sex and adaptive individual flexibility in reproductive decisions», en *Current Perspectives on Sexual Selection*, ed. de Terry Hoquet, *History, Philosophy and Theory of the Life Sciences* 9, Dordrecht: Springer, pp. 211-234.

—, 2016, «A conceptual review of mate choice: Stochastic demography, within-sex phenotypic plasticity, and individual flexibility», *Ecology and Evolution* 6, pp. 4607-4642, https://doi.org/10.1002/ece3.2197.

Aknin, Lara B., J. K. Hamlin y E. W. Dunn, 2012, «Giving leads to happiness in young children», *PLOS ONE* 7(6): e39211, https://doi.org/10.1371/journal.pone.0039211.

Akpan, Nsikan, 2013, «Absent fathers have bigger testicles: Size matters with male parenting?», *Medical Daily*, 9 de septiembre, https://www.medicaldaily.com/absent-fathers-have-bigger-testicles-size-matters-male-parenting-256069.

Alberts, Susan C., 2016, «The challenge of survival for wild infant baboons», *American Scientist* 104, pp. 366-373.

Alemseged, Zeray, F. Spoor, W. H. Kimbel, R. Bobe, D. Geraads, D. Reed y J. G. Wynn, 2006, «A juvenile early hominin skeleton from Dikika, Ethiopia», *Nature* 443, pp. 296-301.

Alexander, Brian, 2013, «Aw, nuts! Nurturing dads have smaller testicles, study shows», *NBC Health News*, 9 de septiembre, https://www.nbcnews.com/healthmain/aw-nuts-nurturing-dads-have-smaller-testicles-study-shows-8C11097634.

Alexander, R. D. y K. M. Noonan, 1979, «Concealment of ovulation, parental care, and human social evolution», en *Evolutionary Biology and Human Social Behavior: An Anthropological Perspective*, ed. de N. A. Chagnon y W. G. Irons, North Scituate (Massachusetts): Duxbury Press, pp. 436-453.

Alger, Ingela, Paul L. Hooper, D. Cox, J. Stieglitz y Hillard S. Kaplan, 2020, «Paternal provisioning results from ecological change», *PNAS* 117(20), pp. 10746-10754.

Allen, Henry, 2016, «The messiah of masculinity» (reseña de *JFK and the Masculine Mystique*, por Steven Watts), *Wall Street Journal*, 4 de noviembre, https://www.wsj.com/articles/the-messiah-of-masculinity-1478280156.

Allman, John M., 2000, *Evolving Brains*, Nueva York: Scientific American Press [trad. cast.: *El cerebro en evolución*, Barcelona: Ariel, 2003].

Alonzo, Suzanne H., 2012, «Sexual selection favors male parental care, when females can choose», *Proceedings of the Royal Society of London B* 279, pp. 1784-1790.

Altmann, Jeanne, 1980, *Baboon Mothers and Infants*, Cambridge (Massachusetts): Harvard University Press.

Alvarez, Helen Perich, 2004, «Residence groups among hunter-gatherers: A view of the claims and evidence of patrilocal bonds», en *Kinship and Behaviour in Primates*, ed. de B. Chapais y C. M. Berman, Oxford: Oxford University Press, pp. 420-442.

Alvergne, Alexandra, C. Faurie y M. Raymond, 2009a, «Variation in testosterone levels and male reproductive effort: Insight from a polygynous human population», *Hormones and Behavior* 56, pp. 191-197.

—, 2009b, «Father-offspring resemblance predicts paternal investment in humans», *Animal Behaviour* 78, pp. 61-69.

Alyousefi-van Dijk, Kim, A. E. van 't Veer, W. M. Meijer, A. M. Lotz, J. Rijlaarsdam, J. Witteman y M. J. Bakermans-Kranenburg, 2019, «Vasopressin differentially affects handgrip force of expectant fathers in reaction to own and unknown infant faces», *Frontiers in Behavioral Neuroscience* 13, p. 105, https://doi.org/10.3389/fnbeh.2019.00105.

Andelman, Sandra, 1987, «Evolution of concealed ovulation in vervet monkeys (*Cercopithecus aethiops*)», *The American Naturalist* 129, pp. 785-799.

Anderson, K. G., H. Kaplan, D. Lam y J. B. Lancaster, 1999, «Paternal care by genetic fathers and stepfathers, II: Reports by Xhosa High School students», *Evolution and Human Behavior* 20, pp. 433-451.

Anderson, K. G., H. Kaplan y J. B. Lancaster, 2007, «Confidence of paternity, divorce and investment in children by Albuquerque men», *Evolution and Human Behavior* 28, pp. 1-10.

Apostolou, M., 2007, «Sexual selection under parental choice: The role of parents in the evolution of human mating», *Evolution and Human Behavior* 28, pp. 403-409.

Atran, Scott, 2016, «The devoted actor: Unconditional commitment and intractable conflict across cultures», *Current Anthropology* 57, pp. S192-S203.

Atzil, Shir, T. Handler, O. Zagoory-Sharon, Y. Winetraub y R. Feldman, 2012, «Synchrony and specificity in the maternal and the paternal brain: Relations to oxytocin and vasopressin», *Journal of the American Academy of Child and Adolescent Psychiatry* 51, pp. 798-811.

Autry, Anita E., Zheng Wu, Vikrant Kapoor, Johannes Kohl, Dhananjay Bambah-Mukku, Nimrod D. Rubinstein, Brenda Marin-Rodriguez, Ilaria Carta, Victoria Sedwick, Ming Tang y Catherine Dulac, 2021, «Urocortin-3 neurons in the mouse perifornical area promote infant-directed neglect and aggression», *eLife* 10, e64680, https://doi.org/10.7554/eLife.64680.

Avise, John C., A. G. Jones, D. Walker y J. A. DeWoody, 2002, «Genetic mating systems and reproductive natural histories of fishes: Lessons for ecology and evolution», *Annual Review of Genetics* 36, pp. 19-45.
Babchuk, W. A., R. B. Hames y R. A. Thompson, 1985, «Sex differences in the recognition of infant facial expressions of emotion: The primary caretaker hypothesis». *Ethology and Sociobiology* 6(2), pp. 89-101.
Badescu, Iulia, D. P. Watts, M. A. Katzenberg y D. W. Sellen, 2016, «Alloparenting is associated with reduced maternal lactation effort and faster weaning in wild chimpanzees», *Royal Society Open Science* 3, p. 160577.
Badinter, Elisabeth, 2010, *Le Conflit: La femme et la mère*, París: Flammarion [trad. cast.: *La mujer y la madre. Un libro polémico sobre la maternidad como nueva forma de esclavitud*, Madrid: La Esfera de los Libros, 2011].
Bae, Gawon y Jessie Yeung, 2022, «South Korea records world's lowest birth rate—again», *CNN*, 26 de agosto, https://edition.cnn.com/2022/08/26/asia/south-korea-worlds-lowest-fertility-rate-intl-hnk/index.html.
Baker, A. M., J. M. Dietz y D. G. Kleiman, 1993, «Behavioural evidence for monopolization of paternity in multi-male groups of golden lion tamarins», *Animal Behaviour* 46, pp. 1092-1103.
Bakermans-Kranenburg, Marian J., M. H. van IJzendoorn, M. M. E. Riem, M. Tops y L. R. A. Alink, 2012, «Oxytocin decreases handgrip force in reaction to infant crying in females without harsh parenting experiences», *Social Cognitive and Affective Neuroscience* 7(8), pp. 951-957.
Bales, Karen, C. S. Ardekani, A. Baxter, X. L. Karaskiewicz, J. X. Kuske, A. R. Lau, L. E. Savidge, K. R. Sayler y L. R. Witczak, 2021, «What is a pair bond?», *Hormones and Behavior* 136, p. 105062.
Bales, Karen, J. Dietz, A. Baker, K. Miller y S. D. Tardif, 2000, «Effects of allocaregivers on fitness of infants and parents in callitrichid primates», *Folia Primatologica* 71, pp. 27-38.
Bales, Karen, J. A. French y J. A. Dietz, 2002, «Explaining variation in parental care in cooperatively breeding mammals», *Animal Behaviour* 63, pp. 453-461.
Bales, Karen L., A. J. Kim, A. D. Lewis Reese y C. S. Carter, 2004, «Both oxytocin and vasopressin may influence alloparental behavior in male prairie voles», *Hormones and Behavior* 45, pp. 354-361.
Bales, Karen y Wendy Saltzman, 2016, «Fathering in rodents: Neurobiological substrates and consequences for offspring», *Hormones and Behavior* 77, pp. 249-258.

Balshine, Sigal, 2012, «Patterns of parental care in vertebrates», en *The Evolution of Parental Care*, ed. de N. J. Royle, P. T. Smiseth, y M. Kölliker, Oxford: Oxford University Press, pp. 62-80.

Balshine, Sigal y K. A. Sloman, 2011, «Parental care in fishes», en *Encyclopedia of Fish Physiology: From Genome to Environment*, vol. 1, ed. de A. P. Farrell, San Diego: Academic Press, pp. 670-677.

Bar On, Dani, 2018, «How do we become human beings?», *Haaretz*, 19 de octubre.

Barbaro, Michael, 2021, «A shrinking society in Japan. "The Daily" podcast», *New York Times*, 5 de mayo, https://www.nytimes.com/2021/05/05/podcasts/the-daily/japan-birthrate-ageing-population.html.

Barbash, Ilsa, 2016, *Where the Roads All End: Photography and Anthropology in the Kalahari*, Cambridge (Massachusetts): Peabody Museum Press.

Bard, Kim A. y David A. Leavens, 2014, «The importance of development for comparative primatology», *Annual Review of Anthropology* 43, pp. 183-200.

Barden, R. Christopher, M. E. Ford, A. G. Jensen, M. Rogers-Salyer y K. E. Salyer, 1989, «Effects of craniofacial deformity in infancy on the quality of mother-infant interactions», *Child Development* 60, pp. 819-824.

Barnhart, Joslyn N., R. F. Trager, E. N. Saunders y A. Dafoe, 2018, «The Suffragist Peace», *International Organization* 74, pp. 633-649, https://www.academia.edu/75649053/TheSuffragistPeace.

Barr, Ron, 2012, «Preventing abusive head trauma resulting from a failure of normal interaction between infants and their caregivers», *PNAS* 109 (supl. 2), pp. 17294-17301.

Barrett, P. H., P. J. Gautrey, S. Herbert, D. Kohn y S. Smith, 1987, *Charles Darwin's Notebooks, 1836–1844*, Ithaca (Nueva York): British Museum (Natural History) y Cornell University Press.

Barrionuevo, Alexei, 2010, «In rough Rio de Janeiro slum, police units try a softer touch», *New York Times*, 11 de octubre.

Barry, H. y L. M. Paxson, 1971, «Infancy and early childhood: Cross-cultural codes 2», *Ethnology* 10, pp. 466-508.

Bauer, Michal, Christopher Blattman, Julie Chytilová, Joseph Henrich, Edward Miguel y Tamar Mitts, 2016, «Can war foster cooperation?», *Journal of Economic Perspectives* 30 (3), pp. 249-274, https://doi.org/10.1257/jep.30.3.249.

Bauer, M., A. Cassar, J. Chytilová y J. Henrich, 2014, «War's enduring effects on the development of egalitarian motivation and in-group biases», *Psychological Science* 25, pp. 47-57.

Beckerman, Stephen y Paul Valentine (eds), 2002, *Cultures of Multiple Fathers: The Theory and Practice of Partible Paternity in Lowland South America*, Gainesville: University Press of Florida.

Beckerman, Stephen y Paul Valentine, 2002, «The concept of partible paternity among native South Americans», en Beckerman y Valentine (eds.), *Cultures of Multiple Fathers*, pp. 1-13.

Beckerman, Stephen, R. Lizarralde, C. Ballew, S. Schroeder, C. Fingelton, A. Garrison y H. Smith, 1998, «The Barí Partible Paternity Project: Preliminary results», *Current Anthropology* 39, pp. 164-168.

Beckerman, Stephen, R. Lizarralde, M. Lizarralde, J. Bai, C. Ballew, S. Schroeder, D. Dajani, L. Walkup, M. Hsiung, N. Rawlins y M. Palermo, 2002, «The Barí Partible Paternity Project, phase one», en Beckerman y Valentine (eds.), *Cultures of Multiple Fathers*, pp. 27-41.

Beehner, Jacinta C. y Thore J. Bergman, 2008, «Infant mortality following male takeovers in wild geladas», *American Journal of Primatology* 70, pp. 1152-1159.

Belkin, Douglas, 2021, «A generation of American men give up on college: "I just feel lost"», *Wall Street Journal*, 6 de septiembre.

Belluck, Pam, 2011, «In women's tears, a chemical that says, "Not tonight, dear"», *New York Times*, 6 de enero.

Benshoof, L. y R. Thornhill, 1979, «The evolution of monogamy and concealed ovulation in humans», *Journal of Social and Biological Structures* 2, pp. 95-106.

Bentley, Gillian y Ruth Mace (eds.), 2009, *Substitute Parents: Biological and Social Perspectives on Alloparenting in Human Societies*, Nueva York: Berghahn Books.

Berg, Sandra J. y K. Wynne-Edwards, 2001, «Changes in testosterone, cortisol and estradiol levels in men becoming fathers», *Mayo Clinic Proceedings* 76, pp. 582-592.

Berko, Lex, 2013, «Dads with bigger balls care less about their kids», *Motherboard*, 6 de septiembre, https://www.vice.com/en/article/dads-with-bigger-balls-care-less-about-their-kids/.

Berndt, Ronald M. y Catherine H. Berndt, 1999, *The World of the First Australians: Aboriginal Traditional Life. Past and Present*, Canberra: Aboriginal Studies Press.

Bernstein, Rachel, 2017, «More female researchers globally, but challenges remain», *Science*, 9 de marzo, https://doi.org/10.1126/science.caredit.a1700022.

Betzig, Laura, 1986, *Despotism and Differential Reproductive Success: A Darwinian View of History*, Nueva York: Aldine.
—, 2012, «Means, variances, and ranges in reproductive success: Comparative evidence», *Evolution and Human Behavior* 33, pp. 309-317.
Biesele, Megan, 1993, *Women Like Meat: The Folklore and Foraging Ideology of the Kalahari Ju/'hoan*, Bloomington: Indiana University Press.
Blaffer, Sarah C., 1972, *The Black-man of Zinacantan: A Central American Legend*, Austin: University of Texas Press.
Bliege Bird, Rebecca y Douglas W. Bird, 2008, «Why women hunt: Risk and contemporary foraging in a Western Desert Aboriginal community», *Current Anthropology* 48, pp. 655-693.
Blurton Jones, Nicholas, 2016, *Demography and Evolutionary Ecology of Hadza Hunter-Gatherers*, Cambridge (Reino Unido): Cambridge University Press.
Blurton Jones, Nicholas, Kristen Hawkes y James O'Connell, 2005, «Hadza grandmothers as helpers: Residence data», en *Grandmotherhood: The Evolutionary Significance of the Second Half of Female Life*, ed. de E. Voland, A. Chasiotis y W. Schiefenhövel, Nuevo Brunswick: Rutgers University Press, pp. 118-140.
Bobe, René y Maeve G. Leakey, 2009, «Ecology and Plio-Pleistocene mammals in the Omo-Turkana Basin and the emergence of Homo», en *The First Humans: Origins and Early Evolution of the Genus Homo*, ed. de Frederick E. Grine, John G. Fleagle y Richard E. Leakey, Berlín: Springer, pp. 173-184.
Boehm, Christopher, 1999, *Hierarchy in the Forest: The Evolution of Egalitarian Behavior*, Cambridge (Massachusetts): Harvard University Press.
—, 2012, *Moral Origins: The Evolution of Virtue, Altruism, and Shame*, Nueva York: Basic Books.
Boehm, Emily E., 2016, *The evolution of extended sexual receptivity in chimpanzees: Variation, male-female associations, and hormonal correlates*, tesis doctoral, Duke University, disponible en https://dukespace.lib.duke.edu/dspace/bitstream/handle/10161/13419/Boehm_duke_0066D_13770.pdf?isAllowed=y&sequence=1.
—, 2018, «Effects of female reproductive state on male mating interest and female proceptivity in the chimpanzees (*Pan troglodytes schweinfurthi*) of Gombe», artículo presentado en el 87.º Congreso Anual de

la American Association of Physical Anthropologists, 11-14 de abril, Austin (Texas).
Boesch, Christophe, 2012, *Wild Cultures: A Comparison between Chimpanzee and Human Cultures*, Cambridge (Reino Unido): Cambridge University Press.
Boesch, Christophe, H. Boesch y L. Vigilant, 2006, «Cooperative hunting in chimpanzees: Kinship or mutualism?», en *Cooperation in Primates and Humans: Mechanisms and Evolution*, ed. de P. M. Kappeler y C. P. van Schaik, Berlín: Springer, pp. 139-150.
Boesch, Christophe, C. Bole, N. Eckhardt y H. Boesch, 2010, «Altruism in forest chimpanzees: The case of adoption», *PLOS ONE* 5, e8901.
Borgerhoff Mulder, Monique, 2009, «Tradeoffs and sexual conflict over women's fertility preferences in Mpimbwe», *American Journal of Human Biology* 21 (4), pp. 478-487.
Borries, Carola, 1997, «Infanticide in seasonally breeding multimale groups of Hanuman langurs (*Presbytis entellus*) in Ramnagar (South Nepal)», *Behavioral Ecology and Sociobiology* 42, pp. 139-150.
Borries, Carola y A. Koenig, 2000, «Infanticide in hanuman langurs: Social organization, male migration, and weaning age», en *Infanticide by Males and Its Implications*, ed. de C. P. van Schaik y C. H. Janson, Cambridge (Reino Unido): Cambridge University Press, pp. 99-122.
Borries, Carola, K. Launhardt, C. Epplen, J. T. Epplen y P. Winkler, 1999, «DNA analyses support the hypothesis that infanticide is adaptive in langur monkeys», *Proceedings of the Royal Society B* 266, pp. 901-904.
Borries, Carola, T. Savini y A. Koenig, 2010, «Social monogamy and the threat of infanticide», *Behavioral Ecology and Sociobiology* 65 (4), pp. 685-693.
Bouchet, Hélène, A. Plat, F. Levréro, D. Reby, H. Patural y N. Mathevon, 2020, «Baby cry recognition is independent of motherhood but improved by experience and exposure», *Proceedings of the Royal Society B* 287, p. 20192499.
Boyd, Robert, H. Gintis, S. Bowles y P. J. Richerson, 2003, «The evolution of altruistic punishment», *PNAS* 100, pp. 3531-3535.
Brainard, Jeffrey (ed.), 2019, «Masculinity guidelines draw fire», *Science* 363 (6425), p. 325.
Brennan, Patricia L. R., 2012, «Mixed paternity despite high male parental care in great tinamous and other Palaeognathes», *Animal Behaviour* 84 (3), pp. 693-699.

Bribiescas, Richard G., 2021, «Evolutionary and life history insights into masculinity and warfare: Opportunities and limitations», *Current Anthropology* 62, pp. S23, S38-S53.
Bribiescas, Richard G., Peter T. Ellison y Peter Gray, 2012, «Male life history, reproductive effort, and the evolution of the genus *Homo*», *Current Anthropology* 53 (S6), pp. S424-S435, https://doi.org/10.1086/667538.
Brinda, Ethel, A. P. Rajkumar y U. Enemark, 2015, «Association between gender inequality index and child mortality rates: A cross-national study of 138 countries», *BMC Public Health* 15 (1), p. 97, https://doi.org/10.1186/s12889-015-1449-3.
Brinkman, Sally, S. E. Johnson, J. P. Codde, M. B. Hart, J. A. Straton, M. N. Mittinty y S. R. Silburn, 2016, «Efficacy of infant simulator programmes to prevent teenage pregnancy: A school-based cluster randomised controlled trial in Western Australia», *The Lancet* 388, pp. 2264-2271.
Bronner, Ethan y Chen Shalita, 2022, «Life after death: Parents of slain Israeli soldiers are pushing for the right to have their slain sons' sperm extracted, frozen and stored so they can be future grandparents», *Business Week*, 25 de julio.
Brooks, Alison, J. E. Yellen, R. Potts, A. K. Behrensmeyer, A. L. Delno, D. E. Leslie…, J. B. Clark, 2018, «Long-distance stone transport and pigment use in the earliest Middle Stone Age», *Science* 360, pp. 90-94.
Brooks, David, 2022, «The crisis of men and boys», *New York Times*, 30 de septiembre.
Brown, G. R., R. E. A. Almond y Y. van Bergen, 2004, «Begging, stealing and offering: Food transfer in non-human primates», *Advances in the Study of Behavior* 34, pp. 265-295.
Bruce, Judith, C. B. Lloyd y A. Leonard, con P. Engle y N. Duffy, 1995, *Families in Focus: New Perspectives on Mothers, Fathers, and Children*, Nueva York: Population Council.
Brundage, James A., 1987, *Law, Sex and Christian Society in Medieval Europe*, Chicago: University of Chicago Press.
Buchan, Jason C., Susan C. Alberts, Joan B. Silk y Jeanne Altmann, 2003, «True paternal care in a multi-male primate society», *Nature* 425, pp. 179-181.
Burkart, J. M., 2017, «Evolution and consequences of sociality», en *APA Handbook of Comparative Psychology: Basic Concepts, Methods, Neural Substrate, and Behavior*, ed. de J. Call, G. M. Burghardt, I. M. Pepperberg,

C. T. Snowdon y T. Zentall, Washington D. C.: American Psychological Association, pp. 257-271, https://doi.org/10.1037/0000011-013.
Burkart, Judith M. y C. Finkenwirth, 2015, «Marmosets as model species in neuroscience and evolutionary anthropology», *Neuroscience Research* 93, pp. 8-19.
Burkart, J. M., O. Allon, F. Amici, C. Fichtel, C. Finkenwirth, A. Heschl…, C. P. van Schaik, 2014, «The evolutionary origin of human hypercooperation», *Nature Communications* 5, p. 4747.
Burkart, J. M., E. Fehr, C. Efferson y C. P. van Schaik, 2007, «Other-regarding preferences in a nonhuman primate: Common marmosets provision food altruistically», *PNAS* 104, pp. 19762-19766.
Burkart, Judith M., S. B. Hrdy y C. P. van Schaik, 2009, «Cooperative breeding and human cognitive evolution», *Evolutionary Anthropology* 18, pp. 175-186.
Burke, Erin E. y Richard G. Bribiescas, 2018, «A comparison of testosterone and cortisol levels between gay fathers and non-fathers: A preliminary investigation», *Physiology and Behavior* 193, pp. 69-81.
Burnham, Terry C., J. F. Chapman, P. B. Gray, M. H. McIntyre, S. F. Lipson y P. T. Ellison, 2003, «Men in committed, romantic relationships have lower testosterone», *Hormones and Behavior* 44, pp. 119-122.
Burton, Frances, 1971, «Sexual climax in female *Macaca mulatta*», *Proceedings of the Third International Congress of Primatology* 3, pp. 180-191.
Buss, David M., 2005, *The Murderer Next Door: Why the Mind Is Designed to Kill*, Nueva York: Penguin Press.
—, 2021, *When Men Behave Badly: The Hidden Roots of Sexual Deception, Harassment, and Assault*, Nueva York: Little, Brown.
Butchireddygari, Likhitha, 2019, «Female college grads to reach milestone», *Wall Street Journal*, 21 de agosto.
Cabrera, Natasha J., J. Shannon, S. Mitchell y J. West, 2009, «Mexican American mothers and fathers' prenatal attitudes and father prenatal involvement: Links to mother-infant interaction and father engagement», *Sex Roles* 60, pp. 510-526.
Cambon, Sarah Chaney y Lauren Weber, 2023, «Women rejoin the workforce, adding strength to economy», *Wall Street Journal*, 9 de marzo.
Cameron, Sydney A., 1982, «On dispelling the myth of the "lazy" drone: Incubation by male bumblebees (abstract)», en *The Biology of Social Insects: Proceedings of the Ninth Congress of the International Union*

for the Study of Social Insects, ed. de M. D. Breed, C. D. Michener y H. E. Evans, Boulder: Westview Press, p. 249.

Campbell, Anne, 1999, «Staying alive: Evolution, culture and intra-female aggression», *Brain Science and Behaviour* 22, pp. 203-252.

Campbell, Anne y Paula Stockley (eds.), 2013, *Theme Issue: Female competition and aggression*, *Philosophical Transactions of the Royal Society B* 368 (1631).

Campbell, Christina J., 2004, «Patterns of behavior across reproductive states of free-ranging female black-handed spider monkeys (*Ateles geoffroyi*)», *American Journal of Physical Anthropology* 124, pp. 166-176.

Campos, Fernando A., F. Villavicencio, E. A. Archie, F. Colchero y S. C. Alberts, 2020, «Social bonds, social status and survival in wild baboons: A tale of two sexes», *Philosophical Transactions of the Royal Society B* 375, p. 20190621.

Caprioli, Mary, 2003, «Gender equality and state aggression: The impact of domestic gender equality on state first use of force», *International Interactions* 29, pp. 195-214.

Cardenas, Sofia I., S. A. Stoycos, P. Scellery, N. Marshall, H. Khoddam, J. Kaplan, D. Goldenberg y Darby E. Saxby, 2021, «Theory of mind processing in expectant fathers: Associations with prenatal oxytocin and parental attunement», *Developmental Psychobiology* 63, pp. 1549-1567, https://doi.org/10.1002/dev.22115.

Carey, Benedict, 2005, «Experts dispute Bush on gay adoption issue», *New York Times*, 29 de enero, A12, https://www.nytimes.com/2005/01/29/politics/experts-dispute-bush-on-gayadoption-issue.html.

Carmody, Rachel N., G. S. Weintraub y R. W. Wrangham, 2011, «Energetic consequences of thermal and non-thermal food-processing», *PNAS* 1081 (48), pp. 19199-19213.

Carneiro, Robert, s. f., «The concept of multiple paternity among the Kuikuru», manuscrito.

Carter, C. Sue, 1992, «Oxytocin and sexual behavior», *Neuroscience and Biobehavioral Reviews* 16, pp. 131-144.

—, 1998, «Neuroendocrine perspectives on social attachment and love», *Psychoneuroendocrinology* 23, pp. 779-818.

—, 2017a, «The oxytocin-vasopressin pathway in the context of love and fear», *Frontiers in Endocrinology* 8, p. 356, https://doi.org/10.3389/fendo.2017.00356.

—, 2017b, «Oxytocin and human evolution», en *Behavioral Pharmacology of Neuropeptides: Oxytocin* (Current Topics in Behavioral Neurosciences, vol. 35), ed. de R. Hurlemann y V. Grinevich, pp. 291-319.

Carter, C. Sue y Alison M. Perkeybile, 2018, «The monogamy paradox: What do love and sex have to do with it?», *Frontiers in Ecology and Evolution* 6, p. 202, https://doi.org/10.3389/fevo.2018.00202.

Carter, C. Sue, J. R. Williams, D. M. Witt y T. R. Insel, 1992, «Oxytocin and social bonding», *Annals of the New York Academy of Sciences* 652, pp. 204-211.

Case, Anne y Angus Deaton, 2022, «The Great Divide: Education, despair, and death», *Annual Review of Economics* 14, pp. 1-21.

Case, Anne y Cristina H. Paxton, 2000, «Mothers and others: Who invests in children's health?», NBER Working Paper 7691, https://www.nber.org/papers/w7691.

Cashdan, Elizabeth (ed.), 1990, *Risk and Uncertainty in Tribal and Peasant Economies*, Boulder: Westview.

Cassar, Alessandra y Mary L. Rigdon, 2021a, «Option to cooperate increases women's competitiveness and closes the gender gap», *Evolution and Human Behavior* 42 (6), pp. 556-572, https://doi.org/10.1016/j.evolhumbehav.2021.06.001.

—, 2021b, «Prosocial option increases women's entry into competition», *PNAS* 118 (45), e2111943118, https://doi.org/10.1073/pnas.2111943118.

Cassar, Alessandra, Alejandrina Cristia, Pauline A. Grosjean y Sarah Walker, 2023, «It makes a village: Allomaternal care and prosociality», UNSW Economics Working Paper 2022-06, http://dx.doi.org/10.2139/ssrn.4285074.

Cederstrom, Carl, 2019, «Are we ready for the breastfeeding father?», *New York Times*, 20 de octubre.

Cepelewicz, Jordana, 2019, «These female insects have male-type sex organs: Evolution explains why», *Washington Post*, 3 de febrero.

Cerrito, Paola y Jeffrey K. Spear, 2022, «A milk-sharing economy allows placental mammals to overcome their metabolic limits», *PNAS* 119 (10), e2114674119, https://doi.org/10.1073/pnas.2114674119.

Chakrabarti, Stotra y Yadvendradev V. Jhala, 2019, «Battle of the sexes: A multi-male mating strategy that helps lionesses win the gender war of fitness», *Behavioral Ecology* 30, pp. 1050-1061.

Chapais, Bernard, 2008, *Primeval Kinship: How Pair-Bonding Gave Rise to Human Society*, Cambridge (Massachusetts): Harvard University Press.

Chapman, Anne, 1982, *Drama and Power in a Hunting Society: The Selk'nam of Tierra del Fuego*, Cambridge (Reino Unido): Cambridge University Press.

Chapman, Emma, S. Baron-Cohen, B. Auyeung, R. Knickmeyer, K. Taylor y G. Hackett, 2006, «Fetal testosterone and empathy: Evidence from the Empathy Quotient (EQ) and the "Reading of the Eyes" Test», *Social Neuroscience* 1(2), pp. 135-148.

Cheney, Dorothy y Robert Seyfarth, 2007, *Baboon Metaphysics: The Evolution of a Social Mind*, Chicago: University of Chicago Press.

Cheng, Amy, 2021, «Putin slams "cancel culture" and trans rights, calling teaching gender fluidity "crime against humanity"», *Washington Post*, 22 de octubre.

Chersini, Nadine, N. J. Hall y C. D. L. Wynne, 2018, «Dog pups' attractiveness to humans peaks at weaning age», *Anthrozoös* 31, pp. 309-331.

Chi, Kelly Rae, 2015, «Men's makeover», *Nature* 526, pp. S12-S13.

Chomsky, Noam, 2012, *The Science of Language: Interviews with James McGilvray*, Cambridge (Reino Unido): Cambridge University Press.

Christiansen, M. H. y S. Kirby, 2003, *Language Evolution*, Oxford: Oxford University Press.

Christov-Moore, Leonardo, E. A. Simpson, G. Coudé, K. Grigaityte, M. Iacoboni y P. F. Ferrari, 2014, «Empathy: Gender effects in brain and behavior», *Neuroscience and Biobehavioral Reviews* 46, pp. 604-627.

Cibot, Marie, M. S. McCarthy, J. D. Lester, L. Vigilant, T. Sabiti y M. R. McLennan, 2019, «Infant carrying by a wild chimpanzee father at Bulindi, Uganda», *Primates* 60, pp. 333-338.

Cockburn, Andrew, 2006, «Prevalence of different modes of parental care in birds», *Proceedings of the Royal Society B* 273, pp. 1375-1383.

Cockburn, Andrew y Andrew F. Russell, 2011, «Cooperative breeding: A question of climate?», *Current Biology* 21 (5), pp. R195-197.

Cohn, D'Vera, J. Horowitz, R. Minkin, R. Fry y K. Hurst, 2022, «Financial issues top the list of reasons U.S. adults live in multigenerational households: Nearly four-in-ten men ages 25 to 29 now live with older relatives», *Pew Research Center*, https://www.pewresearch.org/social-trends/2022/03/24/financial-issues-top-the-list-of-reasons-u-s-adults-live-in-multigenerational-homes/.

Collins, D. Anthony, C. D. Busse y J. Goodall, 1984, «Infanticide in two populations of savanna baboons», en *Infanticide: Comparative and*

Evolutionary Perspectives, ed. de G. Hausfater y S. B. Hrdy, Hawthorne (Nueva York): Aldine de Gruyter, pp. 193-216 (edición de bolsillo de 2008 por Aldine Transaction).

Conaboy, Chelsea, 2022, *Mother Brain: How Neuroscience Is Rewriting the Story of Parenthood*, Nueva York: Henry Holt.

Cooke, Lucy, 2022, *Bitch: On the Female of the Species*, Hatchette/Basic Books.

Coontz, Stephanie, 1992, *The Way We Never Were: American Families and the Nostalgia Trap*, Nueva York: Basic Books.

—, 2005, *Marriage: A History*, Nueva York: Viking [trad. cast.: *Historia del matrimonio*, Madrid: Gedisa, 2006].

Coxworth, James E., P. S. Kim y J. S. McQueen, 2015, «Grandmothering life histories and human pair bonding», *PNAS* 112 (38), pp. 11806-11811.

Crews, David, 2012, «The (bi)sexual brain», Science and Society Series, *European Molecular Biology Organization* 13, pp. 779-784, https://doi.org/10.1038/embor.2012.107.

Crittenden, Alyssa N., 2016, «Children's foraging and play among the Hadza: The evolutionary significance of "work play"», en *Childhood: Origins, Evolution, and Implications*, ed. de C. L. Meehan y A. N. Crittenden, Albuquerque: University of New Mexico Press, pp. 155-195.

Crocker, William H., 2002, «Canela "other fathers": Partible paternity and its changing practices», en *Cultures of Multiple Fathers*, ed. de Beckerman y Valentine, pp. 86-104.

Crocker, William H. y Jean Crocker, 1994, *The Canela: Bonding through Kinship, Ritual, and Sex*, Fort Worth: Harcourt Brace.

Dabbs, James M., 1993, «Salivary testosterone measurements in behavioral studies», *Annals of the New York Academy of Sciences* 694, pp. 177-183.

Dallasnews Administrator, 2012, «New Texas law allows men legally declared to be the father of a child to challenge paternity», *Dallas Morning News*, 26 de abril.

Daly, Martin y Margo Wilson, 1982, «Whom are newborn babies said to resemble?», *Ethology and Sociobiology* 3, pp. 69-78.

—, 1984, «A sociobiological analysis of human infanticide», en *Infanticide: Comparative and Evolutionary Perspectives*, ed. de G. Hausfater y S. Hrdy, Hawthorne (Nueva York): Aldine, pp. 487-502.

—, 1988, «Evolutionary social psychology and family homicide», *Science* 242, pp. 519-524.

Danaher-Garcis, Nicole, Richard Connor, G. Fay, K. Melillo-Sweeting y K. M. Dudzinski, 2022, «The partial merger of two dolphin societies», *Royal Society Open Science* 9, p. 211963.

D'Antonio, Michael, 2019, «Trump's influence is spreading like a virus», *CNN*, 10 de agosto, https://edition.cnn.com/2019/08/10/opinions/trumps-influence-is-spreading-like-a-virus-dantonio.

Darwin, Charles, 1882, carta a C. A. Kennard, 9 de enero, *Darwin Correspondence Project*, https://www.darwinproject.ac.uk/letters/correspondence-women.

—, 1897, posdata a una carta del 10 de enero de 1860 a Charles Lyell, en *The Life and Letters of Charles Darwin*, ed. de F. Darwin, vol. 2, Londres: John Murray, p. 60.

—, 1974 (1874), *The Descent of Man, and Selection in Relation to Sex*, 2.ª ed., Detroit: Gale Research Company, Book Tower.

—, 1981 (1871), *The Descent of Man, and Selection in Relation to Sex*, 1.ª ed., con introducción de John Tyler Bonner y Robert M. May, Princeton: Princeton University Press [trad. cast.: *El origen del hombre y la selección en relación al sexo*, Madrid: Los Libros de la Catarata, 2019].

—, 1998 (1858; 2.ª ed., 1883), *The Variation in Animals and Plants under Domestication*, vol. 2, Baltimore: Johns Hopkins University Press [trad. cast.: *La variación de los animales y las plantas bajo domesticación*, Madrid: Los Libros de la Catarata, 2008].

Davies, Nicholas B. y A. Lundberg, 1984, «Food distribution and a variable mating system in dunnocks, *Prunella modularis*», *Journal of Ecology* 53, pp. 895-912.

Davison, Raziel y Michael Gurven, 2022, «The importance of elders: Extending Hamilton's force of selection to include intergenerational transfers», *PNAS* 119 (28), e2200073119.

De Carlo, Angela Rocco, 2018, «Looking for a few good men: A society that won't let boys be boys will pay a price in the end», *Wall Street Journal*, 3 de enero, https://www.wsj.com/articles/looking-for-a-few-good-men-1514941459?mod=nwsrltaste&cx%20refModule=nwsrl.

De Dreu, C. K. W., 2012, «Oxytocin modulates cooperation within and competition between groups: An integrative review and research agenda», *Hormones and Behavior* 61, pp. 419-428.

De Dreu, C. K. W., L. L. Greer, M. J. J. Handgraaf, S. Shalvi, G. A. Van Kleef, M. Baas…, S. W. W. Feith, 2010, «The neuropeptide oxytocin

regulates parochial altruism in intergroup conflict among humans», *Science* 328, pp. 1408-1411.
De Tocqueville, Alexis, 1835-1840, *Democracy in America*, Londres: Saunders and Otley [trad. cast.: *La democracia en América*, 2 vols., Madrid: Alianza Editorial, 2017].
De Waal, Frans, 1989, *Peacemaking among Primates*, Cambridge (Massachusetts): Harvard University Press.
—, 2019, *Mama's Last Hug: Animal Emotions and What They Tell Us about Ourselves*, Nueva York: W. W. Norton [trad. cast.: *El último abrazo. Las emociones de los animales y lo que nos cuentan de nosotros*, Barcelona: Tusquets Editores, 2019].
—, 2022, *Different: Gender through the Eyes of a Primatologist*, Nueva York: W. W. Norton [trad. cast.: *Diferentes. Lo que los primates nos enseñan sobre el género*, Barcelona: Tusquets Editores, 2022].
De Waal, Frans y Frans Lanting, 1997, *Bonobo: The Forgotten Ape*, Berkeley: University of California Press.
Denham, Woodrow, 2015, «Alyawarra kinship, infant carrying and alloparenting», *Mathematical Anthropology and Cultural Theory* 8 (1).
DeSilva, Jeremy, 2020, *First Steps: How Upright Walking Made Us Human*, Nueva York: HarperCollins [trad. cast.: *Paso a paso*, Madrid: Capitán Swing, 2024].
Destro-Bisol, G., F. Donati, V. Coia, I. Boschi, F. Verginelli, A. Caglia…, C. Capelli, 2004, «Variation of female and male lineages in sub-Saharan populations: The importance of sociocultural factors», *Molecular Biology and Evolution* 21, pp. 1673-1682.
Dickemann, Mildred, 1981, «Paternal competition and dowry competition: A biocultural analysis of purdah», en *Natural Selection and Social Behavior*, ed. de R. D. Alexander y D. Tinkle, Concord (Massachusetts): Chiron Press, pp. 417-438.
DiMaggio, Erin N., C. J. Campisano, J. Rowan, G. Dupont-Nivet, A. L. Deino, F. Bibi…, J. Ramón Arrowsmith, 2015, «Late Pliocene fossiliferous sedimentary record and the environmental context of early Homo from Afar, Ethiopia», *Science* 347, pp. 1355-1359.
Dixson, A. F., 2013, *Primate Sexuality: Comparative Studies of the Prosimians, Monkeys and Apes, and Human Beings*, Nueva York: Oxford University Press.
Dixson, A. F. y L. George, 1982, «Prolactin and parental behaviour in a male New World primate», *Nature* 299, pp. 551-553.

Dolhinow, Phyllis, 1977, «Normal monkeys? Letters to the Editors», *American Scientist* 65, pp. 266-267.

Donahue, Chad J., M. F. Glasser, T. M. Preuss, J. K. Rilling y D. C. van Essen, 2018, «Quantitative assessment of prefrontal cortex in humans relative to nonhuman primates», *PNAS* 115 (22), pp. E5183-E5192, https://doi.org/10.1073/pnas.1721653115.

Donaldson, Zoe R. y L. J. Young, 2008, «Oxytocin, vasopressin and the neurogenetics of sociality», *Science* 322, pp. 900-904.

Douadi, M. I., S. Gatti, F. Levrero, G. Duhamel, M. Bermejo, D. Vallet, N. Menard y E. J. Petit, 2007, «Sex-biased dispersal in western lowland gorillas (*Gorilla gorilla gorilla*)», *Molecular Ecology* 16, pp. 2247-2259.

Douglas, Mary, 1963, *The Lele of the Kasai*, Oxford: Oxford University Press.

Douglas, Pamela Heidi, G. Hohmann, R. Murtagh, R. Thiessen-Bock y T. Deschner, 2016, «Mixed messages: Wild female bonobos show high variability in the timing of ovulation in relation to sexual swelling patterns», *BMC Evolutionary Biology* 16, p. 140, https://doi.org/10.1186/s12862-016-0691-3.

Draper, Patricia y Nancy Howell, 2005, «The growth and kinship resources of Ju/'hoansi children», en Hewlett y Lamb (eds.), *Hunter-Gatherer Childhoods*, pp. 262-282.

Dreher, Jean-Claude, S. Dunne, A. Pazderska, T. Frodi y J. J. Nolan, 2016, «Testosterone causes both prosocial and antisocial status-enhancing behaviors in human males», *PNAS* 113, pp. 11633-11638.

Du Mez, Kristin Kobes, 2020, *Jesus and John Wayne: How White Evangelicals Corrupted a Faith and Fractured a Nation*, Liveright [trad. cast.: *Jesús y John Wayne*, Madrid: Capitán Swing, 2023].

Dubas, Judith S., M. Heijkoop y M. A. G. van Aken, 2009, «A preliminary investigation of parent-progeny olfactory recognition and parental investment», *Human Nature* 20, pp. 80-92.

Dulac, Catherine, Lauren A. O'Connell y Zheng Wu, 2014, «Neural control of maternal and paternal behaviors», *Science* 345, pp. 765-770.

Dunayer, Erica S. y Carol M. Berman, 2018, «Infant handling among primates», *International Journal of Comparative Psychology* 31, https://escholarship.org/uc/item/45w0r631.

Dunbar, Robin, 1996, *Grooming, Gossip, and the Evolution of Language*, Londres: Faber and Faber.

Dunsworth, Holly, 2016, «Do animals know where babies come from?», *Scientific American* 314 (1), pp. 66-69.
—, 2017, «Sex makes babies: As far as we can tell, no other animal knows this», *Aeon*, 9 de agosto.
Duveau, Jérémy, G. Berillon, C. Verna, G. Laisné y D. Cliquet, 2019, «The composition of a Neanderthal social group revealed by the hominin footprints at Le Rozel», *PNAS* 116, pp. 19409-19414.
Dyble, Mark, J. Thompson, D. Smith, G. D. Salali, N. Chaudhary, A. Page…, A. B. Migliano, 2016, «Networks of food sharing reveal the functional significance of multilevel sociality in two hunter-gatherer groups», *Current Biology* 26, pp. 2017-2021.
Eagly, Alice H., 2022, «Women take risks to help others to stay alive», *Behavioral and Brain Sciences* 45, E135, https://doi.org/10.1017/S0140525X22000437.
Ebensperger, Luis A., 1998, «Strategies and counter strategies to infanticide in males», *Biological Reviews* 73, pp. 321-346.
Edin, Kathryn y T. Nelson, 2013, *Doing the Best I Can: Fatherhood in the Inner City*, Berkeley: University of California Press.
Edsall, Thomas, 2022, «The gender gap is taking us to unexpected places», *New York Times*, 12 de enero.
Egelko, Bob, 2010, «Gays make fine parents, psychologist testifies», SFGate, *San Francisco Chronicle*, 16 de enero.
Eibl-Eibesfeldt, Irenäus, 1989, *Human Ethology*, Nueva York: Aldine de Gruyter [trad. cast.: *Biología del comportamiento humano. Manual de etología humana*, Madrid: Alianza Editorial, 1993].
Eliassen, Sigrunn y Christian Jørgensen, 2014, «Extra-pair mating and evolution of cooperative neighbourhoods», *PLOS ONE* 9, e99878.
Eliot, George, 1985 (1859), *Adam Bede*, Londres: Penguin Books [trad. cast.: *Adam Bede*, Madrid: Ediciones Cátedra, 2020].
Ellison, Peter T., 1993, «Measurements of salivary progesterone», *Annals of the New York Academy of Sciences* 694, pp. 161-176.
Ellowson, A. Margaret, C. T. Snowdon y C. Lazaro-Perea, 1998, «"Babbling" and social context in infant monkeys: Parallels to human infants», *Trends in Cognitive Science* 2, pp. 31-37.
Ellsworth, Ryan, Drew H. Bailey, Kim Hill, A. Magdalena Hurtado y Robert S. Walker, 2014, «Relatedness, co-residence, and shared fatherhood among Ache foragers of Paraguay», *Current Anthropology* 55 (1), pp. 647-653.

Elwood, Robert W., 1977, «Changes in the responses of male and female gerbils (*Meriones unguiculatus*) towards test pups during the pregnancy of the female», *Animal Behaviour* 25, pp. 46-51.
Elwood, Robert W. y Danielle S. Stolzenberg, 2020, «Flipping the parental switch: from killing to caring in male mammals», *Behavioural Processes* 33, pp. 15-24.
Ely, Robin, Pamela Stone y Colleen Ammerman, 2014, «Rethink what you think you "know" about high-achieving women», *Harvard Business Review*, https://hbr.org/2014/12/rethink-what-you-know-about-high-achieving-women.
Ember, Carol R., 1973, «Feminine task assignment and the social behavior of boys», *Ethos* 1 (4), pp. 424-439.
Emlen, Stephen, 1982, «The evolution of helping, I: The ecological constraints model», *The American Naturalist* 119, pp. 29-39.
—, 1995, «An evolutionary view of the family», *PNAS* 92, pp. 8092-8099.
Endicott, Karen, 1992, «Fathering in an egalitarian society», en *Father-Child Relations: Cultural and Biosocial Contexts*, ed. de Barry S. Hewlett, Nueva York: Aldine de Gruyter, pp. 281-295.
Engelmann, J. M., E. Herrmann y M. Tomasello, 2012, «Five-year olds, but not chimpanzees, attempt to manage their reputations», *PLOS ONE* 7 (10), e48433, https://doi.org/10.1371/journal.pone.0048433.
—, 2018, «Concern for group reputation increases prosociality in young children», *Psychological Science* 29 (2), pp. 181-190, https://doi.org/10.1177/0956797617733830.
Engels, Friedrich, 1942 (1884), *The Origin of the Family, Private Property and the State*, Nueva York: International Publishers, trad. del alemán por Alick West [trad. cast.: *El origen de la familia, de la propiedad privada y del Estado*, Madrid: Ediciones Akal, 2017].
England, Paula, A. Levine y E. Mishel, 2020, «Progress toward gender equality in the United States has slowed or stalled», *PNAS* 117, pp. 6990-6997.
Evans, Alice, 2022, «The Middle East and North Africa's patrilineal trap», *Brookings Institute*, 25 de enero, https://www.brookings.edu/articles/the-middle-east-and-north-africas-patrilineal-trap/.
Evans, Samantha, 2017, *Darwin and Women: A Selection of Letters*, Cambridge (Reino Unido): Cambridge University Press.
Fardon, Richard, 1999, *Mary Douglas: An Intellectual Biography*, Londres: Routledge.

Farrar, Victoria, 2020, «From party to parent: The role of prolactin in reproduction in transitions during parental care», Conferencia, University of California en Davis, 21 de febrero.

Feldman, Jamie, 2020, «This throuple made history with their first child. Here's what their lives are like», *Huffpost*, 23 de diciembre.

Feldman, Ruth, 2014, «Paternal instinct: Conversation with Kyle Pruitt sponsored by the Simms-Mann Educational Institute», *Building the House Within Speaker Series at the Hammer Museum*, 12 de febrero, https://youtu.be/V2fkFYO4Yk4.

Feldman, Ruth, I. Gordon, I. Schneiderman, O. Weisman y O. Zagoory-Sharon, 2010, «Natural variations in maternal and paternal care are associated with systematic changes in oxytocin following parent-infant contact», *Psychoneuroendocrinology* 35, pp. 1133-1141.

Feldman, Ruth, K. Braun y F. A. Champagne, 2019, «The neural mechanisms and consequences of paternal caregiving», *Nature Reviews Neuroscience* 20, pp. 205-224.

Fellows Yates, James A., Irina M. Velsko, Franziska Aron, Cosimo Posth, Courtney A. Hofman, Rita M. Austin…, Christina Warinner, 2021, «The evolution and changing ecology of the African hominid oral microbiome», *PNAS* 118, e2021655118.

Fernández-Duque, Eduardo, 2021, «Fatherhood matters: Lessons on paternal care from evolutionary anthropology», discurso plenario presentado en la reunión anual de la American Association for the Advancement of Science, 11 de febrero.

Fernández-Duque, Eduardo y Benjamin Finkel, 2014-2015, «Love in the time of monkeys», *Natural History* (diciembre de 2014-enero de 2015), pp. 16-21.

Fernández-Duque, Eduardo y Maren Huck, 2013, «Till death (or an intruder) do us part: Intrasexual competition in a monogamous primate», *PLOS ONE* 8, e53724.

Fernández-Duque, Eduardo, Claudia R. Valeggia y Sally Mendoza, 2009, «The biology of paternal care in human and nonhuman primates», *Annual Review of Anthropology* 38, pp. 115-130.

Fernández-Duque, Eduardo, M. Huck, S. Van Belle y A. di Fiore, 2020, «The evolution of pair-living, sexual monogamy, and cooperative infant care: Insights from research on wild owl monkeys, titis, sakis and tamarins», *Yearbook of Physical Anthropology* 171 (S70), pp. 118-173.

Finkenwirth, Christa, E. Guerreiro Martins, E. M. Deschner y J. M. Burkart, 2016, «Oxytocin is associated with infant-care behavior and motivation in cooperatively breeding marmoset monkeys», *Hormones and Behavior* 80, pp. 10-18.

Fischer, Eva K., A. B. Roland, N. A. Moskowitz, E. E. Tapia, K. Summers, L. A. Coloma y L. A. O'Connell, 2019, «The neural basis of tadpole transport in poison frogs», *Proceedings of the Royal Society B* 286, p. 20191084.

Fischer, Eva, 2022, «Mechanisms of parental care in poison frogs», *FINE Seminar in Frontiers of Social Evolution series*, 24 de mayo, https://www.youtube.com/watch?v=oi8BixXxofU.

Fisher, Helen E., 1983, *The Sex Contract: The Evolution of Human Behavior*, William Morrow.

Fisher, Maryanne L., J. R. Garcia y R. Sokal Chang (eds.), 2013, *Evolution's Empress: Darwinian Perspectives on the Nature of Women*, Oxford: Oxford University Press.

Fleming, Alison S., C. Corter, J. Stallings y M. Steiner, 2002, «Testosterone and prolactin are associated with emotional responses to infant cries in new fathers», *Hormones and Behavior* 42, pp. 399-413.

Fleming, Alison, J. S. Lonstein y F. Lévy, 2016, «Introduction to the special issue on parental behavior in honor of Jay S. Rosenblatt», *Hormones and Behavior* 77, pp. 1-2.

Fothergill, Alastair y Mark Linfield (dirs.), 2012, *Chimpanzee* (película), producida por Disneynature.

Fouts, Hillary y R. A. Brookshire, 2009, «Who feeds children? A child's-eye-view of care-giving feeding patterns among the Aka foragers in Congo», *Social Science and Medicine* 69, pp. 285-292.

Francis, Charles M., Edythe L. P. Anthony, Jennifer A. Brunton y Thomas H. Kunz, 1994, «Lactation in male fruit bats», *Nature* 367, pp. 691-669.

Franklin, Prarthana y A. A. Volk, 2018, «A review of infants' and children's facial cues' influence on adults' perception and behaviors», *Evolutionary Behavioral Science* 12 (4), pp. 296-321, https://doi.org/10.1037/ebs0000108.

Franklin, Ruth, 2017, «Who's afraid of Claire Messud?», *New York Times Magazine*, 10 de agosto.

French, Jeffrey, 2007, «Parental care in marmosets: Stories of steroids and chronicles of chimerism», *Animal Behavior Lecture Series*, 10 de abril, University of California en Davis.

Frodi, Ann, Michael E. Lamb, L. A. Leavitt y W. L. Donovan, 1978, «Fathers' and mothers' responses to infant cries and smiles», *Infant Behavior and Development* 1, pp. 187-198.

Fruth, Barbara y Gottfried Hohmann, 2016, «Social grease for females? Same-sex genital contacts in wild bonobos», en *Homosexual Behavior in Animals: An Evolutionary Perspective*, ed. de Volker Sommer y Paul Vasey, Cambridge (Reino Unido): Cambridge University Press, pp. 294-315.

—, 2018, «Food-sharing across borders: First observation of intercommunity meat sharing by bonobos of LuiKotale, DRC», *Human Nature* 29, pp. 91-103.

Fry, Douglas P., 2013, «War, peace, and human nature: The challenge of achieving scientific objectivity», en *War, Peace, and Human Nature: The Convergence of Evolutionary and Cultural Views*, ed. de Douglas P. Fry, Oxford: Oxford University Press, pp. 1-21.

Fry, Douglas P. y Patrik Soderberg, 2013, «Lethal aggression in mobile forager bands and implications for the origins of war», *Science* 341, pp. 270-274.

Furuichi, Takeshi, 2011, «Female contributions to the peaceful nature of bonobo society», *Evolutionary Anthropology* 20, pp. 131-142.

—, 2017, «Female contributions to the peaceful nature of bonobo society», en *Bonobos: Unique in Mind, Brain and Behavior*, ed. de Brian Hare y Shinya Yamamoto, Oxford: Oxford University Press, pp. 17-34.

Gamble, Eliza Burt, 1894, *The Evolution of Woman: An Inquiry into the Extent of Her Inferiority*, Nueva York y Londres: G. P. Putnam.

Garber, Paul, 1997, «One for all and breeding for one: Cooperation and competition as a tamarin reproductive strategy», *Evolutionary Anthropology* 5, pp. 187-199.

Gates, Gary J., 2015, «Marriage and family: LGBT individuals and same-sex couples», *The Future of Children* 25 (2), pp. 67-87.

Gavrilets, Sergey y P. J. Richerson, 2017, «Collective action and the evolution of social norm internalization», *PNAS* 114, pp. 6068-6073.

Gelstein, Shani, Y. Yeshurun, L. Rozenkrantz, S. Shushan, I. Frumin, Y. Roth y N. Sobel, 2011, «Human tears contain a chemosignal», *Science* 331, pp. 226-230.

Gerson, Kathleen, 1993, *No Man's Land: Men's Changing Commitments to Family and Work*, Nueva York: Basic Books.

—, 2010, *The Unfinished Revolution: Coming of Age in a New Era of Gender, Work, and Family*, Oxford: Oxford University Press.

Gettler, Lee T., 2016, «Testosterone, fatherhood and social networks», en *Costly and Cute: Helpless Infants and Human Evolution*, ed. de W. R. Trevathan y K. R. Rosenberg, Albuquerque: SAR Press y University of New Mexico Press, pp. 149-176.

Gettler, Lee, T. W. McDade, A. B. Feranil y C. W. Kuzawa, 2011, «Longitudinal evidence that fatherhood decreases testosterone in human males», *PNAS* 108, pp. 16194-16199.

Gettler, Lee, James J. McKenna, Thomas W. McDade, Sonny S. Augustin y Christopher W. Kuzawa, 2012, «Does cosleeping contribute to lower testosterone levels in fathers? Evidence from the Philippines», *PLOS ONE* 7 (9), e41559.

Getz, Lowell L., C. S. Carter y L. Gavish, 1981, «The mating system of the prairie vole, *Microtus ochrogaster*: Field and laboratory evidence for pair bonding», *Behavioral Ecology and Sociobiology* 8, pp. 189-194.

Gilby, Ian, Z. P. Machanda, D. E. Mungu, M. N. Muller, A. E. Pusey y R. W. Wrangham, 2015, «Inter-individual variation in communal hunting in three wild chimpanzee communities» (resumen), *American Journal of Physical Anthropology*, supl. 60, p. 144.

Gilman, Charlotte Perkins, 1998 (1898), *Women and Economics*, Berkeley: University of California Press [trad. cast.: *Mujeres y economía. Un estudio sobre la relación económica entre hombres y mujeres como factor de la evolución social*, Valencia: Publications de la Universitat de València, 2008].

Glasper, E. R., W. R. Kenkel, J. Bick y J. K. Rilling, 2019, «More than just mothers: The neurobiological and neuroendocrine underpinnings of allomaternal caregiving», *Frontiers in Neuroendocrinology* 53, p. 100741, https://doi.org/10.1016/j.yfrne.2019.02.005.

Goldberg, Michelle, 2009, *The Means of Reproduction: Sex, Power, and the Future of the World*, Nueva York: Penguin Press.

Goldberg, Steven, 1973, *The Inevitability of Patriarchy*, Nueva York: William Morris.

Goldizen, Anne Wilson, 1987, «Tamarins and marmosets: Communal care of offspring», en *Primate Societies*, ed. de B. B. Smuts, D. Cheney, R. M. Seyfarth, R. W. Wrangham y T. T. Strushaker, Chicago: University of Chicago Press, pp. 34-43.

Golombok, Susan, R. Cook, A. Bish y C. Murray, 1995, «Families created by new reproductive technologies: Quality of parenting and social emotional development of the children», *Child Development* 66, pp. 285-298.
Golombok, Susan, L. Mellish, F. Tasker, S. Jennings, P. Casey y M. Lamb, 2013, «Adoptive gay father families: Parent-child relationship and children's psychological adjustment», *Child Development* 85 (2), pp. 456-468.
Goodall, Jane, 1986, *The Chimpanzees of Gombe*, Cambridge (Massachusetts): Harvard University Press.
Gopnik, Alison, 2016, *The Gardener and the Carpenter: What the New Science of Child Development Tells Us about the Relationship between Parents and Children*, Nueva York: Farrar, Straus, and Giroux [trad. cast.: *¿Padres jardineros o padres carpinteros? Los últimos descubrimientos científicos sobre cómo aprenden los niños*, Madrid: Temas de Hoy, 2018].
Gopnik, Alison, W. E. Frankenhuis y M. Tomasello, 2020, «Introduction to special issue: Life history and learning: How childhood, caregiving and old age shape cognition and culture in humans and other animals», *Philosophical Transactions of the Royal Society B* 375, p. 20190489.
Gould, Stephen J., 1995, «Male nipples and clitoral ripples», en *Adam's Navel and Other Essays*, Londres: Penguin Books, pp. 41-58.
Gowaty, Patricia Adair (ed.), 1997, *Feminism and Evolutionary Biology*, Nueva York: Chapman Hall.
Gowaty, Patricia A. y Michael R. Lennartz, 1985, «Sex ratios of nestling and fledgling red-cockaded woodpeckers (*Picoides borealis*) favor males», *The American Naturalist* 126, https://doi.org/10.1086/284421.
Gray, Peter B. y Kermyt G. Anderson, 2010, *Fatherhood: Evolution and Human Paternal Behavior*, Cambridge (Massachusetts): Harvard University Press.
Gray, Peter B. y B. C. Campbell, 2009, «Human male testosterone, pair-bonding, and fatherhood», en *Endocrinology of Social Relationships*, ed. de Peter T. Ellison y Peter B. Gray, Cambridge (Massachusetts): Harvard University Press, pp. 270-293.
Gray, Peter B. y Alyssa Crittenden, 2014, «Father Darwin: Effects of children on men viewed from an evolutionary perspective», *Fathering* 12, pp. 121-142.
Gray, Peter B., J.-A. Reese, C. Coore-Desai, T. Dinnall-Johnson, S. Pellington, A. Bateman y M. Samms-Vaughan, 2018, «Patterns and predictors of

depressive symptoms among Jamaican fathers of newborns», *Social Psychiatry and Psychiatric Epidemiology* 53, pp. 1063-1070.

Greenhouse, Linda, 2005, «Courts let stand Florida ban on gay adoptions», *San Francisco Chronicle*, 11 de enero.

Greven, Philip, 1970, *Four Generations: Population, Land, and Family in Colonial New England*, Ithaca: Cornell University Press.

Griffin, Ashleigh S., S. H. Alonzo y C. K. Cornwallis, 2013, «Why do cuckolded males provide paternal care?», *PLOS Biology* 11 (3), e1001520.

Griswold, Robert L., 1993, *Fatherhood in America: A History*, Nueva York: Basic Books.

Gross, Mart R. y R. Craig Sargent, 1985, «The evolution of male and female parental care in fishes», *American Zoologist* 25 (3), pp. 807-822.

Gross, Rachel E., 2022, *Vagina Obscura: An Anatomical Voyage*, Nueva York: W. W. Norton.

Grossmann, Tobias, 2013, «The role of medial prefrontal cortex in early social cognition», *Frontiers in Human Neuroscience* 7, p. 340.

—, 2020, «Early social cognition: Exploring the role of the medial prefrontal cortex», en *The Social Brain: A Developmental Perspective*, ed. de Jean Decety, Cambridge (Massachusetts): MIT Press, pp. 67-87.

Gruber, Christian W., 2014, «Physiology of invertebrate oxytocin and vasopressin neuropeptides», *Experimental Physiology* 99 (1), pp. 55-61.

Gubernick, D. J. y R. J. Nelson, 1989, «Prolactin and paternal behavior in the biparental California mouse *Peromyscus californicus*», *Hormones and Behavior* 23, pp. 203-210.

Gubernick, David J., J. T. Winslow, P. Jensen, L. Jeanotte y J. Bowen, 1995, «Oxytocin changes in males over the reproductive cycle in the monogamous, biparental California mouse, *Peromyscus californicus*», *Hormones and Behavior* 29, pp. 59-73.

Gubernick, David J., Carol M. Worthman y J. F. Stallings, s. f., «Hormonal correlates of fathering in men», sin publicar.

Guédon, Marie-Francoise, 2020, «Matriculturality and the Algonquian language family: An interim report», *Matrix: A Journal for Matricultural Studies* 1(1), mayo, pp. 89-117.

Guindre-Parker, Sarah y Dustin R. Rubenstein, 2018, «Multiple benefits of alloparental care in a fluctuating environment», *Royal Society Open Science* 5, p. 172406.

Gunz, Philipp, F. L. Bookstein, P. Mitteroecker, A. Stadlmayr, H. Seidler y G. W. Weber, 2009, «Early modern human diversity suggests subdivided population structure and complex out-of-Africa scenario», *PNAS* 106 (15), pp. 6094-6098.
Gunz, P., S. Neubauer, D. Falk, P. Tafforeau, A. Le Cabec, T. M. Smith, W. H. Kimbel, F. Spoor y Z. Alemseged, 2020, «*Australopithecus afarensis* endocasts suggest ape-like brain organization and prolonged brain growth», *Science Advances* 6 (14), eaaz4729, https://doi.org/10.1126/sciadv.aaz4729.
Guo, Yongman, C. G. Grueter y J. Lu, 2022, «Letter to the Editor: Allomaternal care and "adoption" in an edge-of-range population of Taihangshan macaques in Northern China», *Current Zoology* 69 (2), pp. 215-218, https://doi.org/10.1093/cz/zoac027.
Gursky-Doyen, Sharon, 2011, «Infanticide by a spectral tarsier (*Tarsius spectrum*)», *Primates* 52, pp. 385-389.
Gurven, Michael, W. Allen-Arave, K. Hill y M. Hurtado, 2000, «"It's a wonderful life": Signaling generosity among the Ache of Paraguay», *Evolution and Human Behavior* 21, pp. 263-282.
Gurven, Michael y Christopher von Rueden, 2006, «Hunting, social status and biological fitness», *Social Biology* 53 (1-2), pp. 81-99.
Gusinde, Martin, 1931, *Die Feuerland-Indianer*, vol. I, *Die Selk'nam*, Modling bei Wien: Anthropos Verlag.
Gust, D. A., 1994, «Alpha-male sooty mangabeys differentiate between females' fertile and their postconception maximal swellings», *International Journal of Primatology* 15, pp. 289-301.
Gustafson, Erik, F. Levréo, D. Reby y N. Mathevon, 2013, «Fathers are just as good as mothers at recognizing the cries of their baby», *Nature Communications* 4, p. 1698, https://doi.org/10.1038/ncomms2713.
Guthrie, R., Dale, 2006, *The Nature of Paleolithic Art*, Chicago: University of Chicago Press.
Gutman, Herbert, 1976, *The Black Family in Slavery and Freedom, 1750–1925*, Nueva York: Pantheon.
Gutmann, Matthew, 2007 (1996), *The Meanings of Macho: Being a Man in Mexico City*, edición del décimo aniversario, con un nuevo prefacio, Berkeley: University of California Press.
Haas, Louis, 1998, *The Renaissance Man and His Children: Childbirth and Early Childhood in Florence 1300–1600*, Nueva York: St. Martin's Press.

Hames, Raymond, 1988, «The allocation of parental care among the Yekwana», en *Human Reproductive Behavior: A Darwinian Perspective*, ed. de L. Betzig, M. Borgerhoff Mulder y P. Turke, Cambridge (Reino Unido): Cambridge University Press, pp. 237-251.

—, 2015, «Kin selection», en *Handbook of Evolutionary Psychology*, vol. 1, 2.ª ed., ed. de David M. Buss, Nueva York: John Wiley and Sons, pp. 505-523.

Hames, R. y P. Draper, 2004, «Women's work, child care, and helpers-at-the-nest in a hunter-gatherer society», *Human Nature* 15, pp. 319-341, https://doi.org/10.1007/s12110-004-1012-x.

Hamilton, William D., 1964, «The genetical evolution of social behavior», *Journal of Theoretical Biology* 7, pp. 1-52.

Hamlin, J. Kiley y K. Wynn, 2011, «Young infants prefer prosocial to antisocial others», *Cognitive Development* 26, pp. 30-39.

Hamlin J. Kiley, K. Wynn y P. Bloom, 2007, «Social evaluation by preverbal infants», *Nature* 450 (7169), pp. 557-559.

—, 2010, «Three-month-olds show a negativity bias in their social evaluations», *Developmental Science* 13, pp. 923-929.

Hamlin, Kimberly A., 2014, *From Eve to Evolution: Darwin, Science, and Women's Rights in Gilded Age America*, Chicago: University of Chicago Press.

Hand, Judith L., 2006, *A Future without War: The Strategy of a Warfare Transition*, San Diego: Questpath.

—, 2014, *Shift: The Beginning of War, the Ending of War*, San Diego: Questpath.

Harcourt, Alexander y Kelly Stewart, 2007, *Gorilla Society: Conflict, Compromise, and Cooperation between the Sexes*, Chicago: University of Chicago Press.

Harcourt, Alexander, P. H. Harvey, S. G. Larson y R. V. Short, 1981, «Testis weight, body weight, and breeding systems in primates», *Nature* 293, pp. 55-57.

Hardy, K., A. Radini, S. Buckley, R. Sarig, L. Copeland, A. Gopher y R. Barkai, 2015, «Dental calculus reveals potential respiratory irritants and ingestion of essential plant-based nutrients at Lower Palaeolithic Qesem Cave, Israel», *Quaternary International* 398, pp. 129-135.

Hare, Brian y Michael Tomasello, 2004, «Chimpanzees are more skillful in competitive than in cooperative cognitive tasks», *Animal Behaviour* 68(3), pp. 571-581.

Hare, Brian y Vanessa Woods, 2020, *Survival of the Friendliest: Understanding Our Origins and Rediscovering Our Common Humanity*, Penguin/Random House.
Hare, Brian, A. P. Melis, V. Woods, S. Hastings y R. Wrangham, 2007, «Tolerance allows bonobos to outperform chimpanzees on a cooperative task», *Current Biology* 17, pp. 619-623.
Hauser, Marc, Noam Chomsky y W. Tecumseh Fitch, 2004, «The faculty of language: What is it? Who has it, and how did it evolve?», *Science* 298, pp. 1569-1579.
Hausfater, Glenn y Sarah B. Hrdy (eds.), 1984, *Infanticide: Comparative and Evolutionary Perspectives*, Hawthorne (Nueva York): Aldine.
Hawkes, Kristen, 1991, «Showing off: Tests of another hypothesis about men's foraging goals», *Ethology and Sociobiology* 11, pp. 29-54.
—, 2000, «Hunting and the evolution of egalitarian societies: Lessons from the Hadza», en *Hierarchies in Action: Cui Bono?*, ed. de Michael W. Diehl, Center for Archaeological Investigations, Occasional Papers n.º 27, pp. 59-83.
—, 2001b, «Foraging, life histories and paleoanthropology: The evolution of human families», discurso plenario presentado en la 13.ª conferencia anual de la Human Behavior and Evolution Society, 6-10 de junio, University College of London.
—, 2014a, «Primate sociality to human cooperation: Why us and not them?», *Human Nature* 25, pp. 28-48.
—, 2014b, «Grandmothers and the extended family», Carta Symposium «From Birth to Grandmotherhood», 21 de febrero, https://www.youtube.com/watch?v=lIJ3xCR-PhU.
—, 2021, «Ancestral grandmothers and human evolution», conferencia del Día de Darwin presentada en la Universidad de Nueva York, 11 de febrero, https://www.youtube.com/watch?v=eeQSJ8rGmKw.
Hawkes, Kristen y Rebecca Bliege Bird, 2002, «Showing off: Handicap signaling and the evolution of men's work», *Evolutionary Anthropology* 11, pp. 58-67.
Hawkes, Kristen, J. O'Connell y N. G. Blurton Jones, 1989, «Hardworking Hadza grandmothers», en *Comparative Socioecology: The Behavioral Ecology of Humans and Other Mammals*, ed. de V. Standen y R. A. Foley, Londres: Basil Blackwell, pp. 341-366.
Hawkes, Kristen, J. O'Connell y N. G. Blurton Jones, 1991, «Hunting income patterns among the Hadza: Big game, common goods, foraging

goals and the evolution of the human diet», *Philosophical Transactions of the Royal Society B* 334, pp. 243-251.

Hawkes, Kristen, J. F. O'Connell, N. G. Blurton Jones, H. Alvarez y E. L. Charnov, 1998, «Grand-mothering, menopause, and the evolution of human life histories», *PNAS* 95, pp. 1336-1339.

Hawkes, Kristen, J. F. O'Connell y N. G. Blurton Jones, 2001, «Hunting and nuclear families: Some lessons from the Hadza about men's work», *Current Anthropology* 42 (5), pp. 681-695.

—, 2014, «More lessons from the Hadza about men's work», *Human Nature* 25, pp. 596-619, https://doi.org/10.1007/s12110-014-9212-5.

—, 2018, «Hunter-gatherer studies and human evolution: A very selective review», *American Journal of Physical Anthropology* 165, pp. 777-800, https://doi.org/10.1002/ajpa.23403.

Hawks, John, K. Hunley, S.-H. Lee y M. Wolpoff, 2000, «Population bottlenecks and human evolution», *Molecular Biology and Evolution* 17 (1), pp. 2-22.

Hax, Carolyn, 2022, «My dad says I'm not 'a real man' if I go to my son's baby shower», *Washington Post*, 15 de julio, https://www.washingtonpost.com/advice/2022/07/15/live-chat-carolyn-hax/.

Heistermann, Michael, T. Ziegler, C. P. van Schaik, K. Launhardt, P. Winkler y J. Keith Hodges, 2001, «Loss of oestrus, concealed ovulation and paternity confusion in free-ranging Hanuman langurs», *Proceedings of the Royal Society B* 268, pp. 2445-2451.

Heldstab, Sandra A., C. P. van Schaik y K. Isler, 2016, «The care buffer hypothesis: Reproductive females buffer seasonality through allomaternal care in a comparative study across 111 mammalian species» (resumen 6880), congreso de la International Primatological Society / American Society of Primatologists (IPS ASP), Chicago, 25 de agosto.

Heldstab, Sandra A., K. Isler, J. M. Burkart y C. P. van Schaik, 2019, «Allomaternal care, brains and fertility in mammals: Who cares matters», *Behavioral Ecology and Sociobiology* 73, p. 71, https://doi.org/10.1007/s00265-019-2684-x.

Helle-Valle, Jo, 1999, «Sexual mores, promiscuity and "prostitution" in Botswana», *Ethnos* 64 (3-4), pp. 372-396.

Henderson, Amy, 2021, *Tending: Parenthood and the Future of Work*, Los Ángeles: Nation Builder Books.

Henn, Brenna M., Christopher R. Gignoux, Matthew Jobin, Julie M. Granka, J. M. Macpherson, J. M. Kidd…, Marcus W. Feldman, 2011,

«Hunter-gatherer genomic diversity suggests a southern African origin for modern humans», *PNAS* 108 (13), pp. 5154-5162, https://doi.org/10.1073/pnas.1017511108.
Henrich, Joseph, 2020, *The WEIRDest People in the World: How the West Became Psychologically Peculiar and Particularly Prosperous*, Nueva York: Farrar, Straus and Giroux [trad. cast.: *Las personas más raras del mundo*, Madrid: Capitán Swing, 2022].
Henrich, Joseph, M. Bauer, A. Cassar, J. Chytilová y B. G. Purzycki, 2019, «War increases religiosity», *Nature Human Behaviour* 3 (2), pp. 129-135.
Henry, Jules, 1941, *Jungle People: A Kaingang Tribe of the Highlands of Brazil*, Nueva York: J. J. Augustin.
Herdt, Gilbert, 1987, *The Sambia: Ritual and Gender in New Guinea*, Nueva York: Holt, Rinehart and Winston.
Herrmann, Esther, M. Hernández-Lloreda, B. Hare y M. Tomasello, 2007, «Humans have evolved specialized skills of social cognition: The cultural intelligence hypothesis», *Science* 317, pp. 1360-1366.
Hewlett, Barry S., 1991, «Intimate fathers: Patterns of paternal holding among Aka pygmies», en *Father's Role in Cross-Cultural Perspective*, ed. de M. E. Lamb, Nueva York: Erlbaum, pp. 295-330.
—, 1992, *Intimate Fathers: The Nature and Context of Aka Pygmy Paternal Infant Care*, Ann Arbor: University of Michigan Press.
Hewlett, Barry S. y David Alster, s. f., «Prolactin and infant holding among American fathers», sin publicar.
Hewlett, Barry S. y Michael E. Lamb (eds.), 2005, *Hunter-Gatherer Childhoods: Evolutionary, Developmental and Cultural Perspectives*, Nuevo Brunswick (Nueva Jersey): Aldine Transaction.
Hewlett, Barry S. y Steve Winn, 2014, «Allomaternal nursing in humans», *Current Anthropology* 55 (2), pp. 200-215.
Hibbert, Christopher (ed.), 1996 (1819), *A Soldier of the Seventy-First: The Journal of a Soldier in the Peninsular War*, Gloucestershire: The Windrush Press.
Hill, Kim, 2002, «Altruistic cooperation during foraging by Ache, and the evolved predisposition to cooperate», *Human Nature* 13, pp. 105-128.
—, 2009, «Are characteristics of human "culture" that account for human uniqueness missing from animal social traditions?», en *The Question of Animal Culture*, ed. de K. N. Laland y B. G. Galef Jr., Cambridge (Reino Unido): Cambridge University Press, pp. 279-287.

Hill, Kim y A. Magdalena Hurtado, 1996, *Ache Life History: The Ecology and Demography of a Foraging People*, Hawthorne (Nueva York): Aldine de Gruyter.
—, 2009, «Cooperative breeding in South American hunter-gatherers», *Proceedings of the Royal Society B* 276 (1674), pp. 3863-3870.
Hill, Kim, R. S. Walker, M. Bozicevic, J. Elder, T. Headland, B. Hewlett…, B. Wood, 2011, «Co-residence patterns in hunter-gatherer societies show unique human social structure», *Science* 331, pp. 1286-1289.
Hite, Shere, 1976, *The Hite Report on Female Sexuality*, Nueva York: Macmillan [trad. cast.: *El informe Hite*, Barcelona: Plaza & Janés, 1996].
Hobaiter, Catherine, A. M. Schel, K. Langergraber y K. Zuberbühler, 2014, «"Adoption" by maternal siblings in wild chimpanzees», *PLOS ONE* 9, e103777.
Hobson, Peter, 2004, *The Cradle of Thought: Exploring the Origins of Thinking*, Oxford: Oxford University Press.
Hoffman, John, 2019, «The ultimate rookie dad guide to newborns. From changing diapers, to bonding with baby and supporting your partner, here's how to get comfy with the new addition», *Today's Parent*, 9 de enero, https://www.todaysparent.com/baby/newborn-care/a-rookie-dads-guide-to-newborns/.
Hoffman, Kurt A., S. P. Mendoza, M. B. Hennessy y W. A. Mason, 1995, «Responses of infant titi monkeys, *Callicebus moloch*, to removal of one or both parents: Evidence for paternal attachment», *Developmental Psychobiology* 28, pp. 388-407.
Hohmann, Gottfried y Barbara Fruth, 2011, «Is blood thicker than water?», en *Among African Apes: Stories and Photos from the Field*, ed. de M. M. Robbins y C. Boesch, Berkeley: University of California Press, pp. 61-76.
Hohmann, Gottfried, L. Vigilant, R. Mundry y B. Behringer, 2018, «Aggression by males against immature individuals does not fit with predictions of infanticide», *Aggressive Behavior* 45, pp. 300-309.
Holden, Clare Janaki y Ruth Mace, 2003, «Spread of cattle led to the loss of matrilineal descent in Africa: A coevolutionary analysis», *Proceedings of the Royal Society B* 270, pp. 2425-2433.
Hooven, Carole, 2021, *T: The Story of Testosterone, the Hormone That Dominates and Divides Us*, Nueva York: Henry Holt. [trad. cast.: *Testosterona*, Barcelona: Arpa, 2022].

Horrell, Nathan D., J. P. Perea-Rodriguez y W. Saltzman, 2017, «Effects of repeated pup exposure on behavioral, neural, and adrenocortical responses to pups in male California mice (*Peromyscus californicus*)», *Hormones and Behavior* 90, pp. 56-63.

Horn, Alexander J. y C. Sue Carter, 2021, «Love and longevity: A social dependency hypothesis», *Comprehensive Psychoneuroendocrinology* 8, p. 100088, https://doi.org/10.1016/j.cpnec.2021.100088.

Hotz, Robert Lee, 2019, «Scientists find the pitter patter of Neanderthal feet», *Wall Street Journal*, 9 de septiembre, https://www.wsj.com/articles/scientists-find-the-pitter-patter-of-neanderthal-feet-11568055600.

Howell, Nancy, 2010, *Life Histories of the Dobe !Kung: Food, Fatness, and Well-Being over the Lifespan*, Berkeley: University of California Press.

Hrdy, Sarah Blaffer, 1974, «Male-male competition and infanticide among the langurs (*Presbytis entellus*) of Abu, Rajasthan», *Folia Primatologica* 22, pp. 19-58.

—, 1977a, «Infanticide as a primate reproductive strategy», *American Scientist* 65, pp. 40-49.

—, 1977b, *The Langurs of Abu: Female and Male Strategies of Reproduction*, Cambridge (Massachusetts): Harvard University Press (reeditado con nuevo prefacio y bibliografía actualizada, 1980).

—, 1979, «Infanticide among animals: A review, classification and examination of the implications for the reproductive strategies of females», *Ethology and Sociobiology* 1, pp. 13-40.

—, 1981, *The Woman That Never Evolved*, Cambridge (Massachusetts): Harvard University Press (reeditado con nuevo prefacio y bibliografía actualizada en 1999).

—, 1997, «Raising Darwin's consciousness: Female sexuality and the prehominid origins of patriarchy», *Human Nature* 8, pp. 1-49.

—, 1999, *Mother Nature: A History of Mothers, Infants, and Natural Selection*, Nueva York: Pantheon.

—, 2000, «Past, present and future of the human family», *The Tanner Lectures on Human Values* 23, Salt Lake City: University of Utah Press, pp. 57-110, https://tannerlectures.utah.edu/_resources/documents/a-to-z/h/Hrdy_02.pdf.

—, 2004, «Sexual diversity and the gender agenda: Review of Joan Roughgarden's *Evolution's Rainbow*», *Nature* 429, pp. 19-20.

—, 2005, «Evolutionary context of human development: The cooperative breeding model», en *Attachment and Bonding: A New Synthesis*, ed. de C. Sue Carter *et al.*, Cambridge (Massachusetts): MIT Press, pp. 9-32.
—, 2009, *Mothers and Others: The Evolutionary Origins of Mutual Understanding*, Cambridge (Massachusetts): The Belknap Press of Harvard University Press.
—, 2010, «Myths, monkeys and motherhood: A compromising life», en *In Leaders in Animal Behavior: The Second Generation*, ed. de Lee Drickamer y Donald Dewsbury, Cambridge (Reino Unido): Cambridge University Press, pp. 343-374.
—, 2013a, «The "one animal in all creation about which man knows the least"», prefacio a un número temático sobre la competencia y agresión femenina, ed. de Anne Campbell y Paula Stockley, *Philosophical Transactions of the Royal Society B* 368, pp. 1-3.
—, 2013b, «Why paternal commitment is so variable in the human species», Conferencia W. T. Patten, Universidad de Indiana en Bloomfield, 4 de abril, https://patten.indiana.edu/lectures/2012-hrdy-lec2.html.
—, 2016a, «Development plus social selection in the emergence of "emotionally modern" humans», en Meehan y Crittenden (eds.), *Childhood: Origins, Evolution, and Implications*, pp. 11-44.
—, 2016b, «Variable postpartum responsiveness among humans and other primates with "cooperative breeding": A comparative and evolutionary perspective», *Hormones and Behavior* 77, pp. 272-283.
—, 2018, «The transformative power of nurturing», en *In Power and Care: Toward Balance for Our Common Future*, ed. de Tania Singer y Matthieu Ricard, Cambridge (Massachusetts): MIT Press, pp. 15-27.
Hrdy, Sarah Blaffer y Judith M. Burkart, 2020, «The emergence of emotionally modern humans: Implications for language and learning», *Philosophical Transactions of the Royal Society B* 375, p. 20190499, https://royalsocietypublishing.org/doi/10.1098/rstb.2019.0499.
Hrdy, Sarah B. y C. Sue Carter, 1995, «Hormonal cocktails for two», *Natural History* 104, p. 34.
Hrdy, Sarah B. y Daniel B. Hrdy, 1976, «Hierarchical relations among female Hanuman langurs (Primates, Colobinae, *Presbytis entellus*)», *Science* 193, pp. 913-915.

Hrdy, Sarah Blaffer y Debra Judge, 1993, «Darwin and the puzzle of primogeniture», *Human Nature* 4, pp. 1-45.
Hrdy, Sarah B. y Patricia Whitten, 1987, «The patterning of sexual activity among primates», en *Primate Societies*, ed. de B. B. Smuts *et al.*, Chicago: University of Chicago Press, pp. 370-384.
Hrdy, S. B., D. B. Hrdy y J. Bishop, 1977, *Stolen copulations*, película en color de 16 mm, Peabody Museum, Harvard University.
Hua, Cai, 2001, *A Society without Fathers or Husbands: The Na of China*, Nueva York: Zone Books, trad. de Asti Hustvedt.
Huang, Junfeng, Z. Cheng, S. Zhang, L. Chang, X. Li, Z. Lian y N. Gong, 2020, «Having infants in the family group promotes altruistic behavior in marmosets», *Current Biology* 30, pp. 4047-4055.e3.
Hublin, Jean-Jacques, S. Neubauer y P. Gunz, 2015, «Brain ontogeny and life history in Pleistocene hominins», *Philosophical Transactions of the Royal Society B* 370, p. 20140062.
Hublin, Jean-Jacques, A. Ben-Ncer, S. E. Bailey, S. E. Freidline, S. Neubauer, M. M. Skinner…, P. Gunz, 2017, «New fossils from Jebel Irhoud, Morocco, and the pan-African origin of *Homo sapiens*», *Nature* 546, pp. 289-292.
Huck, U. W., 1984, «Infanticide and the evolution of pregnancy block in rodents», en Hausfater y Hrdy (eds.), *Infanticide*, pp. 349-366.
Hudson, Valerie M., B. Ballif-Spanvill, M. Caprioli y C. F. Emmett, 2012, *Sex and World Peace*, Nueva York: Columbia University Press.
Hudson, Valerie y Rebecca Nielsen, 2014-2018, «Household formation systems and marriage markets», 2013 Awarded Project, Army Research Office, https://minerva.defense.gov/Research/Awarded-Projects/2013-Research-Awards/Article/2061191/household-formation-systems-and-marriage-markets/.
Hung, Lin W., S. Neuner, J. S. Polepalli, K. T. Beier, M. Wright, J. J. Walsh…, R. C. Malenka, 2017, «Gating of social reward by oxytocin in the ventral tegmental area», *Science* 357, pp. 1406-1411.
Huston, Therese, 2017, «Men can be so hormonal», *New York Times*, 24 de junio, https://www.nytimes.com/2017/06/24/opinion/sunday/men-testosterone-hormones.html.
Inhorn, Marcia C., W. Chavkin y J.-A. Navarro, 2016, «Globalized fatherhood: Emergent forms and possibilities in the new millennium», en *Globalized Fatherhood*, ed. de M. Inhorn, W. Chavkin y J.-A. Navarro, Nueva York: Berghahn, pp. 1-28.

Isaac, Glynn L., 1968, *The Acheulian site complex at Olorgesailie, Kenya: A contribution to the interpretation of Middle Pleistocene culture in East Africa*, tesis doctoral, Universidad de Cambridge.

Isler, Karin y Carel P. van Schaik, 2012, «How our ancestors broke through the gray ceiling: Comparative evidence for cooperative breeding in early *Homo*», *Current Anthropology* 53, pp. S453-S465.

Isogai, Yoh, Z. Wu, M. I. Love, M. Ho-Young Ahn, D. Bambah-Mukku, V. Hua, K. Farrell y C. Dulac, 2018, «Multisensory logic of infant-directed aggression by males», *Cell* 175, pp. 1827-1841.

Ivey, Paula, 2000, «Cooperative reproduction in Ituri Forest hunter-gatherers: Who cares for Efé infants?», *Current Anthropology* 41, pp. 856-866.

Jablonka, Eva y Marion J. Lamb, 2005, *Evolution in Four Dimensions: Genetic, Epigenetic, Behavioral, and Symbolic Variation in the History of Life*, Cambridge: MIT Press.

Jablonka, Ivan, 2019, *Des hommes justes: Du patriarcat aux nouvelles masculinités*, París: Seuil [trad. cast.: *Hombres justos. Del patriarcado a las nuevas masculinidades*, Barcelona: Anagrama/Libros del Zorzal, 2020].

Jacobs, Melanie, 2004, «When daddy doesn't want to be daddy anymore: An argument against paternity fraud claims», *Yale Journal of Law and Feminism* 16, pp. 193-240.

Jaeggi, Adrian V. y Michael Gurven, 2013, «Natural cooperators: Food sharing in humans and other primates», *Evolutionary Anthropology* 22, pp. 186-195.

Jaeggi, Adrian V. y Carel van Schaik, 2011, «The evolution of food-sharing in primates», *Behavioral Ecology and Sociobiology* 65, pp. 2125-2140.

Jetz, W. y Dustin R. Rubenstein, 2011, «Environmental uncertainty and the global biogeography of cooperative breeding in birds», *Current Biology* 21, pp. 72-78.

Jobling, Mark A. y Chris Tyler-Smith, 2003, «The human Y chromosome: An evolutionary marker comes of age», *Nature Reviews Genetics* 4, pp. 598-612.

Johnson, Allen W. y Timothy Earle, 2000, *The Evolution of Human Societies: From Foraging Group to Agrarian State*, Stanford: Stanford University Press [trad. cast.: *La evolución de las sociedades humanas*, Barcelona: Ariel, 2003].

Johnson, Eric Michael, 2012a, «Women and children first», *Times Higher Education*, 15 de marzo, https://www.timeshighereducation.com/features/women-and-children-first/419301.article?storycode=419301.

—, 2012b, «Raising Darwin's consciousness: An interview with Sarah Blaffer Hrdy on *Mother Nature*», *Scientific American*, 16 de marzo, https://blogs.scientificamerican.com/primate-diaries/raising-darwins-consciousness-an-interview-with-sarah-blaffer-hrdy-on-mother-nature/.

Jones, Jennifer S. y K. E. Wynne-Edwards, 2000, «Paternal hamsters mechanically assist the delivery, consume amniotic fluid and placenta, remove fetal membranes, and provide parental care during the birth process», *Hormones and Behavior* 37, pp. 116-125.

—, 2001, «Paternal behaviour in biparental hamsters, *Phodopus campbelli*, does not require contact with the pregnant female», *Animal Behaviour* 62, pp. 453-464.

Jones, Jo y William D. Mosher, 2013, «Fathers' involvement with their children: United States 2006–2010», *National Health Statistics Reports* n.º 72, 20 de diciembre.

Jones, K. P., L. C. Walker, D. Anderson, A. Lacreuse, S. L. Robson y K. Hawkes, 2007, «Depletion of ovarian follicles with age in chimpanzees: Similarities to humans», *Biology of Reproduction* 27 (2), pp. 247-251.

Jordan, Fiona M., Russell D. Gray, Simon J. Greenhill y Ruth Mace, 2009, «Matrilocal residence is ancestral in Austronesian societies», *Proceedings of the Royal Society B* 276, pp. 1957-1964, https://doi.org/10.1098/rspb.2009.0088.

Jordan-Young, Rebecca M. y Katrina Karkazis, 2019, *Testosterone: An Unauthorized Biography*, Cambridge: Harvard University Press.

Joshi, Mohut, 2008, «Neural basis for parental instinct identified», *Top News. In News You Can Use*, 27 de febrero.

Joslin, Courtney G. y Douglas NeJaime, 2022, «The next normal: States will recognize multi-parent families», *Washington Post*, 28 de enero, https://www.washingtonpost.com/outlook/2022/01/28/next-normal-family-law/.

Julian, Kate, 2018, «The sex recession», *The Atlantic*, diciembre, pp. 78-94.

Kaczynski, Andrew y Megan Apper, 2016, «Donald Trump thinks men who change diapers are acting "like the wife"», *BuzzFeed*, 24 de agosto, https://www.buzzfeednews.com/article/andrewkaczynski/donald-trump-thinks-men-who-change-diapers-are-acting-like-t.

Kaminski, Julianne, B. M. Waller, R. Diogo, A. Hartstone-Rose y A. M. Burrows, 2019, «Evolution of facial muscle anatomy in dogs», *PNAS* 116, pp. 14677-14681.

Kano, Fumihiro, Takeshi Furuichi, Chie Hashimoto, Christopher Krupenye, Jesse G. Leinwand, Lydia M. Hopper…, Tomoyuki Tajima, 2022, «What is unique about the human eye? Comparative image analysis on the external eye morphology of human and nonhuman great apes», *Evolution and Human Behavior* 43 (3), pp. 169-180, https://doi.org/10.1016/j.evolhumbehav.2021.12.004.

Kaplan, Hillard, 1994, «Evolutionary and wealth flows theories of fertility: Empirical tests and models», *Population and Development Review* 20, pp. 753-791.

Kaplan, H., K. Hill y A. M. Hurtado, 1990, «Risk, foraging and food sharing among the Ache», en *Risk and Uncertainty in Tribal and Peasant Economies*, ed. de E. Cashdan, Boulder: Westview, pp. 107-144.

Kaplan, H., K. Hill, J. Lancaster y A. M. Hurtado, 2000, «A theory of human life history evolution: Diet, intelligence, and longevity», *Evolutionary Anthropology* 9, pp. 156-185.

Kappeler, P. M. y C. P. van Schaik, 2006, *Cooperation in Primates and Humans: Mechanisms and Evolution*, Berlín: Springer.

Karbasi, Zahra, R. Safdari y P. Eslami, 2022, «The silent crisis of child abuse in the COVID-19 pandemic: A scoping review», *Health Science Reports* 5 (5), e790.

Karoda, Kumi y Michael Numan, 2014, «The medial preoptic area and the regulation of parental behavior», *Neuroscience Bulletin* 30, pp. 863-865.

Kass, Jon H., 2013, «The evolution of brains from early mammals to humans», *Wiley Interdisciplinary Reviews: Cognitive Science* 4(1), https://wires.onlinelibrary.wiley.com/doi/10.1002/wcs.1206.

Katz, M. M. y M. J. Konner, 1981, «The role of the father: An anthropological perspective», en *The Role of the Father in Child Development*, ed. de M. E. Lamb, Nueva York: Wiley, pp. 155-185.

Kelly, Robert L., 1995, *The Foraging Spectrum: Diversity in Hunter-Gatherer Lifeways*, Washington D. C.: Smithsonian Institution Press.

Kenkel, W. M., J. Paredes, J. R. Yee, H. Pournajafi-Nazarloo, K. L. Bales y C. S. Carter, 2012, «Neuroendocrine and behavioural responses to exposure to an infant in male prairie voles», *Journal of Neuroendocrinology* 24, pp. 674-686.

Kenkel, William M., Allison M. Perkeybile y C. Sue Carter, 2017, «The neurobiological causes and effects of alloparenting», *Developmental Neurobiology* 77, pp. 214-232.

Keverne, Eric B., Claire M. Nevison y Frances L. Martel, 1997, «Early learning and the social bond», en *The Integrative Neurobiology of Affiliation*, ed. de C. Sue Carter, I. Izja Lederhendler y Brian Kirkpatrick, Nueva York: New York Academy of Sciences, pp. 329-339.

Killgrove, Kristine, 2015, «The real paleo diet included plants and not just meat», *Forbes*, 17 de junio, accedido en 2021 (revisado en 2022), https://www.forbes.com/health/nutrition/diet/what-is-the-paleo-diet/.

Kim, Pilyoung, P. Rigo, L. C. Mayoes, R. Feldman, J. F. Leckman y J. E. Swain, 2014, «Neural plasticity in fathers of human infants», *Social Neurosciences* 9 (5), pp. 522-535.

Kimmel, Michael, 1996, *Manhood in America: A Cultural History*, Nueva York: Free Press.

Kinsey, Alfred C., Wardell E. Pomeroy y Clyde Martin, 1948, *Sexual Behavior of the Human Male*, Filadelfia: W. B. Saunders.

Knight, Chris, 2016, *Decoding Chomsky: Science and Revolutionary Politics*, New Haven: Yale University Press.

Knott, Cheryl, A. M. Scott, C. A. O'Connell, K. S. Scott, T. G. Laman, R. y T. Wahyu Susanto, 2019, «Possible male infanticide in wild orangutans and a re-evaluation of infanticide risk», *Scientific Reports* 9, p. 7806.

Kobayashi, H. y S. Kohshima, 2001, «Unique morphology of the human eye and its adaptive meaning: Comparative studies on external morphology of the primate eye», *Journal of Human Evolution* 40 (5), pp. 419-435.

Koenig, Andreas, 1995, «Group size, composition, and reproductive success in wild common marmosets (*Callithrix jacchus*)», 35, pp. 311-317.

Koenig, Andreas y Carola Borries, 2012, «Hominoid dispersal pattern and human evolution», *Evolutionary Anthropology* 21, pp. 108-112.

Kolata, Gina, 2022, «"Sobering" study shows struggles of egg-freezing», *New York Times*, 25 de septiembre.

Konner, Melvin, 1972, «Aspects of the developmental ecology of a foraging people», en *Ethological Studies of Child Behavior*, ed. de N. Blurton Jones, Cambridge (Reino Unido): Cambridge University Press, pp. 285-304.

—, 2005, «Hunter-gatherer infancy and childhood: The !Kung and others», en Hewlett y Lamb (eds.), *Hunter-Gatherer Childhoods*, pp. 19-64.

—, 2010, *The Evolution of Childhood: Relationships, Emotion, Mind*, Cambridge (Massachusetts): The Belknap Press of Harvard University Press.

—, 2015, *Women After All: Sex, Evolution, and the End of Male Supremacy*, Nueva York: Norton [trad. cast.: *Mujeres ante todo. Sexo, evolución y el fin de la supremacía masculina*, Córdoba: Almuzara, 2021].
—, 2016, «Hunter-gatherer infancy and childhood in the context of human evolution», en Meehan y Crittenden (eds.), *Childhood: Origins, Evolution, and Implications*, pp. 123-155.
Konner, Melvin y Carol Worthman, 1980, «Nursing frequency, gonadal function, and birth spacing among !Kung hunter-gatherers», *Science* 207, pp. 788-791.
Kosfeld, M., M. Heinrichs, P. J. Zak, U. Fischbacher y E. Fehr, 2005, «Oxytocin increases trust in humans», *Nature* 435, pp. 673-676.
Kramer, Karen, 2005, *Maya Children: Helpers at the Farm*, Cambridge (Massachusetts): Harvard University Press.
Krams, Indrikis A., A. Mennerat, T. Krama, R. Krams, P. Jöers, D. Elferts, S. Luoto, M. J. Rantala y S. Eliassen, 2022, «Extra-pair paternity explains cooperation in bird species», *PNAS* 119 (5), e2112004119, https://www.pnas.org/doi/full/10.1073/pnas.2112004119.
Kringelbach, Morten, A. Lehtonen, S. Squire, A. G. Harvey, M. G. Craske, I. E. Holliday…, A. Stein, 2008, «A specific and rapid neural signature for parental instinct», *PLOS ONE* 3, e1664.
Krüger, T. H. C., P. Haake, D. Chereath, W. Knapp, O. E. Janssen, M. S. Exton, M. Schedlowski y U. Hartmann, 2003, «Specificity of neuroendocrine response to orgasm during sexual arousal in men», *Journal of Endocrinology* 177, pp. 57-64.
Kuhle, Barry, entrevista en vídeo con Bill Irons en conversación con Sarah Hrdy, https://www.dropbox.com/s/h8ahsyq7qwln99f/Sarah%20Hrdy%20with%20Bill%20Irons.mp4?e=1&dl=0.
Kuhle, B. X. y Salmon, C. (eds.), *On the Origin of the Evolution Revolution: Conversations with the Pioneers of Evolutionary Biology, Anthropology, and Psychology*, Cambridge (Reino Unido): Cambridge University Press.
Kuhn, Steve L. y Mary C. Stiner, 2019, «Hearth and home in the Middle Pleistocene», *Journal of Archaeological Research* 75, pp. 305-327.
Kuroda, Kumi O. y Michael Numan, 2014, «The medial preoptic area and the regulation of parental behavior», *Neuroscience Bulletin* 30, pp. 863-865.
Kuzawa, Christopher, H. T. Chugani, L. I. Grossman, L. Lipovich, O. Muzik, P. R. Hof…, N. Lange, 2014, «Metabolic costs and evolutionary implications of human brain development», *PNAS* 111 (36), pp. 13010-13015.

Kuzawa, Christopher, L. T. Gettler, Y. Y. Huang y T. W. McDade, 2015, «Mothers have lower testosterone than non-mothers: Evidence from the Philippines», *Hormones and Behavior* 57, pp. 441-447.

La Barre, Weston, 1967 (1954), *The Human Animal*, Chicago: University of Chicago Press.

Lahert, Justin y Lauren Silva Laughan, 2019, «When women bring home a bigger slice of the bacon: The growing clout of women as drivers of the U.S. economy will radically alter the business and investing landscape for years to come», *Wall Street Journal*, 10-11 de agosto.

Laland, Kevin N. y Gillian Brown, 2011, *Sense and Nonsense: Evolutionary Perspectives on Human Behaviour*, Oxford: Oxford University Press.

Lam, Theodora y Brenda S. A. Yeoh, 2016, «Long-distance fathers, left-behind fathers, and returnee fathers: Changing fathering practices in Indonesia and the Philippines», en *Globalized Fatherhood*, ed. de M. C. Inhorn, W. Chavkin y J.-A. Navarro, Nueva York: Berghahn, pp. 103-125.

Lamb, Michael E., 1984, «Observational studies of father-child relationships in humans», en *Primate Paternalism*, ed. de David M. Taub, Nueva York: Van Nostrand Reinhold, pp. 407-430.

Lamb, Michael E. (ed.), 1987, *The Father's Role: Cross-Cultural Perspectives*, Hillsdale (Nueva Jersey): Lawrence Erlbaum.

Lamb, Michael E., A. M. Frodi, M. Frodj y C.-P. Hwang, 1982, «Characteristics of maternal and paternal behavior in traditional and nontraditional Swedish families», *International Journal of Behavioral Development* 5, pp. 131-141, https://doi.org/10.1177/016502548200500107.

Lamb, Michael E., Natasha J. Cabrera, Ross D. Parke, Philip Hwang, Philip A. Cowan, Carolyn Pape Cowan, Rob Palkovitz y Duncan Fisher, 2019, *Global fatherhood charter*, https://childandfamilyblog.com/global-fatherhood-charter/.

Lancy, David, 2022, *The Anthropology of Childhood*, 3.a ed., Cambridge: Cambridge University Press.

Langergraber, Kevin E., David P. Watts, Linda Vigilant y John C. Mitani, 2017, «Group augmentation, collective action, and territorial boundary patrols by male chimpanzees», *PNAS* 114 (28), pp. 7337-7342, https://doi.org/10.1073/pnas.1701582114.

Lappan, Susan, 2009, «The effects of lactation and infant care on adult energy budget in wild siamangs (*Symphalangus syndactylus*)», *American Journal of Physical Anthropology* 140, pp. 290-301.

Larmuseau, Maarten H. D., K. Matthjis y T. Wenseleers, 2016, «Cuckolded fathers rare in human populations», *Trends in Ecology & Evolution* 31 (5), pp. 327-329, https://doi.org/10.1016/j.tree.2016.03.004.
Leacock, Eleanor, 1980, «Montagnais women and the program for Jesuit colonization», en *In Women and Colonization: Anthropological Perspectives*, ed. de Mona Etienne y Eleanor Leacock, Nueva York: Praeger, pp. 43-62.
Leakey, Maeve, 2020, *The Sediments of Time: My Lifelong Search for the Past*, Boston: Houghton Mifflin Harcourt.
Leavens, D. A. y W. D. Hopkins, 1998, «Intentional communication by chimpanzees: A cross-sectional study of the use of referential gestures», *Developmental Psychology* 34, pp. 813-822.
Lee, Minwoo, J. Lindo y J. K. Rilling, 2022, «Exploring gene-culture coevolution in humans by inferring neuroendophenotypes: A case study of the oxytocin receptor gene and cultural tightness», *Genes, Brain and Behavior* 21, e12783.
Lee, Richard B., 1968, «What hunters do for a living, or, how to make out on scarce resources», en *Man the Hunter*, ed. de Richard B. Lee y Irven DeVore, Nueva York: Aldine, pp. 30-48.
—, 1979, *The !Kung San: Men, Women and Work in a Foraging Society*, Cambridge (Reino Unido): Cambridge University Press.
—, 2018, «Hunter-gatherers and human evolution: New light on old debates», *Annual Review of Anthropology* 47, pp. 513-531.
Leimgruber, Kristin L., A. Shaw, L. R. Santos y K. R. Olson, 2012, «Young children are more generous when others are aware of their actions», *PLOS ONE* 7 (10), e48292.
Lemoine, Sylvain R. T., L. Samuni, C. Crockford y R. M. Wittig, 2022, «Parochial cooperation in wild chimpanzees: A model to explain the evolution of parochial altruism», *Philosophical Transactions of the Royal Society B* 377, e20210149.
Leonetti, Donna, D. C. Nath, N. S. Heman y D. B. Neill, 2005, «Kinship organization and the impact of grandmothers on reproductive success among the matrilineal Khasi and the patrilineal Bengali in Northeast India», en Voland *et al.* (eds.), *Grandmotherhood*, pp. 194-214.
Leonetti, Donna, D. C. Nath y N. S. Heman, 2007, «In-law conflict: Women's reproductive lives and the roles of their mothers and husbands among the matrilineal Khasi», *Current Anthropology* 45 (6), pp. 861-890.

Lévi-Strauss, Claude, 1949, *Les structures élémentaires de la parenté*, París: Presse Universitaire de France. [trad. cast.: *Las estructuras elementales del parentesco*, Barcelona: Paidós, 2012].
LeVine, R. A., N. H. Klein y C. R. Owen, 1967, «Father-child relationships and changing lifestyles in Ibadan, Nigeria», en *The City in Modern Africa*, ed. de H. M. Miner, Nueva York: Praeger, pp. 215-255.
Lewis, Michael, 2002, «Infanticide to infatuation: Why daddies don't kill their babies», *Slate*, 20 de mayo, https://slate.com/news-and-politics/2002/05/why-daddies-don-t-kill-their-babies.html.
—, 2009, *Home Game: An Accidental Guide to Fatherhood*, W. W. Norton.
Li, Ting, C. Xu, J. Mascaro, E. Haroon y J. K. Rilling, 2017, «Intranasal oxytocin, but not vasopressin, augments neural responses to toddlers in human fathers», *Hormones and Behavior* 93, pp. 193-202.
Ligon, David y D. Brent Burt, 2004, «Evolutionary origins», en *Ecology and Evolution of Cooperative Breeding*, ed. de W. Koenig y J. Dickinson, Cambridge: Cambridge University Press, pp. 5-34.
Linden, E., 2002, «The wife beaters of Kibale», *Time* 160 (8), 19 de agosto, pp. 56-57.
Lingle, Susan y R. Riede, 2014, «Deer mothers are sensitive to distress vocalizations of diverse mammalian species», *The American Naturalist* 184, pp. 510-522.
Litwack, Georgia, 1979, «Understanding sociobiology», *Boston Sunday Globe—New England Magazine*, 8 de abril, pp. 6 y ss.
Liu, Yue-Chen, R. Hunter-Anderson, O. Cheronet, J. Eskin, F. Camacho…, David Reich, 2022, «Ancient DNA reveals five streams of migration into Micronesia in early Pacific seafarers», *Science* 377, pp. 72-79.
Livingston, Gretchen, 2014, «Growing number of dads home with the kids», Pew Research Center Social & Demographic Trends, https://growing-number-of-dads-home-with-the-kids/.
Lodge, David, 1965, *The British Museum Is Falling Down*, Londres: Hart-Davis, MacGibbon.
Long, Heather, 2019, «"A constant state of drowning": 40% of Americans say they struggle to pay bills», *Washington Post*, 11 de julio.
Lonsdorf, Elizabeth V., S. R. Ross y T. Matsuzawa (eds.), 2010, *The Mind of the Chimpanzee*, Chicago: University of Chicago Press.
Lovejoy, C., Owen, 1981, «Origin of man», *Science* 211, pp. 341-350.

—, 2009, «Reexamining human origins in light of *Ardipithecus ramidus*», *Science* 326, pp. 74e1-74e8.

Low, Bobbi S., 2000, *Why Sex Matters: A Darwinian Look at Human Behavior*, Princeton (Nueva Jersey): Princeton University Press.

Lu, Amy, J. A. Feder, N. Snyder-Mackler, T. J. Bergman y J. Beehner, 2021, «Male-mediated maturation in wild geladas», *Current Biology* 31, pp. 214-219.e2.

Lukas, Dieter y T. Clutton-Brock, 2013, «The evolution of social monogamy in mammals», *Science* 341, pp. 526-530.

Lukas, Dieter y E. Huchard, 2014, «Sexual conflict: The evolution of infanticide by males in mammalian societies», *Science* 346, pp. 841-844.

Lundström, Johan N., A. Mathe, B. Schaal, J. Frasnelli, K. Nitzsche, J. Gerber y T. Hummel, 2013, «Maternal status regulates cortical responses to the body odor of newborns», *Frontiers in Psychology* 4, p. 597, https://doi.org/10.3389/fpsyg.2013.00597.

Lurie, Alison, 1974, *The War between the Tates*, Nueva York: Random House.

Ma, Chang-Yong, W. Y. Brockelman, L. E. O. Light, T. Bartlett y P.-F. Fan, 2019, «Infant loss during and after male replacement in gibbons», *American Journal of Primatology* 2019, e23026.

Mace, Ruth y Rebecca Sear, 2005, «Are humans cooperative breeders?», en Voland *et al.* (eds.), *Grandmotherhood*, pp. 143-159.

MacLean, Evan L., S. R. Wilson, W. L. Martin, J. M. Davis, H. P. Nazarloo y C. S. Carter, 2019, «Challenges for measuring oxytocin: The blind man and the elephant?», *Psychoendocrinology* 107, pp. 225-231.

Magill, Clayton R., G. M. Ashley y K. Freeman, 2013, «Ecosystem variability and early human habitats in eastern Africa», *PNAS* 110(4), pp. 1167-1174.

Manguette, Marie L., T. Breuer, J. Robeyst, V. H. Kandza y M. M. Robbins, 2020, «Infant survival in western lowland gorillas after voluntary dispersal by pregnant females», *Primates* 61, pp. 743-749, https://doi.org/10.1007/s10329-020-00844-z.

Mann, Janet, 1992, «Nurturance or negligence: Maternal psychology and behavioral preference among preterm twins», en *The Adapted Mind*, ed. de J. Barkow, L. Cosmides y J. Tooby, Nueva York: Oxford University Press, pp. 367-390.

Manson, Joseph H., Susan Perry y Amy Parish, 1997, «Nonconceptive sexual behavior in bonobos and capuchins», *International Journal of Primatology* 18, pp. 767-786.

Marks, Jonathan, 2015, *Tales of the Ex-Apes: How We Think about Human Evolution*, Berkeley: University of California Press.
Marlin, Bianca Jones, M. Mitre, J. A. D'amour, M. V. Chao y R. C. Froemke, 2015, «Oxytocin enables maternal behaviour by balancing cortical inhibition», *Nature* 520, pp. 499-504, https://doi.org/10.1038/nature14402.
Marlowe, Frank, 2005, «Who tends Hadza children?», en Hewlett y Lamb (eds.), *Hunter-Gatherer Childhoods*, pp. 177-190.
—, 2010, *The Hadza Hunter-Gatherers of Tanzania*, Berkeley: University of California Press.
Marshall, Lorna, 1961, «Sharing, talking, and giving: Relief of social tensions among !Kung Bushmen», *Africa* 31(3), pp. 231-249.
—, 1976a (1961), «Sharing, talking and giving: Relief of social tensions among the !Kung», en *Kalahari Hunter-Gatherers: Studies of the !Kung San and Their Neighbors*, ed. de R. B. Lee y I. B. DeVore, Cambridge: Harvard University Press, pp. 349-372.
—, 1976b, *The !Kung of Nyae Nyae*, Cambridge: Harvard University Press.
Marth, Gabor, G. Schuler, R. Yeh, R. Agarwala, D. Church, S. Wheelan…, H. C. Harpending, 2003, «Sequence variations in the public human genome reflect a bottlenecked population history», *PNAS* 100(1), pp. 376-381.
Martin, J. S., E. J. Ringen, P. Duda y A. V. Jaeggi, 2020, «Harsh environments promote alloparental care across human societies», *Proceedings of the Royal Society B* 287, https://doi.org/10.1098/rspb.2020.0758.
Martin, M. Kay, 2023, *The Wrong Ape for Early Human Origins: The Chimpanzee as a Skewed Ancestral Model*, Lanham (Maryland): Lexington Books / Rowman & Littlefield.
Martínez-García, Magdalena, M. Paternina-Die, S. I. Cardenas, O. Vilarroya, M. Desco, S. Carmona y D. E. Saxbe, 2023, «First-time fathers show longitudinal gray matter cortical volume reductions: Evidence from two international samples», *Cerebral Cortex* 33(7), pp. 4156-4163, https://doi.org/10.1093/cercor/bhac333.
Martins, M. J. F., G. Hunt, C. M. Thompson, R. Lockwood, J. P. Swaddle y T. M. Puckett, 2020, «Shifts in sexual dimorphism across a mass extinction in ostracods: Implications for sexual selection as a factor in extinction risk», *Proceedings of the Royal Society B: Biological Sciences* 287 (1933), p. 20200730.

Mascaro, Jennifer, P. D. Hackett y J. K. Rilling, 2013, «Testicular volume is inversely correlated with nurturing-related brain activity in human fathers», *PNAS* 110, pp. 15746-15751.

—, 2014, «Differential neural responses to child and sexual stimuli in human fathers and non-fathers and their hormonal correlates», *Psychoneuroendocrinology* 46, pp. 153-163.

Mason, Mary Ann, 1994, *From Father's Property to Children's Rights: A History of Child Custody in the United States*, Chapel Hill: University of North Carolina Press.

Mason, William, 1966, «Social organization of the South American monkey, *Callicebus moloch*: A preliminary report», *Tulane Studies in Zoology* 13, pp. 23-28.

Massen, Jorg J. M., S. M. Haley y T. Bugnyar, 2020, «Azure-winged magpies' decisions to share food are contingent on the presence or absence of food for the recipient», *Scientific Reports* 10, p. 16147.

Masters, William H. y Virginia E. Johnson, 1966, *Human Sexual Response*, Boston: Little, Brown.

Matsuzawa, Tetsuro, 2010, «The chimpanzee mind: Bridging fieldwork and laboratory work», en Lonsdorf *et al.* (eds.), *The Mind of the Chimpanzee*, pp. 1-19.

Mattison, Siobhán, M. K. Shenk, M. Emery Thomson, M. Borgerhoff Mulder y Laura Fortunato, 2019, «The evolution of female-biased kinship in humans and other mammals», *Philosophical Transactions of the Royal Society B* 374, p. 20190007, https://royalsocietypublishing.org/doi/10.1098/rstb.2019.0007.

Mazur, A. y A. Booth, 1998, «Testosterone and dominance in men», *Behavioral and Brain Sciences* 21, pp. 353-397.

McBrearty, Sally y A. Brooks, 2000, «The revolution that wasn't: A new interpretation of the origin of modern human behavior», *Journal of Human Evolution* 39, pp. 453-563.

McConnachie, Anja L., N. Ayed, V. Jadva, M. Lamb, F. Tasker y S. Golombok, 2020, «Father-child attachment in adoptive gay father families», *Attachment and Human Development* 22(1), pp. 110-123, https://doi.org/10.1080/14616734.2019.1589067.

McEwan, Colin, Luis A. Borrero y Alfredo Prieto (eds.), 1997, *Patagonia: Natural History, Prehistory, and Ethnography at the Uttermost End of the Earth*, Londres: British Museum Press.

McFarland, Larry Z., 1976, «Comparative anatomy of the clitoris», en *The Clitoris*, ed. de T. P. Lowry y T. S. Lowry, St. Louis: W. H. Green, pp. 22-34.

McGrew, William, 1979, «Evolutionary implications of sex differences in chimpanzee predation and tool use», en *The Great Apes*, ed. de E. R. McCown y D. A. Hamburg, Menlo Park: Benjamin Cummings, pp. 440-463.

McKenna, James, 2016, «Forget ye not the mother-infant dyad: In a world of allomothers and maternal agency, do mothers still stand out?», en *Costly and Cute: Helpless Infants and Human Evolution*, ed. de Wenda Trevathen y Karen Rosenberg, Albuquerque: SAR Press and University of New Mexico Press, pp. 205-231.

McKinsey & Company, 2021, «A fresh look at paternity leave: Why the benefits extend beyond the personal», 5 de marzo, https://-performance/our-insights/a-fresh-look-at-paternity-leave-why-the-benefits-extend-beyond-the-personal.

McRill, Tamara, 2012, «Do some dogs really prefer men or women?», publicado el 21 de noviembre en www.canidae.com, accedido el 22 de marzo de 2021, http://dark-horse-adaptations.blogspot.com/2012/11/do-some-dogs-really-prefer-men-or-women.html

Mead, Margaret, 1962 (1949), *Male and Female: A Study of the Sexes in a Changing World*, Penguin [trad. cast.: *Masculino y femenino*, Barcelona: Minerva, 1984].

—, 1966, «A cultural anthropologist's approach to maternal deprivation», en *Deprivation of Maternal Care: A Reassessment of Its Effects*, ed. de Mary D. S. Ainsworth, Nueva York: Schocken Books, pp. 235-254.

—, 1968 (1949), *Male and Female: A Study of the Sexes in a Changing World*, 2.ª ed., Nueva York: William Morrow.

Mearing, A. S., J. M. Burkart, J. Dunn, S. E. Street y K. Koops, 2022, «The evolutionary drivers of primate scleral coloration», *Scientific Reports* 12(1), p. 14119, https://doi.org/10.1038/s41598-022-18275-9.

Meehan, Courtney L., 2005, «The effects of residential locality on parental and alloparental investment among the Aka foragers of the Central African Republic», *Human Nature* 16, pp. 58-80.

Meehan, Courtney L. y Alyssa Crittenden (eds.), 2016, *Childhood: Origins, Evolution and Implications*, Albuquerque: University of New Mexico Press.

Meehan, Courtney L. y Sean Hawks, 2013, «Cooperative breeding and attachment among the Aka foragers», en *Attachment Reconsidered: Cultural Perspectives on a Western Theory*, ed. de N. Quinn y J. M. Mageo, Palgrave Macmillan, Springer/Nature, pp. 85-113.

—, 2014, «Maternal and allomaternal responsiveness: The significance of cooperative caregiving in attachment theory», en *Different Faces of Attachment: Cultural Variations in a Universal Human Need*, ed. de Hiltrud Otto y Heidi Keller, Cambridge (Reino Unido): Cambridge University Press, pp. 113-140.

Mehta, Prantal y Jennifer Beer, 2010, «Neural mechanisms of the testosterone-aggression relations: The role of the orbitofrontal cortex», *Journal of Cognitive Neuroscience* 22, pp. 2357-2368.

Meindl, Richard S., M. E. Chaney y C. O. Lovejoy, 2018, «Early hominids may have been weed species», *PNAS* 115(6), pp. 1244-1249.

Mendelson, Joseph R. III, 2016, «A frog dies in Atlanta and a world vanishes with it», *New York Times,* 10 de octubre, https://www.nytimes.com/2016/10/10/opinion/a-frog-dies-in-atlanta-and-a-world-vanishes-with-it.html

Mendoza, Sally y William Mason, 1997, «Attachment relationships in New World primates», *Annals of the New York Academy of Sciences* 87, pp. 203-209.

Mesoudi, Alex y Kevin N. Laland, 2007, «Culturally transmitted beliefs and the evolution of human mating behavior», *Proceedings of the Royal Society B* 274, pp. 1273-1278.

Miller, Claire Cain, 2018, «The time is ripe for male nurses», *New York Times*, 5 de enero.

—, 2021, «What women lost», *New York Times*, 17 de mayo, https:///interactive/2021/05/17/upshot/women-workforce-employment-covid.html.

Mishor, Eva, D. Amir, T. Weiss, D. Honigstein, A. Weissbrod, W. Livne…, Noam Sobel, 2021, «Sniffing the human body volatile hexadecanal blocks aggression in men but triggers aggression in women», *Science Advances* 7(47), eabg1530, https://www.science.org/doi/abs/10.1126/sciadv.abg1530.

Mitani, John, 2006, «Reciprocal exchange in chimpanzees and other primates», en Kappeler y van Schaik (eds.), *Cooperation in Primates and Humans*, pp. 107-119.

—, 2021, *My Life among the Apes*, seminario del grupo de Animal Behavior, 15 de enero, Universidad de California en Davis.

Miura, Ikuo, 2017, «Sex determination and sex chromosomes in Amphibia», *Sexual Development* 11, pp. 298-306.
Morino, Luca y Carola Borries, 2016, «Offspring loss after male change in wild siamangs: The importance of abrupt weaning and male care», *American Journal of Physical Anthropology* 162, pp. 180-185.
Morrison, Robin E., W. Eckardt, F. Colchero, V. Vecellio y T. S. Stoinski, 2021, «Social groups buffered maternal loss in mountain gorillas», *eLife* 10, e62939.
Moscovice, L. R., M. Surbeck, B. Fruth, G. Hohmann, A. V. Jaeggi y T. Deschner, 2019, «The cooperative sex: Sexual interactions among female bonobos are linked to increases in oxytocin, proximity and coalitions», *Hormones and Behavior* 116, 104581, https://doi.org/10.1016/j.yhbeh.2019.104581.
Muller, M. N., F. W. Marlowe, R. Bugumba y P. T. Ellison, 2009, «Testosterone and paternal care in East African foragers and pastoralists», *Proceedings of the Royal Society B* 276, pp. 347-354.
Murray, Carston M., M. A. Stanton, E. V. Lonsdorf, E. E. Wroblewski y A. E. Pusey, 2016, «Chimpanzee fathers bias their behaviour towards their offspring», *Royal Society Open Science* 3(11), 160441, https://doi.org/10.1098/rsos.160441.
Nava, Alessia, F. Lugli, M. Romandini, F. Badino, D. Evans, A. Helbling…, Stefano Benazzi, 2020, «Early life of Neanderthals», *PNAS* 117(46), pp. 28719-28726, https://doi.org/10.1073/pnas.2011765117.
Nesse, Randolph M., 2007, «Runaway social selection for displays of partner value and altruism», *Biological Theory* 2, pp. 143-155.
—, 2009, «Social selection and the origins of culture», en *Evolution, Culture, and the Human Mind*, M. Schaller, ed. de S. J. Heine, A. Norenzayan, T. Yamaishi, y T. Kameda, Nueva York: Psychology Press, pp. 137-150.
Newton, Niles, 1973, «Interrelationships between sexual responsiveness, birth, and breastfeeding», en *Contemporary Sexual Behavior: Critical Issues in the 1970s*, ed. de J. Zubin y J. Money, Baltimore: Johns Hopkins University Press, pp. 77-98.
Nishida, Toshisada, 2012, *Chimpanzees of the Lakeshore: Natural History and Culture at Mahale*, Cambridge: Cambridge University Press.
Nishie, Hitonaru y Michio Nakamura, 2018, «A newborn infant chimpanzee snatched and cannibalized immediately after birth: Implications

for “maternity leave” in wild chimpanzee», *American Journal of Biological Anthropology* 165, pp. 194-199, https://doi.org/10.1002/ajpa.23327.
Numan, Michael, 2015, *Neurobiology of Social Behavior: Toward an Understanding of the Prosocial and Antisocial Brain*, Ámsterdam: Elsevier/Academic Press.
—, 2017, «Parental behavior», en *Encyclopedia of Behavioral Neuroscience*, 2.ª ed., Ámsterdam: Elsevier, pp. 459-473, https://doi.org/10.1016/B978-0-12-809324-5.00400-4.
—, 2020, *The Parental Brain: Mechanisms, Development, and Evolution*, Oxford: Oxford University Press.
Numan, Michael y Thomas R. Insel, 2003, *The Neurobiology of Parental Behavior*, Nueva York: Springer.
O'Connell, James F., K. Hawkes y N. G. Blurton Jones, 1988, «Hadza scavenging: Implications for Plio-Pleistocene subsistence», *Current Anthropology* 29, pp. 356-363.
O'Connell, James F., K. Hawkes, K. D. Lupo y N. G. Blurton Jones, 2002, «Male strategies and Plio-Pleistocene archeology», *Journal of Human Evolution* 43, pp. 831-872.
O'Connell, Lauren A., 2019, «Evolution of neural mechanisms underlying parent-offspring interactions», conferencia presentada en la Universidad de California en Davis, 7 de mayo.
O'Connell, Lauren A. y Hans A. Hofmann, 2010, «The vertebrate mesolimbic reward system and social behavior network: A comparative synthesis», *Journal of Comparative Neurology* 519: 3599-3639.
O'Connell, Lauren, B. J. Matthews y H. A. Hofmann, 2012, «Isotocin regulates paternal care in a monogamous fish», *Hormones and Behavior* 61, pp. 725-733.
O'Donnell, Erin, 2015, «The Mr. Mom switch», *Harvard Magazine* 117(5), pp. 11-12.
Ohba, Shin-ya, N. Okudu y S. Kudo, 2016, «Sexual selection of male parental care in giant water bugs», *Royal Society Open Science* 3, p. 150720.
Oláh, Livia Sz., I. E. Kotowska y R. Richter, 2018, «The new roles of men and women and implications for families and societies», en G. Doblhammer y J. Gumà (eds.), *A Demographic Perspective on Gender, Family and Health in Europe*, pp. 41-63, https://doi.org/10.1007/978-3-319-72356-3_4.

Opundo, Charles, M. Redshaw, E. Savage-McGlynn y M. A. Quigley, 2016, «Father involvement in early childrearing and behavioural outcomes in their pre-adolescent children», *BMJ Open* 6(11), e012034, https://doi.org/10.1136/bmjopen-2016-012034.

Orchard, Edwina R., Phillip G. D. Ward, Francesco Sforazzini, Elsdon Storey, Gary F. Egan y Sharna D. Jamadar, 2020, «Relationship between parenthood and cortical thickness in late adulthood», *PLOS ONE* 15(7), e0236031.

Ostner, J., L. Vigilant, J. Bhagavatula, M. Franz y O. Schülke, 2013, «Stable heterosexual associations in a promiscuous primate», *Animal Behaviour* 86, pp. 623-631.

Packer, Craig y Anne E. Pusey, 2008 (1984), «Infanticide in carnivores», en Hausfater y Hrdy (eds.), *Infanticide*, pp. 31-42.

Palkowitz, R., 1985, «Fathers' attendance, early contact, and extended contact with their newborns: A critical review», *Child Development* 56, pp. 392-406.

Palombit, Ryne A., 1992, «Pair bonds and monogamy in wild siamang (*Hylobates syndactylus*) and white-handed gibbons (*Hylobates lar*) on northern Sumatra», tesis doctoral, Universidad de California en Davis.

—, 2012, «Infanticide: Male strategies and female counterstrategies», en *Evolution of Primate Societies*, ed. de J. Mitani, J. Call, P. M. Kappeler, R. A. Palombit y J. B. Silk, Chicago: University of Chicago Press, pp. 432-468.

Palombit, Ryne A., R. M. Seyfarth y D. L. Cheney, 1997, «The adaptive value of "friendships" to female baboons: Experimental and observational evidence», *Animal Behaviour* 54, pp. 599-614.

Parish, Amy, 1994, «Sex and food control in the "uncommon chimpanzee": How bonobo females overcame a phylogenetic legacy of male dominance», *Ethology and Sociobiology* 15, pp. 157-179.

—, 2006, *The evolution of the bonobo clitoris through sexual selection*, presentado en la sesión presidencial sobre The Science and Culture of the Orgasm en la reunión anual de la American Anthropological Association, 15-19 de noviembre, San José (California).

Parish, Amy y Frans de Waal, 2000, «The other "closest living relative": How bonobos challenge traditional assumptions about females, dominance, inter- and intra-sexual interactions, and hominid evolution», *Annals of the New York Academy of Sciences* 907, pp. 97-113.

Parker, Kim y Wendy Wang, 2013, *Modern Parenthood: Roles of moms and dads converge as they balance work and family*, Pew Research Center, publicado el 14 de marzo, https://www.pewsocialtrends.org/wp-content/uploads/sites/3/2013/03/FINAL_modern_parenthood_03-2013.pdf.

Parmigiani, Stefano y Frederick S. vom Saal (eds.), 1994, *Infanticide and Parental Care*, Chur (Suiza): Harwood Academic.

Parmigiani, Stefano, P. Palanza, D. Mainardi y P. F. Brain, 1994, «Infanticide and protection in young house mice (*Mus domesticus*): Female and male strategies», en Parmigiani y vom Saal (eds.), *Infanticide and Parental Care*, pp. 341-363.

Parreiras-e-Silva, Lucas T., P. Vargas-Pinilla, D. A. Duarte, D. Longo, G. V. E. Pardo, A. D. V. Finkler…, Maria Cátira Bortolini, 2017, «Functional New World monkey oxytocin forms elicit an altered signaling profile and promote parental care in rats», *PNAS* 114(34), pp. 9044-9049.

Parsons, Christine E., K. S. Young, D. Parsons, A. Stein y M. L. Kringelbach, 2011, «Listening to infant distress vocalizations enhances effortful motor performance», *Acta Paediatrica* 101, pp. e189-e191.

Patterson, I. A. P., R. J. Reid, B. Wilson, K. Grellier, H. M. Ross y P. M. Thompson, 1998, «Evidence for infanticide in bottlenose dolphins: An explanation for violent interactions with harbour porpoises?», *Proceedings of the Royal Society B* 265, pp. 1167-1170.

Pattison, Kermit, 2020, *Fossil Men: The Quest for the Oldest Skeleton and the Origins of Humankind*, HarperCollins [trad. cast.: *Hombres fósiles*, Madrid: Capitán Swing, 2024].

Paul, Andreas, S. Preuschoft y C. P. van Schaik, 2000, «The other side of the coin: Infanticide and the evolution of affiliative male-infant interactions in Old World primates», en *Infanticide by Males and Its Implications*, ed. de C. P. van Schaik y C. H. Janson, Cambridge (Reino Unido): Cambridge University Press, pp. 269-292.

Pašukonis, Andrius, K. B. Beck, M.-T. Fischer, S. Weinlein, S. Stuckler y E. Ringler, 2017, «Induced parental care in a poison frog: A tadpole cross-fostering experiment», *Journal of Experimental Biology* 220, pp. 3949-3954.

Pennisi, Elizabeth, 2018, «Buying time: In a fast-changing environment, evolution can be too slow. "Plasticity" can give it a chance to catch up», *Science* 362, pp. 988-991.

Perrigo, Glenn y F. S. vom Saal, 1994, «Behavioral cycles and the neural timing of infanticide and parental behavior in house mice», en Parmigiani y Vom Saal (eds.), *Infanticide and Parental Care*, pp. 365-396.

Perry, Gretchen, Martin Daly y Jennifer Kotler, 2012, «Placement stability in kinship and non-kin foster care: A Canadian study», *Children and Youth Services Review* 34, pp. 460-465.

Perry, Mark J., 2015, «Women earned majority of doctoral degrees for 4th straight year, and outnumber men in grad school by 141 to 100», American Enterprise Institute Carpe Diem Blog, 20 de septiembre, https://www.aei.org/carpe-diem/women-earned-majority-of-doctoral-degrees-in-2014-for-6th-straight-year-and-outnumber-men-in-grad-school-136-to-100/.

Pettay, Jenni Elina, M. Danielsbacka, S. Helle, G. Perry, M. Daly y A. Tanskanen, 2023, «Parental investment by birth fathers and stepfathers: Roles of mating effort and childhood co-residence duration», *Human Nature* 34, pp. 276-294.

Pinker, Stephen, 1994, *The Language Instinct: How the Mind Creates Language*, Nueva York: Harper Collins [trad. cast.: *El instinto del lenguaje*, Madrid: Alianza Editorial, 2012].

—, 1997, *How the Mind Works*, Nueva York: W. W. Norton [trad. cast.: *Cómo funciona la mente*, Barcelona: Ediciones Destino, 2004].

Pollock, Donald, 2002, «Partible paternity and multiple maternity among the Kulina», en Beckerman y Valentine (eds.), *Cultures of Multiple Fathers*, pp. 42-61.

Ponce de León, M. S., T. Bienvenu, T. Akazawa y C. P. E. Zollikofer, 2016, «Brain development is similar in Neanderthals and modern humans», *Current Biology* 26 (14), pp. R665-666, https://doi.org/10.1016/j.cub.2016.06.022.

Pontzer, Herman, M. H. Brown, D. A. Raichlen, H. Dunsworth, B. Hare, K. Walker..., S. R. Ross, 2016, «Metabolic acceleration and the evolution of human brain size and life history», *Nature* 533, pp. 390-392.

Porio, Emma E., 2007, «Global householding, gender, and Filipino migration: A preliminary review», *Philippine Studies* 55(2), pp. 211-242.

Potts, Rick, 1996, «Evolution and climate variability», *Science* 273, pp. 922-923.

Potts, Rick y J. T. Faith, 2015, «Alternating high and low climate variability: The context of natural selection and speciation in Plio-Pleistocene hominin evolution», *Journal of Human Evolution* 87, pp. 5-20.

Potts, Rick y Christopher Sloan, 2010, *What Does It Mean to Be Human?*, Washington D. C.: National Geographic.
Power, Camilla, 2017, «Reconstructing a source cosmology for African hunter-gatherers», en Power *et al.* (eds.), *Human Origins*, pp. 180-203.
Power, Camilla, M. Finnergan y H. Callan (eds.), 2017, *Human Origins: Contributions from Social Anthropology*, Nueva York: Berghahn Books.
—, 2017, «Introduction», en Power *et al.* (eds.), *Human Origins*, pp. 1-34.
Prall, Sean P., 2022, «Opportunities and obligations: The impact of reproductive decisions on health and well-being in Himba pastoralists», presentado en el Anthropology Colloquium, 7 de marzo, Universidad de California en Davis.
Prall, Sean P. y Brooke A. Scelza, 2020, «Why men invest in non-biological offspring: Paternal care and paternity confidence among Himba pastoralists», *Proceedings of the Royal Society B* 287, 20192890, https://doi.org/10.1098/rspb.2019.2890.
Price, Tom A. y D. J. Hosken, 2012, «Evolution: Why good dads win», *Current Biology* 22(4), pp. R135-R137.
Prickett, Kate C., A. Martin-Storey y R. Crosnoe, 2015, «A research note on time with children in different- and same-sex two-parent families», *Demography* 52(3), pp. 905-918, https://doi.org/10.1007/s13524-015-0385-2.
Pridmore-Brown, Michelle, 2019, «Sperm and sensibility: The modern world of designer children based on age-old preoccupations», *Times Literary Supplement*, 5 de abril.
Pruetz, Jill, 2011, «Targeted helping by a wild adolescent male chimpanzee (*Pan troglodytes verus*): Evidence for empathy?», *Journal of Ethology* 29, pp. 365-368, https://doi.org/10.1007/s10164-011-0244-y.
—, 2018, *Hunting by savanna-living chimpanzees. CARTA Symposium on The Role of Hunting in Anthropogeny*, University of California Television, https://www.uctv.tv/shows/Hunting-by-Savanna-Living-Chimpanzees-33792.
Prüfer, Kay, K. Munch, I. Hellmann, K. Akagi, J. R. Miller, B. Walenz…, Svante Pääbo, 2012, «The bonobo genome compared with the chimpanzee and human genomes», *Nature* 486, pp. 527-531.
Public Library of Science, 2008, «Why do we love babies? Parental instinct region found in brain», *Science Daily*, 27 de febrero, https://www.sciencedaily.com/releases/2008/02/080226213448.htm.

Pugh, G. E., 1977, *The Biological Origin of Human Values*, Nueva York: Basic Books.

Pusey, A., C. Murray, W. Wallauer, M. Wilson, E. Wroblewski y J. Goodall, 2008, «Severe aggression among female *Pan troglodytes schweinfurthii* at Gombe National Park, Tanzania», *International Journal of Primatology* 29, pp. 949-973.

Qi, Xiao-Guang, C. C. Grueter, G. Fang, P.-Zhen Huang, J. Zhang, Y-M. Duan, A-P. Huang, P. A. Garber y B-G. Li, 2020, «Multilevel societies facilitate infanticide avoidance through increased extrapair mating», *Animal Behaviour* 161, pp. 127-137.

Quinn, Naomi y Jeannette Marie Mageo (eds.), 2013, *Attachment Reconsidered: Cultural Perspectives on a Western Theory*, Nueva York: Palgrave Macmillan.

Radsken, Jill, 2020, «Catherine Dulac wins Breakthrough Prize for Life Sciences: Rewarded for neural study of parenting behavior that reoriented field», *Harvard Gazette*, 10 de septiembre.

Raghanti, Mary Ann, M. K. Edler, A. R. Stephenson, E. L. Munger, B. Jacobs, P. R. Hof…, C. Owen Lovejoy, 2018, «A neurochemical hypothesis for the origin of hominids», *PNAS* 115, pp. E1108-E1116.

Rakotondrazandry, J. N., T. M. Sefczek, C. L. Frasier, V. L. Villanova, S. Rasoloharijaona, H. Raveloson y E. E. Louis Jr., 2021, «Possible infanticidal event of an aye-aye (*Daubentonia madagascariensis*) in Torotorofotsy, Madagascar», *Folia Primatologica* (Basel) 92(3), pp. 183-190, https://doi.org/10.1159/000518006.

Ramsay, M. S., B. Morrison y S. M. Stead, 2020, «Infanticide and partial cannibalism in free-ranging Coquerel's sifaka (*Propithecus coquereli*)», *Primates* 61, pp. 575-581.

Rapaport, Lisa G., 2006, «Provisioning in wild golden lion tamarins (*Leontopithecus rosalia*): Benefits to omnivorous young», *Behavioral Ecology* 17, pp. 212-221.

—, 2011, «Progressive parenting behavior in wild golden lion tamarins», *Behavioral Ecology* 22, pp. 745-754.

Rapaport, Lisa G. y Gillian Brown, 2008, «Social influences on foraging behavior in young primates: Learning what, where, and how to eat», *Evolutionary Anthropology* 17, pp. 189-201.

Raz, Gal y Rebecca Saxe, 2020, «Learning in infancy is active, endogenously motivated, and depends on the prefrontal cortex», *Annual Review of Developmental Psychology* 2, pp. 247-268.

Reddy, Sumathi, 2020, «New wisdom on how the female brain works», *Wall Street Journal*, 10 de marzo.
Reddy, V., 2003, «On being the object of attention: Implications for self-other consciousness», *Trends in Cognitive Neurosciences* 7, pp. 397-402.
Rees, Amanda, 2009, *The infanticide controversy*, Chicago: University of Chicago Press.
Reichert, Karin E., M. Heistermann, J. K. Hodges, C. Boesch y G. Hohmann, 2002, «What females tell males about their reproductive status: Are morphological and behavioural cues reliable signals of ovulation in chimps (*Pan paniscus*)?», *Ethology* 108, pp. 583-600.
Repacholi, Betty M. y A. Gopnik. 1997, «Early reasoning about desires: Evidence from 14- and 18-month-olds», *Developmental Psychology* 33, pp. 12-21.
Reyes-García, Victoria, I. Díaz-Reviriego, R. Duda, A. Fernández-Llamazares y S. Gallois, 2020, «"Hunting otherwise": Women's hunting in two contemporary forager-horticulturalist societies», *Human Nature* 31, pp. 203-221.
Richerson, Peter J. y Robert Boyd, 1998, «The evolution of ultrasociality», en *Indoctrinability, Ideology, and Warfare*, ed. de I. Eibl-Eibesfeldt y F. K. Salter, Nueva York: Berghahn Books, pp. 71-96.
—, 2008, *Not by Genes Alone: How Culture Transformed Human Evolution*, Chicago: University of Chicago Press.
Richter, Dan, 2008, «On playing the ape in "2001: A Space Odyssey"», *Vulture* Chat Room, 22 de abril.
Riem, Madelon M.E., A. M. Lotz, L. I. Horstman, M. Cima, M. W. F. T. Verhees, K. Alyouseff-van Dijk, M. H. van IJzendoorn y M. J. Bakermans-Kranenburg, 2021, «A soft baby carrier intervention enhances amygdala responses to infant crying in fathers: A randomized controlled trial», *Psychoneuroendocrinology* 132, p. 105380.
Rilling, James K., 2017, «Giving fathers an oxytocin nasal spray increases their brain responses to their toddlers», *Fatherhood Global*, publicado el 3 de marzo de 2017, https://fatherhood.global/fathers-oxytocin-nasal-spray/.
Rilling, James K., A. Gonzalez y M. Lee, 2021, «The neural correlates of grandmaternal caregiving», *Proceedings of the Royal Society B* 288, 29211997, https://doi.org/10.1098/rspb.2021.1997.
Rincon, Alan V., L. Maréchal, S. Semple, B. Majolo y A. MacLarnon, 2017, «Correlates of androgens in wild male Barbary macaques: Testing the challenge hypothesis», *American Journal of Primatology* 79, e22689.

Ringler, E., A. Pašukonis, W. T. Fitch, L. Huber, W. Hödl y M. Ringler, 2015, «Flexible compensation of uniparental care: Female poison frogs take over when males disappear», *Behavioral Ecology* 26(4), pp. 1219-1225, https://doi.org/10.1093/beheco/arv069.

Ringler, Eva, K. B. Beck, S. Weinlein, L. Huber y M. Ringler, 2017, «Adopt, ignore, or kill? Male poison frogs adjust parental decisions according to their territorial status», *Science Reports* 7, 43544.

Rival, Laura, 1997, «Androgynous parents and guest children: The Huaorani couvade», *Journal of the Royal Anthropological Institute*, s. f., 4, pp. 619-642.

Roberts, E., R. Lucille, A. K. Miller, S. E. Taymans y C. Sue Carter, 1998, «Role of social endocrine factors in alloparental behavior of prairie voles (*Microtus ochrogaster*)», *Canadian Journal of Zoology* 76, pp. 1862-1868.

Roberts, E. K., A. Lu, T. J. Bergman y J. C. Beehner, 2012, «A Bruce effect in wild geladas», *Science* 335, pp. 1222-1225.

Roberts, Miles, 1994, «Growth, development, and parental care in the western tarsier (*Tarsius bancanus*) in captivity: Evidence for a "slow" life history and nonmonogamous mating system», *International Journal of Primatology* 15, pp. 1-28.

Rochman, Bonnie, 2011, «Why fathers have lower levels of testosterone», *Time*, 13 de septiembre, https://healthland.time.com/2011/09/13/why-do-dads-have-lower-levels-of-testosterone/.

Rodseth, Lars, 2012, «From bachelor threat to fraternal security: Male associations and modular organization in human societies», *International Journal of Primatology* 33, pp. 1194-1214.

Rodseth, Lars y Richard Wrangham, 2004, «Human kinship: A continuation of politics by other means?», en *Kinship and Behavior among Primates*, ed. de B. Chapais y C. Berman, Oxford: Oxford University Press, pp. 389-419.

Rogers, Forrest Dylan y Karen L. Bales, 2019, «Mothers, fathers, and others: Neural substrates of parental care», *Trends in Neuroscience* 42, 552-562.

—, 2020, «Revisiting paternal absence: Female alloparental replacement of fathers recovers partner preference formation in female, but not male prairie voles (*Microtus ochrogaster*)», *Developmental Psychobiology* 62 (5), pp. 573-590.

Roland, Alexandre B. y Lauren A. O'Connell, 2015, «Poison frogs as a model system for studying the neurobiology of parental care», *Current Opinion in Behavioral Sciences* 7, pp. 76-81.

Roopnarine, J. L. (ed.), 2015, *Fathers across Cultures: The Importance, Roles, and Diverse Practices of Dads*, Santa Barbara (California): ABC-CLIO/Praeger.

Rosenbaum, Stacy y Joan Silk, 2022, «Pathways to paternal care in primates», *Evolutionary Anthropology* 31, pp. 245-262.

Rosenbaum, Stacy, Joan B. Silk y T. S. Stoinski, 2011, «Male-immature relationships in multimale groups of mountain gorillas (*Gorilla beringei beringei*)», *American Journal of Primatology* 73, pp. 356-365.

Rosenbaum, Stacy, L. Vigilant, C. W. Kuzawa y T. S. Stoinski, 2018, «Caring for infants is associated with increased reproductive success for male mountain gorillas», *Scientific Reports* 8, 15223, https://doi.org/10.1038/s41598-018-33380-4.

Rosenblatt, J. S., 1967, «Nonhormonal basis of maternal behavior in the rat», *Science* 156, pp. 1512-1514.

Rosenthal, Max J., 2016, «Why did Trump have his testosterone checked?», *Mother Jones*, 15 de septiembre.

Ross, Cody T., P. L. Hooper, J. E. Smith, A. V. Jaeggi, E. A. Smith, S. Gavrilets…, Monique Borgerhoff Mulder, 2023, «Reproductive inequality in humans and other mammals», *PNAS* 120(22), e2220124120, https://doi.org/10.1073/pnas.2220124120.

Ross, Corinna N., J. A. French y G. Orti, 2007, «Germ-line chimerism and paternal care in marmosets (*Callithrix kuhlii*)», *PNAS* 104, pp. 6278-6282.

Rosser, L. S., T. Morisaka, Y. Mitani y T. Igarashi, 2022, «Calf-directed aggression as a possible infanticide attempt in Pacific white-sided dolphins (*Lagenorhynchus obliquidens*)», *Aquatic Mammals* 48(3), pp. 273-286.

Rotkirch, Anna, 2018, «Evolutionary family sociology», en *Oxford Handbook of Evolution, Biology, and Society*, ed. de Rosemary L. Hopcroft, Oxford: Oxford University Press, pp. 451-478.

Roughgarden, Joan, 2004, *Evolution's Rainbow: Diversity, Gender and Sexuality in Nature and People*, Berkeley: University of California Press [trad. cast.: *El arcoíris de la evolución. Diversidad, género y sexualidad en la naturaleza y en las personas*, Madrid: Capitán Swing, 2021].

Royer, Clémence, 1870, *Origine de l'Homme et des Sociétiés*, París: Guillaumin/ Victor Masson et Fils.

Rubenstein, Dustin, 2021, «Causes and consequences of sociality: Spanning molecules to populations», seminario en Frontiers in Social Evolution (FINE).

Rubenstein, Dustin R. e Irby J. Lovette, 2007, «Temporal environmental variability drives the evolution of cooperative breeding in birds», *Current Biology* 17, pp. 1414-1419, https://doi.org/10.1016/j.cub.2007.07.032.

Rudolph, Dana, 2017, «A very brief history of LGBTQ parenting», *Family Equality*, 20 de octubre.

Saini, Angela, 2017, *Inferior*: *How Science Got Women Wrong and How New Research is Rewriting the Story*, Boston: Beacon Press [trad. cast.: *Inferior*, Madrid: Círculo de Tiza, 2017].

St. Aubyn, Edward, 2021, *Double Blind*, Farrar, Straus and Giroux.

St. Julien, Jahdziah, 2021, «A portrait of caring black men», *New America*, actualizado el 4 de febrero, https://www.newamerica.org/better-life-lab/reports/portrait-caring-black-men/.

Saito, A. y K. Nakamura, 2011, «Oxytocin changes primate paternal tolerance to offspring in food transfer», *Journal of Comparative Physiology A: Neuroethology, Sensory, Neural, and Behavioral Physiology* 197, pp. 329-337.

Sakai, Tomoko, A. A. Mikami, M. Tomonaga, M. Matsui, J. Suzuki, Y. Hamada…, Tetsuro Matsuzawa, 2011, «Differential prefrontal white matter development in chimpanzees and humans», *Current Biology* 21(16), pp. 1397-1402.

Samuni, Liran, A. Preis, R. Mundry, T. Deschner, C. Crockford y R. M. Wittig, 2017, «Oxytocin reactivity during intergroup conflict in wild chimpanzees», *PNAS* 114, pp. 268-273.

Samuni, Liran, A. Preis, A. Mielke, T. Deschner, R. M. Wittig y C. Crockford, 2018, «Social bonds facilitate cooperative resource sharing in wild chimpanzees», *Proceedings of the Royal Society B* 285, 20181643.

Samuni, Liran, R. M. Wittig y C. Crockford, 2019, «Adoption in the Tai chimpanzee: Costs, benefits and strong social relationships», en *The Chimpanzees of the Tai Forest: 40 Years of Research*, ed. de C. Boesch y R. Wittig, Cambridge (Reino Unido): Cambridge University Press, pp. 141-158.

Samuni, Liran, K. E. Langergraber y M. H. Surbeck, 2022, «Characterization of *Pan* social systems reveals in-group/out-group distinction and out-group tolerance in bonobos», *PNAS* 119(26), e2201122119, https://doi.org/10.1073/pnas.2201122119.

Sanchez, Roxanne, J. C. Parkin, J. Y. Chen y P. B. Gray, 2009, «Oxytocin, vasopressin and human social behavior», en *Endocrinology of Social Relationships*, ed. de P. T. Ellison y P. B. Gray, Cambridge (Massachusetts): Harvard University Press, pp. 319-339.

Sanday, Peggy Reeves, 2002, *Women at the Center: Life in a Modern Matriarchy*, Ithaca: Cornell University Press.

Santillo, Kristen, 2003, «Disestablishment of paternity and the future of child support obligations», *Family Law Quarterly* 37(3), pp. 503-514.

Sapolsky, Robert M., 2017, *Behave: The Biology of Humans at Our Best and Worst*, Nueva York: Penguin Press [trad. cast.: *Compórtate*, Madrid: Capitán Swing, 2018].

Saturn, Sarina R., 2014, «Flexibility of the father's brain», *PNAS* 111, pp. 9671-9672.

Saxe, Rebecca, 2022, «Human infants' brains are specialized for social functions», ESI Systems Neuroscience Conference: The Ever Changing Brain, Through development and evolution, septiembre de 2022, https://youtu.be/ZrAXn7zdsA.

Scelza, Brooke A., S. P. Prall y K. Starkweather, 2020, «Paternity confidence and social obligations explain men's allocations to romantic partners in an experimental giving game», *Evolution and Human Behavior* 41, pp. 96-103.

Scelza, Brooke, S. Prall, N. Swinford, S. Gopalan, E. Atkinson, R. McElreath…, B. Henn, 2019, «Husband, lover, pater, genitor: Concurrency and paternity in Himba pastoralists», ponencia presentada en la 88.ª reunión anual de la American Association of Physical Anthropologists (AAPA), Cleveland.

Schacht, Ryan y Karen L. Kramer, 2019, «Are we monogamous? A review of the evolution of pair bonding in humans and its contemporary variation cross-culturally», *Frontiers in Ecology and Evolution* 7, p. 230.

Scheinfeldt, Laura B., S. Soi, C. Lambert, W.-Y. Ko, A. Coulibaly, A. Ranciaro…, S. A. Tishkoff, 2019, «Genomic evidence for shared common ancestry of East African hunting-gathering populations and insights into local adaptation», *PNAS* 116(10), pp. 4166-4175.

Schiebinger, Londa, 1994, «Mammals, primatology and sexology», en *Sexual Knowledge, Sexual Science: The History of Attitudes to Sexuality*,

ed. de R. Porter y M. Teich, Cambridge: Cambridge University Press, pp. 184-209.
Schmidt, Samantha, 2020, «Women have been hit hardest by job losses in the pandemic. And it may only get worse», *Washington Post*, 9 de mayo, https:///2020/05/09/women-unemployment-jobless-coronavirus/.
Schmidt, Wiebke Johanna, Heidi Keller, M. Rosabal-Coto, K. Fallas Gamboa, C. Solis Guillén y E. Durán Delgado, 2023, «Feeding, food, and attachment: An underestimated relationship?», *Ethos* 51, pp. 62-80.
Schneider, D. M. y K. Gough (eds.), 1961, *Matrilineal Kinship*, Berkeley: University of California Press.
Schradin, Carsten y G. Anzenberger, 1999, «Prolactin, the hormone of paternity», *News in Physiological Science* 14, pp. 223-231.
Schradin, Carsten, D. M. Reeder, S. P. Mendoza y G. Anzenberger, 2003, «Prolactin and paternal care: Comparison of three species of monogamous New World monkeys (*Callicebus cupreus*, *Callithrix jacchus*, and *Callimico goeldii*)», *Journal of Comparative Psychology* 117(2), pp. 166-175.
Schubert, Glendon, 1982, «Infanticide by usurper Hanuman langur males: A sociobiological myth», *Social Science Information* 21, pp. 199-244.
Seabright, Edmond, S. Alami, T. S. Kraft, H. Davis, A. E. Caldwell, P. Hooper…, H. Kaplan, 2022, «Repercussions of patrilocal residence on mothers' social support networks among Tsimane forager-farmers», *Philosophical Transactions of the Royal Society B* 378, p. 20210442.
Seabright, Paul, 2012, *War of the Sexes: How Conflict and Cooperation Have Shaped Men and Women from Prehistory to the Present*, Princeton (Nueva Jersey): Princeton University Press.
Sear, Rebecca, 2015, «Beyond the nuclear family: An evolutionary perspective on parenting», *Current Opinion in Psychology* 7, pp. 98-103.
—, 2017, «Family and fertility: Does kin help influence women's fertility, and how does this vary worldwide?», *Population Horizons* 14(1), pp. 18-34.
—, 2021, «The male breadwinner nuclear family is not the 'traditional' human family, and promotion of this myth may have adverse health consequences», *Philosophical Transactions of the Royal Society B* 376, 20200020.
Sear, Rebecca y D. A. Coall, 2011, «How much does family matter? Cooperative breeding and the demographic transition», *Population and Development Review* 37(S1), pp. 81-112.

Sear, Rebecca y R. Mace, 2008, «Who keeps children alive? A review of the effects of kin on child survival», *Evolution and Human Behavior* 29, pp. 1-18.
Sellen, D. W., 2001, «Comparison of infant feeding patterns reported for nonindustrial populations with current recommendations», *Journal of Nutrition* 131, pp. 2707-2715.
Sen, Ruchira y Raghavendra Gadagkar, 2006, «Males of the social wasp *Ropalidia marginata* can feed larvae, given the opportunity», *Animal Behaviour* 71, pp. 345-350.
Service, E., 1962, *Primitive Social Organization: An Evolutionary Perspective*, Nueva York: Random House.
Shaw, Jonathan, 2022, «*Homo sapiens*: The mixtape. David Reich decodes ancient DNA and rewrites human history», *Harvard Magazine* (julio-agosto), pp. 45 y ss.
Sheldon, Ben C. y Marc Mangel, 2014, «Behavioural ecology: Love thy neighbour», *Nature* 512, pp. 381-382.
Sherman, Gary D., J. Haidt y J. A. Coan, 2009, «Viewing cute images increases behavioral carefulness», *Emotion* 9, pp. 282-286.
Shostak, Marjorie, 1990 (1981), *Nisa: The Life and Words of a !Kung Woman*, Harvard University Press.
Shubin, Neil, 2008, *Your Inner Fish: A Journey into the 3.5-Billion-Year History of the Human Body*, Nueva York: Pantheon [trad. cast.: *Tu pez interior*, Madrid: Capitán Swing, 2015].
Shubin, Neil, C. Tabin y S. Carroll, 2009, «Deep homology and the origin of evolutionary novelty», *Nature* 457, pp. 818-823.
Shulevitz, Judith, 2015a, «Mom: The designated worrier», *New York Times*, 10 de mayo.
—, 2015b, «Stressed, tired, rushed: Portrait of the modern family», *New York Times*, 5 de noviembre.
—, 2021, «Co-housing makes parents happier», *New York Times*, 24 de octubre.
Shur, Marc David, 2008, *Hormones associated with friendship between adult male and lactating female olive baboons*, tesis doctoral, Rutgers University.
Shwalb, David W., B. J. Shwalb y M. E. Lamb (eds.), 2013, *Fathers in Cultural Contexts*, Nueva York: Routledge.
Siegel, Lee, 1996, «One theory on why women choose jerks over nice guys», *The Salt Lake City Tribune*, 7 de octubre.

Silezar, Juan, 2021, «Biological triggers for infant abuse», *Harvard Gazette*, 27 de septiembre.
Silk, Joan B., 1978, «Patterns of food sharing among mother and infant chimpanzees at Gombe National Park, Tanzania», *Folia Primatologica* 29, pp. 129-141.
—, 2007, «The adaptive value of sociality in mammalian groups», *Philosophical Transactions of the Royal Society B* 362, pp. 539-559.
Silk, Joan B. y Gillian R. Brown, 2008, «Local resource competition and local resource enhancement shape primate sex ratios», *Proceedings of the Royal Society B* 275, pp. 1761-1765.
Silk, Joan B. y Bailey R. House, 2016, «The evolution of altruistic social preferences in human groups», *Philosophical Transactions of the Royal Society B* 371, 20150097.
Skinner, Marilyn, 2013, *Sexuality in Greek and Roman Culture*, 2.ª ed., Malden (Massachusetts): Wiley-Blackwell.
Smaers, Jeroen B., A. Gómez-Robles, A. N. Park y C. C. Sherwood, 2017, «Exceptional evolutionary expansion of prefrontal cortex in great apes and humans», *Current Biology* 27, pp. 714-720.
Small, Meredith, 1990, «Promiscuity in Barbary macaques (*Macaca sylvana*)», *American Journal of Primatology* 20, pp. 267-282.
Smith, Kristopher M. y Coren L. Apicella, 2020, «Partner choice in human evolution: The role of cooperation, foraging ability, and culture in Hadza campmate preferences», *Evolution and Human Behavior* 41, pp. 354-366.
Smuts, Barbara B., 1992, «Male aggression against women: An evolutionary perspective», *Human Nature* 3(1), pp. 1-44.
Smuts, Barbara B. y D. J. Gubernick, 1992, «Male-infant relationships in nonhuman primates: Paternal investment or mating effort?», en *Father-Child Relations: Cultural and Biosocial Contexts*, ed. de Barry S. Hewlett, Hawthorne (Nueva York): Aldine de Gruyter, pp. 1-30.
Snowdon, Charles T. y Toni E. Ziegler, 2007, «Growing up cooperatively: Family processes and infant care in marmosets», *Journal of Developmental Processes* 2, pp. 40-66.
Snowdon, Charles T., B. A. Pieper, C. Y. Boe, K. A. Cronin, A. V. Kurian y T. E. Ziegler, 2010, «Variation in oxytocin is related to variation in affiliative behavior in monogamous, pair-bonded tamarins», *Hormones and Behavior* 58, pp. 614-618.

Solberg, Dustin, 2022, «The mangrove mothers», *Nature Conservancy*, otoño de 2022, pp. 40-45.
Soltis, J., R. Thomsen, K. Matsubayashi y O. Takenaka, 2000, «Infanticide by resident males and female counterstrategies in wild Japanese macaques, *Macaca fuscata*», *Behavioral Ecology and Sociobiology* 48, pp. 195-202.
Southern, Lara M., T. Deschner y S. Pika, 2021, «Lethal coalitionary attacks of chimpanzees (*Pan troglodytes troglodytes*) on gorillas (*Gorilla gorilla gorilla*) in the wild», *Scientific Reports* 11, p. 14673.
Spock, Benjamin, 1964, *Baby and Child Care*, Nueva York: Pocket Books [trad. cast.: *Tu hijo*, Vergara, 2007].
Sridhar, Hari, 2018, «Reflections on papers past: Revisiting Hrdy 1974», *Rapid Ecology*, 18 de diciembre, https://rapidecology.com/2018/12/17/reflections-on-papers-past-revisiting-hrdy-1974/.
Städele, Veronika, L. Vigilant, S. Strum y J. Silk, 2021, «Extended male-female bonds and potential for prolonged paternal investment in a polygynandrous primate (*Papio anubis*)», *Animal Behaviour* 174, pp. 31-40.
Stallings, J., A. S. Fleming, C. Corter, C. Worthman y M. Steiner, 2001, «The effects of infant cries and odors on sympathy, cortisol, and autonomic responses in new mothers and non-postpartum women», *Parenting: Science and Practice* 1, pp. 71-100.
Starkweather, Katherine E. y Raymond Hames, 2012, «A survey of non-classical polyandry», *Human Nature* 23(2), pp. 149-172.
Sterck, E. H. M., 1997, «Determinants of female dispersal in Thomas langurs», *American Journal of Primatology* 42, pp. 179-198.
Stewart, Kelly, 2001, «Social relationships of immature gorillas and silverbacks», en *Mountain Gorillas: Three Decades of Research at Karisoke*, ed. de M. M. Robbins, P. Sicotte y K. J. Stewart, Cambridge (Reino Unido): Cambridge University Press, pp. 183-213.
Stiner, Mary, Avi Gopher y Ran Barkai, 2010, «Hearth-side socioeconomics, hunting and paleoecology during the late Lower Paleolithic at Qesem Cave, Israel», *Journal of Human Evolution* 60, pp. 213-233.
Stone, Lyman, 2019, «A drop in numbers (review of Darrell Bricker and John Ibbitson's *Empty Planet*)», *Wall Street Journal*, 7 de febrero.
Storey, Anne E. y D. T. Snow, 1990, «Postimplantation pregnancy disruptions in meadow voles: Relationship to variation in male sexual and aggressive behavior», *Physiology and Behavior* 47, pp. 19-25.

Storey, Anne E., C. Walsh, R. Quinlan y K. E. Wynne-Edwards, 2000, «Hormonal correlates of paternal responsiveness in new and expectant fathers», *Evolution and Human Behavior* 21, pp. 79-95.

Strassmann, Beverly I., 1991, «Menstrual hut visits by Dogon women: A hormonal test distinguishes deceit from honest signaling», *Behavioral Ecology* 7(3), pp. 304-315.

Strathearn, Lane, Jian Li, Peter Fonagy y P. Read Montague, 2008, «What's in a smile? Maternal brain responses to infant facial cues», *Pediatrics* 122, pp. 40-51.

Strazdiņa, Vita, A. Jemeļjanovs y V. Šterna, 2013, «Nutrition value of wild animal meat», *Proceedings of the Latvian Academy of Sciences B* 67(4/5), pp. 373-377.

Strier, Karen, 2007, «What does variation in primate behavior mean?», *American Journal of Physical Anthropology* 162, pp. 4-14.

Strier, Karen B., 2016, *Primate Behavioral Ecology*, Londres: Routledge.

Strindberg, August, 1955 (1887), reimpr. de 2017, *The Father: A Tragedy in Three Acts*, en *Twelve Major Plays*, de A. Strindberg, Nueva York: Transaction/ Routledge, trad. del sueco por Elizabeth Sprigge.

Stumpf, R. M. y C. Boesch, 2005, «Does promiscuous mating preclude female choice? Female sexual strategies in chimpanzees (*Pan troglodytes verus*) of the Taï National Park, Côte d'Ivoire», *Behavioral Ecology and Sociobiology* 57, pp. 511-524.

Sullivan, Emily, 2022, «Guns vs. butter: Gender differences on national budget», *Running Numbers* (blog), 7 de marzo, Chicago Council on Global Affairs, https://globalaffairs.org/commentary-and-analysis/blogs/guns-vs-butter-gender-differences-national-budget.

Surbeck, Martin, K. E. Langergraber, B. Fruth, L. Vigilant y G. Hohmann, 2017, «Male reproductive skew is higher in bonobos than chimpanzees», *Current Biology* 27, pp. R640-R641.

Sussman, George D., 1982, *Selling Mothers' Milk: The Wet-Nursing Business in France, 1715–1914*, Urbana, Chicago y Londres: University of Illinois Press.

Sussman, Robert W., 1996, «Piltdown Man: The father of American field primatology», artículo preparado para los participantes en el Wenner-Gren Symposium n.º 120, «Changing Images of Primate Societies: The Role of Theory, Method, and Gender», 15-23 de junio, Hotel Rosa dos Ventos, Teresópolis (Brasil).

Sussman, Robert W., J. Cheverud y T. Bartlett, 1995, «Infant killing as an evolutionary strategy: Reality or myth?», *Evolutionary Anthropology* 3, pp. 149-151.
Suwa, Gen, T. Sasaki, S. Semaw, M. J. Rogers, S. W. Simpson, Y. Kunimatsu…, T. D. White, 2021, «Canine sexual dimorphism in *Ardipithecus ramidus* was nearly human-like», *PNAS* 118(49), e2116630118.
Swedell, Larissa y Thomas Plummer, 2012, «A papionin multilevel society as a model for hominin social evolution», *International Journal of Primatology* 33, pp. 1165-1193.
Swindler, Daris R. y Charles D. Wood. 1973, *An Atlas of Primate Gross Anatomy*, Seattle: University of Washington Press.
Symons, Donald, 1979, *The Evolution of Human Sexuality*, Oxford: Oxford University Press.
—, 1982, «Another woman that never existed» [reseña de *The Woman That Never Evolved*, de S. B. Hrdy], *The Quarterly Review of Biology* 57(3), pp. 297-300, http://www.jstor.org/stable/2827466.
Számadó, Szabolcs y Eörs Szathmáry, 2004, «Language evolution», *PLoS Biology* 2(10), pp. 1519-1520.
Sznycer, D., D. Xyglatas, E. Agey, S. Alami, Z. An, K. I. Ananyeva…, J. Tooby, 2018, «Cross-cultural invariances in the architecture of shame», *PNAS* 115(39), pp. 9702-9707.
Tabak, Benjamin A., G. Leng, A. Szeto, K. J. Parker, J. G. Verbalis, T. E. Ziegler, M. R. Lee, I. D. Neumann y A. J. Mendez, 2023, «Advances in human oxytocin measurement: challenges and proposed solutions», *Molecular Psychiatry* 28, pp. 127-140, https://doi.org/10.1038/s41380-022-01719-z.
Tachikawa, Kashiko S., Y. Yoshihara y K. O. Kuroda, 2013, «Behavioral transition from attack to parenting in male mice: A crucial role of the vomeronasal system», *Journal of Neuroscience* 33, pp. 5120-5126; fe de erratas en *Journal of Neuroscience* 33, p. 9563.
Tamir, D. y J. Mitchell, 2012, «Disclosing information about the self is intrinsically rewarding», *PNAS* 109, pp. 8083-8043.
Tamis-Lemonda, Catherine S., 2015, «Foreword», en *Fathers across Cultures*, ed. de Roopnarine, Santa Bárbara: Praeger, pp. xi-xii.
Tan, J. y B. Hare, 2013, «Bonobos share with strangers», *PLOS ONE* 8, pp. 29-38.
Tardif, Suzette, C. Ross y D. Smucny, 2013, «Building marmoset babies: Trade-offs and cutting bait», en *Building Babies: Primate Development*

in Proximate and Ultimate Perspective, ed. de K. B. H. Clancy, K. Hinde y J. N. Rutherford, Nueva York: Springer, pp. 169-183.
Tardif, Suzette D., D. A. Smucny, D. H. Abbott, K. Mansfield, N. Schultz-Darken y M. E. Yamamoto, 2003, «Reproduction in captive common marmosets (*Callithrix jacchus*)», *Comparative Medicine* 53(4), pp. 364-368.
Taub, Amanda, 2022, «The 17th-century judge at the heart of today's women's rights rulings», *New York Times*, 1 de mayo.
Tavernise, Sabrina, C. Cain Miller, Q. Bui y R. Gebeloff, 2021, «American women shuffle their priorities, delaying motherhood: Births fall as schooling and jobs come first», *New York Times*, 18 de junio.
Tecot, Stacey y A. L. Baden, 2018, «Profiling caregivers: Hormonal variation underlying allomaternal care in wild red-bellied lemurs, *Eulemur rubriventer*», *Physiology and Behavior* 193 (parte A), pp. 135-148.
Teichroeb, Julie A. y Pascale Sicotte, 2008, «Infanticide in ursine colobus monkeys (*Colobus vellerosus*) in Ghana: New cases and a test of the existing hypotheses», *Behaviour* 145, pp. 727-755.
Terkel, J. y J. S. Rosenblatt, 1968, «Maternal behavior induced by maternal blood plasma injected into virgin rats», *Journal of Comparative and Physiological Psychology* 80, pp. 365-371.
Terrace, Herbert S., 2013, «Becoming human: Why two minds are better than one», en *Agency and Joint Attention*, ed. de Janet Metcalfe y Herbert Terrace, Oxford: Oxford University Press, pp. 11-48.
Tew, Mary, 1951, «A form of polyandry among the Lele of the Kasai», *Africa* XXI(1), pp. 1-12.
Thomas, Ashley, B. Woo, D. Nettle, E. Spelke y R. Saxe, 2022, «Early concepts of intimacy: Young humans use saliva sharing to infer close relationships», *Science* 375, pp. 311-315.
Thomas, Evan, 2011, *The War Lovers: Roosevelt, Lodge, Hearst, and the Rush to Empire, 1898*, Nueva York: Back Bay Books / Little, Brown and Company.
Tokuyama, Nahoko y Takeshi Furuichi, 2016, «Do friends help each other? Patterns of female coalition formation in wild bonobos at Wamba», *Animal Behaviour* 119, pp. 27-35.
Tokuyama, Nahoko, K. Toda, M.-L. Poiret, B. Iyokango, B. Bakaa y S. Ishizuka, 2021, «Two wild female bonobos adopted infants from a different social group at Wamba», *Scientific Reports* 11, p. 4967, https://doi.org/10.1038/s41598-021-83667-2.

Tomasello, Michael, 2009, *Why We Cooperate*, Cambridge (Massachusetts): MIT Press [trad. cast.: *¿Por qué cooperamos?*, Madrid: Katz Editores, 2010].
—, 2019, *Becoming Human: A Theory of Ontogeny*, Cambridge (Massachusetts): The Belknap Press of Harvard University Press.
Tomasello, Michael y M. Carpenter, 2007, «Shared intentionality», *Developmental Science* 10(1), pp. 121-125.
Tomasello, Michael e I. González-Cabrera, 2017, «The role of ontogeny in the evolution of human cooperation», *Human Nature* 28, pp. 27-88.
Tomasello, Michael, B. Hare, H. Lehmann y J. Call, 2007, «Reliance on head versus eyes in the gaze following of great apes and human infants: The cooperative eye hypothesis», *Journal of Human Evolution* 52, pp. 314-320.
Tomasello, Michael, A. Melis, C. Tennie, E. Wyman y E. Herrmann, 2012, «Two key steps in the evolution of human cooperation: the mutualism hypothesis», *Current Anthropology* 53(6), pp. 673-692.
Tomonaga, Masaki, 2006, «Development of chimpanzee social cognition in the first 2 years of life», en *Cognitive Development in Chimpanzees*, ed. de T. Matsuzawa, M. Tomonaga y M. Tanaka, Tokio: Springer, pp. 182-197.
Tomonaga, Masaki, M. Tanaka, T. Matsuzawa, M. Myowa-Yamakoshi, D. Kosugi, Y. Mizuno, S. Okamoto, M. K. Yamaguchi y K. A. Bard, 2004, «Development of social cognition in infant chimpanzees (*Pan troglodytes*): Face recognition, smiling, and the lack of triadic interactions», *Japanese Psychological Research* 46, pp. 227-235.
Torchinsky, Rina, 2022, «Child-rearing expenses soar amid inflation», *Wall Street Journal*, 20-21 de agosto.
Tracy, Marc, 2013, «Moms and dads both want more time with their kids. Why do moms spend more?», *The New Republic*, 11 de octubre.
Trevarthen, Colwyn y K. J. Aitken, 2001, «Infant intersubjectivity: Research, theory and clinical applications», *Journal of Child Psychology and Psychiatry* 42, pp. 3-48.
Trivers, Robert L., 1972, «Parental investment and sexual selection», en *Sexual Selection and the Descent of Man*, ed. de B. Campbell, Chicago: Aldine, pp. 136-179.
Troisi, Alfonso y Monica Carosi, 2017, «Orgasm», en *The International Encyclopedia of Primatology*, ed. de Agostino Fuentes, Nueva York:

John Wiley and Sons, https://onlinelibrary.wiley.com/doi/10.1002/9781119179313.wbprim0095.

Trumble, Benjamin C., A. V. Jaeggi y M. Gurven, 2015, «Evolving the neuroendocrine physiology of human and primate cooperation and collective action», *Philosophical Transactions of the Royal Society B* 370, p. 20150014.

Tucker, Abigail, 2014, «What can rodents tell us about why humans love?», *Smithsonian Magazine*, febrero, https://www.smithsonianmag.com/science-nature/what-can-rodents-tell-us-about-why-humans-love-180949441/

Turchin, Peter, 2016, *Ultrasociety: How 10,000 Years of War Made Humans the Greatest Cooperators on Earth*, Chaplin (Connecticut): Beresta Books.

Turnbull, Colin M., 1962, *The Forest People: A Study of the Pygmies of the Congo*, Nueva York: Simon and Schuster.

Ulaby, Neda, 2022, «"Mama's boy" is a flex, not an insult for a new generation of men». *NPR Weekend Edition*. May 7: https://www.npr.org/2022/05/08/1095039574/-mamas-boy-is-a-flex-not-an-insult-for-a-new-generation-of-men.

UN Women, 2022, *The impact of militarization on gender inequality*, artículo de investigación, Peace and Security Section, mayo, Nueva York, https://www.unwomen.org/sites/default/files/2022-08/Impact-of-militarization-on-gender-inequality-en.pdf

Unicef, 2006, *The State of the World's Children 2007, Women and Children: The Double Dividend of Gender Equality*, Nueva York: UNICEF, https://www.unicef.org/montenegro/media/8196/file/MNE-media-MNEpublication408.pdf.

Valentine, Paul, 2002, «Fathers that never exist: Exclusion of the role of shared father among the Curripaco of the northwest Amazon», en Beckman y Valentine (eds.), *Cultures of Multiple Fathers*, pp. 178-191.

Van Anders, Sari M., R. M. Tolman y B. L. Volling, 2012, «Baby cries and nurturance affect testosterone in men», *Hormones and Behavior* 61, pp. 31-36.

Van Anders, Sari M., J. Steiger y K. L. Goldey, 2015, «Effects of gendered behavior on testosterone in women and men», *PNAS* 112, pp. 13805-13810.

Van IJzendoorn, Marinus y M. J. Bakermans-Kranenburg, 2012, «A sniff of trust: Meta-analysis of the effects of intranasal oxytocin administration on face recognition, trust to in-group, and trust to out-group», *Psychoneuroendocrinology* 136(3), pp. 438-443.
Van Noordwijk, M. A., 1985, «Sexual behaviour of Sumatran long-tailed macaques (*Macaca fascicularis*)», *Zeitschrift für Tierpsychologie* 70, pp. 277-296, https://doi.org/10.1111/j.1439-0310.1985.tb00519.x.
Van Noordwijk, Maria y C. P. van Schaik, 2000, «Reproductive patterns in eutherian mammals: Adaptations against infanticide», en *Infanticide by Males and Its Implications*, ed. de C. P. van Schaik y J. M. Janson, Cambridge (Reino Unido): Cambridge University Press, pp. 322-360.
Van Noordwijk, Maria A., C. W. Kuzawa y C. P. van Schaik, 2013, «The evolution of the patterning of human lactation: A comparative perspective», *Evolutionary Anthropology* 22, pp. 202-212.
Van Noordwijk, Maria A., S. S. U. Atmoko, C. D. Knott, N. Kuze, H. C. Morrogh-Bernard, F. Oram y E. P. Willems, 2018, «The slow ape: High infant survival and long interbirth intervals in wild orangutans», *Journal of Human Evolution* 125, pp. 38-49.
Van Schaik, Carel P., 2000a, «Infanticide by male primates: The sexual selection hypothesis revisited», en *Infanticide by Males and Its Implications*, ed. de C. P. van Schaik y J. M. Janson, Cambridge (Reino Unido): Cambridge University Press, pp. 27-60.
—, 2000b, «Vulnerability to infanticide by males: Patterns among mammals», en *Infanticide by Males and Its Implications*, ed. de C. P. van Schaik y J. M. Janson, Cambridge (Reino Unido): Cambridge University Press, pp. 61-71.
—, 2016, *The Primate Origins of Human Nature*, Nueva York: Wiley Blackwell.
Van Schaik, Carel P. y C. H. Janson (eds.), 2000, *Infanticide by Males and Its Implications*, Cambridge (Reino Unido): Cambridge University Press.
Van Schaik, Carel P. y Peter Kappeler, 1997, «Infanticide risk and the evolution of male-female association in primates», *Proceedings of the Royal Society B* 264, pp. 1687-1694.
Van Schaik, Carel P., K. Hodges y C. L. Nunn, 2000, «Paternity confusion and the ovarian cycle of female primates», en *Infanticide by Males and*

Its Implications, ed. de C. P. van Schaik y J. M. Janson, Cambridge (Reino Unido): Cambridge University Press, pp. 361-387.

Vansina, Jan, 1990, *Paths in the Rainforest: Toward a History of Political Tradition in Equatorial Africa*, Madison: University of Wisconsin Press.

Verspeek, Jonas, E. J. C. van Leeuwen, D. W. Laméris, N. Staes y J. M. G. Stevens, 2022, «Adult bonobos show no prosociality in both prosocial choice task and group service paradigm», *PeerJ* 10, e12849, https://doi.org/10.7717/peerj.12849.

Vincent, Amanda, 1990, «A seahorse father often makes a good mother», *Natural History* 12, pp. 34-43.

Von Rueden, Christopher R. y A. V. Jaeggi, 2016, «Men's status and reproductive success in 33 nonindustrial societies: Effects of subsistence, marriage system, and reproductive strategy», *PNAS* 113(39), pp. 10824-10829.

Vonasch, A. J., T. Reynolds, B. M. Winegard y R. F. Baumeister, 2018, «Death before dishonor: Incurring costs to protect moral reputation», *Social Psychological and Personality Science* 9(5), pp. 604-613, https://doi.org/10.1177/1948550617720271.

Walker, Kara y Brian Hare, 2017, «Bonobo baby dominance: Did female defense of offspring lead to reduced male aggression?», en *Bonobos: Unique in Mind, Brain and Behavior*, ed. de Brian Hare y Shinya Yamamoto, Oxford: Oxford University Press, pp. 49-64.

Walker, Kara y Anne Pusey, 2020, «Inbreeding risk and maternal support have opposite effects on female chimpanzee dispersal», *Current Biology* 30, pp. R62-R63.

Walker, Robert S., Mark V. Flinn y Kim R. Hill, 2010, «Evolutionary history of partible paternity in lowland South America», *PNAS* 107(45), pp. 19195-19200.

Walker, Robert S., K. R. Hill, M. V. Flinn y R. M. Ellsworth, 2011, «Evolutionary history of hunter-gatherer marriage practices», *PLOS ONE* 6(4), e19066.

Walker, Robert S., C. Yvinec, R. M. Ellsworth y D. H. Bailey, 2015, «Cofather relationships among the Surui (Paiter) of Brazil», *PeerJ* 3, e899, https://doi.org/10.7717/peerj.899.

Wang, Vivian, 2021, «More children? No way, families in China say», *New York Times*, 2 de junio.

Warneken, Felix y Michael Tomasello, 2006, «Altruistic helping in human infants and young chimpanzees», *Science* 311, pp. 1301-1303.
Washburn, Sherwood y Chet Lancaster, 1968, «The evolution of hunting», en *Man the Hunter*, ed. de R. B. Lee y I. DeVore, Chicago: Aldine, pp. 293-203.
Watts, David y John Mitani, 2000, «Hunting behavior of chimpanzees at Ngogo, Kibale National Park», *International Journal of Primatology* 23(1), pp. 1-28.
Weber, Lauren, 2017, «Women gain as skills shift for high-paying jobs», *Wall Street Journal*, 22 de marzo.
Wee, Sui-Lee y Elsie Chen, 2021, «China wants more babies: Some men choose vasectomies», *New York Times*, 21 de junio.
Weiner, Annette B., 1988, *The Trobrianders of Papua New Guinea*, Orlando: Holt, Rinehart and Winston.
Wesolowski, Tomasz, 1994, «On the origin of parental care and the early evolution of male and female parental roles in birds», *American Naturalist* 143, pp. 39-58.
West-Eberhard, Mary Jane, 1969, *The Social Biology of Polistine Wasps*, Miscellaneous Publications, Museum of Zoology, University of Michigan 140, pp. 1-101.
—, 1979, «Sexual selection, social competition, and evolution», *Proceedings of the American Philosophical Society* 123, pp. 222-234.
—, 1983, «Sexual selection, social competition, and speciation», *The Quarterly Review of Biology* 58, pp. 155-183.
—, 2003, *Developmental Plasticity and Evolution*, Oxford: Oxford University Press.
Westermarck, Edward Alexander, 1891, *The History of Human Marriage*, Londres: Macmillan and Company [trad. cast.: *Historia del matrimonio*, Barcelona: Laertes Editorial, 1984].
—, 1906-1908, *The Origin and Development of the Moral Ideas*, vols. 1 y 2, Londres: Macmillan.
White, Frances y Kimberly D. Wood, 2007, «Female feeding priority in bonobos, *Pan paniscus*, and the question of female dominance», *American Journal of Primatology* 69, pp. 837-850.
White, Tim D., C. Owen Lovejoy, Berhane Asfaw, J. Carlson y Gen Suwa, 2015, «Neither chimpanzee nor human, *Ardipithecus* reveals the surprising ancestry of both», *PNAS* 112(16), pp. 4877-4884.

Whiting, John W. M. y Beatrice B. Whiting, 1975, «Aloofness and intimacy of husbands and wives: A cross-cultural study», *Ethos* 3, pp. 183-208.

Wiesner, B. P. y Norah M. Sheard, 1933, *Maternal Behavior in the Rat*, Edimburgo: Oliver and Boyd.

Wiessner, Polly, 1977, *Hxaro: A Regional System of Reciprocity for Reducing Risk among the !Kung San*, Ann Arbor (Míchigan): University Microfilms.

—, 1982, «Risk, reciprocity and social influences on !Kung San economics», en *Politics and History in Band Societies*, ed. de E. Leacock y R. Lee, Cambridge: Cambridge University Press, pp. 61-84.

—, 1986, «!Kung San networks in a generational perspective», en *The Past and Future of !Kung Ethnography: Critical Reflections and Symbolic Perspectives. Essays in Honour of Lorna Marshall*, ed. de Megan Biesle con Robert Gordon y Richard Lee, Hamburgo: Helmut Buske Verlag, pp. 103-136.

—, 2002, «Hunting, healing, and hxaro exchange: A long-term perspective on !Kung (Ju/'hoansi) large-game hunting», *Evolution and Human Behavior* 23, pp. 407-436.

—, 2014, «Embers of society: Firelight talk among the Ju/'hoansi Bushmen», *PNAS* 111(39), pp. 14027-14035.

—, 2020, «The role of third parties in norm enforcement in customary courts among the Enga of Papua New Guinea», *PNAS* 117(51), pp. 32320-32328.

Wiessner, Polly y Akii Tumu, 1998, *Historical Vines: Enga Networks of Exchange, Ritual, and Warfare in Papua New Guinea*, Washington D. C.: Smithsonian Institution Press.

Wiessner, Polly, en colaboración con Akii Tumu y Nitze Pupu, 2016, *Enga Culture and Community: Wisdom from the Past*, Enga Provincial Government and Tradition Fund, PNG.

Wilkins, Jayne, B. J. Schoville, R. Pickering, L. Gilganic, B. Collins, K. S. Brown y A. Hatton, 2021, «Innovative *Homo sapiens* behaviours 105,000 years ago in a wetter Kalahari», *Nature* 592, pp. 248-252.

Wilkins, Jon F. y Frank W. Marlowe, 2006, «Sex-biased migration in humans: What should we expect from genetic data?», *BioEssays* 28.

Willführ, K. P., B. Eriksson y M. Dribe, 2022, «The impact of kin proximity on net marital fertility and maternal survival in Sweden 1900-1910—Evidence for cooperative breeding in a societal context of

nuclear families, or just contextual correlations?», *American Journal of Human Biology* 34(2), e23609, https://doi.org/10.1002/ajhb.23609.
Wilson, David Sloan y Elliott Sober, 1994, «Reintroducing group selection to the human behavioral sciences», *Behavioral and Brain Sciences* 17, pp. 585-608.
Wilson, David S. y Edward O. Wilson, 2008, «Evolution "for the good of the group"», *American Scientist* 96, pp. 380-389.
Wilson, Edward O., 1975, *Sociobiology: The New Synthesis*, Cambridge: Harvard University Press [trad. cast.: *Sociobiología*, Barcelona: Ediciones Omega, 1980].
Wilson, Margo y Martin Daly, 1992, «The man who mistook his wife for a chattel», en *The Adapted Mind*, ed. de J. H. Barkow, L. Cosmides y J. Tooby, Oxford: Oxford University Press, pp. 288-322.
Wilson, Michael L. y R. W. Wrangham, 2003, «Intergroup relations in chimpanzees», *Annual Review of Anthropology* 32, pp. 363-392.
Wingfield, J. C., R. E. Hegner, A. M. Duffy Jr. y G. F. Ball, 1990, «The Challenge Hypothesis: Theoretical implications for patterns of testosterone secretion, mating systems, and breeding strategies», *American Naturalist* 136, pp. 829-846.
Wittig, Roman M., C. Crockford, T. Deschner, K. E. Langergraber, T. E. Ziegler y K. Zuberbühler, 2014, «Food sharing is linked to urinary oxytocin levels and bonding in related and unrelated wild chimpanzees», *Proceedings of the Royal Society B* 281, p. 20133096.
Wolf, Lukas J., S. T. Thorne, M. Iosifyan, C. Foad, S. Taylor, V. Costin, J. C. Karemans, G. Haddock y G. R. Maio, 2022, «The salience of children increases adult prosocial values», *Social Psychological and Personality Science* 13(1), pp. 160-169.
Wolfe, Tom, 2016, *The Kingdom of Speech*, Nueva York: Little Brown and Co. [trad. cast.: *El reino del lenguaje*, Barcelona: Anagrama, 2018].
Wolff, Jerry O. y D. W. Macdonald, 2004, «Promiscuous females protect their offspring», *Trends in Ecology and Evolution* 19, pp. 127-134.
Wolovich, C. K., J. P. Perea-Rodriguez y E. Fernández-Duque, 2008, «Food transfers to young and mates in wild owl monkeys (*Aotus azarai*)», *American Journal of Primatology* 70, pp. 211-221, https://doi.org/10.1002/ajp.20477.
Wood, B. M. y F. Marlowe, 2013, «Household and kin provisioning by Hadza men», *Human Nature* 24, pp. 280-317.

—, 2014, «Toward a reality-based understanding of Hadza men's work: A response to Hawkes *et al.* (2014)», *Human Nature* 25, pp. 620-630.

Wood, James y Kim Hill, 2000, «A test of the "showing-off" hypothesis with Ache hunters», *Current Anthropology* 41, pp. 124-125.

Wood, Wendy y Alice H. Eagly, 2002, «A cross-cultural analysis of the behavior of women and men: Implications for the origins of sex differences», *Nature* 4, pp. 47-79.

Wrangham, Richard, 2009, *Catching Fire: How Cooking Made Us Human*, Nueva York: Perseus [trad. cast.: *En llamas. Cómo la cocina nos hizo humanos*, Madrid: Capitán Swing, 2019].

—, 2019, *The Goodness Paradox: The Strange Relationship between Virtue and Violence in Human Evolution*, Nueva York: Pantheon.

—, 2021, «Self-domestication and the evolution of human groupishness», conferencia principal en la 32.ª conferencia anual de la Human Behavior and Evolution Society, 2 de julio, https://www.hbes.com/hbes-2021-wrangham/.

Wrangham, Richard y Dale Peterson, 1996, *Demonic Males: Apes and the Origins of Human Violence*, Boston: Houghton Mifflin.

Wrangham, Richard, J. H. Jones, G. Laden, D. Pilbeam y N. L. Conklin-Brittain, 1999, «The raw and the stolen: Cooking and the ecology of human origins», *Current Anthropology* 40(5), pp. 567-594.

Wright, Patricia, 1984, «Biparental care in *Aotus trivergatus* and *Callicebus moloch*», en *Female Primates: Studies by Women Primatologists*, ed. de M. Small, Nueva York: Alan Liss, pp. 59-75.

Wroblewski, Emily E., 2008, «An unusual incident of adoption in a wild chimpanzee (*Pan troglodytes*) population at Gombe National Park», *American Journal of Primatology* 70, pp. 995-998.

Wu, Tony, 2020, «Male delivery», *Natural History* 128(1), pp. 2-4.

Wu, Zheng, A. E. Autry, J. F. Bergan, M. Watabe-Uchida y Catherine G. Dulac, 2014, «Galanin neurons in the medial preoptic area govern parental behavior», *Nature* 509, pp. 325-330.

Wynne-Edwards, Katherine, 1987, «Evidence for obligate monogamy in the Djungerian hamster, *Phodopus campbelli*: Pup survival under different parenting conditions», *Behavioral Ecology and Sociobiology* 20, pp. 427-437.

Wynne-Edwards, Katherine E. y Catherine J. Reburn, 2000, «Behavioral endocrinology of mammalian fatherhood», *Trends in Ecology and Evolution* 15, pp. 464-468, https://doi.org/10.1016/s0169-5347(00)01972-8.

Wynne-Edwards, V. C., 1962, *Animal Dispersion in Relation to Social Behavior*, Edimburgo: Oliver and Boyd.

Xiang, Zuofu, H. Sheng y W. Xiao, 2010, «Male allocare in *Rhinopithecus bieti* at Xiaochangdu, Tibet: Is it related to energetic stress?», *Zoological Research* 31, pp. 189-197.

Xiang, Zuofu, Yang Yu, Hui Yao, Qinglang Hu y Ming Li, 2020, «Versatile counterstrategies shift the balance of intersexual conflict from males to females», *Authorea*, 4 de agosto, https://doi.org/10.22541/au.159657675.51727990.

Yamamoto, Rinah, D. Ariely, W. Chi, D. D. Langleben y I. Elman, 2009, «Gender differences in the motivational processing of babies are determined by their facial attractiveness», *PLOS ONE* 4(6), e6042.

Yang, Claire Y., C. Boen, K. Gerken, T. Li, K. Schorpp y K. M. Harris, 2016, «Social relationships and physiological determinants of longevity across the human life span», *PNAS* 113(3), pp. 578-583.

Yasir, Sameer, 2022, «"Magic in her hands": The woman bringing India's forest back to life», *New York Times*, 2 de septiembre, https://www.nytimes.com/2022/09/02/world/asia/deforestation-india-tulsi-gowda.html

Ye, Yvaine, 2022, «Embryos with DNA from three people develop normally in first safety study», *Nature* 609, pp. 449-450.

Yeung, W. Jean, J. F. Sandberg, P. E. Davis-Kean y S. L. Hofferth, 2001, «Children's time with fathers in intact families», *Journal of Marriage and Family* 63, pp. 136-164.

Yogman, Michael y Craig F. Garfield, 2016, «Fathers' role in the care and development of their children: The role of pediatricians», *Pediatrics* 138, e20161128.

Yoshizawa, Kazunori, R. L. Ferreira, I. Yao, C. Lienhard y Y. Kamimura, 2018, «Independent origins of female penis and its coevolution with male vagina in cave insects (*Psocodea: Prionoglarididae*)», *Biology Letters* 14, p. 20180533.

Young, Katherine S., C. E. Parsons, E.-M. J. Emholdt, M. W. Woolrich, T. J. van Hartevelt, A. B. A. Stevner, A. Stein y M. L. Kringelbach, 2016, «Evidence for a caregiving instinct: Rapid differentiation of infant from adult vocalizations using magnetoencephalography», *Cerebral Cortex* 26, pp. 1309-1321.

Young, Larry y Brian Alexander, 2012, *The Chemistry Between Us: Love, Sex, and the Science of Attraction*, Nueva York: Current, Penguin Books [trad. cast.: *Química entre nosotros. Amor, sexo y la ciencia de la atracción*, Madrid: Alianza Editorial, 2014].

Young, Larry J. y Z. Wang, 2004, «The neurobiology of pair bonding», *Nature Neuroscience* 7, pp. 1048-1054, https://doi.org/10.1038/nn1327.

Ziegler, Toni E., 2016, «Male interactive care provides for family stability in the common marmoset, *Callithrix jacchus*», resumen n.º 6490, ponencia presentada en la reunión conjunta de la International Primatological Society y la American Society of Primatologists (IPS/ASP), 25 de agosto, Chicago.

Ziegler, Toni E., S. L. Prudom, S. Refetoff Zahed, A. F. Parlow y F. Wegner, 2009, «Prolactin's mediative role in male parenting in parentally experienced marmosets (*Callithrix jacchus*)», *Hormones and Behavior* 56, pp. 436-443.

Ziegler, Toni E., M. E. Sosa y R. J. Colman, 2017, «Fathering style influences health outcomes in common marmoset (*Callithrix jacchus*) offspring», *PLOS ONE* 12(9), e0185695, https://doi.org/10.1371/journal.pone.0185695.

Ziegler, Toni E., K. F. Washabaugh y C. T. Snowdon, 2004, «Responsiveness of expectant male cotton-top tamarins, *Saguinus oedipus*, to mate's pregnancy», *Hormones and Behavior* 45, pp. 84-92.

Ziegler, Toni E., F. H. Wegner y C. T. Snowdon, 1996, «Hormonal responses to parental and nonparental conditions in male cotton-top tamarins, *Saguinus oedipus*, a New World primate», *Hormones and Behavior* 30, pp. 287-297.

Zimmer, Carl, 2007, «In the marmoset family, things really do appear to be all relative», *New York Times*, 27 de marzo, https://www.nytimes.com/2007/03/27/science/27marm.html.

Zipple, Matthew N., Jackson H. Grady, Jacob B. Gordon, Lydia D. Chow, Elizabeth A. Archie, Jeanne Altmann y Susan C. Alberts, 2017, «Conditional fetal and infant killing by male baboons», *Proceedings of the Royal Society B* 284, p. 20162561.

Zoh, Yoonseo, S. W. C. Chang y M. J. Crockett, 2022, «The prefrontal cortex and (uniquely) human cooperation: A comparative perspective», *Neuropsychopharmacology* 47, pp. 119-133, https://doi.org/10.1038/s41386-021-01092-5.

Zuberbühler, K., 2011, «Cooperative breeding and the evolution of vocal flexibility», en *The Oxford Handbook of Language Evolution*, ed. de M. Tallerman y K. Gibson, Oxford: Oxford University Press, pp. 71-81.

Zuckoff, Eve, 2022, «Beach grass could be key to protecting the Aquinnah Wampanoag homeland», *NPR News*, 28 de mayo.